VERLAG
ÖSTERREICH

Monika Hinteregger
Susanne Ferrari

Familienrecht

7., aktualisierte und erweiterte Auflage

2015

Lehrbuch

 VERLAG
ÖSTERREICH

o. Univ.-Prof. Dr. Monika Hinteregger
Institut für Zivilrecht, Ausländisches und Internationales Privatrecht,
Karl-Franzens-Universität Graz

Univ.-Prof. Dr. Susanne Ferrari
Institut für Zivilrecht, Ausländisches und Internationales Privatrecht,
Karl-Franzens-Universität Graz

© 2015 Verlag Österreich GmbH, Wien
www.verlagoesterreich.at
Gedruckt in Deutschland

Satz: Reproduktionsfertige Vorlage der Autorinnen
Druck: Strauss GmbH, 69509 Mörlenbach, Deutschland

Gedruckt auf säurefreiem, chlorfrei gebleichtem Papier

Bibliografische Information der Deutschen Nationalbibliothek
Die Deutsche Nationalbibliothek verzeichnet diese Publikation in der Deutschen Nationalbibliografie; detaillierte bibliografische Daten sind im Internet über http://dnb.d-nb.de abrufbar.

ISBN 978-3-7046-6396-2 6. Aufl. Verlag Österreich
ISBN 978-3-7046-6721-2 7. Aufl. Verlag Österreich

Vorwort zur siebenten Auflage

Für die siebente Auflage des Lehrbuchs konnte Univ.-Prof. Dr. *Susanne Ferrari* als Co-Autorin gewonnen werden. Das Lehrbuch wurde auch inhaltlich erweitert. Es enthält nun neben dem Ehe- und Kindschaftsrecht ein Kapitel über das Erwachsenenschutzrecht, in dem das Sachwalterrecht sowie die Angehörigenvertretung, Vorsorgevollmacht und Patientenverfügung ausführlich dargestellt werden.

Das Lehrbuch wurde wieder gründlich überarbeitet und in Bezug auf gesetzliche Grundlagen, Rechtsprechung und Literatur auf den neuesten Stand gebracht. Seit der letzten Auflage gab es vor allem weitreichende Neuerungen für gleichgeschlechtliche Paare: Das Adoptionsrechts-Änderungsgesetz 2013 (AdRÄG 2013) ermöglicht gleichgeschlechtlichen Paaren nun die Stiefkindadoption. Eingetragenen Partnern wird in Zukunft auch die gemeinsame Fremdkindadoption sowie die Sukzessivadoption (Adoption eines Wahlkindes des jeweils anderen) erlaubt sein, da der VfGH die entsprechenden Verbote in § 191 Abs 2 Satz 1 ABGB und § 8 Abs 4 EPG mit Wirkung zum 31.12.2015 aufgehoben hat. Das Fortpflanzungsmedizinrechts-Änderungsgesetz 2015 (FMedRÄG 2015) öffnet die medizinisch unterstützte Fortpflanzung für Frauenpaare und passt das Abstammungsrecht entsprechend an. Dieses sieht nun vor, dass die Partnerin der Mutter auch ohne Adoption „Elternteil" des Kindes wird. Die Änderungen durch diese Novelle reichen aber noch viel weiter: Zulässig sind nach neuer Rechtslage auch die Eizellspende und in begrenztem Rahmen die Präimplantationsdiagnostik.

Wie schon in den Vorauflagen werden eine Fülle von höchstgerichtlichen Entscheidungen und wissenschaftlichen Arbeiten zum Familienrecht in Text und Fußnoten berücksichtigt. Besonders interessant sind natürlich die ersten Erfahrungen mit dem Kindschafts- und Namensrechts-Änderungsgesetz 2013. Auch die Beispiele aus der Rechtsprechung wurden ausgebaut und an die neuen Entwicklungen angepasst. Bei deren Auswahl stehen didaktische Erwägungen im Vordergrund. Die Sachverhalte sollen wichtige Rechtsfragen veranschaulichen und eine Basis für eine praxisorientierte Diskussion in Lehrveranstaltungen bieten. Dabei ist zu beachten, dass die rechtlichen Beurteilungen in den Entscheidungstexten manchmal aufgrund der raschen Fortentwicklung des Familienrechts bereits überholt sein können.

Wir danken Herrn Mag. *Gernot Papst*, Frau Mag. *Hannah Mautner*, Frau Mag. *Anja Stahr*, Frau Mag. *Valentina Köllich* und Frau Mag. *Tanja Guggenberger* für die Unterstützung bei der Materialsuche und den Korrekturarbeiten sowie für die Überarbeitung des Stichwortverzeichnisses. Frau *Monika Lammer* hat, wie schon in den Vorauflagen souverän und mit großem Engagement, für die technische Herstellung des Manuskripts gesorgt, wofür wir ihr ganz herzlich danken.

Graz, am 12. August 2015

Monika Hinteregger

Susanne Ferrari

Vorwort zur vierten Auflage

Das Familienrecht spielt in der Praxis der Gerichte und der rechtsberatenden Berufe eine wichtige Rolle. An den Universitäten wird es im Rahmen des Studiums der Rechtswissenschaften als Teilbereich des Zivilrechts gelehrt. Das vorliegende Lehrbuch, das eine umfassende Darstellung des österreichischen Ehe-, Scheidungs- und Kindschaftsrechts enthält, richtet sich sowohl an Studierende der Rechtswissenschaften als auch an interessierte Praktiker. Aus diesem Grund wurde versucht, die zum Teil doch recht komplizierte Materie möglichst klar und übersichtlich aufzubereiten. Zum besseren Verständnis werden Bereiche, die Studierenden erfahrungsgemäß besondere Probleme bereiten, in insgesamt sechs Übersichten zusätzlich graphisch veranschaulicht.

Ein besonderes Anliegen dieses Buches ist das Aufzeigen der praktischen Dimensionen des Familienrechts. Zu diesem Zweck werden wichtige Bezüge zu anderen mit dem Familienrecht eng verknüpften Rechtsgebieten (Sozialversicherungsrecht, Jugendwohlfahrtsrecht) hergestellt. Außerdem wird der Lehrstoff durch viele „Beispiele aus der Rechtsprechung" untermauert. Sie sollen den Stoff veranschaulichen und eine Grundlage für eine tiefergehende Auseinandersetzung mit familienrechtlichen Fragen bieten. Ein ausführlicher Anmerkungsapparat und die Erläuterung der juristischen Zitierregeln anhand von Beispielen sollen die weitere wissenschaftliche Beschäftigung mit dem Familienrecht erleichtern.

Mit dieser Neuauflage ist das Lehrbuch in Bezug auf gesetzliche Grundlagen, Rechtsprechung und Literatur wieder auf den neuesten Stand gebracht. Das Familienrechts-Änderungsgesetz 2009 (FamRÄG 2009), BGBl I 2009/75, hat sowohl im Eherecht als auch im Kindschaftsrecht eine Reihe von Änderungen notwendig gemacht. Bei der Lektüre dieser Passagen ist zu berücksichtigen, dass die neuen Bestimmungen erst mit 1.1.2010 in Kraft treten. In den Beispielen aus der Rechtsprechung sind alle Geldbeträge nun einheitlich in Euro angegeben. Dies soll die Sachverhaltsangaben übersichtlicher und leichter lesbar machen.

Graz, am 1. September 2009   *Monika Hinteregger*

Inhaltsverzeichnis

3. Teil Kindschaftsrecht

Abkürzungsverzeichnis

aA	anderer Ansicht
ABGB	Allgemeines bürgerliches Gesetzbuch JGS 946
abl	ablehnend
Abs	Absatz
AcP	(deutsches) Archiv für die civilistische Praxis
AdRÄG 2013	Adoptionsrechts-Änderungsgesetz 2013 BGBl I 2013/179
AEUV	Vertrag über die Arbeitsweise der Europäischen Union
AnfO	Anfechtungsordnung RGBl 1914/337
Anm	Anmerkung
AnwBl	Österreichisches Anwaltsblatt
ARD	ARD-Betriebsdienst
Art	Artikel
ASVG	Allgemeines Sozialversicherungsgesetz BGBl 1955/189
AußStrG	Außerstreitgesetz BGBl I 2003/111
BG	Bezirksgericht
BG	Bundesgesetz
BGB	(deutsches) Bürgerliches Gesetzbuch dRGBl 1896, 195
BGBl	Bundesgesetzblatt
B-KJHG	Bundes-Kinder- und Jugendhilfegesetz 2013 BGBl I 2013/69
B-KUVG	Beamten-Kranken- und Unfallversicherungsgesetz BGBl 1967/200
BlgNR	Beilage(-n) zu den stenographischen Protokollen des Nationalrates
BM	Bundesminister/in, Bundesministerium
BMI	BM für Inneres
BMJ	Bundesministerium für Justiz
BSVG	Bauern-Sozialversicherungsgesetz BGBl 1978/559
BVfG	(deutsches) Bundesverfassungsgericht
BVG	Bundesverfassungsgesetz
B-VG	Bundes-Verfassungsgesetz BGBl 1930/1
bzw	beziehungsweise
dh	das heißt
dRGBl	(deutsches) Reichsgesetzblatt; zitiert mit Jahr (Teil) Seite
dt	deutsch, -e, -er, -es
DVEheG	Durchführungsverordnung zum Ehegesetz
ecolex	Fachzeitschrift für Wirtschaftsrecht
EFSlg	Ehe- und familienrechtliche Entscheidungen

EF-Z	Zeitschrift für Familien- und Erbrecht (bis 2012: Zeitschrift für Ehe- und Familienrecht)
EGMR	Europäischer Gerichtshof für Menschenrechte
EheG	Ehegesetz dRGBl I 1938, 807
EheRÄG 1999	Eherechts-Änderungsgesetz 1999 BGBl I 1999/125
EheRwG	BG über die Neuordnung der persönlichen Rechtswirkungen der Ehe BGBl 1975/412
EMRK	Europäische Menschenrechtskonvention BGBl 1958/210
endg	endgültig
EO	Exekutionsordnung RGBl 1896/79
EPG	Eingetragene Partnerschaft-Gesetz BGBl I 2009/135
ErläutRV	Erläuterungen zur Regierungsvorlage
EStG	Einkommensteuergesetz 1988 BGBl 1988/400
etc	et cetera
EuGRZ	Europäische Grundrechte Zeitschrift
EvBl	Evidenzblatt der Rechtsmittelentscheidungen in Österreichische Juristen-Zeitung
f	und der, die folgende
FamErbRÄG 2004	Familien- und Erbrechts-Änderungsgesetz 2004 BGBl I 2004/58
FamRÄG 2009	Familienrechts-Änderungsgesetz 2009 BGBl I 2009/75
FamRZ	(deutsche) Zeitschrift für das gesamte Familienrecht
FamZ	siehe iFamZ
ff	und der, die folgenden
FLAG	Familienlastenausgleichsgesetz 1967 BGBl 1967/376
FMedG	Fortpflanzungsmedizingesetz BGBl 1992/275
FMedRÄG 2015	Fortpflanzungsmedizinrechts-Änderungsgesetz 2015 BGBl I 2015/35
FN	Fußnote
FS	Festschrift
G	Gesetz
GA	Gutachten
GBlÖ	Gesetzblatt für das Land Österreich (1938–1940)
gem	gemäß
GesRZ	Der Gesellschafter
GGG	Gerichtsgebührengesetz BGBl 1984/501
GP	Gesetzgebungsperiode
GSVG	Gewerbliches Sozialversicherungsgesetz BGBl 1978/560
Hrsg	Herausgeber/in
idF	in der Fassung
iFamZ	Interdisziplinäre Zeitschrift für Familienrecht (bis 2007: FamZ)
IO	Insolvenzordnung BGBl I 2010/29
IPR	Internationales Privatrecht
IPRG	BG über das internationale Privatrecht BGBl 1978/304
iSd	im Sinn des, –der
iSv	im Sinn von

IVF	In-vitro-Fertilisation
iVm	in Verbindung mit
JA	Justizausschuss
JAB	Justizausschussbericht
JAP	Juristische Ausbildung und Praxisvorbereitung
JBl	Juristische Blätter
JN	Jurisdiktionsnorm RGBl 1895/111
JRP	Journal für Rechtspolitik
JWG	Jugendwohlfahrtsgesetz BGBl 1989/161
JWT	Jugendwohlfahrtsträger
KAKuG	Krankenanstalten- und Kuranstaltengesetz BGBl 1957/1
KindNamRÄG 2013	Kindschafts- und Namensrechts-Änderungsgesetz 2013 BGBl I 2013/15
KindRÄG	Kindschaftsrecht(s)-Änderungsgesetz BGBl 1989/162 und BGBl I 2000/135
KJHT	Kinder- und Jugendhilfeträger
krit	kritisch
KSchG	Konsumentenschutzgesetz BGBl 1979/140
LGBl	Landesgesetzblatt
LGZ	Landesgericht für Zivilrechtssachen
lit	litera (Buchstabe)
MietSlg	Mietrechtliche Entscheidungen
mj	minderjährig, -e
Mj	Minderjährige, -r
MRG	Mietrechtsgesetz BGBl 1981/520
mwN	mit weiteren Nachweisen
NÄG	Namensänderungsgesetz BGBl 1988/195
NJW	(deutsche) Neue Juristische Wochenschrift
nö	niederösterreichisch, -e, -er, -es
NO	Notariatsordnung RGBl 1871/75
NotaktsG	Notariatsaktsgesetz RGBl 1871/76
NZ	Österreichische Notariats-Zeitung
ÖA	Der Österreichische Amtsvormund
ÖBA	Österreichisches Bankarchiv
OGH	Oberster Gerichtshof
ÖJT	Österreichischer Juristentag oder Verhandlungen des Österreichischen Juristentages
ÖJZ	Österreichische Juristen-Zeitung
OLG	Oberlandesgericht
oö	oberösterreichisch, -e, -er, -es
ÖStA	Österreichisches Standesamt
ÖZVV	Österreichisches Zentrales Vertretungsverzeichnis
PatVG	Patientenverfügungs-Gesetz BGBl I 2006/55
PG	Pensionsgesetz BGBl 1965/340
PSR	Die Privatstiftung
PStG	Personenstandsgesetz BGBl I 2013/161
RdM	Recht der Medizin

RdW	Österreichisches Recht der Wirtschaft
RelKEG	Gesetz über die religiöse Kindererziehung BGBl 1985/155
RFG	Recht & Finanzen für Gemeinden
RGBl	Reichsgesetzblatt
rk	rechtskräftig
RpflG	Rechtspflegergesetz BGBl 1985/560
R-ÜG	Rechts-Überleitungsgesetz StGBl 1945/6
RV	Regierungsvorlage
RZ	Österreichische Richterzeitung
Rz	Randzahl
sog	sogenannt, -e, -er, -es
SPG	Sicherheitspolizeigesetz BGBl 1991/566
SSV-NF	Entscheidungen des Obersten Gerichtshofes in Sozialrechtssachen
StAZ	Das Standesamt, (deutsche) Zeitschrift für Standesamtswesen, Personenstandsrecht, Ehe- und Kindschaftsrecht, Staatsangehörigkeitsrecht
StbG	Staatsbürgerschaftsgesetz BGBl 1985/311
StGB	Strafgesetzbuch BGBl 1974/60
StGBl	Staatsgesetzblatt für die Republik Österreich
StGG	Staatsgrundgesetz über die allgemeinen Rechte der Staatsbürger RGBl 1867/142
StPO	Strafprozeßordnung BGBl 1975/631
SWG	Sachwaltergesetz 1983 BGBl 1983/136
SWRÄG	Sachwalterrechts-Änderungsgesetz 2006 BGBl I 2006/92
SZ	Entscheidungen des österreichischen Obersten Gerichtshofes in Zivil- (und Justizverwaltungs-)sachen
UbG	Unterbringungsgesetz BGBl 1990/155
UGB	Unternehmensgesetzbuch dRGBl 1897/219
UN	United Nations (Vereinte Nationen)
UN-BRK	UN-Behindertenrechtskonvention; Übereinkommen über die Rechte von Menschen mit Behinderungen
USchG	Unterhaltsschutzgesetz BGBl 1985/452
uU	unter Umständen
uva	und viele(s) andere
UVG	Unterhaltsvorschußgesetz BGBl 1985/451
va	vor allem
VfGH	Verfassungsgerichtshof
VfSlg	Sammlung der Erkenntnisse und wichtigsten Beschlüsse des Verfassungsgerichtshofes
vgl	vergleiche
Vlbg	Vorarlberger
VO	Verordnung
wbl	wirtschaftsrechtliche blätter, Zeitschrift für österreichisches und europäisches Wirtschaftsrecht
WEG	Wohnungseigentumsgesetz 2002 BGBl I 2002/70
wobl	Wohnrechtliche Blätter

Z	Zahl, Ziffer
Zak	Zivilrecht aktuell
ZAS	Zeitschrift für Arbeitsrecht und Sozialrecht
zB	zum Beispiel
ZBl	Zentralblatt für die juristische Praxis
ZfRV	Zeitschrift für Europarecht, Internationales Privatrecht und Rechtsvergleichung
ZIK	Zeitschrift für Insolvenzrecht und Kreditschutz
ZivMediatG	Zivilrechts-Mediations-Gesetz BGBl I 2003/29
ZPEMRK	Zusatzprotokoll zur Europäischen Menschenrechtskonvention
ZPO	Zivilprozessordnung RGBl 1895/113
zust	zustimmend

1. Teil: Einführung

I. Einleitung

Das heutige Ehe- und Kindschaftsrecht ist zwar nach wie vor weitgehend im ABGB geregelt, vom Originaltext des ABGB sind aber nur mehr wenige Bestimmungen in Geltung, denen keine große praktische Bedeutung zukommt. Im Wesentlichen sind dies die Definition der Ehe (§ 44 ABGB), die Regeln über das Verlöbnis (§§ 45, 46 ABGB) und einige Bestimmungen des Ehegüterrechts.[1]

Als Rechtsquelle erhalten geblieben ist auch das deutsche Ehegesetz,[2] mit dem im Jahr 1938 das Recht der Eheschließung und der Ehescheidung vom nationalsozialistischen Gesetzgeber neu gefasst wurden. Dieses Gesetz enthielt eine Reihe von Bestimmungen, die nationalsozialistisches Gedankengut verkörperten. So verbot § 4 EheG „Eheschließungen zwischen Staatsangehörigen deutschen oder artverwandten Blutes und Personen artfremden Blutes". Die Wirkungen einer solchen Eheschließung bestimmten sich nach dem Gesetz zum Schutze des deutschen Blutes und der deutschen Ehre (sog Nürnberger Rassengesetze).[3] Danach waren diese Ehen nichtig, und die Eheschließung wurde mit Zuchthaus bestraft. Kinder aus solchen Ehen waren unehelich (§ 29 Abs 1 EheG). Weitere derartige Eheverbote (Verbote betreffend die Eheschließung und den Geschlechtsverkehr zwischen Juden und jüdischen Mischlingen) waren überdies in der 1. Verordnung zur Ausführung des Gesetzes zum Schutz des deutschen Blutes und der deutschen Ehre (1. BlutschutzVO)[4] vorgesehen. § 5 EheG verwies für die Beurteilung der Ehetauglichkeit auf das Ehegesundheitsgesetz,[5] das in seinem § 1 Abs 1 lit d wiederum auf das Gesetz zur Verhütung erbkranken

---

1 Grundlegend umgestaltet durch das Familienrechts-Änderungsgesetz 2009 (in Kraft mit 1.1.2010).

2 Gesetz vom 6.7.1938 zur Vereinheitlichung des Rechts der Eheschließung und der Ehescheidung im Lande Österreich und im übrigen Reichsgebiet dRGBl 1938 I 807, kundgemacht für Österreich im GBlÖ 1938/244.

3 Gesetz vom 15.9.1935 dRGBl 1935 I 1146.

4 DRGBl 1935 I 1334.

5 Gesetz vom 18.10.1935 zum Schutze der Erbgesundheit des deutschen Volkes dRGBl 1935 I 1246.

3

Nachwuchses[6] weiterverwies. Vorzeitige Unfruchtbarkeit war ein Scheidungsgrund (§ 53 EheG). Die oben genannten Regelungen wurden zusammen mit einzelnen Bestimmungen der Durchführungsverordnungen zum
EheG, die ebenfalls **nationalsozialistisches** Gedankengut enthalten hatten,
durch das Gesetz vom 26.6.1945 über Maßnahmen auf dem Gebiete des
Eherechtes, des Personenstandsrechtes und des Erbgesundheitsrechtes
StGBl 1945/31 aufgehoben. Der restliche Teil des Ehegesetzes wurde gem
§ 2 R-ÜG in das Recht der Zweiten Republik übergeleitet.

Der Reformgesetzgeber der Zweiten Republik hat das Familienrecht
grundlegend umgestaltet. Die entsprechenden Novellen waren das

- BG über die Neuordnung der Rechtsstellung des unehelichen Kindes
  BGBl 1970/342;
- BG, mit dem Bestimmungen über die Geschäftsfähigkeit und die Ehe-
  mündigkeit geändert werden, BGBl 1973/108;
- BG über die Neuordnung der persönlichen Rechtswirkungen der Ehe
  BGBl 1975/412;
- BG über die Neuordnung des Kindschaftsrechts BGBl 1977/403;
- BG über Änderungen des Ehegattenerbrechts, des Ehegüterrechts und
  des Ehescheidungsrechts BGBl 1978/280;
- BG über eine Änderung des Ehegesetzes BGBl 1978/303;
- BG über Änderungen des Personen-, Ehe- und Kindschaftsrechts BGBl
  1983/566;
- BG, mit dem Bestimmungen zum Schutz des für einen Kredit mithaf-
  tenden Ehegatten getroffen werden, BGBl 1985/481;
- BG über eine Änderung der ehenamensrechtlichen Bestimmungen im
  allgemeinen bürgerlichen Gesetzbuch (Ehenamensrechtsänderungsgesetz 1986) BGBl 1986/97;
- Kindschaftsrechts-ÄnderungsG BGBl 1989/162;
- BG über die Gleichstellung des unehelichen Kindes im Erbrecht und
  die Sicherung der Ehewohnung für den überlebenden Ehegatten (Erbrechtsänderungsgesetz 1989) BGBl 1989/656;
- BG, mit dem Regelungen über die medizinisch unterstützte Fortpflanzung getroffen (Fortpflanzungsmedizingesetz) sowie das allgemeine
  bürgerliche Gesetzbuch, das Ehegesetz und die Jurisdiktionsnorm geändert werden, BGBl 1992/275;
- Namensrechtsänderungsgesetz BGBl 1995/25;

---

6 Gesetz vom 14.7.1933 dRGBl 1933 I 529. Gem § 1 Abs 2 galt als erbkrank: angebo-
   rener Schwachsinn, Schizophrenie, zirkuläres (manisch-depressives) Irresein, erbliche Fallsucht, erblicher Veitstanz, erbliche Blindheit, erbliche Taubheit und schwere
   erbliche körperliche Missbildung.

- BG zum Schutz vor Gewalt in der Familie BGBl 1996/759 idF BGBl I 2009/40 (2. Gewaltschutzgesetz);
- Eherechts-Änderungsgesetz 1999 (EheRÄG 1999) BGBl I 1999/125;
- Kindschaftsrechts-Änderungsgesetz 2001 (KindRÄG 2001) BGBl I 2000/135;
- Familien- und Erbrechts-Änderungsgesetz 2004 (FamErbRÄG 2004) BGBl I 2004/58;
- Familienrechts-Änderungsgesetz 2009 (FamRÄG 2009) BGBl I 2009/75;
- Eingetragene Partnerschaft-Gesetz (EPG) BGBl I 2009/135;
- Kindschafts- und Namensrechts-Änderungsgesetz 2013 BGBl I 2013/15;
- Adoptionsrechts-Änderungsgesetz 2013 (AdRÄG 2013) BGBl I 2013/179 und das
- Fortpflanzungsmedizinrechts-Änderungsgesetz 2015 (FMedRÄG 2015) BGBl I 2015/35.

Das Familienrecht hat aufgrund dieser Reformen einen grundlegenden **Paradigmenwechsel** erfahren. Das **patriarchalische Familienmodell** des ABGB wurde durch das partnerschaftliche Familienmodell, das auf der Gleichberechtigung von Mann und Frau beruht, abgelöst. Die umfassende Autoritätsgewalt des Mannes wurde von § 91 alt ABGB, der den Mann zum „Haupt der Familie" bestimmte, deutlich zum Ausdruck gebracht. Nach § 92 alt ABGB erhielt die Frau seinen Namen und folgte ihm in seinen Stand. Sie war verbunden, „dem Manne in seinen Wohnsitz zu folgen, in der Haushaltung und Erwerbung nach Kräften beyzustehen, und soweit es die häusliche Ordnung erfordert, die von ihm getroffenen Maßregeln sowohl selbst zu befolgen, als befolgen zu machen". Dafür hatte sie einen von eigenen Einkünften unabhängigen Unterhaltsanspruch. Sie wurde vom Mann in allen Angelegenheiten vertreten (§ 91 alt ABGB). Dieses hierarchische System galt auch im Verhältnis der Eheleute zu ihren Kindern. Zwar sprach das ABGB bereits von „gemeinschaftlichen Rechten und Pflichten der Eltern" (§ 139 alt ABGB), die Rollenverteilung war aber fix festgelegt. Es war die „vorzügliche Pflicht" des Vaters, für den Unterhalt der Kinder zu sorgen. Die Pflege ihres Körpers und ihrer Gesundheit oblag hauptsächlich der Mutter (§ 141 alt ABGB). Die Kinder waren den Eltern Ehrfurcht und Gehorsam schuldig (§ 144 alt ABGB), und die Eltern waren berechtigt, „Kinder auf eine nicht übertriebene und ihrer Gesundheit unschädliche Art zu züchtigen" (§ 145 alt ABGB). Die Kinder erhielten den Namen des Vaters, sein Wappen und seinen Stand (§ 146 alt ABGB). Sie unterstanden der „väterlichen Gewalt" (§ 147 alt ABGB), die auch die Vermögensverwaltung und die gesetzliche Vertretung des Kindes erfasste. Selbst die Zustimmung zur Adoption eines minderjährigen ehelichen Kindes oblag allein dem Vater

(§ 181 alt ABGB). War der Vater verhindert, so erhielt nicht die Mutter die gesetzliche Vertretung, sondern es war ein Vormund zu bestellen (§ 176 alt ABGB). Die Mutter kam als Vormund erst in Frage, wenn auch der väterliche Großvater verhindert war, die Vormundschaft zu übernehmen (§ 198 alt ABGB). In diesem Fall war ihr aber ein Mitvormund an die Seite zu stellen (§ 211 alt ABGB). Auch das uneheliche Kind wurde nicht von der Mutter, sondern von einem Vormund vertreten (§ 166 alt ABGB). Nach Scheidung oder Trennung konnten die Eltern eine Vereinbarung darüber treffen, von welchem Teil die Erziehung übernommen werden sollte. Kam eine solche nicht zustande, musste das Gericht dafür sorgen, dass Buben bis zum vierten, Mädchen bis zum siebenten Lebensjahr von der Mutter gepflegt und erzogen wurden (§ 142 alt ABGB).[7]

Das **partnerschaftliche Familienmodell** des geltenden Rechts geht demgegenüber davon aus, dass die ehelichen Rechte und Pflichten von Mann und Frau gleich sind (§ 89 ABGB). Auch in Bezug auf ihre Kinder haben Eltern gleiche Rechte und Pflichten (§ 137 Abs 1 ABGB).[8] Der Ausdruck der väterlichen Gewalt wurde durch den Begriff der Obsorge (§ 158 ABGB) ersetzt. Die rechtliche Position der Kinder gegenüber den Eltern wurde aufgewertet. Das Leitprinzip der Kindererziehung ist heute das Kindeswohl, das in § 138 ABGB umfassend definiert ist. Eltern und Kinder haben einander beizustehen und mit Achtung zu begegnen (§ 137 Abs 1 ABGB). Eltern haben das Wohl ihrer minderjährigen Kinder zu fördern und ihnen Fürsorge, Geborgenheit und eine sorgfältige Erziehung zu gewähren (§ 137 Abs 2 ABGB). Die Kinder haben immer noch den Anordnungen der Eltern Folge zu leisten (§ 161 ABGB), die Anwendung von Gewalt und die Zufügung körperlichen oder seelischen Leides sind aber unzulässig (§ 137 Abs 2 ABGB). Kinder werden somit nicht mehr als Objekte elterlicher Erziehung, sondern als Rechtssubjekte mit eigenen Rechten wahrgenommen.[9]

Das geänderte Verständnis von der Funktion und Bedeutung des Staates hat auch zu einem Wandel in der **Haltung des Staates gegenüber der Familie** und dem Familienrecht geführt. Das ABGB selbst war noch von der Auseinandersetzung mit der Kirche über die Kompetenz zur Regelung des Eherechts geprägt, die erst mit der Einführung der obligatorischen Zivilehe durch das Ehegesetz 1938 ihren Abschluss fand. Im ABGB wurde die Ehe

---

7   Diese Bestimmung wurde schon durch § 6 der Kaiserlichen Verordnung vom 12.10.1914 über eine Teilnovelle zum allgemeinen bürgerlichen Gesetzbuch (1. Teilnovelle) RGBl 1914/276 abgeändert. Bei Fehlen einer Einigung konnte das Gericht entscheiden, welchem Elternteil die Kinder zu „überlassen" sind.
8   § 137 Abs 3 ABGB alt.
9   Vgl unter 3. Teil Kindschaftsrecht I.

zwar in § 44 als bürgerlich-rechtlicher Vertrag definiert, abgeschlossen wurde sie aber vor dem Seelsorger (§ 75 alt ABGB). Eine Eheschließung zwischen Christen und Nichtchristen war untersagt (§ 64 alt ABGB), und es gab unterschiedliche Regelungen für Katholiken, Protestanten und Juden. Für Katholiken war nur eine Scheidung von Tisch und Bett (§ 93 alt ABGB), aber keine Auflösung der Ehe dem rechtlichen Bande nach möglich. Für Angehörige anderer Konfessionen bestand diese Möglichkeit dagegen schon (§§ 115 f alt ABGB). Der Zweck der Familie war eindeutig festgelegt. Die Familie als „Pflanzschule gut gesinnter und brauchbarer Staatsbürger"[10] diente hauptsächlich der „Kinderaufzucht". Dies wurde schon in der Definition der Ehe in § 44 ABGB ausdrücklich festgehalten und durch weitere Regelungen, wie dem in § 60 alt ABGB vorgesehenen Ehehindernis „des immerwährenden Unvermögens, die eheliche Pflicht zu leisten", deutlich zum Ausdruck gebracht.[11] Noch krasser war die Instrumentalisierung der Familie durch die Nationalsozialisten. Für sie waren Ehe und Familie die „Grundlagen des völkischen Gemeinschaftslebens, von deren Kraft und Gesundheit Wert und Bestand der Volksgemeinschaft abhängen". Der Sinn der Ehe lag „außerhalb der Individualinteressen der Ehegatten". Ihr Ziel war die Volksvermehrung und Volkserhaltung. Die Ehe sollte ein „Hort des Kinderreichtums" sein und gleichsam als „kleinste Zelle völkischen Lebens" den Ehegatten das Erleben der Gemeinschaft vermitteln.[12]

Dem heutigen liberalen Verfassungsstaat kommt keine derartige Berechtigung zur Einflussnahme auf das Privatleben seiner Bürger und Bürgerinnen zu. Die staatliche Gesetzgebung wird durch die Verfassungsordnung, die sehr wesentlich auch durch **grundrechtliche Verbürgungen** determiniert wird, beschränkt. Art 8 EMRK schützt das Privat- und Familienleben. Art 2 des 1. ZPEMRK verpflichtet den Staat, bei der Ausübung seiner Bildungsaufgaben das Recht der Eltern zu achten, die Erziehung und den Unterricht entsprechend ihren eigenen religiösen und weltanschaulichen Überzeugungen sicherzustellen. Die Gleichheit von Mann und Frau wird durch den Gleichheitssatz, der in der österreichischen Verfassung gleich mehrfach verankert ist,[13] garantiert. Er verbietet auf der einen Seite ungerechtfertigte Diskriminierungen und erlegt dem Gesetzgeber andererseits die Verpflichtung auf, nur sachlich gerechtfertigte Regelungen zu treffen. Art 5 des 7.

---

10 *Zeiller*, Commentar über das allgemeine bürgerliche Gesetzbuch für die gesammten Deutschen Erbländer der Österreichischen Monarchie I (1811) § 44 Anm 2.

11 Siehe auch *Zeiller*, Commentar § 60 Anm 1.

12 Begründung zu dem Gesetz über die Vereinheitlichung des Rechts der Eheschließung und der Ehescheidung im Lande Österreich und im übrigen Reichsgebiet vom 6.7.1938, Deutsche Justiz 1938, 1107.

13 Art 2 StGG, Art 7 Abs 1 B-VG, Art 14 EMRK.

ZPEMRK sieht darüber hinaus vor, dass Ehegatten untereinander und in ihren Beziehungen zu ihren Kindern gleiche Rechte und Pflichten hinsichtlich der Eheschließung, während der Ehe und bei Auflösung der Ehe haben. Die Charta der Grundrechte der Europäischen Union[14] sieht derartige grundrechtliche Verbürgungen nun auch auf der Ebene des europäischen Unionsrechts vor.[15] Der Staat ist heute verpflichtet, sich in Gesetzgebung und Vollziehung unangemessener Eingriffe in das Privat- und Familienleben zu enthalten und andererseits diese Rechtssphäre durch aktives Verhalten zu schützen und zu gewährleisten.[16]

Österreich ist diesbezüglich auch in ein dichtes Netz **völkerrechtlicher Verträge** eingebunden, die teilweise sogar im Verfassungsrang ratifiziert wurden. Dies gilt für die EMRK[17] mitsamt den Zusatzprotokollen,[18] das Internationale Übereinkommen über die Beseitigung aller Formen rassischer Diskriminierung[19] und die UN-Konvention zur Beseitigung jeder Form von Diskriminierung der Frau samt Vorbehalten BGBl 1982/443. Das Europäische Übereinkommen über die Rechtsstellung der unehelichen Kinder samt Vorbehalt Österreichs[20] BGBl 1980/313 steht auf Gesetzesstufe, ist aber unmittelbar anwendbar. Die UN-Konvention über die Rechte des Kindes BGBl 1993/7, die ebenfalls im einfachen Gesetzesrang ratifiziert wurde, steht dagegen unter Erfüllungsvorbehalt und kann deshalb nicht unmittelbar angewendet werden. Ihre Inhalte wurden jedoch zum Großteil im Jahr 2011 durch das BVG über die Rechte von Kindern[21] in der österreichischen Bundesverfassung verankert.

Die Gleichstellung von Mann und Frau in der Familie, die Achtung des Persönlichkeitsrechts des Kindes und die Gleichstellung des unehelichen

---

14 ABl C 2012/326, 391.
15 Vgl Art 7 (Achtung des Privat- und Familienlebens), Art 9 (Recht, eine Ehe einzugehen und eine Familie zu gründen), Art 23 (Gleichheit von Frauen und Männern) und Art 24 (Rechte des Kindes).
16 Ausführlich *Hinteregger*, Die Bedeutung der Grundrechte für das Privatrecht, ÖJZ 1999, 741.
17 BGBl 1958/210. Diese wurde vom Gesetzgeber erst nachträglich in den Verfassungsrang gehoben (BGBl 1964/59).
18 1. ZPEMRK BGBl 1958/210; 4. ZPEMRK BGBl 1969/434; 6. ZPEMRK BGBl 1985/138; 7. ZPEMRK BGBl 1988/628; 13. ZPEMRK BGBl III 2005/22.
19 BGBl 1972/377, umgesetzt mit dem BVG vom 3.7.1973 zur Durchführung des Internationalen Übereinkommens über die Beseitigung aller Formen rassischer Diskriminierung BGBl 1973/390.
20 Der zu Art 9 des Übereinkommens erklärte Vorbehalt, der das Erbrecht des unehelichen Kindes zum Nachlass des Vaters und der Verwandten seines Vaters betrifft, ist seit dem ErbrechtsänderungsG 1989 bedeutungslos.
21 BGBl I 2011/4.

Kindes mit dem ehelichen Kind, die in Österreich erst im Jahr 1989[22] auf Grund von Entscheidungen des EGMR[23] weitgehend verwirklicht und mit dem KindNamRÄG 2013 nunmehr abgeschlossen wurde, sind somit auch die Folge verfassungsrechtlicher Grundentscheidungen.

Der verstärkte Schutz und die Anerkennung der Privatautonomie bei der Gestaltung des Privatlebens haben zu einer deutlichen **Deregulierung** des Eherechts geführt. Das österreichische Eherecht kommt heute mit insgesamt drei Ehehindernissen (Verwandtschaft, Doppelehe, Adoption) aus. Die Ehegatten können selbst entscheiden, ob sie einen gemeinsamen Familiennamen führen wollen (§ 93 ABGB). Sie können ihre eheliche Lebensgemeinschaft frei gestalten. Ergeben sich Differenzen, so sind die Ehepartner nur einander im Rahmen eines allfälligen Scheidungsverfahrens verantwortlich. Scheidung und Scheidungsfolgen können einvernehmlich festgelegt werden. Das staatliche Recht übt hier nur mehr eine Kontrollfunktion aus.

Darüber hinaus ist es zu einer weitgehenden **Liberalisierung** der Familienbeziehungen gekommen. Ehen werden häufig geschieden und die Lebensgemeinschaft stellt heute eine gesellschaftlich akzeptierte Form des Zusammenlebens von Mann und Frau dar, die auch der Gesetzgeber mehr und mehr berücksichtigen muss. Die damit verbundene Auflösung des traditionellen Familienbildes hat den Gesetzgeber bereits veranlasst, spezielle Regelungen für Patchworkfamilien zu schaffen.[24] Den vorläufigen Höhepunkt dieser Entwicklung stellt die gesetzliche Regelung der eingetragenen Partnerschaft für gleichgeschlechtliche Paare dar.[25] In gleichgeschlechtlichen Paarbeziehungen ist die so genannte Stiefkindadoption möglich[26] und Frauenpaaren steht nunmehr die medizinisch unterstützte Fortpflanzung offen. Die Partnerin der Mutter wird auch ohne Adoption „Elternteil" des Kindes.[27]

---

22 ErbrechtsänderungsG BGBl 1989/656.
23 EGMR 13.6.1979, 6833/74, *Marckx/Belgien* EuGRZ 1979, 454; 28.10.1987, 8695/79, *Inze/Österreich* ÖJZ 1988/4 (MRK).
24 Vgl § 90 Abs 3 ABGB und § 139 Abs 2 ABGB.
25 BG über die eingetragene Partnerschaft (Eingetragene Partnerschaft-Gesetz – EPG) BGBl I 2009/135.
26 Adoptionsrechts-Änderungsgesetz 2013 (AdRÄG 2013), BGBl I 2013/179.
27 Fortpflanzungsmedizinrechts-Änderungsgesetz 2015 (FMedRÄG 2015), BGBl I 2015/35 (siehe 3. Teil Kindschaftsrecht II.3.) Aufgehoben wurde auch das Verbot der gemeinsamen Adoption für eingetragene Partner: VfGH G 119/2014 iFamZ 2015/2, 14 (*Schoditsch*) = JBl 2015, 237 (*Krauskopf*).

II. Rechtsquellen

A. Materielles Familienrecht

Das Familienrecht regelt die rechtlichen Beziehungen zwischen Ehegatten und zwischen Eltern (Großeltern) und Kindern sowie die besonderen Fürsorgebeziehungen in Bezug auf Minderjährige (Obsorge einer anderen Person, Kuratel). Demzufolge unterscheidet man das Eherecht und das Kindschaftsrecht. Im weiteren Sinn zum Familienrecht gehört auch das Sachwalterrecht, einschließlich der Regeln über die Angehörigenvertretung, die Vorsorgevollmacht und die Patientenverfügung.

Das **Eherecht** ist auf mehrere Gesetze verteilt. Das ABGB enthält die Definition der Ehe (§ 44), die Regeln über das Verlöbnis (§§ 45 und 46), die persönlichen Rechtswirkungen der Ehe (§§ 89–100), das Ehegattenerbrecht (§§ 757–759, § 796) mitsamt dem Pflichtteilsrecht (§§ 762 ff) sowie das eheliche Güterrecht (§§ 1217–1266). Eheschließung und Ehescheidung mitsamt den Scheidungsfolgen werden im EheG 1938[28] geregelt. Von den vom deutschen Reichsgesetzgeber erlassenen VO zur Durchführung und Ergänzung des EheG[29] gelten nur noch Teile der 1. DVEheG.[30] Diese wurden durch § 2 Rechts-Überleitungsgesetz[31] auf Gesetzesstufe in das Recht der Zweiten Republik übergeleitet.

---

28 Gesetz vom 6. Juli 1938 zur Vereinheitlichung des Rechts der Eheschließung und der Ehescheidung im Lande Österreich und im übrigen Reichsgebiet dRGBl I 1938, 807, kundgemacht für Österreich im GBlÖ 1938/244.

29 Die 2. DVEheG hat in Österreich nie gegolten. Die 3. DVEheG dRGBl I 1940, 1488 wurde durch § 1 Z 1 des G StGBl 1945/31, die 5. DVEheG durch Art IV des BG BGBl 1983/566 und die 6. DVEheG durch Art XXIII § 2 des EheRÄG 1978 aufgehoben: *Dittrich/Tades*, ABGB[36] (2003) Anm zur 4. DVEheG. Die 4. DVEheG zur Durchführung und Ergänzung des Ehegesetzes und zur Vereinheitlichung des internationalen Familienrechts dRGBl I 1941, 654 wurde durch § 200 Abs 1 Z 3 AußStrG mit Wirkung zum 1.1.2005 aufgehoben. § 24 der 4. DVEheG wurde bereits durch Art XIII des KindRÄG 2001 aufgehoben.

30 VO vom 27. Juli 1938 zur Durchführung und Ergänzung des Gesetzes zur Vereinheitlichung des Rechts der Eheschließung und der Ehescheidung im Lande Österreich und im übrigen Reichsgebiet dRGBl I 1938, 923.

31 StGBl 1945/6.

Das **Kindschaftsrecht** wird im Wesentlichen im ABGB, und zwar in den §§ 21–23 (Allgemeines), §§ 137–190 (Allgemeines, Abstammung, Name, Obsorge, Pflegeverhältnis, sonstige Rechte und Pflichten), §§ 191–203 (Adoption), §§ 204–206 (Obsorge einer anderen Person), §§ 207–212 (Aufgaben des Kinder- und Jugendhilfeträgers[32]), §§ 213–224 (besondere Pflichten und Rechte anderer mit der Obsorge betrauter Personen), §§ 225–226 (Änderungen in der Obsorge), §§ 227–230 (Haftung der anderen mit der Obsorge betrauten Person gegenüber dem Kind und deren Ansprüche auf Entschädigung, Entgelt und Aufwandsersatz), §§ 231–235 (Unterhalt) und §§ 269–278 (Kuratel) geregelt. Das Bundes-Kinder- und Jugendhilfegesetz 2013[33] stellt als Bundes-Grundsatzgesetz iSv Art 12 B-VG Grundsätze über die Mutterschafts-, Säuglings- und Jugendfürsorge auf, die jeweils durch Landesgesetz näher ausgeführt werden. Zur Gewährleistung und zum Schutz von Unterhaltsansprüchen bestehen das Unterhaltsschutzgesetz,[34] das Unterhaltsvorschußgesetz[35] und das Auslandsunterhaltsgesetz 2014[36]. Mit dem BG v 9. Juni 1988 BGBl 1988/513 idF BGBl I 2013/15 wurde das Übereinkommen über die zivilrechtlichen Aspekte internationaler Kindesentführung[37] in das österreichische Recht umgesetzt. Mit diesem Übereinkommen soll gewährleistet werden, dass das in einem Vertragsstaat bestehende Sorgerecht und das Recht auf persönlichen Verkehr in den anderen Vertragsstaaten beachtet wird. Außerdem soll sichergestellt werden, dass Kinder, die widerrechtlich in einen Vertragsstaat verbracht wurden oder dort zurückgehalten werden, sofort zurückgebracht werden. Es bezieht sich nur auf Kinder unter 16 Jahren.

Die religiöse Erziehung eines Kindes wird vom BG über die religiöse Kindererziehung[38] geregelt. Die medizinisch unterstützte Fortpflanzung (homologe und heterologe Insemination, In-vitro-Fertilisation) wurde 1992 durch ein eigenes Gesetz, das Fortpflanzungsmedizingesetz,[39] einer eingehenden Regelung zugeführt, mit dem auch einige abstammungsrechtliche Vorschriften in das ABGB eingefügt wurden.

Das **Sachwalterrecht** ist in den §§ 268 ff ABGB normiert. Die Bestimmungen über die eigentliche Sachwalterschaft finden sich in den §§ 268 bis

---

32 Bis zum B-KJHG, BGBl I 2013/69, mit dem Begriff „Jugendwohlfahrtsträger" bezeichnet.
33 BGBl I 2013/69; früher: Jugendwohlfahrtsgesetz BGBl 1989/161.
34 BGBl 1985/452 idF BGBl I 1991/628.
35 BGBl 1985/451 idF BGBl I 2010/58.
36 BGBl I 2014/34.
37 BGBl 1988/512.
38 BGBl 1985/155 idF BGBl I 1999/191.
39 BGBl 1992/275 idF BGBl I 2015/35.

284 ABGB; direkt im Anschluss sind die Vertretungsbefugnis nächster Angehöriger (§§ 284b–284e ABGB) sowie die Vorsorgevollmacht (§§ 284f–
284h ABGB) geregelt. Das Patientenverfügungsgesetz[40] enthält Bestimmungen über die Voraussetzungen und die Wirksamkeit von Patientenverfügungen.

B. Internationales Privatrecht (IPR)

Gerade in familienrechtlichen Beziehungen bestehen häufig Berührungen
zu ausländischen Privatrechtsordnungen. Da dieselben Sachverhalte von
den Privatrechtsordnungen der einzelnen Staaten durchaus unterschiedlich
gelöst werden, ist es notwendig, Regelungen vorzusehen, die darüber Auskunft geben, welche der berührten Privatrechtsordnungen für den zu entscheidenden Sachverhalt anzuwenden ist. Diese Entscheidung über die
Wahl der anzuwendenden Rechtsordnung wird vom internationalen Privatrecht (IPR; conflict of laws) getroffen.[41] Dieses ist Teil des Kollisionsrechts,
das als übergeordneter Begriff auch das internationale Zivilverfahrensrecht,
das internationale Verwaltungsrecht und das internationale Strafrecht umfasst. Beim IPR handelt es sich um nationales Recht des jeweiligen Staates.
Zum Teil werden Fragen des IPR aber auch in zwischenstaatlichen oder
multilateralen Abkommen bzw durch Rechtsakte der EU geregelt.

In Österreich finden sich die kollisionsrechtlichen Vorschriften für das
Familienrecht im **IPRG**,[42] insbesondere für das Eherecht in den §§ 16–20
IPRG, für das Partnerschaftsrecht in den §§ 27a–27d IPRG und für das
Kindschaftsrecht in den §§ 21–27 IPRG, sowie in verschiedenen mit Wir-
kung für Österreich ratifizierten **Staatsverträgen**,[43] die gem § 53 Abs 1

---

40 BGBl I 2006/55.
41 Vgl *Nademleinsky/Neumayr*, Internationales Familienrecht (2007) 19–37; *Lurger/
    Melcher*, Internationales Privatrecht (2013) 69–137.
42 BG v 15. Juni 1978 über das internationale Privatrecht BGBl 1978/304.
43 Beispielsweise das Übereinkommen über das auf Unterhaltsverpflichtungen gegen-
    über Kindern anzuwendende Recht (Haager Unterhaltsstatutübereinkommen; nur
    mehr im Verhältnis zu Japan, der Schweiz, der Türkei, der Sonderverwaltungszone
    Macao der Volksrepublik China und Liechtenstein anwendbar) BGBl 1961/293, er-
    setzt durch das Haager Protokoll über das auf Unterhaltspflichten anzuwendende
    Recht von 2007 iVm Art 15 der UnterhaltsVO (EG) 4/2009 (siehe unten); Überein-
    kommen über die Zuständigkeit der Behörden und das anzuwendende Recht auf
    dem Gebiet des Schutzes von Minderjährigen (Haager Minderjährigenschutz-
    übereinkommen; nur mehr im Verhältnis zur Türkei und der Sonderverwaltungszo-
    ne Macao der Volksrepublik China anwendbar; zur Zeit auch noch im Verhältnis zu
    Italien, das das KSÜ noch nicht ratifiziert hat) BGBl 1975/446, ersetzt durch das
    Übereinkommen über die Zuständigkeit, das anzuwendende Recht, die Anerken-
    nung, Vollstreckung und Zusammenarbeit auf dem Gebiet der elterlichen Verant-

IPRG vorrangig anzuwenden sind. Darüber hinaus unterliegt das IPR zunehmend dem Einfluss des Rechts der **Europäischen Union**. Das Primärrecht (Grundfreiheiten, Diskriminierungsverbot, Unionsbürgerschaft) hat auch Bedeutung für das Familienrecht.[44] Überdies entfaltet die Europäische Union auf der Grundlage von Art 81 AEUV eine rege Regelungstätigkeit im IPR.[45]

C. Verfahrensrecht

Der Vollzug des Familienrechts als eine der Kernmaterien des Zivilrechts ist den **ordentlichen Gerichten** zugewiesen (§ 1 JN). Familienrechtliche Angelegenheiten können entweder im streitigen Verfahren oder im Verfahren außer Streitsachen zu erledigen sein. In das **Verfahren außer Streitsachen** gehören jedenfalls:

- die einvernehmliche Scheidung,
- die Entscheidung über die Abgeltung der Mitwirkung eines Ehegatten im Erwerb des anderen,

---

wortung und der Maßnahmen zum Schutz von Kindern (Haager Kinderschutzübereinkommen) BGBl III 2011/49; Übereinkommen über den Schutz von Kindern und die Zusammenarbeit auf dem Gebiet der internationalen Adoption (Haager Adoptionsübereinkommen) BGBl III 1999/145 oder das Übereinkommen über die zivilrechtlichen Aspekte internationaler Kindesentführung (Haager Kindesentführungsübereinkommen) BGBl 1988/512.

44   Vgl die Entscheidungen des EuGH zum Namensrecht in den Rechtssachen *Konstantinidis* (EuGH 30.3.1993, C-168/91 Slg 1993, I-1191); *Garcia-Avello* (EuGH 2.10.2003, C-148/02 Slg I-11613); *Grunkin-Paul* (EuGH 14.10.2008, C-353/06 EF-Z 2009/37) und *Sayn-Wittgenstein* (EuGH 22.12.2010, C-208/09 EF-Z 2011/32).

45   Art 15 der Verordnung (EG) 4/2009 des Rates vom 18.12.2008 über die Zuständigkeit, das anwendbare Recht, die Anerkennung und Vollstreckung von Entscheidungen und die Zusammenarbeit in Unterhaltssachen, ABl L 2009/7, 1; Verordnung (EU) 1259/2010 des Rates vom 20.12.2010 zur Durchführung einer Verstärkten Zusammenarbeit im Bereich des auf die Ehescheidung und Trennung ohne Auflösung des Ehebandes anzuwendenden Rechts, ABl L 2010/343, 10 („Rom III"). In Vorbereitung sind außerdem Regelungen betreffend das eheliche Güterrecht und das Güterrecht eingetragener Partnerschaften: Vorschlag vom 16.3.2011 für eine Verordnung des Rates über die Zuständigkeit, das anzuwendende Recht, die Anerkennung und die Vollstreckung von Entscheidungen im Bereich des Ehegüterrechts, KOM(2011) 126 endg; Vorschlag vom 16.3.2011 für eine Verordnung des Rates über die Zuständigkeit, das anzuwendende Recht, die Anerkennung und die Vollstreckung von Entscheidungen im Bereich des Güterrechts eingetragener Partnerschaften, KOM(2011) 127 endg.

– das Verfahren über die gesonderte Wohnungnahme nach § 92 Abs 3 ABGB,
– der Ausspruch über die Ausfallsbürgschaft nach § 98 EheG,
– das Abstammungsverfahren,
– die Annahme an Kindesstatt,
– die Legitimation eines unehelichen Kindes durch Entschließung des Bundespräsidenten (bis 1.6.2016),
– Entscheidungen über die religiöse Kindererziehung (§ 2 Abs 3 des BG über die religiöse Kindererziehung),
– Verfahren über Unterhaltsansprüche zwischen Eltern und Kindern,
– die Gewährung von Unterhaltsvorschüssen (§ 10 UVG),
– die Regelung der Obsorge und der persönlichen Kontakte sowie
– das Verfahren über die Sachwalterschaft für behinderte Personen.

In das **streitige Verfahren** gehören etwa das Verfahren über
– die Klage auf Ehescheidung, Aufhebung oder Nichtigerklärung der Ehe,
– die Klage auf Feststellung des Bestehens oder Nichtbestehens einer Ehe sowie
– die sonstigen Streitigkeiten aus dem Eheverhältnis, wie beispielsweise Streitigkeiten über den Ehegattenunterhalt.

Für familienrechtliche Angelegenheiten sind die **Bezirksgerichte** sachlich zuständig. Dies ergibt sich für das Verfahren außer Streitsachen aus § 104a JN und für das streitige Verfahren aus § 49 Abs 2 JN. Das Rechtspflegergesetz BGBl 1985/560 sieht vor, dass bestimmte Angelegenheiten von besonders ausgebildeten Fachbeamten (Rechtspflegern) in ihrem selbstständigen Wirkungsbereich erledigt werden können (vgl § 19 RpflG). Bei Sachverhalten mit Auslandsberührung stellt sich außerdem die Frage nach der internationalen Zuständigkeit und nach der Anerkennung und Vollstreckung ausländischer Entscheidungen.[46]

---

46 Vgl dazu die VO (EG) 2201/2003 des Rates vom 27.11.2003 über die Zuständigkeit und die Anerkennung und Vollstreckung von Entscheidungen in Ehesachen und in Verfahren betreffend die elterliche Verantwortung und zur Aufhebung der VO (EG) 1347/2000 (Brüssel IIa-Verordnung); die UnterhaltsVO (EG) 4/2009; §§ 91a–91d AußStrG betreffend die Anerkennung ausländischer Entscheidungen über die Annahme an Kindes statt; §§ 97–100 AußStrG betreffend die Anerkennung ausländischer Entscheidungen über den Bestand einer Ehe und die §§ 112–116 AußStrG betreffend die Anerkennung gerichtlicher Entscheidungen über die Regelung der Obsorge und des Rechts auf persönliche Kontakte. Siehe auch die VO-Vorschläge betreffend das eheliche Güterrecht und das Güterrecht eingetragener Partnerschaften (FN 45).

III. Übersicht über wichtige Literatur zum Familienrecht

A. Kommentare

Beck Susanne, Kindschaftsrecht. mit den Änderungen des KindNamRÄG 2013[2] (Wien 2013)

Feil Erich/Marent Karl-Heinz, Familien- und Erbrechtsänderungsgesetz 2004 (Wien 2005)

Feil Erich/Marent Karl-Heinz, Familienrecht Kommentar (Wien 2007)

Fenyves Attila/Kerschner Ferdinand/Vonkilch Andreas (Hrsg), 3. Auflage des von Dr. Heinrich Klang begründeten Kommentars zum Allgemeinen Bürgerlichen Gesetzbuch, §§ 44 bis 100 ABGB (Wien 2006), §§ 137 bis 267 ABGB (Wien 2008), abgekürzt zitiert nach dem *Bearbeiter* in Klang[3] § ... Rz ... (§§ ohne Gesetzesangabe sind solche des ABGB)

Gitschthaler Edwin/Höllwerth Johann (Hrsg), Kommentar zum Ehe- und Partnerschaftsrecht (Wien 2011), abgekürzt zitiert nach dem *Bearbeiter* in Gitschthaler/Höllwerth § ... Rz ... (§§ ohne Gesetzesangabe sind solche des ABGB)

Gröger Katharina/Haller Hartmut, EPG. Eingetragene Partnerschaft-Gesetz. Textausgabe mit Erläuterungen und Anmerkungen (Wien 2010)

Hopf Gerhard/Kathrein Georg, Eherecht[3] (Wien 2014) (§§ ohne Gesetzesangabe sind solche des ABGB)

Klang Heinrich/Gschnitzer Franz (Hrsg), Kommentar zum Allgemeinen bürgerlichen Gesetzbuch I/1[2] (Wien 1964), I/2[2] (Wien 1962), abgekürzt zitiert nach dem *Bearbeiter* in Klang Band[2] Seite

Kletečka Andreas/Schauer Martin (Hrsg), ABGB-ON. Kommentar zum Allgemeinen bürgerlichen Gesetzbuch (Wien 2010) abgekürzt zitiert nach dem *Bearbeiter* in ABGB-ON § ... Rz ...; elektronische Version zitiert nach dem *Bearbeiter* in ABGB-ON[Versionsnummer] § ... Rz ... (www.rdb.at)

Koziol Helmut/Bydlinski Peter/Bollenberger Raimund (Hrsg), Kurzkommentar zum ABGB[4] (Wien 2014), abgekürzt zitiert nach dem *Bearbeiter* in KBB[4] § ... Rz ... (§§ ohne Gesetzesangabe sind solche des ABGB)

Rummel Peter (Hrsg), Kommentar zum Allgemeinen bürgerlichen Gesetzbuch samt Nebengesetzen I[3] (Wien 2000) mit 1. Ergänzungsband zur 3. Auflage zur Berücksichtigung des KindRÄG 2001 (Wien 2003), II/1[3] (Wien 2002), II/4[3] (Wien 2002), II/6[3] (Wien 2004) abgekürzt zitiert nach dem *Bearbeiter* in Rummel Band[Auflage] § ... Rz ... (§§ ohne Gesetzesangabe sind solche des ABGB)

Schwimann Michael (Hrsg), ABGB Taschenkommentar[3] (Wien 2015), abgekürzt zitiert nach dem *Bearbeiter* in Schwimann, ABGB-TaKomm § ... Rz ... (§§ ohne Gesetzesangabe sind solche des ABGB)

Schwimann Michael/Kodek Georg (Hrsg), ABGB Praxiskommentar I[4] (Wien 2012), abgekürzt zitiert nach dem *Bearbeiter* in Schwimann/Kodek I[4] § ... Rz ... (§§ ohne Gesetzesangabe sind solche des ABGB)

Schwind Fritz, Kommentar zum österreichischen Eherecht[2] (Wien 1980)

Tades Helmuth/Hopf Gerhard/Kathrein Georg/Stabentheiner Johannes (Hrsg), Das Allgemeine bürgerliche Gesetzbuch samt den einschlägigen Gesetzen und Verordnungen, verweisenden und erläuternden Anmerkungen, Literaturangaben und einer Übersicht über die Rechtsprechung der Gerichte, insbesondere des Obersten Gerichtshofes[37] I, II (Wien 2009)

B. Lehrbücher, Handbücher und Sammelwerke

Barth Peter/Deixler-Hübner Astrid (Hrsg), Handbuch des Kinderbeistandsrechts. Aufgaben, Arbeitsweise und Rechtsstellung des Kinderbeistands aus interdisziplinärer Sicht (Wien 2011)

Barth Peter/Deixler-Hübner Astrid/Jelinek Georg (Hrsg), Handbuch des neuen Kindschafts- und Namensrechts (Wien 2013)

Deixler-Hübner Astrid (Hrsg), Der Ehevertrag (Wien 2013)

Ehrenzweig Armin/Schwind Fritz, System des österreichischen allgemeinen Privatrechts III[3]: Das Familienrecht (Wien 1984), zitiert als *Ehrenzweig/Schwind*, Familienrecht[3] Seite

Ferrari Susanne/Hinteregger Monika/Kathrein Georg (Hrsg), Reform des Kindschafts- und Namensrechts (Wien 2014)

Gitschthaler Edwin, Unterhaltsrecht[3] (Wien 2015)

Gschnitzer Franz/Faistenberger Christoph, Österreichisches Familienrecht[2] (Wien New York 1979)

Harrer Friedrich/Zitta Rudolf (Hrsg), Familie und Recht (Wien 1992)

Kerschner Ferdinand, Familienrecht[5]. Lehrbuchreihe Bürgerliches Recht V, hrsg von *Apathy Peter* (Wien 2013) zitiert als *Kerschner*, Familienrecht[5] Rz …

Koziol Helmut/Welser Rudolf (bearbeitet von *Kletečka Andreas*), Grundriss des bürgerlichen Rechts. Allgemeiner Teil, Sachenrecht, Familienrecht I[14] (Wien 2014), abgekürzt zitiert *Koziol/Welser/Kletečka*, Bürgerliches Recht I[14] Rz …

Loderbauer Brigitte (Hrsg), Kinder- und Jugendrecht[4] (Wien 2011)

Lurger Brigitta/Melcher Martina, Internationales Privatrecht. Lehrbuchreihe Bürgerliches Recht VII, hrsg von Apathy Peter (Wien 2013)

Nademleinsky Marco/Neumayr Matthias, Internationales Familienrecht (Wien 2007)

Nademleinsky Marco, Internationales Scheidungsrecht (Wien 2014)

Nimmerrichter Clemens, Handbuch internationales Unterhaltsrecht (Wien 2011)

Schwimann Michael/Kolmasch Wolfgang, Unterhaltsrecht[7] (Wien 2014)

Tews Günter, Unterhalt korrekt berechnen[2] (Wien 2014)

Verschraegen Bea, Internationales Privatrecht. Ein systematischer Überblick (Wien 2012)

2. Teil: Eherecht

I. Die Eheschließung

A. Verlöbnis

1. Definition und Abschluss

Unter dem Verlöbnis versteht man die Vereinbarung der künftigen Eheschließung. Nach herrschender Ansicht[1] ist das Verlöbnis ein **Vertrag**. Damit unterliegt das Verlöbnis den allgemeinen Regeln betreffend Geschäftsfähigkeit, Möglichkeit und Erlaubtheit oder Anfechtbarkeit wegen Willensmängeln. Auch die Setzung von Befristungen und Bedingungen ist grundsätzlich möglich. Wegen seines höchstpersönlichen Charakters ist ein Verlöbnisabschluss im Wege der Stellvertretung unzulässig.[2] Von der Rechtsprechung war mehrfach zu beurteilen, ob eine verheiratete Person während aufrechten Ehebandes ein gültiges Eheversprechen abgeben kann. Die ältere Rechtsprechung war der Auffassung, dass ein solches Verlöbnis unter allen Umständen rechtsunwirksam ist.[3] Die neuere Auffassung prüft diese Frage unter dem Gesichtspunkt der Sittenwidrigkeit.[4] Diese liegt nach Meinung der Rechtsprechung jedenfalls vor, wenn das Verlöbnis mit ehebrecherischen Beziehungen der beiden Partner in Zusammenhang steht.[5]

Das Verlöbnis kann **ausdrücklich** oder **konkludent** abgeschlossen werden. Entscheidend ist das Vorliegen eines wechselseitigen Eheversprechens, die bloße Eheschließungsabsicht genügt nicht.[6] Nicht erforderlich sind nä-

---

1   *Stabentheiner* in Rummel I³ § 45 Rz 1; *Hinteregger* in Klang³ § 45 Rz 2; *Höllwerth* in Gitschthaler/Höllwerth § 45 Rz 1; *Schwimann/Ferrari* in Schwimann/Kodek I⁴ § 45 Rz 2; *Smutny* in ABGB-ON¹·⁰¹ § 45 Rz 1; *Koziol/Welser/Kletečka*, Bürgerliches Recht I¹⁴ (2014) Rz 1417; *Koch* in KBB⁴ § 45 Rz 1; aA, aber von der österreichischen Lehre einhellig abgelehnt: *Canaris*, Das Verlöbnis als gesetzliches Rechtsverhältnis, AcP 165, 1.

2   *Koziol/Welser/Kletečka*, Bürgerliches Recht I¹⁴ Rz 1419 ff.

3   OGH 1 Ob 140 ZBl 1931/241 (685) (*Schiesser*); 2 Ob 120/53 SZ 26/52.

4   *Stabentheiner* in Rummel I³ § 45 Rz 3; *Schwimann/Ferrari* in Schwimann/Kodek I⁴ § 45 Rz 3.

5   OGH 2 Ob 173/61 EvBl 1961/337 (439).

6   OGH 2 Ob 7/67 SZ 40/15.

here Vereinbarungen über die gemeinsame Zukunft oder die Festlegung des Hochzeitstermins.[7]

Das Verlöbnis wird zwar heute allgemein als Vertrag gesehen, es ist aber ein Vertrag **ohne Hauptleistungspflicht**. Denn § 45 ABGB legt fest, dass aus einem Eheversprechen keine Verpflichtung zum Abschluss der Ehe erwächst. Auch Vereinbarungen zur Befestigung des gegebenen Versprechens, wie Vertragsstrafe, Angeld oder Reugeld sind nicht zulässig. Das bedeutet, dass jeder der Verlobten das Verlöbnis jederzeit, und zwar auch einseitig, lösen kann.

2. Rechtswirkungen

Aus einem Verlöbnis kann zwar nicht auf Abschluss des Ehevertrages geklagt werden, es entfaltet aber doch einige **Rechtswirkungen**. So entsteht ab dem Zeitpunkt des Verlöbnisses der Anspruch auf Ausstattung (§§ 1220 ff ABGB), der aber erst mit Eheschließung fällig wird,[8] und es können Ehepakte und Eheverträge geschlossen werden.

Wird die Verlobung gelöst, so kann dies **Rückforderungs- und Bereicherungsansprüche** nach sich ziehen. Gem § 1247 Satz 2 ABGB kann eine im Hinblick auf eine künftige Ehe erfolgte Leistungszusage oder Schenkung widerrufen werden, wenn die Ehe ohne Verschulden des Geschenkgebers nicht zustande kommt. Die Rückforderung der Brautgeschenke ist demnach nur bei Verschulden des Schenkers ausgeschlossen, wobei der rückfordernde Schenker seine Schuldlosigkeit zu beweisen hat.[9] Auch ein Schenkungswiderruf wegen groben Undanks gem § 948 ABGB ist möglich. Im Hinblick auf die Eheschließung erbrachte Leistungen (zB Arbeitsleistungen) können wegen Zweckverfehlung zu einer Leistungskondiktion nach § 1435 ABGB (condictio causa data causa non secuta) berechtigen.

Der Rücktritt vom Verlöbnis kann auch zu **Schadenersatzverpflichtungen** führen. Gem § 46 ABGB hat der Teil, der keine gegründete Ursache für den Rücktritt gesetzt hat, Anspruch auf Ersatz des dadurch verursachten „wirklichen" Schadens. Nach allgemeiner Ansicht ist darunter nur der Vermögensschaden, und zwar beschränkt auf den Vertrauensschaden, zu verstehen. Ein Ersatz des immateriellen Schadens[10] oder des Nichterfüllungsschadens in Höhe der Vorteile, die durch die vereitelte Ehe zu erwar-

---

7   OGH 1 Ob 703/88 SZ 62/5.
8   Vgl unter 3. Teil Kindschaftsrecht III.C.
9   OGH 1 Ob 258/62 EvBl 1963/201 (291).
10 Das ist die durch die Verlobungslösung entstandene emotionale Beeinträchtigung, solange sie nicht den Grad einer Körperverletzung erreicht.

ten gewesen wären,[11] oder auch eines allfälligen entgangenen Gewinns[12] stehen nicht zu. Zu ersetzen sind demzufolge die Kosten der Vorbereitung der Eheschließung, die für die Anschaffung der Wohnung getätigten, nunmehr nutzlos gewordenen Aufwendungen[13] oder der konkrete Schaden durch den wegen der erwarteten Eheschließung aufgegebenen Arbeitsplatz bis zur Erlangung einer gleichwertigen Arbeitsmöglichkeit.[14]

Anspruch auf Schadenersatz hat der an der Auflösung der Verlobung schuldlose Teil. Aber auch Dritte (zB Eltern) können einen Ersatzanspruch, etwa wegen nutzlos gewordener Aufwendungen (zB für das Hochzeitsbankett oder die Hochzeitsreise), haben.[15] Umstritten ist, ob den anderen Verlobten ein Verschulden treffen muss. Die Rechtsprechung scheint von einem solchen Verschuldenserfordernis abzusehen,[16] die Lehre ist heute nahezu geschlossen dafür.[17]

Beispiele aus der Rechtsprechung

OGH 16.12.1982, 6 Ob 701/82 EvBl 1983/38 (157) = JBl 1983, 540 (*Schwimann*) = EFSlg 39.929 – Serbische Hochzeit

Alle Beteiligten haben die jugoslawische Staatsbürgerschaft. Der Sohn des Beklagten und die Tochter des Klägers „verlobten" sich in Österreich nach serbischem Brauch. Am 15. und am 30.9.1978 fand eine Feier statt, für die der Beklagte € 10.900,93 ausgab. Eine kirchliche oder standesamtliche Eheschließung fand nicht statt, noch wurde eine Zivilehe in Aussicht gestellt. Die Tochter des Klägers erhielt anlässlich der Feierlichkeiten von den Gästen verschiedene Geldbeträge, Wertsachen und Fahrnisse als Geschenke;

---

11   OGH 4 Ob 14/28/1 JBl 1928, 418; 3 Ob 265/54 RZ 1954, 13.

12   OGH 4 Ob 14/28 SZ 10/105.

13   OLG Wien 16 R 190/91 EFSlg 64.881.

14   OGH 1 Ob 360/50 JBl 1950, 552.

15   OGH 5 Ob 377/60 SZ 33/135; 2 Ob 7/67 SZ 40/15; *Koziol*, Die schadenersatzrechtlichen Folgen des Rücktritts vom Verlöbnis, JBl 1975, 61 (67); *Stabentheiner* in Rummel I³ § 46 Rz 8; *Hinteregger* in Klang³ § 46 Rz 5; *Schwimann/Ferrari* in Schwimann/Kodek I⁴ § 46 Rz 6; *Smutny* in ABGB-ON¹·⁰² § 46 Rz 20; *Koch* in KBB⁴ § 46 Rz 5.

16   Dazu ausführlich *Schwimann/Ferrari* in Schwimann/Kodek I⁴ § 46 Rz 5.

17   *Koziol*, JBl 1975, 61; *derselbe*, Österreichisches Haftpflichtrecht II² (1984) 210; *Stabentheiner* in Rummel I³ § 46 Rz 3; *Hinteregger* in Klang³ § 46 Rz 2; *Höllwerth* in Gitschthaler/Höllwerth § 46 Rz 7; *Schwimann/Ferrari* in Schwimann/Kodek I⁴ § 46 Rz 5; *Koch* in KBB⁴ § 46 Rz 3; anders nur mehr *Oberhofer*, Setzt der Schadenersatzanspruch wegen Rücktrittes vom Verlöbnis Verschulden des Ersatzpflichtigen voraus? ÖJZ 1994, 433 (dagegen aber *Mair*, Verschuldensunabhängiger Schadenersatzanspruch nach Rücktritt vom Verlöbnis, ÖJZ 1994, 844 und *Schwimann/Ferrari* in Schwimann/Kodek I⁴ § 46 Rz 5) sowie *Kerschner*, Familienrecht⁵ Rz 2/4.

diese Geschenke wurden dem Beklagten übergeben. Von 30.9.1978 bis Februar 1979 lebten die Tochter des Klägers und der Sohn des Beklagten zusammen. In dieser Zeit übergab die Tochter des Klägers dem Beklagten einen Betrag von € 1.345,54. Im Februar 1979 forderte der Beklagte die Tochter des Klägers auf, wieder zum Kläger zurückzukehren. Die „Verlobungsgeschenke" blieben in der Wohnung des Beklagten zurück. Der Kläger bringt vor, dass es sich bei den Feiern um eine „serbische Hochzeit" gehandelt habe, deren Publizität in der Anwesenheit aller Verwandter bestehe; eine standesamtliche Trauung werde fast nie durchgeführt. Die Geschenkgeber haben ihre Rückforderungsrechte bezüglich der bei der „Hochzeit" geschenkten Gegenstände an den Kläger zediert. Der Kläger fordert vom Beklagten die Rückgabe aller Geschenke.

OGH 20.3.1928, 4 Ob 14/28 SZ 10/105 – Verdienstentgang

Die Klägerin, eine Schauspielerin, verlobte sich mit dem Beklagten, einem Großindustriellen. Dieser trat in der Folge grundlos vom Verlöbnis zurück. Die Klägerin begehrt mit der gegenständlichen Klage Ersatz dafür, dass sie in Folge des Verlöbnisses vorteilhafte Bühnenangebote abgelehnt habe.

B. Abschluss der Ehe

1. Definition der Ehe

§ 44 ABGB definiert die Ehe als **Vertrag,** in dem zwei Personen verschiedenen Geschlechts gesetzmäßig ihren Willen erklären, in unzertrennlicher Gemeinschaft zu leben, Kinder zu zeugen, sie zu erziehen, und sich gegenseitigen Beistand zu leisten. Diese Bestimmung stammt noch aus der Stammfassung des ABGB. Die Eherechtsreformen der letzten zwei Jahrhunderte haben sie zwar in ihrem Wortlaut nicht angetastet, die inhaltlichen Umgestaltungen des Eherechts stellen § 44 ABGB aber nunmehr in ein grundlegend verändertes Umfeld. Angesichts der relativ leichten Lösbarkeit einer Ehe ist die Erklärung, in unzertrennlicher Gemeinschaft leben zu wollen, nur mehr dahingehend zu verstehen, dass eine Ehe auf unbegrenzte Zeit eingegangen wird. Die Eheschließungserklärung kann somit nicht unter einer Bedingung oder einer Zeitbestimmung abgegeben werden (§ 17 Abs 2 EheG). Auch die in § 44 ABGB angesprochene Verpflichtung, Kinder zu zeugen, wird heute weitgehend relativiert.[18]

Aus § 44 ABGB wird allgemein abgeleitet, dass eine Ehe nur von zwei Personen **verschiedenen Geschlechts** geschlossen werden kann. Eine Ehe-

---

18 Vgl unter IV.B.1.

schließung durch gleichgeschlechtliche Personen ist rechtlich unmöglich und deshalb völlig unwirksam.[19] Seit dem 1.1.2010 können gleichgeschlechtliche Paare aber eine eingetragene Partnerschaft eingehen (siehe unter VI.). Die **Geschlechtsumwandlung** einer verheirateten Person macht ihre Ehe weder unwirksam noch nichtig.[20] Sie kann nur durch Aufhebung oder Scheidung gelöst werden. Soweit keiner der spezifischen Eheauflösungstatbestände des EheG erfüllt ist, bleibt den Betroffenen nur die Möglichkeit der einvernehmlichen Scheidung nach § 55a EheG.

Die Ehe wird durch Vertrag begründet. Abschluss, Inhalt und Auflösbarkeit dieses Vertrages werden aber nicht vom allgemeinen Vertragsrecht, sondern durch Sondervorschriften, die weitgehend zwingenden Charakter haben, geregelt. Eine Ehe kann nur eingehen, wer ehefähig ist. Der Ehe dürfen außerdem keine Eheverbote entgegenstehen, und sie muss in einer ganz bestimmten Form abgeschlossen werden. Das Vorliegen dieser Voraussetzungen ist vor der Eheschließung durch die Personenstandsbehörde in einer mündlichen Verhandlung, bei der die beiden Verlobten grundsätzlich anwe-

---

19 *Stabentheiner* in Rummel I[3] § 44 Rz 2; *Höllwerth* in Gitschthaler/Höllwerth § 44 Rz 9; *Schwimann/Ferrari* in Schwimann/Kodek I[4] § 44 Rz 2; *Smutny* in ABGB-ON[1.02] § 44 Rz 9; *Hopf/Kathrein*, Eherecht[3] § 44 Anm 3. Die Beschränkung der Möglichkeit der Eheschließung auf Personen verschiedenen Geschlechts ist nicht verfassungswidrig: VfGH B 777/03 ZfV 2004/1468; B 1512/03 ZfV 2006/213 und widerspricht auch nicht der EMRK: EGMR 24.6.2010, 30141/04, *Schalk und Kopf/Österreich* iFamZ 2010/169 oder der GRC: VfGH B 166/2013 Zak 2014/267. Art 8 EMRK verpflichtet jedoch die Mitgliedstaaten, homosexuellen Paaren die Möglichkeit zu geben, eine gesetzlich anerkannte Form der Partnerschaft (Zivilehe oder registrierte Partnerschaft) einzugehen: EGMR 21.7.2015, 18766/11, 36030/11, *Oliari ua/Italien*.

20 *Stabentheiner* in Rummel I[3] § 44 Rz 2 und *Hopf/Kathrein*, Eherecht[3] § 44 Anm 4, die sich zu Recht gegen die von anderen Autoren postulierte Annahme einer Nichtehe aussprechen. Auch die Ansicht einer ex lege Auflösung ex nunc (*Jaksch-Ratajczak*, Gibt es in Österreich eine Ehe unter Gleichgeschlechtlichen? EF-Z 2006/64 [111]) ist abzulehnen. Die personenstandsrechtliche Behandlung von Geschlechtsumwandlungen wurde im Erlass des BMI 27.11.1996 ÖStA 1997, 1 („Transsexuellenerlass") näher ausgeführt. Punkt 2 und 3 des Erlasses betreffend die Änderung des Vornamens und der Geschlechtseintragung im Geburtenbuch wurden aber vom VfGH V 4/06-7 aufgehoben (dazu *Faffelberger*, Der Transsexuellenerlass, JAP 2006/2007/13). Die Verweigerung des Rechts auf Eheschließung würde der EMRK widersprechen: EGMR 11.7.2002, 28957/95, *Christine Goodwin/Vereinigtes Königreich* ÖJZ 2003/34 (MRK). Vgl auch EuGH 7.1.2004, C-117/01, *K.B./NHS Pension Agency* infas 2004, E 3: Aus der rechtlichen Unmöglichkeit der Eheschließung resultierender Ausschluss eines Transsexuellen von der Hinterbliebenenrente widerspricht Art 141 EGV (nun Art 157 AEUV). Siehe überdies *Kopetzki*, Transsexualität und das Wesen der Ehe, iFamZ 2008, 81; *Greif*, In Trans/Formation, juridikum 2009, 68.

send sein müssen, zu ermitteln (§§ 14 ff PStG). Die Ermittlung der Ehefähigkeit und die Eheschließung können bei jeder Personenstandsbehörde im Bundesgebiet vorgenommen werden. Wurde die Ehefähigkeit von einer anderen Personenstandsbehörde ermittelt, kann die Personenstandsbehörde, die die Eheschließung vornimmt, die Ehefähigkeit der Verlobten nur dann noch einmal prüfen, wenn berechtigte Zweifel vorliegen (§ 19 PStG).

Mängel beim Abschluss der Ehe können **unterschiedliche Wirkungen** haben. Bestimmte Mängel (§ 15 EheG: Nichtmitwirkung des Standesbeamten bei der Trauung; § 17 Abs 1 EheG: keine übereinstimmenden Eheerklärungen) wirken so schwer, dass sie zur Folge haben, dass gar keine Ehe zustande kommt (**„Nichtehe"**). Andere führen zur **Nichtigkeit** (zB Geschäftsunfähigkeit) oder zur **Aufhebbarkeit** (zB fehlende Zustimmung des gesetzlichen Vertreters bei beschränkt Geschäftsfähigen). Manche Regelungen werden bloß als Ordnungsvorschriften gesehen. Sie richten sich nur an den Standesbeamten (**schlichte Ehe- oder Trauungsverbote**). Nimmt dieser dennoch die Trauung vor, so hat dies auf die Gültigkeit der Eheschließung keinen Einfluss (zB fehlende Ehemündigkeit).

2. Ehefähigkeit

a. Geschäftsfähigkeit

Die Ehefähigkeit besteht aus der Ehegeschäftsfähigkeit und der Ehemündigkeit. Gem § 2 EheG kann eine Person, die **geschäftsunfähig** ist, keine Ehe eingehen. **Beschränkt Geschäftsfähige** brauchen die Einwilligung des gesetzlichen Vertreters (Obsorgebetrauter oder Sachwalter) und die Einwilligung desjenigen, dem die Pflege und Erziehung zustehen (§ 3 Abs 1 und 2 EheG).

Geschäftsunfähig sind Kinder unter sieben Jahren und Personen über sieben Jahren, die den Gebrauch der Vernunft nicht haben (§ 102 Abs 1 EheG). Unter beschränkt Geschäftsfähigen sind Minderjährige über sieben Jahren und Personen zu verstehen, denen ein Sachwalter bestellt ist (§ 102 Abs 2 EheG). Gem § 21 Abs 2 ABGB endet die Minderjährigkeit mit der Vollendung des 18. Lebensjahres. Ob Personen, denen gem § 268 Abs 3 Z 1 und 2 ABGB nur für eine einzelne Angelegenheit oder für einen bestimmten Kreis von Angelegenheiten ein Sachwalter bestellt ist, die Einwilligung des Sachwalters brauchen, obwohl diese Angelegenheiten nicht die Eheschließung betreffen, ist umstritten.[21]

---

21 Die hA tritt zutreffend für eine einschränkende Auslegung des § 102 EheG ein, sodass eine behinderte Person zur Eheschließung nur dann der Einwilligung des Sachwalters bedarf, wenn diese Angelegenheit zu dessen Wirkungsbereich gehört: So

Verweigert der gesetzliche Vertreter oder der Erziehungsberechtigte die Einwilligung, so kann der betroffene Verlobte das Gericht anrufen, das die Einwilligung zu ersetzen hat, wenn keine gerechtfertigten Gründe für die Weigerung vorliegen (§ 3 Abs 3 EheG). Die Einwilligung muss dem Standesbeamten spätestens bis zur Trauung zugehen und ist von diesem gemäß § 67 Abs 1 Z 2 PStG zu beurkunden und zu beglaubigen.

Geschäftsunfähigkeit bei Eheschließung führt zur Nichtigkeit der Ehe (§ 22 EheG). Fehlt bei einem beschränkt Geschäftsfähigen die Einwilligung des gesetzlichen Vertreters, so liegt ein Aufhebungsgrund vor (§ 35 EheG). Der Mangel der Zustimmung des Erziehungsberechtigten beeinträchtigt die Gültigkeit der Eheschließung nicht (schlichtes Trauungsverbot).

b. Ehemündigkeit

Zusätzlich zur Ehegeschäftsfähigkeit müssen die Verlobten ein gewisses **Mindestalter** aufweisen, um eine Ehe eingehen zu können. Diese sogenannte Ehemündigkeit wurde durch das KindRÄG 2001 für Männer und Frauen einheitlich mit 18 Jahren festgesetzt (§ 1 Abs 1 EheG). Eine Person, die das 16. Lebensjahr vollendet hat, hat das Gericht auf ihren Antrag für ehemündig zu erklären, wenn der künftige Ehegatte volljährig ist und sie für diese Ehe reif erscheint (§ 1 Abs 2 EheG). Diese Erklärung kann immer nur für die konkret geplante Ehe gelten.[22] Die Notwendigkeit der Zustimmung des gesetzlichen Vertreters wegen beschränkter Geschäftsfähigkeit wird davon nicht berührt.

3. Eheverbote

a. Allgemeines

In den §§ 6, 8, 9 und 10 EheG werden bestimmte Eheverbote festgelegt. Diese waren früher weit zahlreicher. Die in der ursprünglichen Fassung des EheG enthaltenen Eheverbote des § 4 EheG (Blutsverschiedenheit) und des § 5 EheG (Mangel der Ehetauglichkeit aus Gründen der Volksgesundheit) wurden durch das Gesetz vom 26. Juni 1945 über Maßnahmen auf dem Gebiete des Eherechtes, des Personenstandsrechtes und des Erbgesundheitsrechtes, StGBl 1945/31, aufgehoben. Die Eheverbote des § 7 EheG (Schwägerschaft), § 9 alt EheG (Ehebruch) und der §§ 11 bis 14 EheG (Wartezeit

---

Höllwerth in Gitschthaler/Höllwerth § 3 EheG Rz 3; *Koziol/Welser/Kletečka*, Bürgerliches Recht I¹⁴ Rz 1430; *Hopf/Kathrein*, Eherecht³ (2014) § 3 EheG Rz 1; *Koch* in KBB⁴ § 3 EheG Rz 1; aA *Barth/Dokalik* in Barth/Ganner, Handbuch des Sachwalterrechts² (2010) 246 mwN.

22 ZB LG Feldkirch 1 R 149/06d EF-Z 2007/35 (*Höllwerth*).

für die Frau bei Wiederverheiratung; Auseinandersetzungszeugnis des Vormundschaftsgerichts, das bestätigt, dass die Eheschließung nicht den Interessen der ehelichen Kinder widerspricht; Heiratserlaubnis für Angehörige der Wehrmacht und des Reichsarbeitsdienstes) wurden durch das BG über Änderungen des Personen-, Ehe- und Kindschaftsrechts BGBl 1983/566 aus dem Rechtsbestand entfernt.

b. Die Eheverbote im Einzelnen

ba. Verwandtschaft

Gem § 6 EheG darf eine Ehe zwischen Blutsverwandten gerader Linie und zwischen Geschwistern und Halbgeschwistern, gleichgültig, ob die Blutsverwandtschaft auf ehelicher oder unehelicher Geburt beruht, nicht geschlossen werden. Die entgegen diesem Verbot geschlossene Ehe ist nichtig. Die Nichtigkeit kann nicht geheilt werden (§ 25 EheG). Ob es für die Verwandtschaftsbeziehung auf die rechtliche oder die tatsächliche Verwandtschaft ankommt, ist umstritten.[23] Da die Eheschließung unter nahen Verwandten verhindert werden soll, andererseits aber die rechtliche Verwandtschaftsbeziehung ein starkes Indiz für das Bestehen tatsächlicher Blutsverwandtschaft darstellt, wird man richtigerweise wohl beide Verwandtschaftsbeziehungen unter § 6 EheG subsumieren müssen.[24] Das bedeutet, dass sowohl bestehende Blutsverwandtschaft wie rechtliche Verwandtschaft das Eheverbot der Verwandtschaft begründen.[25] Dieses wird erst beseitigt, wenn die rechtliche Verwandtschaftsbeziehung durch eine gerichtliche Statusentscheidung rechtskräftig weggefallen ist.

bb. Doppelehe

§§ 8 und 9 EheG verbieten das Eingehen einer Doppelehe. Demnach darf niemand eine Ehe eingehen, bevor seine frühere Ehe oder eingetragene Partnerschaft für nichtig erklärt oder aufgelöst worden ist. Auflösungsgründe sind der Tod des anderen Ehegatten oder das Bestehen eines rechts-

---

23 Für die tatsächliche Verwandtschaft *Koziol/Welser/Kletečka*, Bürgerliches Recht I[14] Rz 1433 unter Berufung (auch) auf die deutsche Lehre; *Stabentheiner* in Rummel II/4[3] § 6 EheG Rz 2; aA *Ehrenzweig/Schwind*, Familienrecht[3] 24 f und *Weitzenböck* in Schwimann/Kodek I[4] § 6 EheG Rz 3. LGZ Wien 44 R 626/02p EFSlg 100.811: § 6 EheG gilt nicht zwischen zwei Wahlkindern, die nicht miteinander blutsverwandt sind.

24 So *Mader*, Die Geschwister in der Familie, in Harrer/Zitta (Hrsg), Familie und Recht (1992) 101 f.

25 Ebenso *Höllwerth* in Gitschthaler/Höllwerth § 6 EheG Rz 4; *Hopf/Kathrein*, Eherecht[3] § 6 EheG Anm 1.

kräftigen Aufhebungs- oder Scheidungsurteils. Ein Verstoß gegen das Verbot der Doppelehe führt zur Nichtigkeit der zweiten Ehe bzw bei eingetragener Partnerschaft zur Nichtigkeit der Ehe (§ 24 EheG). Die Nichtigkeit ist nicht heilbar. Das Verbot der Doppelehe steht einer Wiederholung der Eheschließung mit derselben Person nicht entgegen, wenn Ehegatten Zweifel an der Gültigkeit oder am Fortbestand ihrer Ehe hegen (§ 13 der 1. DVEheG).

bc. Annahme an Kindesstatt

Solange das Rechtsverhältnis der Annahme an Kindesstatt (Adoption) besteht, soll zwischen dem Annehmenden und dem angenommenen Kind und seinen Abkömmlingen keine Ehe geschlossen werden (§ 10 EheG). Dabei handelt es sich um ein schlichtes Trauungsverbot.

4. Form

Die Form der Eheschließung ist in den §§ 15 und 17 EheG sowie in § 18 PStG geregelt. In Österreich gilt die **obligatorische Zivilehe**. Demnach kann eine Ehe nur vor einem Standesbeamten geschlossen werden (§ 15 Abs 1 EheG). Jede andere Form der Eheschließung, etwa vor einem Priester, ist für den staatlichen Bereich unwirksam (sog „Nichtehe"). Standesbeamter ist gem § 3 Abs 2 PStG das Organ der Gemeinde oder des Gemeindeverbandes, das für die Besorgung der Personenstandsangelegenheiten zuständig ist. Auch die Eheschließung vor einem Scheinstandesbeamten, also einer Person, die ohne Standesbeamter zu sein das Amt des Standesbeamten öffentlich ausübt, ist gültig, wenn der Scheinstandesbeamte die Ehe in das Ehebuch eingetragen hat (§ 15 Abs 2 EheG; seit 1.11.2014 erfolgt die Eintragung in das Zentrale Personenstandsregister).

Die Ehe wird dadurch geschlossen, dass die Verlobten vor dem Standesbeamten persönlich und in gleichzeitiger Anwesenheit erklären, die Ehe miteinander eingehen zu wollen (§ 17 Abs 1 EheG). Diese Erklärung kann nicht unter einer Bedingung oder einer Befristung abgegeben werden (§ 17 Abs 2 EheG). Ein Verstoß gegen eines dieser Tatbestandsmerkmale führt zur Nichtigkeit der Ehe (§ 21 EheG). Fehlt es dagegen an der übereinstimmenden Erklärung, die Ehe eingehen zu wollen (Ehekonsens), kommt gar keine Ehe zustande („Nichtehe")[26] Eine bloße Mentalreservation[27] oder die Abgabe einer Scheinerklärung[28] hindert den Eheabschluss nicht.

§ 18 Abs 2 PStG bestimmt darüber hinaus, dass der Standesbeamte die Verlobten in Gegenwart von zwei Zeugen einzeln und nacheinander zu fragen hat, ob sie die Ehe miteinander eingehen wollen. Nach Bejahung der Fragen hat er auszusprechen, dass sie rechtmäßig verbundene Eheleute sind. Wenn beide Verlobte dies wünschen, kann die Trauung ohne oder nur mit einem Zeugen vorgenommen werden (§ 18 Abs 3 PStG). Über die Erklärung ist sodann in Anwesenheit der Verlobten und allfälliger Zeugen eine Niederschrift aufzunehmen, die von den Ehegatten, dem Standesbeamten und, falls beigezogen, den Zeugen und dem Dolmetscher zu unterschreiben ist (§ 18 Abs 4 PStG). In die Niederschrift sind die Familiennamen und die Vornamen der Verlobten, ihr Wohnort, der Tag und der Ort ihrer Geburt, die Ehekonsenserklärung, der Tag und der Ort der Eheschließung sowie die Familiennamen und Vornamen allfälliger Zeugen und Dolmetscher aufzunehmen (§ 18 Abs 5 PStG). Wird eine dieser Formvorschriften verletzt, so hat das auf die Gültigkeit der Ehe keinen Einfluss.

C. Nichtigkeit und Aufhebbarkeit

1. Allgemeines

Wird eine Ehe in der richtigen Form (§ 15 EheG) abgeschlossen, und geben die Ehegatten übereinstimmende Eheerklärungen ab, so kommt eine rechtswirksame Ehe zustande, die nur mehr durch den Tod eines der Ehegatten oder durch eine rechtskräftige gerichtliche Entscheidung wieder aufgelöst werden kann.[29] Das EheG unterscheidet zwischen der Nichtigkeit (§§ 20–32, 45), der Aufhebung (§§ 33–44) und der Scheidung (§§ 46–98) der Ehe. Die Sondervorschriften des EheG verdrängen hier die allgemeinen Regeln des ABGB über die Nichtigkeit, Anfechtung und Kündigung von Verträgen.

Die Nichtigkeits- und Aufhebungsgründe werden taxativ aufgezählt (§§ 20, 33 EheG). Bei den **Nichtigkeitsgründen** handelt es sich um beson-

---

26 *Stabentheiner* in Rummel II/4³ § 17 EheG Rz 1a; *Weitzenböck* in Schwimann/Kodek I⁴ § 15 EheG Rz 2; *Hopf/Kathrein*, Eherecht³ § 17 EheG Anm 1; OGH 6 Ob 65/97w EvBl 1997/187 (903).

27 OGH 1 Ob 187/67 EvBl 1968/234 (394).

28 OGH 6 Ob 232/69 EFSlg 11.830. Beachte aber § 23 EheG über die Nichtigkeit der Namens- oder Staatsangehörigkeitsehe.

29 Eine Ausnahme ist nur die Eheauflösung bei Todeserklärung. Siehe unter I.C.2.b.be. und I.C.3.b.bc.

ders schwere Mängel, die dazu führen, dass die Ehe aus Gründen des öffentlichen Interesses mit grundsätzlicher Rückwirkung (ex tunc) aufgelöst wird. Das öffentliche Interesse an der Auflösung derartiger Ehen kommt auch dadurch zum Ausdruck, dass das Recht auf Erhebung der Nichtigkeitsklage nicht nur den beteiligten Ehegatten, sondern auch dem Staatsanwalt zukommt (§ 28 EheG). Den Nichtigkeitsgrund der Namens- oder Staatsangehörigkeitsehe (§ 23 EheG) kann überhaupt nur der Staatsanwalt erheben (§ 28 Abs 1 EheG). Die **Aufhebung** der Ehe kann dagegen nur von einem der beiden Ehegatten wegen Vorliegens bestimmter Willensmängel begehrt werden. Sie wirkt wie die Scheidung nur für die Zukunft (ex nunc). Sowohl Nichtigkeit wie Aufhebung sind durch Klage im streitigen Verfahren geltend zu machen.

Da Ehen, die trotz Bestehens eines Nichtigkeits- oder Aufhebungsgrundes tatsächlich gelebt werden, nicht aufgelöst werden sollen, besteht für die Aufhebungsgründe und die meisten Nichtigkeitsgründe die Möglichkeit der Heilung. Die Scheidung erfasst demgegenüber die Möglichkeiten der Auflösung einer rechtlich mangelfrei zustande gekommenen Ehe. Sie wird unter IV. ausführlich behandelt.

2. Nichtigkeit

a. Allgemeines

Nach § 20 EheG ist eine Ehe nur in den von den §§ 21 bis 25 EheG genannten Fällen nichtig. Diese Aufzählung ist aber unvollständig, weil § 43 Abs 1 und § 45 EheG weitere Nichtigkeitsgründe vorsehen. In engen Grenzen wird von der Rechtsprechung auch eine Erweiterung der Nichtigkeitsgründe durch Analogie zugelassen (§ 27 EheG).[30]

Die Nichtigkeit muss durch **Urteil** festgestellt werden. Solange die Ehe nicht durch ein rechtskräftiges Urteil für nichtig erklärt worden ist, kann sich niemand auf die Nichtigkeit berufen. Zum Schutz gutgläubiger Dritter bestimmt § 32 EheG, dass einem Dritten gegenüber aus der Nichtigkeit der Ehe nur dann Einwendungen gegen ein Rechtsgeschäft oder ein rechtskräftiges Urteil (das zwischen diesem Dritten und einem der Ehegatten abgeschlossen wurde bzw ergangen ist) hergeleitet werden dürfen, wenn die Ehe bereits zur Zeit der Vornahme des Rechtsgeschäftes oder zur Zeit des Eintritts der Rechtsanhängigkeit für nichtig erklärt oder die Nichtigkeit dem

---

30 Dies gilt vor allem für den Nichtigkeitsgrund der Staatsangehörigkeitsehe, siehe unten unter I.C.2.b.bc. OGH 7 Ob 92/13z EvBl 2013/144 (*Hoch, Rudolf*) = EF-Z 2014/29 (*Nademleinsky, Aichhorn*): Keine analoge Erweiterung der Nichtigkeitsgründe für den Fall der Beischlafunfähigkeit.

Dritten bekannt war. Dies kann beispielsweise bedeutsam werden, wenn der erwerbstätige Ehegatte aus Rechtsgeschäften, die sein Ehegatte im Rahmen der Schlüsselgewalt[31] abgeschlossen hat, nicht verpflichtet sein möchte, oder wenn ein Dritter für den anderen Ehegatten Unterhalt geleistet hat und diesen nun vom Verpflichteten nach § 1042 ABGB zurückfordert.[32]

Die **Klagebefugnis** ist in § 28 EheG geregelt. Demnach sind grundsätzlich der Staatsanwalt und jeder der Ehegatten zur Erhebung der Nichtigkeitsklage berechtigt. Bei der Namens- und Staatsangehörigkeitsehe kommt das Klagerecht nur dem Staatsanwalt zu. Dasselbe gilt, wenn die Ehe bereits aufgelöst ist. Bei der Doppelehe kann auch der Ehegatte der ersten Ehe oder der eingetragene Partner die Nichtigkeitsklage erheben. Eine Nichtigkeitsklage kann nicht mehr erhoben werden, wenn beide Ehegatten bereits verstorben sind.

b. Nichtigkeitsgründe

ba. Formmangel

Eine Ehe ist gem § 21 EheG nichtig, wenn die Eheschließung nicht in der durch § 17 EheG vorgeschriebenen Form (zB Stellvertretung, nicht gleichzeitige Anwesenheit beider Verlobter, Beisetzung einer Befristung oder Bedingung) stattgefunden hat. Der Mangel ist jedoch geheilt, wenn die Ehegatten nach der Eheschließung fünf Jahre oder, falls einer von ihnen verstorben ist, bis zu dessen Tod, jedoch mindestens drei Jahre, als Ehegatten miteinander gelebt haben, ohne dass einer von ihnen die Nichtigkeitsklage erhoben hat.

bb. Geschäftsunfähigkeit

Fehlt es einem der beiden Partner bei der Eheschließung an der von § 2 EheG geforderten Geschäftsfähigkeit, so führt dies zur Nichtigkeit der Ehe (§ 22 EheG). Gibt dieser Ehegatte nach dem Wegfall der Geschäftsunfähigkeit zu erkennen, dass er die Ehe fortsetzen will, so ist die Ehe als von Anfang an gültig anzusehen (sog Bestätigung). Ist der Bestätigende beschränkt geschäftsfähig, so benötigt er die Zustimmung seines gesetzlichen Vertreters, andernfalls wäre diese Ehe aufhebbar (vgl § 3 iVm § 35 EheG).[33]

---

31 Siehe unter II.E.
32 Vgl *Schwind*, Kommentar zum Eherecht[2] (1980) 155 f.
33 Zur Aufhebbarkeit vgl im Folgenden unter 3.b.

bc. Namens- und Staatsangehörigkeitsehe

§ 23 EheG legt fest, dass eine Ehe nichtig ist, wenn sie „ausschließlich oder vorwiegend zu dem Zweck geschlossen ist, der Frau die Führung des Familiennamens des Mannes oder den Erwerb der Staatsangehörigkeit des Mannes zu ermöglichen, ohne dass die eheliche Lebensgemeinschaft begründet werden soll". Dieser Nichtigkeitsgrund wird von der Rechtsprechung aufgrund des verfassungsrechtlichen Gleichheitsgrundsatzes für den Mann analog angewendet.[34]

Bei der Beurteilung der Frage des Vorliegens einer Namens- oder Staatsangehörigkeitsehe kommt es auf die Absicht der Ehegatten im Zeitpunkt der Eheschließung an. Gehen sie die Ehe nur, oder wenigstens vorwiegend, zum Zweck der Namens- oder Staatsangehörigkeitsverschaffung ein, und haben beide in diesem Zeitpunkt nicht vor, eine eheliche Lebensgemeinschaft zu begründen, so ist die Ehe nichtig, und eine spätere Gesinnungsänderung kann daran nichts ändern.[35] Eine Heilung des Mangels tritt erst ein, wenn die Ehegatten mindestens fünf Jahre, bei früherem Tod eines Ehegatten zumindest drei Jahre als Ehegatten gelebt haben, ohne dass bis zu diesem Zeitpunkt vom Staatsanwalt die Nichtigkeitsklage erhoben worden ist (§ 23 Abs 2 iVm § 28 Abs 1 EheG).

In der Praxis spielt nur die **Staatsangehörigkeitsehe** eine Rolle. Nach österreichischem Recht verschafft die Heirat mit einem österreichischen Staatsangehörigen nicht mehr automatisch die österreichische Staatsbürgerschaft. Fremde, die einen Österreicher/eine Österreicherin heiraten, erlangen heute erst ab einer bestimmten Ehedauer einen Anspruch auf Verleihung der österreichischen Staatsbürgerschaft.[36] Diese Änderungen des Staatsbürgerschaftsrechts machen den Nichtigkeitsgrund der Staatsbürgerschaftsehe aber dennoch nicht gegenstandslos,[37] weil auch in diesem Fall der Erwerb der Staatsbürgerschaft durch die Eheschließung erleichtert wird. Der Nichtigkeitsgrund des § 23 EheG wird auch für den Fall analog angewendet, dass eine Ehe nur deshalb geschlossen wird, um einem Ausländer/einer Ausländerin die unbeschränkte Aufenthaltsmöglichkeit bzw den ungehinderten Zugang zum österreichischen Arbeitsmarkt zu verschaffen.[38]

---

34 OGH 6 Ob 720/88 SZ 61/262. Besser wäre allerdings eine Bereinigung durch den Gesetzgeber.
35 OGH 6 Ob 534/85 EFSlg 48.716; 2 Ob 568/86 EFSlg 51.562; 7 Ob 312/04i ZfRV-LS 2005/14; 3 Ob 18/05a ZRInfo 2005/244.
36 § 11a StbG BGBl 1985/311 idF BGBl I 2013/136.
37 OGH 6 Ob 720/88 EvBl 1989/104 (375); 6 Ob 564/92 EFSlg 69.178.
38 OGH 8 Ob 577/93 SZ 67/56; 3 Ob 535/95 ZfRV 1996/29 (120); 7 Ob 2179/96h EvBl 1997/46 (267); 6 Ob 142/00a ZfRV 2001/10 (32); 5 Ob 284/05h FamZ 2006/17; *Zey-*

bd. Doppelehe

Eine Ehe ist nichtig, wenn einer der Ehegatten im Zeitpunkt der Eheschließung mit einem Dritten in gültiger Ehe oder eingetragener Partnerschaft lebte (§ 24 EheG). Damit sanktioniert § 24 EheG das Eheverbot der Doppelehe der §§ 8 f EheG. Eine Heilung dieses Mangels ist nicht vorgesehen.[39] Bei Wiederverheiratung trotz Fehlens der Voraussetzungen für die inländische Anerkennung einer ausländischen Eheauflösungsentscheidung ist die neue Ehe jedoch nur dann nichtig, wenn beide Ehegatten der neuen Ehe bei ihrer Eheschließung wussten, dass die ausländische Entscheidung im Inland nicht anerkannt werden kann (§ 45 EheG).[40]

be. Wiederverheiratung bei Todeserklärung

Geht ein Ehegatte, nachdem der andere für tot erklärt worden ist, eine neue Ehe ein, so ist diese nichtig, wenn beide bei der Eheschließung wussten, dass der für tot Erklärte noch lebt (§ 43 Abs 1 EheG). Hat dies nur einer der Ehegatten nicht gewusst, so löst die zweite Ehe die erste auf. Der vermeintlich verwitwete Ehegatte hat aber das Recht, die Aufhebung der neuen Ehe zu begehren, wenn er bei der neuerlichen Eheschließung nicht wusste, dass der für tot erklärte Ehegatte die Todeserklärung überlebt hat (§ 44 Abs 1 EheG). Macht er von diesem Recht Gebrauch, so kann er, solange sein ehemaliger Ehegatte lebt, nur mit ihm die Ehe eingehen (§ 44 Abs 2 EheG). Dabei handelt es sich nach allgemeiner Ansicht aber bloß um ein schlichtes Eheverbot, ein Zuwiderhandeln beeinträchtigt die Gültigkeit der neuen Ehe nicht.[41]

bf. Verwandtschaft

Eine Ehe ist nichtig, wenn sie entgegen dem Verbot des § 6 EheG zwischen Blutsverwandten geschlossen worden ist (§ 25 EheG). Eine Heilung dieses Mangels ist nicht möglich.

---

ringer, Verhinderung von „Scheinehen" durch den Standesbeamten? ÖStA 1990, 25; *Breycha*, Über die Nichtigkeit der Arbeitsbewilligungsehe, RZ 1994, 98.

39 Zur Problematik des Wiederauflebens der Erstehe wegen Beseitigung des Eheauflösungsurteils infolge einer Wiederaufnahmsklage: *Jelinek*, Die Wiederaufnahmsklage wegen neuer Tatsachen und Beweismittel im Eheprozeß, JBl 1968, 560, der für eine analoge Anwendung der §§ 43, 44 EheG plädiert.

40 Eingefügt durch Art X AußStr-BegleitG BGBl I 2003/112.

41 *Schwind*, Eherecht[2] 186; *Stabentheiner* in Rummel II/4[3] §§ 43 f EheG Rz 9; *Höllwerth* in Gitschthaler/Höllwerth § 44 EheG Rz 3; *Weitzenböck* in Schwimann/Kodek I[4] § 44 EheG Rz 2; *Hopf/Kathrein*, Eherecht[3] § 44 EheG Anm 4.

c. Rechtsfolgen der Nichtigkeit

Das Nichtigkeitsurteil vernichtet die Ehe **rückwirkend**. So erhält der Ehegatte, der gem § 93 ABGB den Namen des anderen angenommen hat, wieder seinen früheren Namen. Beide Ehegatten gelten wieder als ledig.

Diese ex tunc-Wirkung ist aber mehrfach durchbrochen. Die in der Ehe geborenen Kinder bleiben ehelich. Sie behalten ihren Familiennamen und unterliegen denselben Regelungen wie Kinder aus geschiedenen Ehen.

Das eheliche Gebrauchsvermögen und die ehelichen Ersparnisse sind wie bei Scheidung oder Aufhebung der Ehe nach den §§ 81 ff EheG nach Billigkeit zu teilen.[42]

Für die sonstigen vermögensrechtlichen Beziehungen der Ehegatten gilt § 31 EheG. Haben **beide Ehegatten bei der Eheschließung die Nichtigkeit gekannt**, so treten die Nichtigkeitsfolgen ein. Allfällige Ehepakte zerfallen, und das Vermögen kommt in den vorigen Stand zurück (§ 1265 ABGB). Hat aber **nur einer der Ehegatten die Nichtigkeit nicht gekannt**, so hat dieser Ehegatte ein Wahlrecht. Er kann dem anderen binnen 6 Monaten nach Rechtskraft des Nichtigkeitsurteils erklären, dass er es bei den Nichtigkeitsfolgen bewenden lassen will. Ansonsten kommen die für die Scheidung geltenden Vorschriften zur Anwendung, wobei der Ehegatte, der die Nichtigkeit gekannt hat, wie ein schuldig geschiedener Ehegatte zu behandeln ist. Der Ehegatte, der die Nichtigkeit nicht gekannt hat, hat somit das Recht, Unterhalt nach den §§ 66 f EheG zu verlangen,[43] und das Schicksal etwaiger Ehepakte richtet sich nach § 1266 ABGB.[44]

Haben **beide Ehegatten die Nichtigkeit nicht gekannt**, so kommen die Scheidungsfolgen zur Anwendung. Für den bedürftigen Ehegatten besteht hier die Möglichkeit, Billigkeitsunterhalt nach § 69 Abs 3 EheG zu bekommen. Im Gegensatz zum Scheidungsrecht kann bei Nichtigerklärung auch der Ehegatte Unterhalt begehren, der die Nichtigkeitsklage erhoben hat (§ 16 der 1. DVEheG). Soweit bei Nichtigkeit die Scheidungsfolgen eintreten, kommt auch hier der Tatbestand des verschuldensunabhängigen Unterhalts gem § 68a EheG in Betracht.

3. Aufhebbarkeit

a. Allgemeines

Die Aufhebung der Ehe ist in den §§ 33 bis 39 und 44 EheG geregelt. Diese beschreiben Willensmängel, die dem in seiner Willensbildung beeinträchtig-

---

42   Zur Aufteilung des Ehevermögens siehe unter V.D.
43   Siehe unter V.B.2.a.
44   Siehe unter III.C.

ten Ehegatten das Recht geben, die gerichtliche Auflösung der Ehe zu fordern. Die Aufhebung der Ehe erfolgt mit rechtskräftigem Urteil (§ 34 EheG) und hat keine Rückwirkung. Dies bedeutet, dass sie wie die Ehescheidung nur ex nunc, dh nur für die Zukunft wirkt.

Die Aufhebung einer Ehe spielt heute aufgrund der einfach zu erlangenden Scheidung in der Praxis nur mehr eine geringe Rolle. Die einzelnen Aufhebungsgründe werden deshalb im Folgenden nur kurz dargestellt.

b. Aufhebungsgründe

ba. Mangelnde Einwilligung des gesetzlichen Vertreters

Wird eine Ehe durch einen **beschränkt Geschäftsfähigen** ohne die nach § 3 EheG notwendige Einwilligung seines gesetzlichen Vertreters abgeschlossen, so kann der gesetzliche Vertreter oder, ab Erlangung der Geschäftsfähigkeit, der Ehegatte selbst die Aufhebung begehren (§ 35 Abs 1 EheG).[45] Die Aufhebung ist ausgeschlossen, wenn der gesetzliche Vertreter die Ehe genehmigt oder der Ehegatte, nachdem er unbeschränkt geschäftsfähig geworden ist, zu erkennen gegeben hat, dass er die Ehe fortsetzen will (§ 35 Abs 2 EheG; sog **Bestätigung**). Verweigert der gesetzliche Vertreter die Genehmigung ohne triftige Gründe, so kann das Pflegschaftsgericht sie auf Antrag eines Ehegatten ersetzen (§ 35 Abs 3 EheG).

bb. Willensmängel

Nach § 36 EheG kann der Ehegatte die Aufhebung der Ehe verlangen, wenn er bei der Eheschließung einem der folgendem **Irrtümer** erlegen ist,
– Irrtum darüber, dass es sich um eine Eheschließung handelt,
– Irrtum über die Tatsache der Eheschließungserklärung oder
– Irrtum über die Identität des anderen Ehegatten.

Die Aufhebung ist ausgeschlossen, wenn der Ehegatte nach Entdeckung des Irrtums zu erkennen gegeben hat, dass er die Ehe fortsetzen will (§ 36 Abs 2 EheG, Bestätigung).

Zur Eheaufhebung berechtigt gem § 37 EheG überdies ein Irrtum über Umstände, die die Person des anderen Ehegatten betreffen und die ihn bei Kenntnis der Sachlage und bei richtiger Würdigung des Wesens der Ehe von einer Heirat abgehalten hätten (zB unheilbare Geisteskrankheit,[46] Ver-

---

45 Zur Frage der Prozessfähigkeit: *Simotta*, Die Prozeßfähigkeit in Ehesachen und sonstigen Streitigkeiten aus dem Eheverhältnis, ÖJZ 1989, 321.
46 OGH 7 Ob 297/74 SZ 48/1.

schweigen homosexueller Neigungen[47] oder der Transsexualität,[48] Vorstrafen wegen ehrenrühriger Delikte,[49] sexueller Missbrauch von Minderjährigen,[50] Zeugung zweier unehelicher Kinder kurz vor der Eheschließung und der Geburt des gemeinsamen Kindes,[51] HIV-Infektion[52]). Hier ist die Klage nicht nur bei Bestätigung ausgeschlossen, sondern auch dann, wenn das Aufhebungsverlangen mit Rücksicht auf die bisherige Gestaltung des ehelichen Lebens der Ehegatten sittlich nicht gerechtfertigt erscheint (sog Bewährung).

Weitere Aufhebungsgründe sind **arglistige Täuschung** (§ 38 EheG) und **Drohung** (§ 39 EheG). In beiden Fällen ist eine Heilung bloß durch Bestätigung, nicht aber durch Bewährung möglich.

bc. Wiederverheiratung nach Todeserklärung

Nach § 44 Abs 1 EheG kann der Ehegatte eines für tot Erklärten die Aufhebung der neuen Ehe begehren, wenn er nachträglich erfährt, dass der für tot erklärte Ehegatte die Todeserklärung überlebt hat. Vgl im Übrigen oben unter I.C.2.b.be.

c. Klagebefugnis und Rechtsfolgen der Aufhebung

Die Aufhebungsklage muss binnen eines Jahres erhoben werden (§ 40 EheG). Diese **Jahresfrist** ist eine materiell-rechtliche Ausschlussfrist, die amtswegig wahrzunehmen und der Parteiendisposition entzogen ist.[53] Der Fristenlauf beginnt ab der Entdeckung des Irrtums oder der Täuschung oder bei der Drohung ab dem Wegfall der Zwangslage. In den Fällen des § 35 EheG beginnt die Frist für den gesetzlichen Vertreter ab Kenntnis der Eheschließung oder, im Fall des § 22 Abs 2 EheG, ihrer Bestätigung durch den bloß beschränkt geschäftsfähigen Ehegatten, für den Ehegatten ab der Erlangung der vollen Geschäftsfähigkeit. Die Frist ist in den letzten sechs Monaten gehemmt, solange der klageberechtigte Ehegatte durch einen unabwendbaren Zufall an der Aufhebungsklage gehindert ist. Für den geschäftsunfähigen Ehegatten bestehen besondere Schutzbestimmungen (§§ 40 Abs 4, 41 EheG). Im Fall des Aufhebungsgrundes der Wiederverheiratung bei Todeserklärung beginnt die Frist ab dem Zeitpunkt, in dem der

---

47   OGH 1 Ob 119/63 EvBl 1963/466 (630).
48   OGH 3 Ob 84/14w EF-Z 2015/67 (*Schoditsch*).
49   OGH 2 Ob 211/57 SZ 30/31; 3 Ob 596/77 EFSlg 29.481.
50   LGZ Wien 44 R 28/06b EFSlg 114.145.
51   OGH 3 Ob 282/08d EF-Z 2009/72.
52   OGH 3 Ob 91/08s EF-Z 2009/11.
53   *Schwind*, Eherecht² 175.

wiederverheiratete Ehegatte erfährt, dass der für tot Erklärte noch lebt (§ 19 Abs 1 der 1. DVEheG).

Die **Rechtsfolgen** der Eheaufhebung in Bezug auf Unterhalt, Vermögen und gemeinsame Kinder sind gleich wie bei der Scheidung (§ 42 Abs 1 EheG).[54] Die für die Scheidungsfolgen bedeutsame **Verschuldenszuteilung** wird von § 42 Abs 2 EheG dahingehend geregelt, dass bei Aufhebung wegen beschränkter Geschäftsfähigkeit (§ 35 EheG) und wegen Irrtums (§§ 36, 37 EheG) der Ehegatte als schuldig anzusehen ist, der den Aufhebungsgrund bei Eingehen der Ehe kannte.[55] Bei arglistiger Täuschung (§ 38 EheG) und Drohung (§ 39 EheG) trifft das Verschulden den Ehegatten, von dem oder mit dessen Wissen die Täuschung oder Drohung verübt worden ist. Im Fall der Wiederverheiratung bei Todeserklärung ist der beklagte Ehegatte als schuldig anzusehen, wenn er bei der Eheschließung gewusst hat, dass der für tot erklärte Ehegatte seines Partners die Todeserklärung überlebt hat (§ 19 Abs 2 der 1. DVEheG). Der Verschuldensausspruch ist in das Aufhebungsurteil aufzunehmen (§ 17 der 1. DVEheG). Werden im selben Rechtsstreit Aufhebung und Scheidung begehrt und sind beide Begehren begründet, so ist nur auf Aufhebung der Ehe zu erkennen. Das Scheidungsverschulden ist im Schuldausspruch aber mit zu berücksichtigen (§ 18 der 1. DVEheG).

Beispiele aus der Rechtsprechung

OGH 30.12.1970, 5 Ob 297/70 SZ 43/239 – Doppelehe

Die zwischen dem Erstbeklagten Nikolaus S. und Angyalka M. geschlossene Ehe vom 3.7.1948 wurde mit Urteil vom 26.4.1954 gemäß § 55 EheG geschieden. Am 24.4.1965 heiratete der Erstbeklagte Nikolaus S. die Zweitbeklagte Melitta S. In der Zwischenzeit stellte sich die Unterschrift von Angyalka M. auf der Rechtsanwaltsvollmacht ihres Vertreters als gefälscht heraus, weshalb über Berufung von Frau Angyalka M. das Scheidungsverfahren und -urteil mit Beschluss vom 16.12.1965 für nichtig erklärt wurde. Die rechtskräftige Ehescheidung zwischen Nikolaus S. und Angyalka M. erfolgte erst mit Urteil vom 3.10.1969. Mit der vorliegenden Klage begehrt die Staatsanwaltschaft Wien, die am 24.4.1965 zwischen dem Erstbeklagten Nikolaus S. und der Zweitbeklagten Melitta S. geschlossene Ehe für nichtig zu erklären. Die Beklagten wenden Heilung der Nichtigkeit und mangelndes öffentliches Interesse an der Erhebung einer Ehenichtigkeitsklage ein.

---

54 Zu den Scheidungsfolgen siehe unter V.
55 OGH 7 Ob 199/04x EFSlg 108.182: Der Schuldausspruch setzt Verschuldensfähigkeit voraus.

OGH 29.1.2010, 1 Ob 138/09i JBl 2010, 376 – Scheidung in Ägypten

Die Streitteile schlossen 1993 in Ägypten die Ehe. Beide gehören der islamischen Religion an und sind mittlerweile österreichische Staatsbürger. 2005 wurde ihre Ehe in Ägypten endgültig geschieden, indem das ägyptische Amtsgericht die Erklärung des Ehemannes beurkundete, dass er sich von seiner Ehefrau gemäß islamischem Recht getrennt habe. Die Klägerin wurde der Beurkundung nicht beigezogen. Der Beklagte schloss am 28.11.2005 in Österreich eine neue Ehe. 2006 beantragten sowohl der Beklagte als auch die Klägerin die Anerkennung der ägyptischen Scheidung in Österreich, die jedoch wegen Verstoßes gegen den ordre public nicht gewährt wurde, da es sich bei der Entscheidung des ägyptischen Gerichts lediglich um die Beurkundung der Erklärung des Mannes handle, bei der die Frau nicht gehört worden ist. Die Klägerin begehrt die Nichtigerklärung der zweiten Ehe des beklagten Mannes. Dieser beantragt die Abweisung des Klagebegehrens. Er führt aus, dass das österreichische Standesamt die ägyptische Ehescheidung als Vorfrage geprüft und für rechtsgültig befunden habe.

OGH 24.11.1988, 6 Ob 720/88 SZ 61/262 – Staatsbürgerschaft

Die Beklagten haben am 4.10.1986 die Ehe geschlossen. Die Frau war österreichische Staatsbürgerin, der Mann nicht. Beide gestehen zu, dass die Eheschließung nur erfolgt ist, um dem Mann den Erwerb der österreichischen Staatsbürgerschaft zu ermöglichen. Die Staatsanwaltschaft erhebt Nichtigkeitsklage. Die Beklagten wenden ein, dass § 23 EheG sich nur auf den Erwerb der Staatsbürgerschaft durch die *Frau* bezieht. Außerdem sei § 23 Abs 1 2. Fall EheG durch die Staatsbürgerschafts-Novelle 1983 zu totem Recht geworden, weil seither eine Eheschließung nicht automatisch den Erwerb der Staatsbürgerschaft zur Folge hat, sondern diesen nur erleichtert.

OGH 30.3.1994, 8 Ob 577/93 SZ 67/56 – Arbeits- und Aufenthaltsbewilligung

Die Erstbeklagte, eine Österreicherin, hat mit dem Zweitbeklagten, einem Türken, nur deshalb die Ehe geschlossen, um dem Zweitbeklagten die Möglichkeit zu verschaffen, eine Arbeits- und Aufenthaltsbewilligung zu erlangen. Auf den Erwerb einer österreichischen Staatsbürgerschaft zielt die Eheschließung hingegen nicht (vordringlich) ab. Die Staatsanwaltschaft klagt auf Nichtigerklärung der Ehe gemäß § 23 EheG.

OGH 28.5.2003, 7 Ob 94/03d JBl 2004, 48 – Sachwalter

Andreas R., dem seit 1988 für die Angelegenheiten der Einkommens- und Vermögensverwaltung sowie die Vertretung vor Ämtern und Behörden ein Sachwalter bestellt ist, schloss mit der Beklagten am 30.6.2001 die Ehe. Der

Sachwalter stimmte der Eheschließung nicht zu und klagt auf Aufhebung der Ehe. Die Beklagte begehrt die Abweisung der Klage, weil Andreas R. zum Zeitpunkt der Eheschließung geschäftsfähig gewesen sei. Sowohl Andreas R. als auch die Beklagte geben an, dass sie die Ehe aufrechterhalten wollen.

OGH 20.2.2002, 9 Ob 303/01a JBl 2003, 50 – Stillpsychose

Die Streitteile lernten einander im Winter 1989/90 kennen. Im Frühjahr erlitt die Beklagte einen Nervenzusammenbruch, worauf sie vom 13.5.–24.5.1989 stationär auf der neurologischen Abteilung eines Krankenhauses behandelt wurde. Es wurde eine depressive Episode diagnostiziert. Diese setzt eine angeborene Veranlagung voraus, die jedoch in der Bevölkerung weit verbreitet ist. Beim überwiegenden Teil der betroffenen Personen manifestiert sich die Erkrankung nur in kurzen Episoden. Diese können mit leichten, mittleren, schweren Symptomen sowie mit schweren Symptomen, die mit psychotischen Symptomen verbunden sind, einhergehen. Im Übrigen können diese Personen ein normales Leben führen. Die Beklagte erzählte dem Kläger von diesem Krankenhausaufenthalt. Ihrem Wissensstand entsprechend hatte es sich dabei um nichts Ernstes gehandelt. Am 14.9.1991 schlossen die Streitteile die Ehe und am 11.10.1991 wurde der gemeinsame Sohn geboren. Nach der Geburt des Kindes erkrankte die Beklagte an einer schweren Stillpsychose und tötete am 26.7.1993 im Zustand der Unzurechnungsfähigkeit das gemeinsame Kind. Durch diese Tat und die daraus resultierenden Schuldgefühle wurde ihre Erkrankung unheilbar und chronisch. Der Kläger begehrt die Aufhebung der Ehe.

OGH 21.1.2009, 3 Ob 282/08d Zak 2009/164 – Kindersegen

Nachdem die Klägerin vom Beklagten schwanger wurde, schlossen sie nach mehrjähriger Lebensgemeinschaft am 2.9.1989 die Ehe. Die Klägerin wusste zu diesem Zeitpunkt nicht, dass der Beklagte eine Beziehung zu einer anderen Frau hatte und etwa zwei Monate zuvor Vater eines Buben geworden war. Der gemeinsame Sohn der beiden Streitteile kam am 30.10.1989 zur Welt. Der Beklagte verschwieg der Klägerin auch, dass er in zeitlicher Nähe zur Eheschließung auch noch mit einer anderen Frau sexuelle Kontakte hatte, die am 17.6.1990 ebenfalls ein Kind gebar. Die Klägerin erfuhr am 2.5.2007 anläßlich eines Unterhaltsfestsetzungsverfahrens von der Existenz der beiden außerehelichen Kinder. Bis dahin war ihr nur bekannt gewesen, dass der Beklagte für zwei eheliche Kinder aus erster Ehe unterhaltspflichtig war. Sie verlangt die Aufhebung der Ehe.

OGH 3.9.2008, 3 Ob 91/08s EF-Z 2009/11 – HIV-Infektion

Der Kläger, ein österreichischer Staatsbürger, und die Beklagte, eine kenianische Staatsangehörige, schlossen am 8.1.2003 miteinander in Mombasa (Kenia) die für beide erste Ehe, der keine Kinder entstammen. Die Beklagte war Ende Jänner 2003 mit ihrem Sohn nach Österreich gekommen. Am 9.4.2004 stellte sich heraus, dass die Beklagte mit HIV infiziert ist. Sie muss sich diese Infektion vor der Eheschließung zugezogen haben. Der Kläger begehrt am 20.10.2004 die Aufhebung der Ehe. Die Beklagte beantragt die Abweisung der Klage und wendet ein, dass ihr bei einer Aufhebung der Ehe die Abschiebung nach Kenia drohe, was sich wegen der dort unzureichenden medizinischen Versorgung nachteilig auf ihren Gesundheitszustand und ihre Lebenserwartung auswirken würde.

Übersicht 1: Mängel der Eheschließung und ihre Folgen

Mangel	Rechtsfolge

Fehlen der Ehefähigkeit

♦ *mangelnde Geschäftsfähigkeit*

  • geschäftsunfähig   ➡ Nichtigkeit (§ 22 EheG)
    (§ 2 iVm § 102 Abs 1 EheG)   Heilung durch Bestätigung

  • beschränkt geschäftsfähig
    (§ 3 iVm § 102 Abs 2 EheG):

    > keine Zustimmung des   ➡ Aufhebbarkeit (§ 35 EheG)
       gesetzlichen Vertreters   Heilung durch Genehmigung des
                                   gesetzlichen Vertreters oder durch
                                   Bestätigung

    > keine Zustimmung des   ➡ schlichtes Trauungsverbot,
       Erziehungsberechtigten   Ehe ist gültig

♦ *mangelnde Ehemündigkeit*   ➡ schlichtes Trauungsverbot,
  (§ 1 EheG)   Ehe ist gültig

Eheverbote bzw Nichtigkeitsgründe

♦ *Verwandtschaft (§ 6 EheG)*   ➡ Nichtigkeit (§ 25 EheG)
                                   keine Heilung

♦ *Doppelehe (§§ 8, 9 EheG)*   ➡ Nichtigkeit der 2. Ehe (§ 24 EheG)
                                   keine Heilung, beachte § 45 EheG

♦ *Annahme an Kindesstatt (§10EheG)* ➡ schlichtes Trauungsverbot,
                                   Ehe ist gültig

♦ *Namens- oder Staatsangehörigkeitsehe* ➡ Nichtigkeit (§ 23 EheG)
  (§ 23 EheG)   Heilung ist möglich

♦ *Wiederverheiratung bei Todes-*
  erklärung (§§ 43 f EheG)

  • Kenntnis beider Ehegatten   ➡ Nichtigkeit der 2. Ehe (§ 43 EheG)

  • Kenntnis des wiederverheirateten ➡ 1. Ehe ist aufgelöst (§ 43 EheG)
    Ehegatten   2. Ehe ist gültig

  • keine Kenntnis des wiederver-   ➡ 1. Ehe ist aufgelöst (§ 43 Abs 2 EheG)
    heirateten Ehegatten   2. Ehe ist aufhebbar (§44 Abs 1 EheG)

Mangel	Rechtsfolge

Formmängel

♦ *kein Abschluss vor dem Standesbeamten*   ➡ Nichtehe
   (§ 15 EheG)

♦ *mangelhafte Eheerklärungen (§ 17 EheG)*

  • kein Konsens   ➡ Nichtehe

  • unzulässige Bedingung, Befristung,   ➡ Nichtigkeit (§ 21 EheG)
    Stellvertretung, nicht gleichzeitige   Heilung ist möglich
    Anwesenheit beider Verlobter

  • Scheinerklärung, Mentalreservation   ➡ Ehe ist gültig

  • Nichterfüllung der Formvorschriften   ➡ schlichtes Trauungsverbot,
    des PStG (§§ 18, 20)   Ehe ist gültig

Willensmängel

♦ *Irrtum (§ 36 EheG)*   ➡ Aufhebbarkeit
     Heilung durch Bestätigung

♦ *Irrtum (§ 37 EheG)*   ➡ Aufhebbarkeit
     Heilung durch Bestätigung oder
     Bewährung

♦ *arglistige Täuschung (§ 38 EheG)*   ➡ Aufhebbarkeit
     Heilung durch Bestätigung

♦ *Drohung (§ 39 EheG)*   ➡ Aufhebbarkeit
     Heilung durch Bestätigung

II. Persönliche Rechtswirkungen der Ehe

A. Allgemeines

An die Eheschließung knüpfen sich eine Reihe von **gesetzlichen Wirkungen**. Diese werden in den §§ 89 bis 100 ABGB geregelt. Sie umfassen das Ehenamensrecht (§§ 93 und 93a-c ABGB) und, unter dem Überbegriff der „persönlichen Rechtswirkungen der Ehe", die Vorgaben über die Gestaltung der ehelichen Lebensgemeinschaft (§§ 91, 92 und 95 ABGB), das Unterhaltsrecht (§ 94 ABGB), die Schlüsselgewalt (§ 96 ABGB), den Anspruch auf Wohnungsschutz (§ 97 ABGB) und die Verpflichtung zur Mitwirkung im Erwerb (§§ 90 Abs 2, 98 bis 100 ABGB). Als programmatische Norm vorgeschaltet ist § 89 ABGB, der festlegt, dass die persönlichen Rechte und Pflichten aus der Ehe grundsätzlich für beide Ehepartner gleich sind. Die rein vermögensrechtlichen Beziehungen werden im Ehegüterrecht[56] behandelt.

Das Ehewirkungsrecht des ABGB, das seit dem Inkrafttreten des ABGB im Jahr 1811 nicht verändert worden war, wurde im Jahr 1975 mit dem BG über die persönlichen Rechtswirkungen der Ehe im Sinne der Gleichbehandlung von Mann und Frau völlig neu gestaltet.[57] Das Leitungsrecht des Mannes (§ 91 alt ABGB) wurde durch die Verpflichtung zur einvernehmlichen Gestaltung der ehelichen Lebensgemeinschaft (§ 90 ABGB) ersetzt. Dabei wurde auch der Katalog der ehelichen Pflichten neu formuliert. Die Verpflichtung zum ehelichen Beischlaf (§ 90 alt ABGB) wurde nicht mehr ausdrücklich angeführt, und es wurde klargestellt, dass die rein persönli-

---

56 Siehe unter III.
57 Vgl dazu *Kohlegger*, Der Schwerpunkt der Familienrechtsreform: Das Bundesgesetz über die persönlichen Rechtswirkungen der Ehe, ÖJZ 1975, 85; *Ent/Hopf*, Die Neuordnung der persönlichen Rechtswirkungen der Ehe (1976); *Hoyer*, Zwischenbilanz der österreichischen Familienrechtsreform, FamRZ 1976, 1; *Schwimann*, Die nicht vermögensrechtlichen Ehewirkungen im neuen Recht und deren Problematik, ÖJZ 1976, 365; *Migsch*, Persönliche Ehewirkungen, gesetzlicher Güterstand und Ehegattenerbrecht, in Floretta (Hrsg), Das neue Ehe- und Kindschaftsrecht (1979) 17; *Steininger*, Die persönlichen Ehewirkungen im neuen österreichischen Recht, FamRZ 1979, 774.

chen Rechte und Pflichten (Treue, anständige Begegnung, Beistand, Gestaltung der ehelichen Lebensgemeinschaft) nicht selbständig einklagbar sind, sondern nur in einem allfälligen Scheidungsverfahren als Eheverfehlungen geltend gemacht werden können. Die Frau erhielt nicht mehr automatisch mit der Eheschließung den Namen des Mannes, sondern es wurde den Ehegatten überlassen, entweder den Namen der Frau oder den Namen des Mannes zum gemeinsamen Familiennamen zu bestimmen (§ 93 ABGB idF BGBl 1975/412). Wurde der Name des Mannes zum gemeinsamen Familiennamen, so hatte die Frau das Recht, ihren Mädchennamen an den gemeinsamen Namen anzufügen. Weil dieses Recht dem Mann, der den Namen der Frau angenommen hatte, vorenthalten blieb, wurde diese Bestimmung im Jahr 1985 vom VfGH[58] wegen Verletzung des Gleichheitssatzes aufgehoben und in der Folge mit dem Ehenamensrechtsänderungsgesetz 1986 BGBl 1986/97, dem Namensrechtsänderungsgesetz 1995 BGBl 1995/25 sowie schließlich durch das KindNamRÄG 2013 BGBl I 2013/15 neu geregelt. Die Verpflichtung der Frau, dem Mann an seinen Wohnsitz zu folgen, wurde abgeschafft und durch eine geschlechtsneutrale Regelung (§ 92 ABGB) ersetzt. Auch die Schlüsselgewalt wurde geschlechtsneutral formuliert. Der von eigenem Einkommen unabhängige, absolute Unterhaltsanspruch der Frau gegenüber dem Mann (§ 91 alt ABGB) wurde durch eine Regelung ersetzt, die nun beide Ehegatten verpflichtet, zur Deckung der gemeinsamen Bedürfnisse beizutragen. Heute hat der allein oder besser verdienende Ehegatte dem anderen Unterhalt zu leisten.

Die Regelungen über die persönlichen Rechtswirkungen der Ehe wurden durch das Eherechts-Änderungsgesetz 1999 abgeändert. Dieses brachte insgesamt eine weitere Verdeutlichung des partnerschaftlichen Prinzips und eine Verbesserung der Rechtsstellung des wirtschaftlich schwächeren Ehegatten.[59] Mit dem FamRÄG 2009 wurde § 90 ABGB durch einen neuen Abs 3 ergänzt, der ausdrücklich festlegt, dass die eheliche Beistandspflicht auch den Beistand bei der Obsorge für Stiefkinder erfasst.

---

58 VfGH G 174/84 VfSlg 10.384.
59 Zum EheRÄG 1999 vgl *Hopf/Stabentheiner*, Das Eherechts-Änderungsgesetz 1999, ÖJZ 1999, 821 und 861; *Deixler-Hübner*, Das neue Eherecht (1999); Ferrari/Hopf (Hrsg), Eherechtsreform in Österreich (2000); *Pichler*, Das Eherechts-Änderungsgesetz 1999, ÖA 2000, 62.

B. Ehename

Die Regelung des Ehenamens in den §§ 93 ff ABGB wurde durch das KindNamRÄG 2013 neu gefasst.[60] Es besteht große Freiheit bei der Gestaltung des Familiennamens.[61] Die (künftigen) Ehegatten können entweder den Namen des Mannes oder den der Frau zum **gemeinsamen Familiennamen** bestimmen. Sie können dabei den gesamten Namen eines Ehegatten oder, wenn dieser aus mehreren Teilen besteht, auch Teile dieses Namens verwenden (§ 93 Abs 2 ABGB). Damit soll den Ehegatten die Möglichkeit geboten werden, einen Namen, der aus mehreren Teilnamen besteht, ohne weiteren bürokratischen Aufwand vor dem Standesamt zu kürzen.[62] Die Ehegatten können auch einen aus ihren Familiennamen zusammengesetzten **Doppelnamen** zum gemeinsamen Familiennamen bestimmen. Wenn in diesem Fall einer der Ehegatten oder beide einen aus mehreren Teilen bestehenden Namen (Doppelname oder Namenskette) führen, so dürfen sie für den gemeinsamen Familiennamen jeweils nur einen dieser Teilnamen heranziehen (§ 93 Abs 2 ABGB). Damit soll die Bildung von unübersichtlichen Namensketten vermieden werden.[63] Die Ehegatten müssen sich dabei auch

---

60 Das neue Namensrecht (§§ 93–93c ABGB idF KindNamRÄG 2013) gilt für Ehegatten, die nach dem 31.3.2013 die Ehe schließen. Ehegatten, die die Ehe früher geschlossen haben, können ab 1.9.2013 eine Namensbestimmung nach neuem Namensrecht vornehmen (vgl § 1503 ABGB). Vgl *Beclin*, Die wichtigsten materiellrechtlichen Änderungen des KindNamRÄG 2013, Zak 2013, 4; *Pesendorfer*, Das neue Namensrecht im Überblick, iFamZ 2013, 34; *Deixler-Hübner* in Deixler-Hübner/Fucik/Huber (Hrsg), Das neue Kindschaftsrecht (2013) 26 ff; *Pesendorfer*, Das neue Namensrecht, in Barth/Deixler-Hübner/G. Jelinek (Hrsg), Handbuch des neuen Kindschafts- und Namensrechts (2013) 69; *Schürz*, Das neue Namensrecht, in Gitschthaler (Hrsg), Kindschafts- und Namensrechts-Änderungsgesetz 2013 (2013) 163; *Wagner-Reitinger*, Änderungen im Namensrecht für Ehegatten und Kinder nach dem KindNamRÄG 2013, ÖJZ 2013, 245; *Jesser-Huß*, Das neue Namensrecht, in Ferrari/Hinteregger/Kathrein (Hrsg), Reform des Kindschafts- und Namensrechts (2014) 87; *Pesendorfer*, Die Entwicklung des Namensrechts seit dem KindNamRÄG 2013, iFamZ 2014, 234.

61 Dies war schon seit der Namensrechtsnovelle 1995 der Fall. Zu § 93 ABGB idF Namensrechtsänderungsgesetz 1995: *Hintermüller*, Namensrechtsänderungsgesetz – Kurzinformation über die wichtigsten Neuerungen für den Praktiker, ÖStA 1995, 46; *Zeyringer*, Neuregelung des Ehe- und Kindesnamensrechts, ÖA 1995, 76; *derselbe*, Das Namensrechtsänderungsgesetz, ÖStA, 1995, 14; *derselbe*, Zweifelsfragen im Zusammenhang mit dem Namensrechtsänderungsgesetz, ÖStA 1995, 63; *Bernat/Jesser*, Meier & Müller, Meier-Müller oder Müller-Meier: Neue Grundsätze im Namensrecht, JAP 1995/96, 54; *Mottl*, Ein Jahr neues Namensrecht, NZ 1996, 321.

62 ErläutRV 2004 BlgNR. 24. GP 13.

63 ErläutRV 2004 BlgNR. 24. GP 13.

über die Reihenfolge der verwendeten Teilnamen einigen.[64] Diese sind durch einen Bindestrich voneinander zu trennen (§ 93 Abs 4 ABGB).

Der **Ehegatte, dessen Name nicht gemeinsamer Familienname** wird, hat das Recht, dem gemeinsamen Namen den bisherigen Familiennamen unter Setzung eines Bindestrichs entweder voran- oder nachzustellen (§ 93 Abs 3 und 4 ABGB). Dieser Name darf aber ebenfalls insgesamt nur aus zwei Teilnamen bestehen. Ist der gemeinsame Familienname ein Doppelname, so besteht dieses Recht deshalb nicht. Führt dieser Ehegatte einen Doppelnamen oder eine Namenskette als bisherigen Familiennamen, so darf er nur einen dieser Teilnamen verwenden.

Gegenstand der Namensbestimmung und Erklärung ist jeweils der Name, der vor der Eheschließung geführt wird. Somit kann auch der Name aus einer geschiedenen oder aufgelösten Ehe zum gemeinsamen Familiennamen gewählt oder in einer neuen Ehe weitergeführt werden.

Nehmen die Verlobten **keine Namensbestimmung** vor, so behalten sie ihre bisherigen Familiennamen (§ 93 Abs 1 ABGB).[65] Ändert sich der bisherige Familienname eines Ehegatten (zB durch Adoption), so können die Ehegatten ihren gemeinsamen Familiennamen neu bestimmen (§ 93a ABGB). Zum Kindesnamen s 3. Teil Kindschaftsrecht III.A.

Wird die **Ehe durch Tod, Aufhebung oder Scheidung aufgelöst**, so ändert sich der Familienname nicht. In diesem Fall[66] besteht aber die Möglichkeit, jeden früher rechtmäßig geführten Familiennamen wieder anzunehmen (§ 93a Abs 2 ABGB). Dabei kann zwischen allen früheren Namen gewählt werden. Die bis zum KindNamRÄG 2013 bestehende Einschränkung, dass der Familienname aus einer geschiedenen oder aufgehobenen Ehe nur wieder angenommen werden darf, wenn aus dieser Ehe Nachkommenschaft vorhanden ist, wurde aufgegeben.

---

64 ErläutRV 2004 BlgNR 24. GP 13.

65 Nach dem Namensrechtsänderungsgesetz 1995 wurde ex lege der Name des Mannes zum gemeinsamen Familiennamen, die Frau hatte jedoch das Recht zu erklären, dass sie ihren bisherigen Namen weiterführt, sodass die Ehegatten getrennte Namen hatten. Zu Recht kritisch zur Bevorzugung des Mannesnamens *Aichhorn/Furgler*, Das Familiennamensrecht, in Aichhorn (Hrsg), Frauen & Recht (1997) 322 ff; *Mottl*, Der Name der Ehefrau, in Floßmann (Hrsg), Recht, Geschlecht und Gerechtigkeit (1997) 232 f; *Kissich* in Klang³ § 93 Rz 11; *Deixler-Hübner*, Ist das österreichische Namensrecht noch zeitgemäß? iFamZ 2007, 159. Für den VfGH G 227/92, JBl 1994, 326 (*Pichler*) stellte die subsidiäre Geltung des Mannesnamens keine Verfassungswidrigkeit dar. AA das deutsche BVfG 1 BvL 83/86, 24/88 NJW 1991, 1602.

66 Wohl weiterhin nicht bei getrennter Namensführung, so zu § 93 Abs 3 ABGB alt: *Schwimann/Ferrari* in Schwimann/Kodek I⁴ § 93a Rz 3; ebenso *Beck* in Gitschthaler/Höllwerth § 93a Rz 4; *Jesser-Huß* in Ferrari/Hinteregger/Kathrein 96; aA *Smutny* in ABGB-ON^1.03 § 93a Rz 4.

Die namensrechtlichen Erklärungen sind dem Standesbeamten gegenüber in öffentlicher oder öffentlich beglaubigter Urkunde abzugeben (§ 93c ABGB). Gem § 93a Abs 3 ABGB kann eine Person auch bestimmen, dass ihr Familienname dem Geschlecht angepasst wird, soweit dies ihrer Herkunft oder der Tradition der Sprache entspricht, aus der der Name stammt. Es besteht aber auch die Möglichkeit zu bestimmen, dass eine auf das Geschlecht hinweisende Endung des Namens entfällt. Die Bestimmung oder Wiederannahme eines Familiennamens ist nur einmalig zulässig (§ 93b ABGB). Das zivile Namensrecht wird durch das **Namensänderungsgesetz** BGBl 1988/195 ergänzt, das unter bestimmten Voraussetzungen eine Namensänderung durch Antrag bei der Bezirksverwaltungsbehörde ermöglicht.

C. Gestaltung der ehelichen Lebensgemeinschaft

Die Ehegatten sind nach § 90 ABGB zur umfassenden ehelichen Lebensgemeinschaft verpflichtet. Diese verpflichtet besonders zum gemeinsamen Wohnen, zur Treue, zur anständigen Begegnung und zum Beistand. Damit soll zum Ausdruck gebracht werden, dass die Ehe eine umfassende geistige, körperliche und wirtschaftliche Gemeinschaft darstellt, die auf gegenseitigem Vertrauen aufbaut.

Die **Beistandspflicht** ist die Basis jeder Ehe.[67] Die eheliche Unterhaltspflicht (§ 94 ABGB), die Unterstützung im Haushalt (§ 95 ABGB), die Mitwirkung im Erwerb (§ 90 Abs 2, §§ 98–100 ABGB) und der Anspruch auf Wohnungsschutz (§ 97 ABGB) sind besondere gesetzliche Konkretisierungen der allgemeinen Beistandspflicht. Sie umfasst primär die immaterielle Unterstützung des anderen durch emotionale Zuwendung und Fürsorge, schließt bei Bedarf aber auch materielle Hilfestellungen, wie unentgeltliche Arbeits-, Sach- und Geldaushilfen, mit ein. Die Verpflichtung zum Beistand erstreckt sich auch auf Fürsorgeleistungen für die nahen Angehörigen des anderen Ehegatten. Dazu gehören die Betreuung von pflegebedürftigen Angehörigen des anderen Ehegatten und die Mithilfe bei der Ausübung der Obsorge für die in die Ehe mitgebrachten Kinder.[68] Letzteres wurde durch das FamRÄG 2009 ausdrücklich gesetzlich festgeschrieben. Nach § 90 Abs 3 ABGB ist jeder Ehegatte verpflichtet, dem anderen in der Ausübung der Obsorge für dessen Kinder in angemessener Weise beizustehen. Um dieser Verpflichtung besser nachkommen zu können, kann er den anderen

---

67 *Stefula*, Zu den allgemeinen familiären Beistandspflichten, ÖJZ 2005/35.
68 *Hinteregger* in Klang³ § 90 Rz 18; *Koch* in KBB⁴ § 90 Rz 6.

Ehegatten, soweit die Umstände dies erfordern, in den Obsorgeangelegenheiten des täglichen Lebens vertreten.[69]

Die ehelichen Rechte und Pflichten unterliegen nur bedingt der **Dispositionsfreiheit** der Eheleute. So kann kraft gesetzlicher Anordnung in § 94 Abs 3 ABGB auf den Unterhaltsanspruch an sich im Vorhinein nicht verzichtet werden. Die Verpflichtung zur anständigen Begegnung wird zwar milieubedingt und abhängig von den beteiligten Persönlichkeiten unterschiedlich gehandhabt werden, die Ausübung von Gewalt und die Zufügung körperlichen oder seelischen Leids sind aber auf jeden Fall verboten.[70] Auch ein völliger Ausschluss der ehelichen Lebensgemeinschaft[71] oder der Treuepflicht[72] wird als unzulässig angesehen. Dasselbe muss für die Pflicht zur Beistandsleistung gelten. Möglich ist die Vereinbarung der Kinderlosigkeit[73] oder des getrennten Wohnens.[74] Dabei ist aber zu beachten, dass derartige Vereinbarungen nur eine eingeschränkte Wirksamkeit haben (siehe unten).

Die nähere Gestaltung der ehelichen Lebensgemeinschaft bleibt dem Einvernehmen der Eheleute überantwortet. § 91 ABGB gibt aber dafür, besonders für die Haushaltsführung, Erwerbstätigkeit, Beistandsleistung und Obsorge, eine inhaltliche Zielvorgabe. Die Ehepartner sollen diese Aufgaben unter Rücksichtnahme aufeinander und das Wohl der Kinder „mit dem Ziel voller Ausgewogenheit ihrer Beiträge" einvernehmlich teilen. Dieser **Gleichbeteiligungsgrundsatz**[75] wurde durch das EheRÄG 1999 eingefügt.

---

69 Dazu näher 3. Teil Kindschaftsrecht III.E.

70 § 49 EheG; §§ 382b–382e EO (einstweilige Verfügungen zum allgemeinen Schutz vor Gewalt und vor Gewalt in Wohnungen), § 38a SPG (Wegweisung und Betretungsverbot durch Organe des öffentlichen Sicherheitsdienstes bei Gewalt in Wohnungen), eingefügt mit BG zum Schutz vor Gewalt in der Familie BGBl 1996/759 idF des 2. Gewaltschutzgesetzes BGBl I 2009/40, welches seit 1.6.2009 in Kraft ist.

71 OGH 1 Ob 405/49 SZ 23/137; § 91 Anm 4; *Höllwerth* in Gitschthaler/Höllwerth § 90 Rz 5; *Schwimann/Ferrari* in Schwimann/Kodek I⁴ § 90 Rz 3; *Hopf/Kathrein*, Eherecht³ § 44 Anm 6.

72 *Stabentheiner* in Rummel I³ § 90 Rz 7; *Höllwerth* in Gitschthaler/Höllwerth § 90 Rz 27; *Schwimann/Ferrari* in Schwimann/Kodek I⁴ § 90 Rz 10; *Smutny* in ABGB-ON¹·⁰² § 90 Rz 21; *Hopf/Kathrein*, Eherecht³ § 90 Anm 12; *Koch* in KBB⁴ § 90 Rz 3.

73 *Stabentheiner* in Rummel I³ § 44 Rz 5; *Hinteregger* in Klang³ § 44 Rz 8; *Smutny* in ABGB-ON¹·⁰² § 90 Rz 5; aA *Kerschner*, Familienrecht⁵ Rz 2/42.

74 *Hinteregger* in Klang³ § 90 Rz 4 f; *Höllwerth* in Gitschthaler/Höllwerth § 90 Rz 25; *Schwimann/Ferrari* in Schwimann/Kodek I⁴ § 91 Rz 3; *Smutny* in ABGB-ON¹·⁰² § 90 Rz 13; *Hopf/Kathrein*, Eherecht³ § 90 Anm 10; *Koch* in KBB⁴ § 90 Rz 2; aA *Kerschner*, Vereinbarungen der Ehegatten über die Gestaltung der ehelichen Lebensgemeinschaft, in Harrer/Zitta 398 f sowie Familienrecht⁵ Rz 2/36; *Giefing*, Die familien- und exekutionsrechtlichen Aspekte des ehelichen Wohnens (1998) 7 ff.

75 ErläutRV 1653 BlgNR 20. GP 19.

Damit soll klargestellt werden, dass eine einseitige Verteilung der Lasten gesetzlich nicht zulässig ist.

Dass beide Ehegatten an der **Führung des Haushalts** mitzuwirken haben, wird außerdem von § 95 ABGB ausdrücklich festgehalten. Sind beide erwerbstätig, so sind die Haushaltspflichten zu teilen. Ist ein Ehegatte nicht erwerbstätig, dann obliegt ihm die Haushaltsführung, der andere Ehegatte ist aber zur Mithilfe verpflichtet.

Haben Ehegatten einmal Einvernehmen über ihre Lebensgestaltung erzielt, so stellt sich die Frage, ob und unter welchen Voraussetzungen ein Ehegatte davon auch **einseitig wieder abgehen** kann. In der Vergangenheit waren hier die Meinungen von Lehre und Rechtsprechung gespalten. Während die Lehre die Auffassung vertrat, dass ein einseitiges Abgehen immer möglich ist, wenn nicht gewichtigere Interessen des anderen Ehegatten oder der Kinder entgegenstehen, wollte die Rechtsprechung[76] ein einseitiges Abgehen nur bei wichtigem Grund zulassen. Daher sah sich der Gesetzgeber des EheRÄG 1999 veranlasst, dafür eine ausdrückliche Regelung vorzusehen. § 91 Abs 2 ABGB legt fest, dass ein Ehegatte von einer einmal getroffenen einvernehmlichen Gestaltung jederzeit abgehen kann, „wenn dem nicht ein wichtiges Anliegen des anderen oder der Kinder entgegensteht". Kommt es zu einer Interessenkollision, so ist ein einseitiges Abgehen nur zulässig, wenn der oder die Änderungswillige auf einen persönlichen Grund verweisen kann, der gewichtiger ist als die Interessen des anderen Ehegatten oder der Kinder an der Beibehaltung der bisherigen Lebensgestaltung. Der Wunsch nach Aufnahme einer Erwerbstätigkeit wird vom Gesetz ausdrücklich als wichtiger persönlicher Grund genannt. Für den Fall widerstreitender Interessen trägt der Gesetzgeber den Ehegatten auf, sich um ein Einvernehmen zu bemühen.

Für das **gemeinsame Wohnen** stellt § 92 ABGB eine Sonderregelung auf. Verlangt ein Ehegatte aus gerechtfertigten Gründen (zB Berufsausübung) die Verlegung der gemeinsamen Wohnung, so muss der andere diesem Wunsch entsprechen, außer er hat gerechtfertigte Gründe von zumindest gleichem Gewicht, nicht mitzuziehen. Ergibt die Interessenabwägung ein Überwiegen der Gründe auf der Seite des Änderungswilligen, so wäre die Weigerung des anderen mitzuziehen rechtswidrig. Sind die Gründe auf der Seite desjenigen, der bleiben möchte, stärker, so dürfte der Änderungswillige nicht ausziehen. Unklar ist, ob der Änderungswillige ausziehen darf, wenn beide gleich gewichtige Gründe haben. Rechtsprechung und Lehre sprechen sich überwiegend dafür aus, sodass die Ehegatten dann einen ge-

---

76   Vgl OGH 8 Ob 601/89 JBl 1991, 714 (*Ferrari*); 3 Ob 2292/96x JBl 1998, 245 (*Holzner*); anders noch OGH 1 Ob 697/86 JBl 1987, 652.

trennten Wohnsitz haben.[77] Vorübergehend[78] ist eine gesonderte Wohnung-nahme zulässig, wenn das Zusammenleben mit dem anderen unzumutbar ist oder dies aus wichtigen persönlichen Gründen gerechtfertigt ist. Besteht der Unzumutbarkeitsgrund in der Gewalttätigkeit des anderen Ehegatten, so ist aber auch eine Ausweisung dieses Ehegatten aus der gemeinsamen Wohnung (Auftrag zum Verlassen sowie Rückkehrverbot) möglich.[79]

Vereinbarungen über die Gestaltung der ehelichen Lebensgemeinschaft sind nur **eingeschränkt wirksam**. Sie haben keinen Vertragscharakter und sind nicht gesondert einklagbar.[80] In Bezug auf die Gestaltung der ehelichen Lebensgemeinschaft können deshalb keine gerichtlichen Leistungsbefehle erteilt werden.[81] Auch allgemeine zivilrechtliche Ansprüche, wie Unterlassungs-, Bereicherungs-[82] oder Schadenersatzansprüche,[83] können daraus nicht abgeleitet werden. Verstöße können aber bei aufrechter Ehe für den Unterhaltsanspruch eine Rolle spielen[84] und im Scheidungsverfahren einen Verschuldensgrund darstellen.

Eine Ausnahme stellt der Anspruch nach § 92 Abs 3 ABGB dar. Dieser gibt jedem der Ehegatten das Recht, vor oder nach der Verlegung der Woh-

---

77 *Giefing*, Aspekte 15; *Stabentheiner* in Rummel I³ § 92 Rz 2 f; *Beck* in Gitschthaler/Höllwerth § 92 Rz 8; *Koch* in KBB⁴ § 92 Rz 2; OGH 6 Ob 638/85 EFSlg 44.820; 1 Ob 615/85 EFSlg 47.416.

78 Zur Abgrenzung zum Dauerzustand vgl OGH 8 Ob 23/12h EvBl 2012/123.

79 §§ 382b–382e EO (einstweilige Verfügungen zum allgemeinen Schutz vor Gewalt und vor Gewalt in Wohnungen), § 38a SPG (Wegweisung und Betretungsverbot durch Organe des öffentlichen Sicherheitsdienstes bei Gewalt in Wohnungen) idF des 2. Gewaltschutzgesetzes BGBl I 2009/40.

80 OGH 7 Ob 760/80 SZ 54/37; 5 Ob 117/99p JBl 2000, 517.

81 ZB OGH 7 Ob 760/80 SZ 54/37; 8 Ob 529/88 EFSlg 55.891.

82 Verfehlt OGH 1 Ob 697/86 JBl 1987, 652, wonach ein Ehegatte den für den Haushalt erbrachten Mehraufwand vom anderen nach § 1042 ABGB zurückfordern kann. Zu Recht abl *Kerschner* in Harrer/Zitta 406, 409.

83 Dies muss nach einem Teil der Lehre auch für die Zuerkennung von Detektivkosten zum Nachweis eines Ehebruchs gelten: *Deixler-Hübner*, Ersatz für außerprozessuale Aufwendungen – Anspruchsgrundlage und Anspruchshöhe, ÖJZ 2002, 372 (377 f); *Hofmann/Grüblinger*, Ehebruch und Schadenersatz, EF-Z 2009/95 und 114; *Hinteregger*, Privatautonomie in der Ehe, in FS 200 Jahre ABGB (2011) 1007. Anders die Rspr: OGH 1 Ob 114/09k iFamZ 2009/244 (abl *Deixler-Hübner*) = EF-Z 2009/139 (*Höllwerth*); 3 Ob 232/11f iFamZ 2012/107 (*Deixler-Hübner*).

84 Ist beispielsweise die Führung einer Hausfrauenehe vereinbart, so kann der Mann nicht einseitig die Entscheidung treffen, seine Erwerbstätigkeit aufzugeben. Hegt er einen solchen Wunsch, so muss er sich um das Einvernehmen mit seiner Frau bemühen. Spricht sich die Frau dagegen aus, so ist eine Interessenabwägung vorzunehmen. Überwiegt das Interesse der Frau an der Fortsetzung der bisherigen Lebensgestaltung, so bleibt der Mann weiter im selben Ausmaß unterhaltspflichtig (Anspannungsgrundsatz), auch wenn er tatsächlich seinen Beruf aufgibt.

nung oder der gesonderten Wohnungnahme eine Entscheidung des Außer-
streitgerichts darüber zu erwirken, ob die Wohnungsverlegung oder die gesonderte Wohnungnahme rechtmäßig war oder ist. Diese Entscheidung
kann auch begehrt werden, wenn die Maßnahme schon beendet ist oder
wenn sie erst in Zukunft erfolgen soll.[85] Die Entscheidung des Außerstreit-
gerichts hat nur feststellende Wirkung. Sie gibt den Ehegatten schon vor einem Unterhalts- oder Scheidungsverfahren die Möglichkeit, die Rechtmä-
ßigkeit der Wohnungsverlegung oder der gesonderten Wohnungnahme mit
bindender Wirkung für diese Verfahren vorweg zu klären.

Anders ist die Rechtslage bei den persönlichen Rechtswirkungen *vermögensrechtlicher* Natur. Die Verpflichtung zur Unterhaltsleistung (§ 94
ABGB), die Schlüsselgewalt (§ 96 ABGB), der Anspruch auf Wohnungserhaltung (§ 97 ABGB) und die Mitwirkung im Erwerb (§§ 98–100 ABGB)
können vertraglich geregelt und daraus resultierende Pflichten auch bei aufrechter Ehe im Rechtswege verfolgt werden.

Beispiele aus der Rechtsprechung

OGH 12.10.2006, 6 Ob 75/05f EFSlg 113.080 = MietSlg 58.065 = EF-Z
2007/8 = Zak 2006/740, 434 – Trennung

Die Streitteile sind seit 1945 miteinander verheiratet. Im Jahr 1991 zog der
Ehemann zu seiner Freundin. Er überließ der Ehefrau die Mietwohnung
und verpflichtete sich zu Unterhaltszahlungen. Seit seinem Auszug benützt
die Ehefrau die 71 m² große Wohnung allein. Der Kontakt zwischen den
Eheleuten brach ab. Im Jahr 2003 forderte die nunmehrige Lebensgefährtin
den Mann auf, wieder in die Wohnung seiner Ehefrau zu ziehen, da sie ihn
aus gesundheitlichen Gründen nicht mehr versorgen könne und ihre Wohnung für die Unterbringung von Betreuungspersonen brauche. Am
25.9.2003 versuchte der Ehemann, wieder in die Wohnung der Ehefrau zu
gelangen, was ihm nicht gelang, weil die Frau zuvor die Schlösser ausgetauscht hatte. Die Wiederaufnahme der ehelichen Lebensgemeinschaft wird
von ihm nicht gewünscht. Er begehrt in der Klage, die Ehefrau zu verpflichten, ihm den Zutritt zur Wohnung zu gestatten. Er habe ein dringendes Wohnbedürfnis an der Ehewohnung. Die beklagte Ehefrau beantragt
die Abweisung der Klage. Es sei ihr nach mehr als 12 Jahren Trennung nicht
zumutbar, mit dem Ehemann die Wohnung gemeinsam zu benützen.

---

85 ZB OGH 7 Ob 545/80 EFSlg 35.156; 7 Ob 538/85 EFSlg 47.426.

OGH 15.2.2000, 5 Ob 117/99p JBl 2000, 517 = immolex 2000/122 = MietSlg 52.004 – Räumungsklage

Die Klägerin und der Beklagte leben in aufrechter Ehe und wohnen im gemeinsamen Haus. Der Beklagte hatte in der Vergangenheit Beziehungen zu einer anderen Frau unterhalten und während dieser Zeit bei ihr gewohnt. Schließlich kehrte der Beklagte doch wieder in die Ehewohnung zurück. Die Klägerin wollte eine Absicherung für den Fall, dass der Beklagte seine Beziehung zu dieser Frau fortsetzt. Beide Streitteile ließen deshalb von einem Rechtsanwalt folgende Erklärung verfassen: „Herr Johann H. räumt seiner Gattin Hilde H. für den Fall, dass er das Verhältnis bzw freundschaftliche Beziehungen zu Frau X. wiederaufnehmen sollte, das alleinige Wohnrecht im gemeinsamen Haus ein." Beide Parteien verstanden diese Erklärung so, dass der Klägerin das alleinige Wohnrecht nur für die Dauer der ehewidrigen Beziehung zustehen sollte. In der Folge stellte sich heraus, dass der Beklagte die freundschaftlichen Beziehungen zu Frau X. nie abgebrochen hatte. Im März 1998 traf die Klägerin Frau X. im Schlafzimmer des gemeinsamen Hauses mit einem Jogginganzug bekleidet an. Die Klägerin begehrt, den Beklagten für schuldig zu erkennen, das gemeinsame Haus zu räumen und ihr geräumt von seinen Fahrnissen zur alleinigen Benützung zu überlassen, solange er sein Verhältnis bzw seine freundschaftliche Beziehung zu Frau X. aufrecht erhält.

OGH 4.3.1987, 1 Ob 697/86 JBl 1987, 652 – Streit ums Geld

Die Streitteile haben im Jahr 1968 die Ehe geschlossen, der die am 21.3.1976 geborene Tochter Sandra entstammt. Der Kläger bezog im Jahr 1985 ein Einkommen von € 11.046,27, das Einkommen der Beklagten belief sich auf € 7.049,26. Die Streitteile führten während funktionierender Ehe ein gemeinsames Konto, auf das die Einkommen der Streitteile überwiesen wurden. Von diesem Konto wurden alle Zahlungen abgebucht, die für die Führung des gemeinsamen Haushalts erforderlich waren. Seit Juni 1984 funktioniert die Ehe der Streitteile nicht mehr und im November 1984 stellten die Streitteile die Überweisungen auf das gemeinsame Konto ein. Der Kläger gab der Beklagten nur mehr fallweise Wirtschaftsgeld (Dezember 1984, Jänner und Februar 1985 je € 363,36 sowie € 6.395,21, wobei € 1.017,42 auf das vom Kläger allein genutzte Auto entfielen). Der Kläger begehrt den Betrag von € 3.197,60, da er an Haushaltsaufwendungen insgesamt mehr geleistet habe als seinem Beitrag während funktionierender Ehe entsprach. Die Beklagte wendet ein, sie verwende bereits ihr gesamtes Einkommen zur Bestreitung der Lebensführungskosten.

OGH 20.2.2003, 6 Ob 124/02g ZVR 2004/5 (16) – Schmerzengeld für verlorene Liebe

Die Streitteile haben am 17.11.1948 die Ehe geschlossen. Die Klägerin begehrt ein Schmerzengeld von € 19.621,67. Sie leide an Schlaflosigkeit, Kopfweh, Erregungszuständen aller Art, Depressionen und Psychosen. Diese Beeinträchtigungen und auch ihre nunmehrige Erkrankung an Hautkrebs seien auf den schuldhaften Verstoß des Beklagten gegen die ihm gem § 90 ABGB auferlegten ehelichen Pflichten zurückzuführen. Der Beklagte sei aus der gemeinsamen Wohnung ausgezogen und unterhalte eine ehebrecherische Beziehung zu einer anderen Frau.

D. Unterhalt

1. Allgemeines

Nach § 94 Abs 1 ABGB haben beide Ehegatten zur Deckung der ihren Lebensverhältnissen angemessenen Bedürfnisse **beizutragen**.[86] Bestimmende Faktoren für das Bestehen und das Ausmaß der Beitragspflicht sind die Gestaltung der ehelichen Lebensgemeinschaft, die Leistungsfähigkeit jedes Ehegatten und die nach den Lebensverhältnissen der Ehegatten angemessenen Bedürfnisse. Die Ehegatten können Erwerbstätigkeit und Haushaltsführung einvernehmlich untereinander verteilen, wobei der Gleichbeteiligungsgrundsatz des § 91 ABGB zu beachten ist. Sie können selbst entscheiden, ob sie all ihre Kräfte anspannen wollen, um einen höheren Lebensstandard finanzieren zu können, oder ob sie sich mit einer bescheideneren Lebensführung zufrieden geben wollen.[87] Im Rahmen dieser Gestaltung haben beide Ehegatten nach ihren Kräften ihren Beitrag zu leisten.

---

86 Umfassend zum ehelichen Unterhaltsrecht: *Stabentheiner* in Rummel I[3] § 94 Rz 1 ff; *Gitschthaler* in Gitschthaler/Höllwerth § 94 Rz 1 ff; *Hinteregger* in Klang[3] § 94 Rz 1 ff; *Buchwalder*, Unterhalt bei aufrechter Ehe (2008); *Schwimann/Ferrari* in Schwimann/Kodek I[4] § 94 Rz 1 ff; *Schwimann/Kolmasch*, Unterhaltsrecht[7] (2014) 1 ff, 197 ff; *Smutny* in ABGB-ON[1.03] § 94 Rz 1 ff; *Gitschthaler*, Unterhaltsrecht[2] (2008) Rz 568 ff. Vgl aus der neueren Literatur überdies *Buchwalder*, Unterhalt bei aufrechter Ehe, iFamZ 2008, 27; *Gitschthaler/Simma*, Die Sicherung der Existenz des Gemeinschuldners und seiner Familie im Konkurs, EF-Z 2007/79 und 100; *Limberg*, Privatstiftung und Unterhalt, EF-Z 2008/101; *Hopf/Kathrein*, Eherecht[3] § 94 Rz 1 ff; *Koch* in KBB[4] § 94 Rz 1 ff.

87 *Beispiel:* Beide nehmen trotz anderer Erwerbsmöglichkeiten nur eine Halbtagsbeschäftigung an, um mehr Zeit für ihr gemeinsames Kind und für ihre Hobbies zu haben.

Mit der Wortfolge „nach ihren Kräften" wird zum Ausdruck gebracht, dass von keinem Ehegatten mehr verlangt werden darf, als er zu leisten im Stande ist. Nach allgemeiner Ansicht ist daraus aber auch abzuleiten, dass jeder der Ehegatten verpflichtet ist, seine Erwerbsmöglichkeiten voll auszuschöpfen, um seinen Beitrag leisten zu können. Bleibt das tatsächlich erzielte Einkommen hinter dem möglichen Einkommen zurück, so ist für die Unterhaltsbemessung vom fiktiven Einkommen auszugehen (**Anspannungsgrundsatz**).[88]

Die Beitragspflicht selbst kann nicht gesondert eingeklagt werden. Verletzt einer der Ehegatten seine Beitragspflicht, so kann dies im Scheidungsverfahren als Eheverfehlung iSd § 49 EheG geltend gemacht werden. **Unterhaltsansprüche** sind dagegen (im streitigen Verfahren) **gerichtlich durchsetzbar**. Gem § 382 Abs 1 Z 8 lit a EO kann der Ehegattenunterhalt auch vorläufig zugesprochen werden (**einstweiliger Unterhalt**).

Die **Definition des Unterhalts** richtet sich nach § 672 ABGB. Er umfasst demnach Nahrung, Kleidung, Wohnung und die übrigen Bedürfnisse. Unter die übrigen Bedürfnisse fallen alle Lebensbedürfnisse, wie etwa die Kosten der medizinischen Versorgung, Aufwendungen für kulturelle Veranstaltungen und für Erholung, Freizeit und Urlaub. Der Standard richtet sich nach den Lebensverhältnissen der Ehegatten.

Unterhalt kann nicht nur für die Zukunft, sondern auch für vergangene Unterhaltsperioden gefordert werden.[89] Der gesetzliche Unterhaltsanspruch zwischen Ehegatten kann nicht verjähren (§ 1481 ABGB). Rückständige Unterhaltsbeiträge verjähren in drei Jahren ab Fälligkeit (§ 1480 ABGB). Solange die Ehe aufrecht ist, ist der Anfang und der Lauf der Verjährung aber gehemmt (§ 1495 ABGB). Die Hemmung endet erst mit rechtskräftiger Auflösung der Ehe.[90]

---

88 OGH 2 Ob 532/91 JBl 1992, 173; 6 Ob 87/05w EFSlg 111.271; 1 Ob 104/09i Jus-Guide 2010/02/7194; *Gitschthaler*, Die Anspannungstheorie im Unterhaltsrecht – 20 Jahre später, ÖJZ 1996, 553; *Kolmasch*, Anspannung des Unterhaltsschuldners bei Auslandsbeziehungen, Zak 2006/262.
    Beispiel: Der Mann ist gelernter Koch und könnte ein Monatseinkommen von € 1.800,– erwirtschaften. Nach eingetretener Arbeitslosigkeit bemüht er sich nicht um eine Arbeitsstelle. Besteht eine Hausfrauenehe, wird der Unterhaltsanspruch der Frau vom erzielbaren Einkommen (€ 1.800,–) berechnet. Ist eine Berufstätigenehe vereinbart, so wird seinem Unterhaltsanspruch gegenüber der Frau ebenfalls dieses fiktive Einkommen zu Grunde gelegt, und er kann von ihr je nach der Höhe ihres Einkommens keinen oder keinen vollen Unterhalt fordern.

89 OGH 6 Ob 544/87 (verst Senat) JBl 1988, 586.

90 OGH 10 Ob 59/11s EF-Z 2012/14 (krit *Gitschthaler*); krit *Eypeltauer*, Verjährungshemmung und Familie, RZ 1991, 26; *Reischauer*, Zur Verjährungsbestimmung nach § 1495 S 1 ABGB, JBl 1991, 559.

Der Unterhaltsanspruch nach § 94 ABGB besteht nur bis zur Auflösung der Ehe. Bei Nichtigerklärung, Aufhebung und Scheidung ist der entscheidende Zeitpunkt die Rechtskraft der Entscheidung über die Auflösung der Ehe, nicht der über einen allfälligen Verschuldensausspruch.[91] Der Unterhaltsanspruch erlischt mit dem Tod des Berechtigten. Bei Eheauflösung durch den Tod des Verpflichteten richtet sich der Anspruch gegen die Erben des Verstorbenen. Er ist durch den Wert des Nachlasses begrenzt, und in den Anspruch ist alles einzurechnen, was der überlebende Ehegatte nach dem Verstorbenen erhält, wobei vor allem der Anspruch auf die Hinterbliebenenpension von großer praktischer Bedeutung ist (vgl § 796 ABGB)[92]. Der Anspruch auf Ehegattenunterhalt geht allen anderen Ansprüchen auf Unterhalt vor. Freiwillige Leistungen Dritter (zB Kinder, Eltern) sind nur dann zu Gunsten des unterhaltspflichtigen Ehegatten anzurechnen, wenn sie mit der Absicht erbracht werden, diesen zu entlasten.[93]

2. Arten von Unterhaltsansprüchen

In § 94 Abs 2 ABGB sind drei Arten von Unterhaltsansprüchen enthalten:

– der Anspruch des (der) nicht erwerbstätigen Haushaltsführenden,
– der Anspruch des/der ehemals Haushaltsführenden nach Aufhebung der Hausgemeinschaft und
– der Anspruch des schlechter verdienenden oder beitragsunfähigen Ehegatten.

Entscheiden sich die Ehegatten für die Führung einer **Hausfrauen(-mann)ehe**, so erbringt die Hausfrau/der Hausmann dadurch ihren/seinen Beitrag. In diesem Fall sind eigene Einkünfte nicht voll anzurechnen, sondern nur angemessen zu berücksichtigen.[94] Eine gewisse Mindestdauer der

---

91 ZB OGH 2 Ob 318/99z EFSlg 91.893; 1 Ob 35/00d EFSlg 91.984.
92 Mit Inkrafttreten des Erbrechts-Änderungsgesetz 2015 – ErbRÄG 2015 am 1.1.2017 wird § 796 zu § 747 ABGB.
93 ZB OGH 3 Ob 280/06g Zak 2007/227.
94 *Beispiel:* Die Frau ist Lehrerin und hat ein durchschnittliches Nettoeinkommen von € 2.000,–. Der Mann führt den Haushalt und betätigt sich auch noch als Holzschnitzer. Erzielt er daraus ein durchschnittliches Einkommen von € 200,– monatlich, so gilt für ihn dennoch der Unterhaltsanspruch des Haushaltsführenden im Ausmaß von 33% des Nettoeinkommens des anderen, also € 660,–. Sein eigenes Einkommen von € 200,– monatlich wird nicht zur Gänze davon abgezogen, sondern nur nach den Umständen des Einzelfalls (Regelmäßigkeit des Einkommens, Höhe des Haushaltseinkommens, Schwere der Belastung durch Haushalt und Schnitzerei etc) angemessen berücksichtigt.

Haushaltsführung braucht nicht vorzuliegen.[95] Dieser Unterhaltsanspruch bleibt auch nach Auflösung der häuslichen Gemeinschaft bestehen. Der haushaltsführende Ehegatte muss sich in diesem Fall nicht auf eigene Erwerbstätigkeit verweisen lassen, auch wenn ihm diese zumutbar wäre.[96] Wird der Unterhaltsberechtigte nur infolge der Unterhaltsverletzung des anderen zur Aufnahme einer Beschäftigung gezwungen, so wird das daraus erzielte Einkommen bei der Bemessung des Unterhalts nicht berücksichtigt.[97]

Sind **beide erwerbstätig**, so besteht für den schlechter verdienenden Ehegatten ein Ergänzungsanspruch gegenüber dem besser Verdienenden. Dieser Anspruch ist nicht von der Haushaltsführung abhängig und besteht nach Haushaltstrennung ebenfalls weiter.

Kann ein Ehegatte **gar keinen Beitrag** leisten, etwa weil er krank ist, so muss der andere seine Kräfte anspannen, um die Deckung der angemessenen Lebensbedürfnisse beider Ehegatten zu sichern. Auch dieser Unterhaltsanspruch besteht nach Aufhebung des gemeinsamen Haushalts bis zur rechtskräftigen Scheidung weiter.

3. Art der Unterhaltsleistung

Bis zum EheRÄG 1999 war der Unterhalt nach Auffassung der Rechtsprechung bei **aufrechter Haushaltsgemeinschaft** grundsätzlich in natura zu leisten.[98] Geldunterhalt stand nur zu, wenn dies ausdrücklich vereinbart war oder wenn eine Unterhaltsverletzung vorlag. Seit dem EheRÄG 1999 sieht § 94 Abs 3 erster Satz ABGB nunmehr vor, dass der Unterhalt auch bei aufrechter Haushaltsgemeinschaft auf Verlangen des Unterhaltsberechtigten in Geld zu leisten ist, soweit ein solches Begehren nicht unbillig ist.[99] Eine Erfüllung der Bedürfnisse des unterhaltsberechtigten Ehegatten durch Naturalleistungen kommt demnach nur in Frage, wenn dieser damit einverstan-

---

95 OGH 4 Ob 17/12x EvBl 2012/130 (*Brenn*): ein Monat.
96 OGH 5 Ob 642/77 EvBl 1978/64 (182); 1 Ob 514/94 EFSlg 73.798; 4 Ob 2019/96 EvBl 1996/99 (618) = JBl 1997, 231 etc.
97 OGH 4 Ob 2019/96 EvBl 1996/99 (618) = JBl 1997, 231; 1 Ob 108/01s JBl 2002, 449; 6 Ob 311/05v EF-Z 2006/69.
98 OGH 1 Ob 671/77 EFSlg 28.566; 6 Ob 2126/96 EvBl 1997/10 (68); 6 Ob 185/98z JBl 1999, 311; *Thöni*, Geldunterhalt und Naturalunterhalt, in Harrer/Zitta 10.
99 Dazu *Stabentheiner* in Rummel I³ § 94 Rz 12; *Hinteregger* in Klang³ § 94 Rz 25; *Gitschthaler* in Gitschthaler/Höllwerth § 94 Rz 236–238; *Gitschthaler*, Grundwertungen im Recht des ehelichen Unterhalts, in FS 200 Jahre ABGB 983 ff; *Schwimann/Ferrari* in Schwimann/Kodek I⁴ § 94 Rz 56 ff; *Hopf/Kathrein*, Eherecht³ § 94 Anm 16a und 16b.

den ist.[100] Unbilligkeit wird vorliegen, soweit die Leistung in Geld für den Unterhaltsverpflichteten unverhältnismäßig beschwerlicher ist als die Naturalleistung. Nach den Erläuterungen zur RV[101] würde dies beispielsweise dann der Fall sein, wenn die Geldunterhaltsleistung die wirtschaftliche Leistungsfähigkeit des Unterhaltspflichtigen übersteigt, wenn die Naturalleistung ohnedies den Interessen des Unterhaltsberechtigten entspricht, weil sie adäquat und zumutbar ist, oder wenn die Naturalleistung für den Unterhaltspflichtigen unverhältnismäßig billiger kommt, weil er bestimmte Unterhaltsleistungen mit Produkten aus dem eigenen Betrieb (zB einer Landwirtschaft) befriedigen kann.

Bei **Unterhaltsverletzung** sowie nach **Auflösung der häuslichen Gemeinschaft** wird grundsätzlich Geldunterhalt geschuldet.[102] Dieser ist in Form einer Geldrente monatlich im Voraus zu leisten. Ausnahmsweise kann auch ein mit Geldleistungen und Naturalleistungen vermischter Unterhalt zugesprochen werden, wenn der Unterhaltsberechtigte zustimmt und eine regelmäßige und pünktliche Erfüllung der Naturalleistung zu erwarten ist.[103]

4. Bemessung

Die Höhe des Unterhalts richtet sich einerseits nach der Leistungsfähigkeit des Unterhaltsverpflichteten und andererseits nach den Bedürfnissen des Unterhaltsberechtigten. Es handelt sich dabei um eine Ermessensentscheidung im Einzelfall.

---

100 Die Meinung, dass bei aufrechter Hausgemeinschaft das Wohnbedürfnis ohnedies in natura abgedeckt wird und dass deshalb für diesen Unterhaltsteil keine Geldleistung zustehen kann, so *Koziol/Welser/Kletečka*, Bürgerliches Recht I[14] Rz 1517, ist nicht richtig. Soweit – mit Zustimmung des Unterhaltsberechtigten – tatsächlich Naturalleistungen erbracht werden, sind sie selbstverständlich auf den Anspruch auf Geldunterhalt anzurechnen. Dazu *Deixler-Hübner*, Zur Anrechnung von Geld- und Naturalunterhalt, ecolex 2001, 110; *Kolmasch*, Wohnversorgung als Naturalunterhalt, Zak 2008/598.
101 1653 BlgNR 20. GP 22.
102 OGH 1 Ob 529, 530/92 EFSlg 67.662; 4 Ob 544/92 ÖA 1993, 103; 10 Ob 143/05k EFSlg 113.097 etc.
103 Praktisch bedeutsam ist hier vor allem die Zurverfügungstellung der Wohnung oder die Übernahme der Wohnungskosten: OGH 7 Ob 178/02f RZ 2003/16. Fiktiver Mietwert: 4 Ob 41/05s = JBl 2005, 782; 2 Ob 224/08t EF-Z 2009/141 (*Gitschthaler*) = iFamZ 2009/226 (*Neumayr*) = Zak 2009/594 (*Kolmasch*); 4 Ob 42/10w JBl 2011, 26; 6 Ob 43/12k Zak 2012/445. Kommt die Wohnung mehreren Unterhaltsberechtigten (Ehegatte und Kindern) zu Gute, so sind die dafür aufgewendeten Kosten im Zweifel anteilig anzurechnen: 10 Ob 75/06m iFamZ 2007/91; 6 Ob 5/08s EF-Z 2008/83 (*Deixler-Hübner*) etc.

Für die Bemessung hat die Rechtsprechung bestimmte **Prozentsätze** herausgebildet, die als Orientierungshilfe und zur Gleichbehandlung gleichgelagerter Fälle dienen sollen.[104] Danach stehen dem nicht erwerbstätigen Ehegatten 33% des Einkommens des anderen Ehegatten zu.[105] Dem schlechter verdienenden Ehegatten sollen 40% des gemeinsamen Einkommens zukommen.[106] Zur Ermittlung seines Unterhaltsanspruchs sind demnach beide Einkommen zusammenzählen und von der Summe 40% zu berechnen. Von diesem Betrag ist das eigene Einkommen des Unterhalt Begehrenden abzuziehen. Das Ergebnis dieser Differenz gibt dann den Unterhaltsanspruch an.[107] Bei sehr hohen Einkommensunterschieden bemisst die Rechtsprechung den Unterhalt des Einkommensschwächeren dagegen mit 33% des Einkommens des anderen (ohne Abzug des Eigeneinkommens).[108] Hat der Unterhaltspflichtige noch für Kinder zu sorgen, so verringert sich der Prozentsatz (33% bzw 40%) um jeweils 4% pro Kind. Ist der Unterhaltspflichtige auch einem ehemaligen Ehegatten unterhaltspflichtig, so vermindert sich der Prozentsatz, je nach der Höhe des Unterhaltsanspruchs des geschiedenen Ehegatten, um 1 bis 3%.[109] Ein sehr hohes Einkommen des Unterhaltsverpflichteten ändert nichts an dieser Berechnung (keine „Luxusgrenze").[110]

---

104 OGH 3 Ob 563/90 EFSlg 61.753; 4 Ob 51/06p EFSlg 114.274; LGZ Wien 47 R 2096/86 EFSlg 50.203 etc. Krit zur Höhe der Prozentsätze: *Lackner*, Gleichbehandlung im Unterhaltsanspruch der Ehegatten? RZ 1992, 62; *Kerschner*, Gesellschaftspolitische Tendenzen in der Zivilrechtsjudikatur, RZ 1995, 272 und Familienrecht⁵ Rz 2/54; *Gimpel-Hinteregger*, Reformnotwendigkeiten im österreichischen Ehe- und Scheidungsrecht, in Floßmann 198 ff; *Stabentheiner* in Rummel I³ § 94 Rz 6; *Schwimann/Ferrari* in Schwimann/Kodek I⁴ § 94 Rz 7. **Dagegen** OGH 1 Ob 288/98d JBl 1999, 725; 1 Ob 108/01s JBl 2002, 449 (krit *Kerschner*) lässt die Frage offen; ausführlich *Gitschthaler* in Gitschthaler/Höllwerth § 94 Rz 216 f; *Gitschthaler* in FS 200 Jahre ABGB 989.

105 OGH 8 Ob 635/90 SZ 64/135; 1 Ob 529, 530/92 EFSlg 67.682 etc.

106 OGH 8 Ob 635/90 RZ 1992/49 (125); 4 Ob 512/92 EFSlg 67.681.

107 OGH 4 Ob 512/92 EFSlg 67.681 etc.
    Beispiel: Der Mann hat ein Nettoeinkommen von monatlich € 3.000,–. Die Frau erhält aus einer Halbtagsbeschäftigung € 1.000,–. Die Summe der beiden Einkommen ergibt € 4.000,–. 40% dieser Summe betragen € 1.600,–. Zieht man davon das eigene Einkommen der Frau ab, so beträgt ihr Unterhaltsanspruch monatlich € 600,–.

108 ZB OGH 8 Ob 595/93 EFSlg 70.621; 8 Ob 38/09k iFamZ 2009, 358 (*Deixler-Hübner*); 4 Ob 42/10w JBl 2011, 26; RIS-Justiz RS0057433.

109 ZB OGH 8 Ob 635/90 SZ 64/135: 2% Abzug bei bloß teilweiser Unterhaltspflicht; 7 Ob 321/01h EFSlg 99.186 (3% für die einkommenslose frühere Ehegattin). Abl *Gitschthaler* in Gitschthaler/Höllwerth § 94 Rz 211, der zu Recht die Unterhaltspflicht für einen einkommenslosen (geschiedenen) Ehegatten mit einem höheren Abzug bewerten will.

110 OGH 7 Ob 80/13k EF-Z 2013, 267 (*Gitschthaler*) = iFamZ 2013/192 (*Deixler-Hübner*) = JBl 2013, 713 (*Sagerer-Foric*): keine „Luxusgrenze" beim Ehegattenun-

Bemessungsgrundlage ist das tatsächlich zur Verfügung stehende Einkommen,[111] also das Nettoeinkommen. Bei unselbständig Erwerbstätigen ist dies der Bruttolohn minus Lohnsteuer und Sozialversicherungsbeiträge[112] mitsamt allen Sonderzahlungen (zB Urlaubs- und Weihnachtsgeld) und Zulagen, soweit diese nicht einen Mehraufwand abgelten sollen (zB Kilometergeld).[113] Auch eine Abfertigung,[114] eine Jubiläumszuwendung,[115] Pensionen, Renten, Arbeitslosengeld, Notstandshilfe,[116] Studienbeihilfe,[117] Kinderbetreuungsgeld,[118] die Auslandsverwendungszulage eines Beamten[119] oder Lohnsteuerrückvergütungen[120] gelten als Einkommen. Sachbezüge (zB Dienstwagen) werden mit dem entsprechenden Geldwert in die Bemessung einbezogen. Auch bei **Selbständigen** ist vom tatsächlichen Einkommen im Zeitpunkt der Bemessung auszugehen. Grundlage der Bemessung sind das letzte steuerlich abgeschlossene Wirtschaftsjahr bzw bei schwankendem Einkommen die letzten drei steuerlich abgeschlossenen Wirtschaftsjahre.[121] Maßgeblich ist nicht die steuerliche Bemessungsgrundlage, sondern der wirtschaftliche Reingewinn.[122] Übersteigen die Privatentnahmen den wirtschaftlichen Reingewinn oder macht das Unternehmen überhaupt Verluste, so ist auf die Privatentnahmen abzustellen.[123] In allen Fällen ist das über ei-

---

terhalt; zust *Wagner-Reitinger*, ÖJZ 2015/28, 198 (199 f); krit *Sagerer-Foric*, Luxusgrenze im Ehegattenunterhalt? EF-Z 2014/123.

111 OGH 1 Ob 535/92 JBl 1992, 702; LGZ Wien 45 R 28/76 EFSlg 26.083.

112 OGH 2 Ob 224/08t Zak 2009/594 (*Kolmasch*) = iFamZ 2009/226 (*Neumayr*) = EF-Z 2009/141 (*Gitschthaler*) etc.

113 OGH 9 Ob 47/09s EvBl 2010/130 (*Barth*); aus demselben Grund wird das Pflegegeld bei seinem Empfänger nicht als Einkommen berücksichtigt: OGH 6 Ob 635/93 EvBl 1994/90 (457), wohl aber bei der Pflegeperson: dazu OGH 10 Ob S 121/07b SSV-NF 21/85.

114 OGH 3 Ob 28/94 JBl 1994, 830; 3 Ob 308/98k JBl 2001, 55 (*Schober*) etc.

115 OGH 3 Ob 31/05p EFSlg 113.137.

116 OGH 5 Ob 505/91 RZ 1992/87 (263). Nach der neuesten Rechtsprechung nicht jedoch die Ausgleichszulage: OGH 10 Ob S 66/06p EF-Z 2007/22; 3 Ob 160/08p Zak 2009/8.

117 OGH 2 Ob 253/09h JusGuide 2010/19/7514.

118 OGH 6 Ob 200/08t und 6 Ob 219/08m EF-Z 2009/17 (*Gitschthaler*); 7 Ob 223/08g Zak 2009/96; 7 Ob 227/09x Zak 2010/108 etc; VfGH G 9/09 EF-Z 2010/11 (*Gitschthaler*) = Zak 2009/629 (*Kolmasch*); *Kolmasch*, Auswirkungen des Kinderbetreuungsgeldes auf Unterhaltsansprüche und -pflichten des Beziehers, Zak 2009/93.

119 OGH 2 Ob 15/09h JusGuide 2009/52/7142.

120 OGH 1 Ob 570/93 ARD 4569/47/94.

121 OGH 1 Ob 535/92 JBl 1992, 702.

122 ZB OGH 1 Ob 119/07t EFSlg 120.203; *Siart/Dürauer*, Die Auswirkungen von Investitionen, Abschreibungen und Krediten auf die Unterhaltsbemessung, EF-Z 2010/124.

123 OGH 5 Ob 564/93 ARD 4554/22/94; 5 Ob 38/99w EFSlg 88.846; 1 Ob 257/09i Zak 2010/221 (*Kolmasch*); 6 Ob 112/11f EF-Z 2012/43. *Lochmann*, Berücksichtigung

nen längeren Zeitraum erzielte Durchschnittseinkommen für die Bemessung heranzuziehen.

Außergewöhnliche lebensnotwendige **Ausgaben**, wie Krankheitskosten, sowie Ausgaben für die Sicherung und Aufrechterhaltung der wirtschaftlichen Existenz des Unterhaltsverpflichteten (zB beruflich bedingte Pkw-Kosten) können von der Bemessungsgrundlage abgezogen werden.[124] Aufwendungen zur Tilgung von Schulden werden nur angerechnet, wenn sie der Erhaltung der Arbeitskraft oder der wirtschaftlichen Existenz des Unterhaltspflichtigen dienen oder wenn sie auch dem Unterhaltsberechtigten zu Gute kommen. Zahlungen zur Vermögensbildung, wie etwa Zahlungen für Bausparverträge oder Lebensversicherungen, oder Zahlungen für private Unfall-, Krankenzusatz- oder Pensionsversicherungen sowie sonstige Beiträge zur freiwilligen Altersvorsorge mindern die Unterhaltsbemessungsgrundlage grundsätzlich nicht.[125] Auch der Umstand, dass der Unterhaltspflichtige wegen Eröffnung des Insolvenzverfahrens oder aufgrund daran anschließender insolvenzrechtlicher Maßnahmen (Abschöpfungsverfahren) nicht voll über sein Erwerbseinkommen verfügen kann, führt an sich nicht zu einer Verminderung der Unterhaltspflicht.[126]

Das **Vermögen** der Ehegatten ist bei der Unterhaltsbemessung ebenfalls zu berücksichtigen. Sowohl der Unterhaltsverpflichtete als auch der Unterhaltsberechtigte müssen sich Erträgnisse (zB Mietzinse, Zinsen[127]), die tatsächlich gezogen wurden, und Erträgnisse, die nach den Lebensverhältnissen der Ehegatten in angemessener Weise erzielbar wären, als Einkommen

---

von Einlagen bei Ermittlung der Unterhaltsbemessungsgrundlage auf Basis der Privatentnahmen, iFamZ 2011, 161.

124 Ausführlich zB *Hinteregger* in Klang³ § 94 Rz 44 ff und *Barth/Neumayr* in Klang³ § 140 Rz 156.

125 ZB OGH 8 Ob 75/10b EF-Z 2010/161 (*Gitschthaler*); 7 Ob 179/11s EF-Z 2012/108.

126 OGH 1 Ob 160/09z (verstärkter Senat) JBl 2010, 431 = EF-Z 2010/107 (*Gitschthaler*, EF-Z 2010/99) = ZIK 2010/211 (*Simma*) = Zak 2010/503; *Fucik*, Verstärkter Senat zur Unterhaltspflicht während des Abschöpfungsverfahrens, ÖJZ 2010/54; *Kolmasch*, Unterhaltsbemessung während der Insolvenz: Rückkehr zur früheren Judikatur, Zak 2010/501; *Neuhauser*, Unterhalt und Insolvenz: OGH bekräftigt ältere Judikatur zum „140er", iFamZ 2010, 184.

127 ZB OGH 10 Ob 93/07k iFamZ 2008/44. Diese sind nicht um die Inflationsrate zu bereinigen: OGH 23.11.2000, 2 Ob 295/00x; dagegen mit beachtenswerten Argumenten: *Battlogg*, Die Inflationskomponente im Unterhaltsrecht, AnwBl 2001, 313, vgl auch *Siart/Dürauer*, Wie sind Wertpapiere und Kapitalerträge bei der Unterhaltsbemessung zu behandeln? iFamZ 2009, 343.

anrechnen lassen. Auf den Stamm des Vermögens braucht nur ausnahmsweise gegriffen werden.[128]

5. Rechtsmissbrauch

§ 94 Abs 2 ABGB bestimmt, dass der ehemals haushaltsführende Ehegatte seinen Unterhaltsanspruch nicht mehr geltend machen kann, wenn dies ein Missbrauch des Rechtes wäre.[129] Dieser Rechtsmissbrauchsvorbehalt wird allgemein auf alle in § 94 ABGB geregelten Unterhaltsansprüche ausgeweitet.[130] Die Rechtsprechung will für das Vorliegen von Rechtsmissbrauch einen strengen Maßstab anwenden.[131] Rechtsmissbrauch wird grundsätzlich nur bei besonders groben Eheverfehlungen angenommen, aus denen der Verlust jeglicher ehelicher Gesinnung hervorgeht,[132] etwa bei grundlosem Verlassen des anderen Ehegatten,[133] bei fortgesetzten empfindlichen Verletzungen der ehelichen Treue[134] oder bei Eingehen einer Lebensgemeinschaft mit einer anderen Person.[135] Das Vorliegen von Rechtsmissbrauch führte bisher nach ständiger Rechtsprechung zum endgültigen Erlöschen des Unterhaltsanspruchs.[136] Aufgrund der massiven Kritik der Lehre,[137] die darin einen Wertungswiderspruch zu § 68a Abs 3 EheG sieht, weil dieser selbst bei schwerstem Fehlverhalten des Unterhalt begehrenden Ehegatten auch eine Verminderung des Unterhalts ermöglicht, ist die Rechtsprechung nun

---

128 *Schwimann/Ferrari* in Schwimann/Kodek I⁴ § 94 Rz 49; *Zankl*, Unterhaltsrechtliche Partizipation am Vermögenszuwachs bei Getrenntleben? ecolex 2001, 272; OGH 1 Ob 98/03y EvBl 2003/183 (893).

129 Krit zum verfehlten Verständnis dieser Bestimmung im Sinne einer **Unterhaltsverwirkung**: *Hinteregger* in Klang³ § 94 Rz 72 ff.

130 *Mader*, Rechtsmißbrauch und unzulässige Rechtsausübung (1994) 281 ff; OGH 2 Ob 566/78 EvBl 1979/156 (435).

131 OGH 5 Ob 600/84 EFSlg 44.856; 2 Ob 624/87 EFSlg 53.012; LGZ Wien 43 R 2010/93 EFSlg 70.588.

132 OGH 2 Ob 566/78 EvBl 1979/156 (435); 7 Ob 674/89 RZ 1990/49 (101); LGZ Wien 43 R 2079/81 EFSlg 37.547.

133 OGH 3 Ob 624/80 EFSlg 35.198.

134 OGH 5 Ob 593/81 EFSlg 37.552; trotz Zerrüttung der Ehe durch den Mann wegen krasser finanzieller Knausrigkeit und bereits anhängigem Scheidungsverfahren: 1 Ob 171/02g JBl 2004, 45 (zu Recht abl *Kerschner*); nicht bei einem „Seitensprung", der sich nicht ehezerrüttend ausgewirkt hat: OGH 2 Ob 141/10i JBl 2011, 23.

135 OGH 6 Ob 698/81 EFSlg 37.558.

136 OGH 1 Ob 303/00s EvBl 2001/109 (467).

137 *Ferrari* in Ferrari/Hopf 62 f; *Hinteregger* in Klang³ § 94 Rz 75; *Schwimann/Kolmasch*, Unterhaltsrecht⁷ 213.

davon abgerückt. Bei Rechtsmissbrauch nach § 94 Abs 2 Satz 2 ABGB kann der Unterhalt somit auch bloß gemindert werden.[138]

6. Unterhaltsvereinbarung

Der Unterhalt nach § 94 ABGB kann von den Parteien vertraglich gestaltet werden. Für den nachehelichen Unterhalt wird dies in § 80 EheG ausdrücklich vorgesehen. Die Ehegatten können den gesetzlichen Unterhalt durch Vereinbarung näher ausgestalten oder überhaupt einen rein vertraglichen Unterhaltsanspruch begründen. Die vertragliche Regelung geht sodann dem gesetzlichen Anspruch vor.[139]

Unterhaltsvereinbarungen zwischen Ehegatten sind nicht formpflichtig. Sie können ausdrücklich oder schlüssig erfolgen und ebenso widerrufen werden.[140] Eine länger andauernde Übung zwischen den Ehegatten stellt allerdings erst dann eine Unterhaltsvereinbarung dar, wenn das Verhalten der Parteien und die sonstigen Umstände eindeutig auf den Abschluss einer Vereinbarung hinweisen.[141]

Unterhaltsvereinbarungen unterliegen den allgemeinen Regeln des Schuldrechts. Bei Unklarheiten über ihren Inhalt ist auf die in den §§ 914 f ABGB festgelegten Regeln der Vertragsauslegung zurückzugreifen. Sie können wegen mangelnder Geschäftsfähigkeit eines Ehegatten im Zeitpunkt des Vertragsabschlusses (§ 865 ABGB),[142] wegen ihres Charakters als Scheingeschäft, wegen Dissens (§ 869 ABGB) oder Sittenwidrigkeit (§ 879 Abs 1 ABGB) nichtig sein. Auch eine Anfechtung wegen Irrtums,[143] List oder Drohung ist möglich. Diese Rechtsinstrumente kommen in der Praxis aber kaum zur Anwendung, weil die Rechtsprechung die Möglichkeit einer Neubemessung wegen Umstandsänderung gewährt, wenn sich nachträglich herausstellt, dass die der Vereinbarung zu Grunde gelegte Bemessungsgrundlage nicht richtig ist.

Auf den Unterhaltsanspruch an sich kann im Vorhinein **nicht verzichtet** werden (§ 94 Abs 3 ABGB). Daraus wird abgeleitet, dass man nur für die Vergangenheit unbeschränkt auf Unterhalt verzichten kann. Für die Zu-

---

138 OGH 2 Ob 193/06f JBl 2007, 579; 2 Ob 152/07b iFamZ 2008/105.
139 OGH 6 Ob 675/81 EFSlg 37.566; 2 Ob 190/99a EFSlg 88.892; 7 Ob 171/99v EFSlg 91.885 etc.
140 OGH 7 Ob 171/99v EFSlg 91.806; 4 Ob 31/09a EFSlg 122.541 etc.
141 Vgl § 863 ABGB. OGH 2 Ob 190/99a EFSlg 88.893; 7 Ob 171/99v EFSlg 91.888. Für den Unterhaltsverzicht: OGH 7 Ob 813/82 EFSlg 42.574; 1 Ob 601/85 EFSlg 47.459.
142 OGH 5 Ob 604/84 JBl 1986, 778; 1 Ob 2131/96f NZ 1997, 181 (jeweils zum nachehelichen Unterhaltsanspruch).
143 OGH 3 Ob 7/95 JBl 1996, 578 (zum nachehelichen Unterhaltsanspruch).

kunft kann nur auf einzelne konkrete oder zumindest konkretisierbare Unterhaltsbeiträge verzichtet werden.[144] Inhaltlich ist ein Unterhaltsverzicht vor allem am Kriterium der Sittenwidrigkeit zu messen. Er wird dann unproblematisch sein, wenn der verzichtende Ehegatte in der Lage ist, seinen Unterhalt aus seinem eigenen Einkommen zu bestreiten.[145] Nach allgemeiner Ansicht kann für die Zukunft auf den notwendigen Unterhalt nicht verzichtet werden.[146]

Für Unterhaltsvereinbarungen gilt die **Umstandsklausel** (clausula rebus sic stantibus).[147] Das heißt, dass der Unterhalt bei einer erheblichen Änderung der Umstände nach oben oder unten angepasst werden kann. Solche Umstandsänderungen können sein: das Wegfallen oder das Hinzukommen von weiteren Sorgepflichten, die Erhöhung der Bedürfnisse des Unterhaltsberechtigten oder eine erhebliche Veränderung des Einkommens auf der Seite des Unterhaltsverpflichteten (zB Einkommensverminderung durch Arbeitslosigkeit, Pensionierung, Einkommenserhöhung). Die Geltung der Umstandsklausel kann vertraglich ausgeschlossen werden.[148] Ein solcher Ausschluss der Umstandsklausel kann jedoch wegen Sittenwidrigkeit unwirksam sein.[149]

Unterhaltsvereinbarungen fallen durch eine Umstandsänderung nicht einfach weg, sondern sind an die geänderten Umstände anzupassen. Dies erfolgt im Wege der **Vertragsauslegung** (§§ 914, 915 ABGB). Häufig wird

---

144 OGH 6 Ob 722/77 SZ 50/128; 7 Ob 214/98s EFSlg 85.865; *Ent* in Ent/Hopf § 94 Anm 16; krit *Schwind*, Kommentar² § 94 Anm 7, nach dem nur auf bereits fällige Ansprüche verzichtet werden kann und *Rabl*, Die Zulässigkeit eines Unterhaltsverzichts während aufrechter Ehe, ÖJZ 2000, 591.

145 ZB OGH 8 Ob 84/10a EF-Z 2011/138: Vereinbarung, dass jeder Ehegatte sich selbst erhält; 4 Ob 84/13a EF-Z 2014/48 (*Gitschthaler*).

146 OGH 3 Ob 74/02g JBl 2003, 322; 8 Ob 119/03p EFSlg 103.230.

147 OGH 2 Ob 310/28 JBl 1928, 300; 2 Ob 566/78 EvBl 1979/156 (435) etc.

148 OGH 1 Ob 663/80 EFSlg 35.242; auch konkludent: OGH 3 Ob 540/89 JBl 1989, 724.

149 Dies ist vor allem für den Unterhalt nach Scheidung von praktischer Bedeutung: vgl OGH 5 Ob 529/84 EFSlg 46.286; 1 Ob 507/92 EFSlg 69.277; 3 Ob 229/98t JBl 2000, 513 (*F. Bydlinski*; *Ferrari*, Nochmals zum Verzicht auf nachehelichen Unterhalt, JBl 2000, 609) = ecolex 2000, 426 (*Spunda*); 6 Ob 212/08g JusGuide 2009/52/7141 (Sittenwidrigkeit kann nur bejaht werden, wenn a) der Unterhaltsberechtigte in Existenznot käme, b) krasse Einkommensunterschiede bestehen und c) den Unterhaltspflichtigen ein zumindest gleichteiliges Verschulden trifft, was erforderlichenfalls durch ein hypothetisch nachzuvollziehendes Scheidungsverfahren festzustellen wäre); *Deixler-Hübner*, Unterhaltsverzicht und Änderung der Umstände, ecolex 2000, 638; *Fucik*, Kann ein Verzicht auf Verschuldensscheidung sittenwidrig sein? RZ 2000, 266; *Maurer*, Unwirksamer Unterhaltsverzicht als Denkanstoß für eine neue Eheform, RZ 2000, 267.

ergänzende Vertragsauslegung erforderlich sein, bei der unter Berücksichtigung der Gesamtvereinbarung und des von den Parteien verfolgten Zwecks zu erforschen ist, welche Lösung redliche und vernünftige Parteien getroffen hätten.[150] Stellt die Unterhaltsvereinbarung jedoch nur eine Konkretisierung des gesetzlichen Unterhalts dar, so ist der Unterhalt neu zu bemessen.[151]

Beispiele aus der Rechtsprechung

OGH 26.9.1991, 8 Ob 635/90 SZ 64/135 = RZ 1992/49 (125) – Zur Unterhaltsbemessung

Die Ehe der Streitteile wurde im Jahre 1982 aus dem überwiegenden Verschulden des Beklagten geschieden. Der Beklagte bezog bis zum 30.4.1989 ein monatliches Nettoeinkommen von € 1.299,61, seit 1.5.1989 erhält er eine Nettopension von € 1.064,37. Die 53jährige Klägerin, die über kein eigenes Einkommen verfügt und nie einer Erwerbstätigkeit nachgegangen ist, begehrt vom Beklagten wegen geänderter Verhältnisse ab 1.1.1989 die Erhöhung ihres Unterhalts von monatlich € 425,14 auf monatlich € 497,81. Der Beklagte beantragt die Abweisung der Klage, weil sich sein Einkommen verringert und er für seine nunmehrige Ehefrau (diese bezieht eine Nettopension von € 581,38) zu sorgen habe.

OGH 30.8.2006, 7 Ob 164/06b EFSlg 113.268 f = EF-Z 2006/76 = ÖA 2007, U 503, 65 = FamZ 2007/3, 8 = Zak 2006/626 – Gut verdienende Ehefrau

Der geldunterhaltspflichtige Vater wurde vom Erstgericht verpflichtet, für seinen unehelichen Sohn Julian, der bei der Mutter lebt, ab 1.7.2004 monatlich € 700,– an Unterhalt zu leisten. Nach den Feststellungen des Erstgerichts verdient seine Ehefrau € 230.000,– im Jahr. Der Vater wendet sich gegen die Höhe der auferlegten Unterhaltszahlung für den Sohn, da er in den Jahren 2004 und 2005 nur wenig verdient habe. Das Einkommen seiner Ehefrau dürfe bei der Unterhaltsbemessung nicht berücksichtigt werden. Er habe keinen Unterhaltsanspruch gegenüber seiner Ehefrau. Es sei für sie von Beginn an klar gewesen, dass sie beide arbeiten würden und dass auch bei wesentlich unterschiedlichen Einkommen keine Unterhaltspflichten zwischen ihnen entstehen sollten. Ein Unterhaltsanspruch gegenüber seiner Ehefrau könne auch deshalb nicht bestehen, weil er nicht den Haushalt führe.

---

150 OGH 5 Ob 681/81 EFSlg 37.611; 9 Ob 28/10y JusGuide 2010/28/7703.
151 OGH 9 Ob 502/95 SZ 68/3.

OGH 4.9.2007, 4 Ob 55/07b MietSlg 59.002 = EF-Z 2007/136 (*Gitschthaler*) = JBl 2008, 171 = Zak 2008/41 – Wohnungskosten

Die Streitteile sind seit 1985 miteinander verheiratet. Bis 2004 bewohnten sie gemeinsam eine Mietwohnung. Im Oktober 2004 verließ der Mann die Wohnung, nachdem es zu einer tätlichen Auseinandersetzung wegen einer außerehelichen Affäre des Mannes gekommen war. Auch nach seinem Auszug bezahlte der Mann weiterhin die gesamten Wohnungskosten (Miete: € 441,13, Betriebskosten: € 165,–). Im April 2006 stellte er seine Zahlungen ein. Der Mann bezieht eine Nettopension von rund € 1.281,– (14 Mal im Jahr) sowie Pflegegeld in Höhe von € 272,– (12 Mal im Jahr). Die Nettopension der Frau beträgt € 664,– (14 Mal im Jahr). Die Frau begehrt mit Klage und Sicherungsantrag eine monatliche Zahlung von € 606,43 für Miete und Betriebskosten. Sie bringt vor, dass sie beide die Wohnung unter der Prämisse bezogen hätten, dass der Mann die gesamten Wohnungskosten trage. Sie habe dafür vereinbarungsgemäß den Haushalt geführt. Da sie die Wohnungskosten nicht aus ihrem Einkommen bestreiten könne, drohe ihr der Verlust ihrer einzigen Wohnmöglichkeit. Sie stützt ihren Anspruch auf § 94 und § 97 ABGB.

OGH 7.2.2007, 2 Ob 193/06f EFSlg 116.201 = EFSlg 116.195 = ecolex 2007/178, 433 = EF-Z 2007/65 = iFamZ 2007/80, 164 = JBl 2007, 579 = ÖJZ-LS 2007/44, 468 = RZ 2007/EÜ 248, 147 – Unterhaltsverwirkung

Die Streitteile sind seit 1982 miteinander verheiratet. Die Frau hat nach der Geburt des ersten Sohnes im Jahr 1983 ihren Beruf aufgegeben, um sich dem Haushalt zu widmen. 1985 kam der zweite Sohn zur Welt. Gegen Ende 2004 war die Ehe bereits zerrüttet. Im September 2004 lernte die Frau einen anderen Mann kennen, mit dem sie seit Anfang 2005 eine intime Beziehung hat. Seither übernachtet sie teils bei ihrem Freund, teils in der Ehewohnung, wo sie die anfallenden Hausarbeiten weiter verrichtet. Der Mann verdient € 8.167,– im Monat. Seit Februar 2005 verweigert er der Frau den Unterhalt. Das Scheidungsverfahren ist anhängig. Die Frau begehrt den Zuspruch eines einstweiligen Unterhalts von monatlich € 2.040,– bis zur rechtskräftigen Beendigung des Scheidungsverfahrens sowie einen Prozesskostenvorschuss von € 4.000,–. Der Mann erklärt, die Frau habe durch ihre ehewidrige Beziehung ihren Unterhaltsanspruch zur Gänze verwirkt.

E. Schlüsselgewalt

§ 96 ABGB sieht eine spezielle gesetzliche **Vertretungsregel** für den einkommenslosen haushaltsführenden Ehegatten vor. Dieser vertritt den anderen bei den Rechtsgeschäften des täglichen Lebens, die er für den gemeinsamen Haushalt schließt, wenn sie ein den Lebensverhältnissen der Ehegatten entsprechendes Maß nicht übersteigen. Vertragspartner aus diesen Geschäften wird allein der erwerbstätige Ehegatte. Damit soll einerseits der Geschäftspartner davor bewahrt werden, seine Ansprüche gegenüber einem einkommenslosen Haushaltsführer durchsetzen zu müssen. Andererseits erhält dieser damit die Möglichkeit, Haushaltsgeschäfte abschließen zu können, ohne persönlich dafür eine Haftung übernehmen zu müssen.

Die Vertretungsregel ist aber an enge **Voraussetzungen** geknüpft. Es muss ein gemeinsamer Haushalt bestehen,[152] und der handelnde Ehegatte darf selbst keine nennenswerten Einkünfte haben.[153] Sie kommt deshalb nicht zum Tragen, wenn beide erwerbstätig sind. In diesem Fall wird jeder selbst Vertragspartner. Erfasst sind nur Geschäfte, wie sie eine ordentliche und standesgemäße Führung des Haushalts mit sich bringt.[154] Bei dieser Bewertung ist von einem zeitgemäßen Standard auszugehen.[155] Als Rechtsgeschäfte des täglichen Lebens gelten die für den Haushalt nötigen Einkäufe,[156] die Anschaffung kleinerer Einrichtungsgegenstände[157] oder von Heimtextilien,[158] nicht aber der Kauf einer Kücheneinrichtung,[159] die Eröffnung eines Kontos oder der Abschluss eines Kreditvertrags.[160]

Die Schlüsselgewalt kann nicht ausgeübt werden, wenn der erwerbstätige Ehegatte dem Dritten zu erkennen gegeben hat, dass er von seinem Ehegatten nicht vertreten werden will. Der handelnde Ehegatte ist an sich nicht verpflichtet, das Vertretungsverhältnis offen zu legen. Kann der Dritte aber aus den Umständen nicht erkennen, dass der handelnde Ehegatte als Vertreter auftritt, dann haften beide Ehegatten solidarisch. Das gilt auch, wenn beide gemeinsam auftreten.[161]

---

152 LGZ Wien 45 R 131/81 EFSlg 37.621; 45 R 505/85 EFSlg 47.515. Kurzfristige Zimmertrennung und gesonderte Versorgung der Ehegatten schaden nicht: OGH 6 Ob 116/58 SZ 31/85.
153 Für die Anwendung des § 96 ABGB bei geringen oder fallweisen Einkünften: *Rummel*, Die Schlüsselgewalt nach neuem österreichischem Recht, JBl 1976, 137 FN 9; *Schwimann/Ferrari* in Schwimann/Kodek I⁴ § 96 Rz 3; *Hopf/Kathrein*, Eherecht³ § 96 Anm 2; OGH 10 Ob 526/94 JBl 1995, 324.
154 OGH 6 Ob 116/58 SZ 31/85; LGZ Wien 45 R 708/83 EFSlg 44.900.
155 Dazu *Hinteregger* in Klang³ § 96 Rz 11.
156 OGH 6 Ob 116/58 SZ 31/85.
157 LGZ Wien 45 R 489/84 EFSlg 44.901.
158 OLG Wien 11 R 99/84 EFSlg 44.902.
159 LGZ Wien 45 R 802/88 EFSlg 58.715.
160 OLG Wien 11 R 217/91 EFSlg 64.936.
161 OGH 5 Ob 535/81 SZ 54/148.

Nach anderen Rechtsvorschriften bestehende Vertretungsregeln (rechtsgeschäftliche Vollmachterteilung; Anscheinsvollmacht nach § 1029 ABGB oder die Anwendung des § 1016 ABGB, wenn der Vertretene das Geschäft genehmigt oder sich den entstandenen Vorteil zuwendet) bleiben unberührt.

F. Wohnungsschutz

Bei aufrechter Ehe hat der Ehegatte, der auf eine Wohnung zur Befriedigung seines dringenden Wohnbedürfnisses angewiesen ist, gem § 97 ABGB gegenüber dem anderen Ehegatten, der über die Wohnung verfügungsberechtigt ist, einen gerichtlich durchsetzbaren Anspruch auf Wohnungsschutz. Dieser Anspruch ist Teil der **Beistandspflicht** und nicht vom Bestehen eines Unterhaltsanspruchs abhängig.[162] Voraussetzung für den Anspruch auf Wohnungsschutz ist das Bestehen eines familienrechtlichen Wohnanspruchs gegenüber dem anderen Ehegatten. Dieser ergibt sich aus der in § 90 ABGB geregelten Verpflichtung zur umfassenden Lebensgemeinschaft und wird durch die einvernehmliche Gestaltung der ehelichen Lebensgemeinschaft konkretisiert. Der Anspruch kann sowohl gegen ein tatsächliches Handeln oder Unterlassen[163] als auch gegen die Vornahme oder Unterlassung von Rechtshandlungen[164] erhoben werden. Der Anspruch nach § 97 ABGB ist durch Klage im streitigen Verfahren geltend zu machen und ist durch einstweilige Verfügung sicherbar.[165] Es kann sowohl ein Leistungs- als auch ein Unterlassungsanspruch erhoben werden.[166]

---

162 OGH 6 Ob 727/80 EvBl 1981/95 (317); 6 Ob 611/95 RZ 1996/70 (259). Unzutreffend die Kritik von *Giefing*, Aspekte 98, der bei seiner Argumentation übersieht, dass § 97 ABGB auch einen Schutz vor tatsächlichen Handlungen oder Unterlassungen des verfügungsberechtigten Ehegatten gewährt. § 97 ABGB kann deshalb nicht als spezielle Unterhaltsnorm gedeutet werden, wenngleich natürlich in jenen Fällen, wo es um die Weiterzahlung der Wohnungskosten geht, eine enge Nahebeziehung zum Unterhaltsrecht besteht.

163 ZB Auswechseln des Türschlosses: OGH 1 Ob 559/81 SZ 54/29; Übergabe eines Wohnungsschlüssels, Nichtzahlen der Miete oder der Kreditraten.

164 ZB Aufkündigung des Mietvertrages bzw Abwehr der Aufkündigung durch den Vermieter, Unterlassung des Verkaufs der Wohnung.

165 § 382h EO über die „Sicherung des dringenden Wohnbedürfnisses eines Ehegatten", eingefügt durch das EheRÄG 1999 idF BGBl I 2009/40 (2. GewaltschutzG).

166 OGH 10 Ob 14/06s EFSlg 113.180. Positive Leistungen sind zB die Weiterzahlung der Kreditraten für die Wohnung oder die Bezahlung des Mietzinses, nicht jedoch die Zahlung der Betriebskosten: OGH 3 Ob 231/04y EvBl 2005/74; 1 Ob 65/05y EFSlg 110.125; 2 Ob 173/09v JusGuide 2010/06/7273; 4 Ob 61/10i JusGuide 2010/35/7863; 6 Ob 84/11p EvBl 2012/50. Kein Anspruch auf Übertragung des (Mit)mietrechtes: OGH 1 Ob 368/98v EvBl 1999/136 (603).

§ 97 ABGB verschafft einen **schuldrechtlichen Anspruch gegenüber dem anderen Ehegatten**. Bei schuldhafter Verletzung kann der auf die Wohnung angewiesene Ehegatte vom anderen Schadenersatz fordern. Im Rahmen des Anspruchs auf Naturalrestitution (§ 1323 ABGB) kann dieser Anspruch auch die Verschaffung einer gleichwertigen Wohnmöglichkeit erfassen.

Gegenüber **dritten Personen** kann dieser Anspruch grundsätzlich nicht geltend gemacht werden. Da es sich beim Wohnungserhaltungsanspruch um ein Forderungsrecht gegenüber dem anderen Ehegatten handelt, haftet der Dritte aber, wenn er vorwerfbar in dieses Forderungsrecht eingegriffen hat.[167] Dies ist der Fall, wenn der Dritte den anderen Ehegatten zur Forderungsverletzung verleitet hat oder wenn beide zum Nachteil des Wohnungsberechtigten zusammenwirken (Kollusion) sowie bei Vorliegen von Schädigungsabsicht.[168] Der Dritte haftet aber auch schon, wenn er das obligatorische Wohnungsnutzungsrecht des Ehegatten tatsächlich kannte[169] oder bloß fahrlässig nicht gekannt hat.[170] Der Anspruch ist auf Naturalrestitution, also auf Wiederherstellung und Duldung der ungehinderten Wohnungsbenutzung gerichtet. Der berechtigte Ehegatte kann diesen Anspruch dem Räumungsbegehren des Dritten entgegenhalten[171] oder ihn auch mit Widerspruch nach § 37 EO im Zwangsversteigerungsverfahren geltend machen.[172]

Der Anspruch nach § 97 ABGB ist unabhängig von der Art des zugrunde liegenden Benützungsrechtes. Er besteht somit nicht nur bei Liegenschaftseigentum, Wohnungseigentum oder einem dinglichen Wohnrecht,[173] sondern auch bei Miet-, Genossenschafts- oder Dienstwohnungen. Auch die Verfügungsbefugnis auf Grund eines Prekariums oder eines familienrechtlichen Wohnanspruchs (zB gegenüber den Eltern des anderen Ehegatten) ist ausreichend. Es muss sich dabei nicht um die Ehewohnung handeln, Voraussetzung ist das Vorliegen eines dringenden Wohnbedürfnisses.[174]

---

167 Zum Schadenersatz bei Verletzung fremder Forderungsrechte im Allgemeinen: *Koziol*, Die Beeinträchtigung fremder Forderungsrechte (1967); *derselbe*, Haftpflichtrecht II² 40 ff; *Schilcher/Holzer*, Der schadenersatzrechtliche Schutz des Traditionserwerbers bei Doppelveräußerung von Liegenschaften, JBl 1974, 445 (512).

168 OGH 3 Ob 94/90 JBl 1991, 719; 3 Ob 541/91 JBl 1992, 704.

169 OGH 4 Ob 529/94 NZ 1995, 178; 3 Ob 202/06m MietSlg 58.008.

170 OGH 7 Ob 522/83 EFSlg 42.629; 3 Ob 94/90 WoBl 1991/26 (33); vgl ausführlich *Hinteregger* in Klang³ § 97 Rz 20 ff.

171 OGH 3 Ob 94/90 JBl 1991, 719; 3 Ob 87/93 RdW 1994, 242.

172 OGH 3 Ob 155/87 EvBl 1988/57 (305).

173 OGH 1 Ob 90/05z EFSlg 110.121.

174 OGH 7 Ob 522/83 EFSlg 42.625; 4 Ob 537/91 WoBl 1993/18 (25); aA OGH 8 Ob 91/12h MietSlg 65.005; *Beck*, Das Wohnrecht des Ehegatten und die Grenzen der

Der Anspruch besteht nicht, wenn das Verhalten des verfügungsberechtigten Ehegatten durch die Umstände erzwungen ist (§ 97 letzter Satz ABGB). Er erlischt mit dem Tod des Verfügungsberechtigten[175] und mit Rechtskraft der Scheidungsentscheidung. Wird jedoch rechtzeitig ein Antrag auf Aufteilung des Ehevermögens gestellt, so erlischt der Antrag erst mit dessen rechtskräftiger Erledigung.[176]

Die Ehegatten können den Anspruch auf Wohnungserhaltung einvernehmlich gestalten und auf ihn auch wirksam verzichten.[177] Als eine persönliche Rechtswirkung vermögensrechtlicher Natur unterliegt eine solche Vereinbarung dem allgemeinen Vertragsrecht und damit auch dessen Nichtigkeits- und Anfechtungsgründen. Sie wird beispielsweise wegen Sittenwidrigkeit unwirksam sein, wenn sie in krasser Weise gegen die eheliche Beistandspflicht verstößt. Dies wäre der Fall, wenn sie dem anderen seine Wohnmöglichkeit nimmt und ihn damit in Existenznot stürzt.

Der Anspruch auf Wohnungserhaltung steht nicht zu, wenn seine Geltendmachung als Rechtsmissbrauch zu bewerten ist, etwa wenn der wohnungsbedürftige Ehegatte seine Beistandspflicht selbst gröblich vernachlässigt hat.[178] § 97 deckt nur die Erhaltung der bestehenden Wohnmöglichkeit und gibt keinen Anspruch auf die Zuweisung weitergehender Rechte. Nicht gefordert werden kann deshalb die Übergabe der geräumten Wohnung,[179] die Übertragung der Mietrechte[180] oder gar die Begründung eines dinglichen Rechts.[181] Derartige Ansprüche können erst nach Eheauflösung, vor allem im Aufteilungsverfahren nach §§ 81 ff EheG, erhoben werden.

Liegt die Ursache für die Beeinträchtigung des dringenden Wohnbedürfnisses in der Ausübung von **Gewalt** durch den anderen Ehegatten oder einer dritten Person, so stehen auch die Instrumente des Gewaltschutzgesetzes, die rasche und wirksame Abhilfe bieten sollen, zur Verfügung (§ 38a SicherheitspolizeiG: Wegweisung und Betretungsverbot bei Gewalt in Wohnungen; §§ 382b–382e EO: einstweilige Verfügungen zum Schutz vor Ge-

---

Beistandspflicht, EF-Z 2014/125 (zumindest gemeinsame Bestimmung als Ehewohnung); zu Recht dagegen *Frössel*, Der Wohnungsschutz nach § 97 ABGB: Judikatur und offene Fragen, Zak 2014/9.

175 OGH 1 Ob 733/83 JBl 1984, 552; 4 Ob 523/87 JBl 1988, 237. In diesem Fall kann sich ein Anspruch auf Wohnungsbenutzung aber aus § 758 ABGB (§ 745 idF ErbRÄG 2015, ab 1.1.2017) ergeben.

176 OGH 6 Ob 598/85 EFSlg 47.519; 4 Ob 510/94 EFSlg 73.842; 10 Ob 14/06s FamZ 2006/60 uva.

177 LGZ Wien 43 R 2084/83 EFSlg 44.905.

178 OGH 2 Ob 183/09i EvBl 2010/116.

179 LGZ Wien 48 R 53/87 MietSlg 39.006.

180 OGH 1 Ob 368/98v JBl 1999, 728.

181 OGH 1 Ob 741/82 EFSlg 40.052.

walt in Wohnungen und zum allgemeinen Schutz vor Gewalt; § 382g EO: Schutz vor Eingriffen in die Privatsphäre – „Stalking").[182]

Beispiele aus der Rechtsprechung

OGH 4.3.1981, 1 Ob 559/81 SZ 54/29 – Ausgetauschtes Wohnungsschloss

Die Streitteile sind verheiratet. Am 10.9.1979 zog der Kläger aus der gemeinsamen Ehewohnung aus. Mit schriftlicher Vereinbarung vom 11.3.1980 erklärten die Streitteile die eheliche Gemeinschaft für aufgehoben. Am 1.8.1980 wollte der Kläger in die Ehewohnung, um für eine Urlaubsreise notwendige Kleidungsstücke zu holen. Dies war jedoch nicht möglich, da die Beklagte das Schloss an der Wohnung ausgetauscht hatte. Der Kläger begehrt die Fällung des Urteiles, die Beklagte sei schuldig, ihm einen sperrbaren Schlüssel für die Eingangstür der Ehewohnung zu übergeben. Gleichzeitig beantragt er die Erlassung einer einstweiligen Verfügung mit dem Inhalt, die Beklagte möge die Eingangstür zur Ehewohnung öffnen bzw ihn zur Öffnung durch einen Schlosser ermächtigen, sodass er sich Zutritt zur Wohnung verschaffen könne. Er sei sonst genötigt, sich neu einzumieten, was wegen der hohen Kosten nicht zumutbar sei.

OGH 9.11.1995, 6 Ob 611/95 RZ 1996/70 (259) = AnwBl 1996, 247 –Kreditraten

Die Scheidungsklägerin beantragt die Erlassung einer einstweiligen Verfügung auf Bezahlung eines vorläufigen Unterhalts von monatlich € 392,43 bis zur rechtskräftigen Erledigung des mit ihrer Scheidungsklage verbundenen Unterhaltsbegehrens. Dieser Unterhalt werde insbesondere für die Erhaltung der Ehewohnung (Kreditrückzahlungen, Versicherung und Gemeindeabgaben in der Höhe von insgesamt € 477,10) dringend benötigt. Das Verhältnis zwischen dem Einkommen des Beklagten und jenem der Klägerin beträgt 69 zu 31. Die Klägerin kann die Kosten für die Ehewohnung aus eigenen Mitteln ohne Gefährdung ihrer Lebensbedürfnisse nicht bestreiten.

---

182 BG zum Schutz vor Gewalt in der Familie BGBl 1996/759 idF des 2. Gewaltschutzgesetzes BGBl I 2009/40.

OGH 17.2.1983, 7 Ob 522/83 SZ 56/26 – Der gute Freund

Die Beklagte ist mit dem Nebenintervenienten Peter R verheiratet, der Ehe entstammt ein sechsjähriges Kind. Zwischen den Ehegatten läuft ein Scheidungsverfahren. Im Jahr 1969 erwarb Peter R die als Ehewohnung dienende Eigentumswohnung. Diese Wohnung, deren Wert etwa € 43.603,70 betrug, verkaufte er 1981 um € 21.801,85 dem Kläger, dessen Eigentumsrecht bereits verbüchert ist. Der Kläger wusste vor Abschluss des Kaufvertrages, dass diese Wohnung nach wie vor von der Beklagten und ihrem Kind bewohnt wird. Dem Kläger war deshalb weder die Besichtigung der Wohnung möglich, noch konnten ihm Schlüssel ausgehändigt werden, da über solche nur die Beklagte verfügte. Der Kläger begehrt von der Beklagten die Räumung seiner Eigentumswohnung sowie die Bezahlung eines Benützungsentgelts von € 3.052,26. Die Beklagte wendet ihr dringendes Wohnbedürfnis, Scheingeschäft und Sittenwidrigkeit des Kaufvertrages ein. Eine Übersiedlung in die neue Wohnung ihres Ehegatten könne ihr im Hinblick auf dessen Verhalten, das ihre körperliche Sicherheit gefährdet, nicht zugemutet werden.

OGH 9.7.1997, 3 Ob 121/97h EvBl 1998/1 (22) – Rückabwicklung

Die Klägerin ist Hälfteeigentümerin der Liegenschaft, auf der sich die Ehewohnung befindet. Sie beantragt die Rückabwicklung des zwischen ihrem Ehemann (Zweitbeklagter) und dessen Rechtsanwalt (Erstbeklagter) abgeschlossenen Kaufvertrages über den anderen Hälfteanteil an dieser Liegenschaft. Die Klägerin und ihr minderjähriger Sohn haben ein dringendes Wohnbedürfnis an der Ehewohnung. Die Klägerin bringt vor, dass zum Zeitpunkt des Kaufvertrages bereits das Scheidungsverfahren anhängig gewesen sei und die Ehe mit Sicherheit aus Verschulden des Zweitbeklagten geschieden werde. Der Kaufvertrag greife in ihr Recht gem § 97 ABGB sowie in die Forderung auf nacheheliche Aufteilung gem §§ 81 ff EheG ein. Durch den Verkauf sei sie außerdem der Gefahr einer Teilungsklage oder einer Forderung nach Änderung der Benützungsregelung ausgesetzt. Die Beklagten bestreiten den Anspruch der Klägerin auf Rückabwicklung des Kaufvertrages.

OGH 30.3.1999, 3 Ob 21/99f JBl 2000, 45 – Der aggressive Ehemann

Die Streitteile sind in aufrechter Ehe miteinander verheiratet. Der Ehe entstammen zwei minderjährige Kinder. Der beklagte Ehemann ist Alkoholiker und reagiert in alkoholisiertem Zustand aggressiv gegenüber der Klägerin und den Kindern. Gegenüber der Klägerin war er auch schon wieder holt gewalttätig. Am Abend des 13.6.1998 hatten die Streitteile Besuch von Freunden. Während des Besuchs und auch noch danach trank der Beklagte Bier und Schnaps. Als er einige Zeit nach 22.45 Uhr zu seiner Frau volltrunken ins Schlafzimmer kam und von ihr die Erfüllung ihrer „sexuellen Pflichten" verlangte, wies ihn diese ab. Der Beklagte nahm eine Rohrzange und schlug damit auf den Fernsehbildschirm im Wohnzimmer ein, bis dieser vollständig zersprang. Daraufhin versuchte er, gegen seine Frau und den Sohn gewalttätig zu werden, die beiden konnten jedoch zu einer Freundin flüchten. Seit diesem Vorfall wohnt die Klägerin bei ihrer Freundin. Außer der Ehewohnung verfügt sie über keine andere Wohnmöglichkeit.

G. Mitwirkung im Erwerb

Gemäß § 90 Abs 2 ABGB hat ein Ehegatte im Erwerb des anderen mitzuwirken, „soweit ihm dies zumutbar und es nach den Lebensverhältnissen der Ehegatten üblich ist".[183] Die Mitwirkung im Erwerb ist ein Unterfall der ehelichen Beistandspflicht. Die Mitwirkungspflicht ist **dispositiv** und kann auch schon im Vorhinein, etwa bereits bei Eheschließung, abbedungen werden.

Unabhängig davon, ob die Mitwirkung freiwillig oder aufgrund gesetzlicher Verpflichtung erfolgt, steht dem mitwirkenden Ehegatten dafür ein **gesetzlicher Abgeltungsanspruch** zu. Dieser ist nur eingeschränkt übertragbar. Gem § 99 ABGB ist der Anspruch nur vererblich, unter Lebenden oder von Todes wegen übertragbar und verpfändbar, soweit er durch Vertrag oder Vergleich anerkannt oder gerichtlich geltend gemacht worden ist. Im Gegensatz zu anderen vermögensrechtlichen Ansprüchen zwischen Ehegatten, für die gem § 1495 ABGB eine Verjährungshemmung gilt, unterliegt dieser Anspruch auch bei aufrechter Ehe der Verjährung. Die Verjährungsfrist wurde durch das EheRÄG 1999 von drei auf sechs Jahre, beginnend ab dem Ende des Monats, in dem die Leistung erbracht worden ist, verlängert (§ 1486a ABGB). Der Anspruch ist im Verfahren außer Streitsachen geltend zu machen (§ 93 AußStrG).[184] Nicht abgegoltene Ansprüche sind bei der

---

183 Vgl dazu *Goriany*, Gesellschaftsrechtliche Aspekte des neuen Ehegüterrechts, AnwBl 1978, 498; *Steininger*, FamRZ 1979, 778 ff; *Fenyves*, Zur Abgeltung der Mitwirkung eines Ehegatten im Erwerb des anderen nach § 98 ABGB, in Ostheim (Hrsg), Schwerpunkte der Familienrechtsreform 1977/1978 (1979) 141; *Holzer*, Zivilrechtliche Konsequenzen der Angehörigenmitarbeit, in Ruppe (Hrsg), Handbuch der Familienverträge² (1985) 159 ff; *Linder*, Die Mitwirkung im Erwerb gemäß § 98 ABGB, EF-Z 2007/78.

184 Dazu krit *Neumayr*, Sind die Regelungen über die Verjährung und das anzuwendende Verfahren beim Abgeltungsanspruch (§ 98 ABGB) sachgerecht? in Harrer/Zitta 499.

Aufteilung des Ehevermögens als Beitrag zur Anschaffung des Ehevermögens zu berücksichtigen (§ 83 Abs 2 EheG).

Die Höhe des Abgeltungsanspruchs richtet sich nach der Art und Dauer der Leistungen. Bei seiner Bemessung sind die gesamten Lebensverhältnisse der Ehegatten, besonders auch die gewährten Unterhaltsleistungen angemessen zu berücksichtigen (§ 98 ABGB). Nach Auffassung der Rechtsprechung handelt es sich dabei um eine Art **Gewinnbeteiligungsanspruch,**[185] so dass dem mitwirkenden Ehegatten nur dann eine Abgeltung zusteht, wenn seine Bemühungen tatsächlich erfolgreich waren.[186]

Vertragliche Regelungen über die Mitwirkung des einen im Erwerb des anderen schließen einen Anspruch nach § 98 ABGB aus. Besondere Bedeutung hat in diesem Zusammenhang die Vereinbarung einer Gesellschaft bürgerlichen Rechts.[187] Wird dagegen ein **Dienstvertrag** begründet, so bleiben dem mitwirkenden Ehegatten über das vertraglich zugestandene Entgelt hinaus zustehende Ansprüche nach § 98 ABGB erhalten (§ 100 ABGB). Der Abgeltungsanspruch bemisst sich dann nach dem Unterschiedsbetrag zwischen dem erzielten Entgelt und dem zustehenden Gewinnanteil.[188] Auch Bereicherungsansprüche und Ansprüche aus Geschäftsführung ohne Auftrag bleiben unberührt.[189]

Beispiel aus der Rechtsprechung

OGH 15.6.1983, 1 Ob 636/83 SZ 56/95 – Privatzimmervermietung

Die Parteien sind seit 1970 verheiratet. Der Ehe entstammen zwei Kinder. Die Antragstellerin begehrt als Abgeltung ihrer Mitwirkung im Erwerb des Antragsgegners € 20.130,38; diesen Betrag hätte sie mit ihrer Arbeit in einem Lohnverhältnis verdienen können. Die Ehegatten haben mit gemeinsamen Mitteln und in gemeinsamer Arbeit das Haus Kirchberg II/469, in dem sich auch die Ehewohnung befindet, erbaut und den Betrieb einer Fremdenbeherbergung errichtet; Ende 1972 war das Haus bezugsfertig. Die Antragstellerin war bis Mitte 1972 berufstätig. Ab Weihnachten 1972 bis einschließlich der Wintersaison 1978/79 vermietete sie (neben der Haus-

---

185 OGH 1 Ob 636/83 SZ 56/95; 3 Ob 501/84 EFSlg 44.907; 8 Ob 695, 696/89 JBl 1991, 458; 1 Ob 224/07h iFamZ 2008/77; 1 Ob 131/12i iFamZ 2013/22 (*Deixler-Hübner*); krit *Neumayr*, Zur Höhe des Abgeltungsanspruchs nach § 98 ABGB, in Harrer/Zitta 479; *Koch* in KBB⁴ § 98 Rz 1.

186 OGH 3 Ob 501/84 EFSlg 44.907; 3 Ob 505/96 EFSlg 50.269; 2 Ob 10/87 JBl 1987, 575; 7 Ob 618/95 SZ 68/236; 3 Ob 292/04v EFSlg 110.128.

187 OGH 1 Ob 636/83 SZ 56/95; OGH 6 Ob 634/86 EFSlg 53.094.

188 OGH 8 Ob 695, 696/89 JBl 1991, 458.

189 *Schwimann/Ferrari* in Schwimann/Kodek I⁴ § 100 Rz 2; *Hopf/Kathrein*, Eherecht³ § 100 Anm 1.

haltsführung und der Pflege und Erziehung der Kinder) in dem gemeinsamen Haus Privatzimmer. Sie verrichtete alle anfallenden Arbeiten allein. Nach Aussage der Antragstellerin wurden die Einnahmen zur Tilgung der durch den Hausbau entstandenen Schulden verwendet. Darüber hinaus habe sie dem Antragsgegner namhafte Ertragsüberschüsse ausgezahlt. Der Antragsgegner bestreitet den Anspruch und wendet außerdem – bezüglich der Ansprüche vor Mai 1976 – Verjährung ein.

III. Ehegüterrecht

A. Allgemeines

Das Ehegüterrecht regelt die vermögensrechtlichen Wirkungen der Eheschließung. Man unterscheidet zwischen dem gesetzlichen und dem vertraglichen Güterstand. Der gesetzliche Güterstand entsteht kraft gesetzlicher Anordnung mit der Eheschließung. Soweit es sich dabei um dispositives Recht handelt, kann dieser durch vertragliche Regelungen abgeändert werden. Solche Verträge werden vom ABGB **Ehepakte** genannt (§ 1217 ABGB).

Das Ehegüterrecht ist in den einzelnen europäischen Staaten sehr unterschiedlich geregelt. Aus dem vorhandenen Rechtsbestand lassen sich bestimmte **Typen von Ehegüterrechtssystemen** ableiten. Man unterscheidet die Gütertrennung und die Gütergemeinschaft, die wiederum in volle oder teilweise Gütergemeinschaft, in die Errungenschaftsgemeinschaft und die Zugewinngemeinschaft unterteilt werden kann. Bei der **Gütertrennung** hat die Eheschließung keine Wirkungen für das Vermögensrecht. Jeder Ehegatte bleibt Eigentümer dessen, was er bei Eheschließung besessen hat und was er während aufrechter Ehe erwirbt. Bei Gütertrennung ist kein Ehegatte in seiner Verfügungsgewalt über seine Güter beschränkt, und keiner muss von Gesetzes wegen für die Schulden des anderen einstehen.

Bei der **Gütergemeinschaft** werden Güter der Ehegatten zu einem Gesamtgut verschmolzen, an dem jeder Ehegatte einen Miteigentumsanteil erhält. Derartige Systeme erfordern Regelungen über die Schuldenhaftung und die Verwaltung des gemeinsamen Vermögens sowie Bestimmungen über die Teilung des Vermögens bei Auflösung der Ehe. Die weitgehendste Form der Gütergemeinschaft ist die allgemeine Gütergemeinschaft, die sämtliche Güter der Ehegatten erfasst. Möglich sind aber auch die beschränkte Gütergemeinschaft, bei der nur Teile des Vermögens Gesamtgut werden. Beispiele sind die Fahrnisgemeinschaft, die nur das bewegliche Vermögen erfasst, und die Errungenschaftsgemeinschaft, bei der nur das bei aufrechter Ehe Erwirtschaftete in die Gütergemeinschaft einbezogen wird. Ein Sonderfall ist die Zugewinngemeinschaft. Hier herrscht bei aufrechter

Ehe Gütertrennung. Erst bei Auflösung der Ehe erhalten die Ehegatten einen Anspruch auf Teilung des während der Ehe Erwirtschafteten.

Diese verschiedenen Ehegüterrechtssysteme werden in den einzelnen Staaten in mehr oder weniger reiner Form verwirklicht.[190] Neben dem gesetzlichen Güterstand haben Ehegatten meist die Möglichkeit, andere Güterstände als Wahlgüterstände vertraglich zu vereinbaren. In der Vergangenheit war häufig vorgesehen, dass das Frauenvermögen vom Mann verwaltet und auch bis zu einem gewissen Grad genutzt werden durfte.[191] Diese Regelungen wurden im Laufe des letzten Jahrhunderts im Rahmen von Reformen zur Gleichstellung von Mann und Frau beseitigt.[192]

Das **ABGB** regelt das eheliche Güterrecht bei den „persönlichen Sachenrechten" im 28. Hauptstück, das durch das FamRÄG 2009 umfassend reformiert wurde. Die Überschrift „Von den Ehepakten" lautet seitdem „Von den Ehepakten und dem Anspruch auf Ausstattung". Es enthält neben den Bestimmungen über das vertragliche Ehegüterrecht (§§ 1217, 1233–1236, 1262, 1265, 1266 ABGB) auch Regelungen über den gesetzlichen Güterstand (§§ 1233, 1237 ABGB), den Ausstattungsanspruch der Kinder gegenüber den Eltern (§§ 1220–1223 ABGB),[193] über Schenkungen unter Ehegatten und Verlobten (§§ 1246 f ABGB) sowie die zum Erbrecht gehörigen Regelungen über wechselseitige Testamente und den Erbvertrag (§§ 1248–1254 ABGB). Die noch aus der Stammfassung des ABGB stammenden, schon lange überholten Bestimmungen über die Heiratsgaben (Heiratsgut, Morgengabe, Widerlage, Witwengehalt, Advitalitätsrecht) wurden ersatzlos gestrichen. Weitere Regelungen mit ehegüterrechtlichem Charakter sind die Vorschriften über die Aufteilung des Ehevermögens nach Ehescheidung (§§ 81–98 EheG), die Regelungen über gemeinsames Wohnungseigentum (§§ 13 ff WEG) sowie über den Wohnungsschutz (§ 97 ABGB). In der Praxis bedeutsam ist auch das Belastungs- und Veräußerungsverbot nach § 364c ABGB.

B. Der gesetzliche Güterstand

Die Eheschließung an sich hat grundsätzlich keinen Einfluss auf die vermögensrechtliche Stellung der Ehepartner. Jeder Ehegatte behält sein voriges

---

190 Vgl *Henrich/Schwab* (Hrsg), Eheliche Gemeinschaft, Partnerschaft und Vermögen im europäischen Vergleich (1999); Süß/Ring (Hrsg), Eherecht in Europa² (2012).

191 So nach § 1238 ABGB idF JGS 1811/946, § 1426 Abs 1 BGB idF 1900.

192 Zur Reform in Österreich: *Ent*, Die geplante Neuordnung des gesetzlichen Erbrechts des Ehegatten und des gesetzlichen Güterstands, ein Schritt zur Reform des Familienrechts, NZ 1962, 49.

193 Vgl 3. Teil Kindschaftsrecht III.C.

Eigentumsrecht, „und auf das, was ein jeder Teil während der Ehe erwirbt, und auf was immer für eine Art überkommt, hat der andere, solange die Ehe besteht, keinen Anspruch" (§ 1237 ABGB). Damit gilt im österreichischen Recht bei aufrechter Ehe das System der **Gütertrennung**.

Der Eigentumserwerb richtet sich nach den allgemeinen schuld- und sachenrechtlichen Regeln. Dies bedeutet, dass beim Erwerb einer Sache grundsätzlich jener Ehegatte Eigentümer wird, dem die Sache übergeben wurde. Bei Liegenschaften kommt es auf die Eintragung im Grundbuch an. Durch die Vereinbarung eines **Veräußerungs- und/oder Belastungsverbotes** (§ 364c ABGB) können Ehegatten einander hinsichtlich bestimmter Sachen in ihrer Verfügungsfreiheit beschränken. Besondere Bedeutung kann ein solches Verbot für Liegenschaften entfalten. Wird es im Grundbuch eingetragen, so erlangt es Wirkung gegenüber jedermann, und Verfügungen über die mit dem Verbot belastete Sache sind nur mehr mit Zustimmung des anderen Ehegatten möglich. Ein solches Belastungs- und Veräußerungsverbot bleibt selbst über die Scheidung hinaus wirksam, wenn nicht von vornherein Anderes vertraglich vereinbart ist.[194] Eine Löschung bedarf somit entweder der vertraglichen Vereinbarung der Ehegatten oder, wenn ein gerichtliches Aufteilungsverfahren durchgeführt wird, der Anordnung des Aufteilungsgerichts.[195]

Erwerben Ehegatten gemeinsam Wohnungseigentum (**Eigentümerpartnerschaft**), so ordnet § 13 Abs 4 WEG an, dass sie über das gemeinsame Wohnungseigentum und die Nutzung der dazugehörigen Räumlichkeiten nur gemeinsam verfügen können. Durch die Begründung einer Eigentümerpartnerschaft werden die Hälfteanteile so verbunden, dass sie, solange die Eigentümerpartnerschaft besteht, nicht getrennt und nur gemeinsam beschränkt, belastet oder der Zwangsvollstreckung unterworfen werden dürfen. Eine Veräußerung des Anteils am Mindestanteil bedarf der Zustimmung des anderen Partners (§ 13 Abs 3 WEG). Die Partner haften für alle Verbindlichkeiten aus ihrem gemeinsamen Wohnungseigentum zur ungeteilten Hand (§ 13 Abs 4 WEG), und sie können ihre Befugnisse zur Mitwirkung an der Entscheidungsfindung in der Eigentümergemeinschaft nur gemeinsam ausüben (§ 13 Abs 5 WEG). Dient die Wohnung wenigstens einem Ehegatten zur Befriedigung seines dringenden Wohnbedürfnisses, kann der andere während der Ehe die Klage auf Aufhebung der Gemeinschaft nach § 830 ABGB nicht erheben (§ 13 Abs 6 WEG). Diese Sperrwirkung besteht bis zum Ablauf eines Jahres ab Rechtskraft der Auflösung der Ehe durch Nichtigerklärung, Scheidung und Aufhebung, wenn sich die Ei-

---

194 Vgl OGH 5 Ob 210/08f ZIK 2009/115.
195 OGH 1 Ob 33/10z Zak 2010/364.

gentümerpartner nicht über die Aufhebung der Partnerschaft einigen. Ab diesem Zeitpunkt steht dem Begehren auf Aufhebung der Gemeinschaft gem § 15 WEG der Einwand der Unzeit oder des Nachteils nicht mehr entgegen. § 15 WEG stellt nicht auf das dringende Wohnbedürfnis ab, sodass die einjährige Sperrwirkung für alle Wohnungseigentumsobjekte der ehemaligen Ehegatten gilt.[196] Ansprüche auf Aufteilung nach §§ 81 ff EheG gehen dem Teilungsanspruch nach § 830 ABGB vor.

Jeder Ehegatte kann bei aufrechter Ehe frei über sein Vermögen verfügen. Handelt es sich dabei um die Ehewohnung bzw eine Wohnung, auf die der andere Ehepartner zur Befriedigung seines dringenden Wohnbedürfnisses angewiesen ist, so greift allerdings § 97 ABGB ein.[197] Solange eine im Miteigentum der Ehegatten stehende Liegenschaft als Ehewohnung gewidmet ist, verwehrt die Rechtsprechung auch das Recht, die einseitige Aufhebung der Miteigentumsgemeinschaft durch Teilungsklage zu verlangen.[198]

Das Prinzip der Gütertrennung hat weiters zur Folge, dass kein Ehegatte für die Schulden und Verbindlichkeiten des anderen haftet. Zur Ausnahme der Schlüsselgewalt siehe unter II.E. Da es in der Praxis aber sehr häufig vorkommt, dass Eheleute gemeinsam **Kredite** aufnehmen bzw sich einer für den anderen rechtsgeschäftlich durch Schuldbeitritt, Eingehen einer Bürgschaft oder Abgabe einer Garantieerklärung verpflichtet, wurde dafür ein spezifisches Schutzinstrumentarium entwickelt. Ehegatten, die als Verbraucher gemeinsam einen Kredit aufnehmen, müssen nach § 25a KSchG gesondert schriftlich belehrt werden. Weiters gelten für sie das Verbraucherkreditgesetz[199] und die spezifischen Bestimmungen über Verbraucherkredite der §§ 25b und 25c KSchG sowie das Mäßigungsrecht für Interzedenten nach § 25d KSchG. Darüber hinaus kann nach ständiger Rechtsprechung eine Angehörigenbürgschaft im Einzelfall wegen Sittenwidrigkeit nichtig sein.[200] Wird die Ehe durch Scheidung oder Aufhebung aufgelöst oder für

---

196 *Aichhorn* in Gitschthaler/Höllwerth § 15 WEG Rz 1 ff; *Gantner-Doshi* in Hausmann/Vonkilch (Hrsg), Österreichisches Wohnrecht – WEG (2013) § 15 WEG Rz 17 ff; *Markl*, Eigentümerpartnerschaft von Ehegatten bei Auflösung der Ehe, immolex 2013, 138.

197 Siehe oben unter II.F.

198 OGH 1 Ob 721/79 MietSlg 31.062; 6 Ob 558/95 EvBl 1996/14 (106); 4 Ob 251/99m ecolex 2000, 199; 7 Ob 72/08a JBl 2009, 301.

199 Art 2 BGBl I 2010/28.

200 OGH 1 Ob 544/95 JBl 1995, 651 (*Mader*); 2 Ob 156/97y JBl 1998, 36; 1 Ob 87/98w JBl 1998, 778; 1 Ob 211/98f ecolex 1999, 263 (*Rabl*); 7 Ob 146/99t ecolex 2000, 281; 6 Ob 200/99a ecolex 2000, 198 (*Rabl*); 10 Ob 80/00p ÖBA 2001/937 (175); 6 Ob 184/00b ÖBA 2001/998 (918); 8 Ob 100/03v EvBl 2004/99 (465); 6 Ob 150/09s ÖBA 2010/1611; 8 Ob 5/11k VRInfo 2011 H 7, 4 etc; RIS-Justiz RS0048300; vgl auch *Marwan-Schlosser*, Sittenwidrigkeit der Haftungsübernahme durch mittellose

nichtig erklärt, so besteht nach § 98 EheG die Möglichkeit, eine gerichtliche Entscheidung zu beantragen, die mit Wirkung für den Gläubiger festlegt, dass ein Ehegatte Hauptschuldner, der andere Ausfallsbürge einer ehemals gemeinsamen Kreditverbindlichkeit wird (vgl unten V.D.4.).

Rechtsgeschäfte zwischen Ehegatten sind häufig **formpflichtig**. Kauf-, Tausch-, Renten- und Darlehensverträge sowie Schuldbekenntnisse, die einer dem anderen gibt, sind notariatsaktspflichtig (§ 1 Abs 1 lit b NotaktsG). Dies gilt auch für Ehepakte (§ 1 Abs 1 lit a NotaktsG) und für Vereinbarungen, die im Voraus die Aufteilung ehelicher Ersparnisse oder der Ehewohnung regeln. Vorweg-Vereinbarungen über das eheliche Gebrauchsvermögen bedürfen der Schriftform (§ 97 Abs 1 EheG, vgl unter V.D.1). Für Schenkungen ohne wirkliche Übergabe muss immer, nicht nur für Ehegatten, ein Notariatsakt errichtet werden (§ 1 Abs 1 lit d NotaktsG). Wird die Form nicht eingehalten, ist das Rechtsgeschäft nichtig. Es bleibt aber eine Naturalobligation bestehen, die zwar nicht einklagbar ist, aber wirksam erfüllt werden kann. Wird das Geschuldete tatsächlich geleistet, so kann es vom Leistenden gem § 1432 ABGB nicht zurückgefordert werden. Damit heilt die Erfüllung den Formmangel. Dies wird auch für Rechtsgeschäfte unter Ehegatten angenommen. Allerdings kann der Zweck des Formgebotes die Heilung ausschließen.[201]

Gem § 1495 ABGB ist während aufrechter Ehe der Beginn und der Lauf von Verjährungs- und Ersitzungsfristen gehemmt. Dies gilt nicht für den Anspruch auf Abgeltung der Mitwirkung im Erwerb nach § 98 ABGB. Für diesen gilt eine Verjährungsfrist von sechs Jahren (§ 1486a ABGB).

Angehörige, RdW 1995, 373; *G. Graf*, Verbesserter Schutz vor riskanten Bürgschaften, ÖBA 1995, 776; *P. Bydlinski*, Die Sittenwidrigkeit von Haftungsverpflichtungen, ZIK 1995, 135; *Rabl*, Risiko Angehörigenbürgschaft: Schlaglichter aus Judikatur und KSchG-Novelle, ecolex 1996, 443; *derselbe*, Sittenwidrige Bürgschaften vermögensschwacher Angehöriger, ecolex 1998, 8; *derselbe*, Sittenwidrigkeitskontrolle von Angehörigenbürgschaften, ecolex 1998, 30; *Hadjani*, Sicherungsleistungen naher Angehöriger im englischen, deutschen und österreichischen Privatrecht, ZfRV 2003/18 (83); *Thoß*, BGH zur Angehörigenbürgschaft – Neues für Österreich? ÖBA 2003, 793; *B. Jud*, Konsumentenschutz in der Rechtsprechung, ÖJZ 2004/16 (241); *Rosenmayr*, Sittenwidrigkeit von Angehörigenbürgschaften, ZIK 2004, 196; *K. Unger*, Rechtliche Unterschiede bei Aufnahme von Krediten durch Ehegatten und Lebensgefährten, ÖBA 2004, 680; *I. Faber*, Das Mäßigungsrecht gemäß § 25d KSchG, ÖBA 2004, 527; *Wallner*, Interzession von Verbrauchern, ÖBA 2007, 339; *Bollenberger*, Drittpfandbestellung und Verbraucherschutz nach §§ 25c und 25d KSchG, ÖBA 2008, 650.

201 *Koziol/Welser/Kletečka*, Bürgerliches Recht I[14] Rz 585 (mwN). Vgl OGH 6 Ob 66/13v ÖJZ 2013/157, 1090 (*Rohrer*) = GesRZ 2013, 353 (*Umlauft*): Keine Heilung zur Sicherung des Übereilungsschutzes.

Ehepakte von Unternehmern müssen in das Firmenbuch eingetragen werden, damit die aus dem Ehepakt gegen einen Unternehmer entspringenden Rechte den Unternehmensgläubigern gegenüber wirksam sind (vgl § 36 UGB).

Das Prinzip der Gütertrennung besteht bis zur Auflösung (Scheidung, Aufhebung) oder Nichtigerklärung der Ehe. Danach haben beide Ehegatten einen gerichtlich durchsetzbaren Anspruch auf Aufteilung des ehelichen Gebrauchsvermögens und der ehelichen Ersparnisse (§§ 81–98 EheG). Dieser wird bei den Scheidungsfolgen unter V.D. ausführlich dargestellt. Für diesen Fall besteht demnach der gesetzliche Güterstand in einer Art **Zugewinngemeinschaft**. Im Gegensatz zur deutschen Rechtslage richtet sich dieser Ausgleichsanspruch primär auf die Zuteilung von Vermögensgegenständen. Nur subsidiär, wenn anders ein gerechter Ausgleich nicht erzielt werden kann, besteht ein Anspruch auf eine Ausgleichszahlung. Der Ausgleichsanspruch besteht nur in Bezug auf das gemeinsam Erwirtschaftete. Ausgenommen von diesem Grundsatz sind nur der Hausrat und die Ehewohnung, wenn der andere Ehegatte diese zur Befriedigung seiner Lebensbedürfnisse dringend benötigt. Die Ehewohnung wird überdies von der Aufteilung erfasst, wenn ein gemeinsames Kind einen berücksichtigungswürdigen Bedarf hat. An der Vermögensvermehrung durch bloße Wertsteigerungen von eingebrachten Gütern nimmt der andere Ehegatte nicht teil.[202]

Wird die Ehe durch **Tod** aufgelöst, so bleibt es beim Grundsatz der Gütertrennung. Für den Erbgang sind allein die formalen Eigentumsverhältnisse ausschlaggebend. Ob auch der überlebende Ehegatte zur Anschaffung von Vermögensgütern des anderen beigetragen hat, ist irrelevant. Ihm bleibt nur das durch ein Pflichtteilsrecht abgesicherte gesetzliche Erbrecht[203] und der Anspruch auf das gesetzliche Vorausvermächtnis,[204] das den Hausrat und das Recht, in der Ehewohnung weiter zu wohnen, umfasst. Damit kann der Ehegatte bei Tod seines Partners schlechter gestellt sein als bei Auflösung der Ehe durch Scheidung, Nichtigerklärung oder Aufhebung. Dies kann sich vor allem für jenen Ehegatten negativ auswirken, der seine Erwerbsmöglichkeiten während der Ehe wegen Haushaltsführung und Kinderbetreuung nicht in gleichem Maße ausschöpfen konnte wie der andere und deshalb nur eingeschränkt die Möglichkeit hatte, Vermögen zu erwerben.[205]

---

202 Vgl V.D.2.
203 § 757 ABGB (§ 744 idF ErbRÄG 2015, ab 1.1.2017).
204 § 758 ABGB (§ 745 idF ErbRÄG 2015, ab 1.1.2017).
205 Krit *Gimpel-Hinteregger* in Floßmann 200 ff; *Holzner*, Ehevermögen bei Scheidung und Tod (1998); *Ferrari*, Die vermögensrechtliche Situation von Ehegatten und Lebensgefährten in Österreich, in Henrich/Schwab 191.

C. Ehepakte

Das österreichische Recht stellt die Gestaltung des ehelichen Güterrechtes in die Dispositionsfreiheit der Ehegatten, die nur von den Regeln des zwingenden Rechts begrenzt wird. Die Ehegatten sind auch nicht, wie in einigen anderen europäischen Staaten, an die vom Gesetz vorgegebenen Güterstandsformen gebunden (kein Typenzwang).[206] Dies wurde durch das FamRÄG 2009 nicht geändert.[207]

Als gesetzlich geregelte Typen nennt § 1217 ABGB nur mehr die Gütergemeinschaft und den Erbvertrag. Der **Erbvertrag** (§§ 602, 1249–1254 ABGB) ist eine Vereinbarung, in der entweder ein Ehegatte den anderen oder beide sich wechselseitig als Erben einsetzen. Gem § 1253 ABGB darf sich der Erbvertrag nur auf drei Viertel des Nachlasses erstrecken.

Die **Gütergemeinschaft unter Lebenden** wird vor allem im landwirtschaftlichen Bereich häufig vereinbart. Sie ist im ABGB nicht gesondert geregelt. Ihre Ausgestaltung wird hauptsächlich durch die in diesem Bereich eingebürgerte Vertragspraxis bestimmt.[208] Die Ehegatten erhalten hier einen Anspruch auf Miteigentum am vom Ehepakt erfassten Vermögen im Ausmaß der vertraglich vereinbarten Quoten.[209] Vertraglich festgelegte Verfügungsbeschränkungen wirken an sich nur zwischen den Ehegatten. In Bezug auf Liegenschaften bekommen sie aber dingliche Wirkung, wenn im Grundbuch zusätzlich ein Belastungs- und Veräußerungsverbot nach § 364c ABGB eingetragen ist oder wenn bei der Eintragung des Miteigentums auf die Verfügungsbeschränkung hingewiesen wird.[210] Für Schulden beider Ehegatten haftet das Gemeinschaftsgut sowie das nicht von der Gütergemeinschaft erfasste Vermögen (sog Eigengut). Treffen die Schulden nur ei-

---

206 *M. Bydlinski* in Rummel II/1³ § 1217 Rz 2 ff, 7; *Brauneder*, Zu Auslegung und Reform des 28. Hauptstückes des ABGB „Von den Ehepakten", NZ 1973, 67; *derselbe*, Freiheit des Vertragsinhalts und Typenbindung im Ehegüterrecht, ZfRV 1974, 1.

207 IA 673/A 24. GP 28.

208 Zur Gütergemeinschaft: *Fenyves*, Ehegüterrechtliche Vereinbarungen in zivilrechtlicher Sicht, in Ruppe (Hrsg), Handbuch der Familienverträge² (1985) 749; *Grillberger*, Eheliche Gütergemeinschaft (1982); *Bittner*, Verträge im Ehegüterrecht² (1995); *Schramböck*, Ausgewählte Rechtsprobleme der ehelichen Gütergemeinschaft, ÖJZ 1999, 443.

209 Ob es sich dabei um Gesamthandeigentum oder schlichtes Miteigentum mit bloß obligatorischer interner Verfügungsbeschränkung handelt, ist nicht ganz klar: *Grillberger*, Gütergemeinschaft 40 ff; *Fenyves* in Ruppe² 769 ff; *Schramböck*, ÖJZ 1999, 447 ff; *M. Bydlinski* in Rummel II/1³ § 1234 Rz 2; *Koziol/Welser/Kletečka*, Bürgerliches Recht I¹⁴ Rz 1541 f.

210 Die Rsp ist uneinheitlich. Vgl OGH 3 Ob 711/51 SZ 25/8: Hinweis auf den Ehepakt ist ausreichend; OGH 1 Ob 82/73 SZ 46/56: der bloße Verweis auf den Ehepakt genügt nicht.

nen Gatten allein, so haftet bei allgemeiner Gütergemeinschaft sein Eigengut und das Gemeinschaftsgut, bei beschränkter Gütergemeinschaft unter analoger Anwendung des § 1235 ABGB nur sein Eigengut und sein Anteil am Gemeinschaftsgut.

Bei **Tod** eines Gatten wird das nach Abzug der Schulden verbleibende Gemeinschaftsgut nach der festgelegten Quote bzw im Zweifel zur Hälfte geteilt. Der eine Teil geht an den überlebenden Ehegatten, der andere fällt in den Nachlass (§ 1234 ABGB). Analoges gilt bei **Insolvenz** eines Ehegatten (§§ 1262 iVm 1234 ABGB).

Soweit die von der Gütergemeinschaft erfassten Sachen nicht der Aufteilung nach §§ 81 ff EheG unterliegen[211] und soweit die Ehegatten nicht Anderes vereinbaren oder vereinbart haben, kommt bei **Scheidung oder Aufhebung** der Ehe § 1266 ABGB zur Anwendung. Dieser wurde durch das FamRÄG 2009 an das geltende Scheidungsrecht angepasst. Im Fall einer Scheidung oder Aufhebung der Ehe ohne Schuldausspruch oder mit dem Ausspruch des gleichteiligen Verschuldens sowie bei einer einvernehmlichen Scheidung erlöschen die Ehepakte, und jeder erhält das Eingebrachte zurück.[212] Bei Scheidung oder Aufhebung mit Ausspruch eines überwiegenden oder alleinigen Verschuldens kann der schuldlose bzw minder schuldige vom schuldigen Teil volle Genugtuung fordern und wählen, ob der Ehepakt erlöschen oder ob das Vermögen wie beim Tod geteilt werden soll. Das Recht aus einem Erbvertrag bleibt dem Schuldlosen oder Minderschuldigen erhalten. Die gesetzliche Erbfolge kann der geschiedene Ehegatte jedoch nicht mehr ansprechen.[213] Fallen Gütergemeinschaftssachen in die Aufteilung, so kann der Ehepakt eine Vorwegvereinbarung nach § 97 Abs 1 EheG darstellen (s unten V.D.1.b.).[214]

§ 1266 ABGB wird auf **Schenkungen** von Ehegatten, die in der Erwartung des dauernden Bestandes der Ehe gegeben wurden, analog angewen-

---

211 OGH 8 Ob 502/83 SZ 56/90; 4 Ob 565/94 NZ 1996, 65.

212 Zur Verteilung von Gewinn und Verlust und zum Ausgleich von Wertsteigerungen an den eingebrachten Gütern vgl *Rummel*, Zur Auswirkung der Ehescheidung auf die Gütergemeinschaft unter Lebenden, JBl 1968, 406; OGH 1 Ob 103/52 SZ 25/34; 6 Ob 30, 31/62 SZ 35/10; 1 Ob 197/99y JBl 2000, 666; 4 Ob 281/00b JBl 2001, 309 (*Pfersmann*).

213 § 746 Abs 2 ABGB idF ErbRÄG 2015 sieht vor, das dem überlebenden Ehegatten (oder eingetragenen Partner) das gesetzliche Erbrecht und das gesetzliche Vorausvermächtnis nicht mehr zustehen, wenn im Zeitpunkt des Erbfalls ein Verfahren über die Auflösung der Ehe bzw Partnerschaft anhängig ist und eine (für den Fall der Rechtskraft der Auflösungsentscheidung wirksame) Aufteilungsvereinbarung vorliegt.

214 *Fischer-Czermak*, Ehepakte und Vermögensaufteilung nach Scheidung, in FS Fenyves (2013) 103.

det.[215] Der Einwand, dass der Schenker zur Aufhebung der Schenkung nach § 1266 ABGB berechtigt ist, kann auch im Aufteilungsverfahren berücksichtigt werden. Fällt der geschenkte Gegenstand in die Aufteilung nach §§ 81 ff EheG, so kann das Gericht die Schenkung als Beitrag des Schenkers zur Schaffung des Aufteilungsvermögens einstufen und ihm wertmäßig zuordnen.[216] Zur Wirkung der Nichtigerklärung einer Ehe auf die Ehepakte siehe oben unter I.C.2.c.

Beispiele aus der Rechtsprechung

OGH 11.7.2001, 3 Ob 57/01f JBl 2002, 110 – Notgroschen

Am 19.3.1999 wurde im Zuge eines gegen den Ehemann der Klägerin geführten Strafverfahrens eine Hausdurchsuchung durchgeführt. Dabei wurde im Schlafzimmer der Klägerin ein Geldbetrag von € 8.685,13 gefunden und beschlagnahmt. Dieser wurde in der Folge dem Finanzamt zur Deckung von Finanzschulden des Ehemanns überwiesen. Die Klägerin verlangt von der Republik Österreich die Herausgabe des Geldes. Bei dem beschlagnahmten Betrag handle es sich um ihren Notgroschen, den sie sich seit Jahren durch ihre Tätigkeit als Köchin zusammengespart habe. Die Klägerin hatte mit ihrem Ehemann am 12.1.1996 eine allgemeine Gütergemeinschaft unter Lebenden vereinbart.

OGH 15.12.1998, 1 Ob 211/98f ecolex 1999/99, 263 (*Rabl*) – Angehörigenbürgschaft

Der Ehegatte der Klägerin betrieb von 1981 bis 1992 eine Tischlerei. Im Herbst 1987 wollte er eine Umschuldung vornehmen, weil seine damalige Hausbank die Kredite – für die die Klägerin als Bürgin haftete – fällig gestellt hatte. Da die Klägerin und ihr Ehegatte über kein Vermögen verfügten, verlangte die beklagte Bank von der Klägerin eine Verpflichtungserklärung als Bürgin und Zahlerin für zwei zu gewährende Kredite, einen Einmalbarkredit von € 29.069,13 und einen (Geschäfts-) Kontokorrentkredit von € 21.801,85. Die Klägerin und ihr Ehegatte unterfertigten die bereits

---

215 *Rummel*, Schenkungen unter Ehegatten und Scheidung, JBl 1976, 626; *Fischer-Czermak*, in FS Fenyves (2013) 103; OGH 1 Ob 10/75 SZ 48/9; 4 Ob 504, 505/84 SZ 58/63; 1 Ob 5/14p ÖJZ 2014/123, 870 (*Brenn*) (Fruchtgenussrecht) etc. Ebenso für Verträge auf den Todesfall zwischen Ehegatten (Schenkung auf den Todesfall, Erbvertrag): *Fischer-Czermak*, Verträge auf den Todesfall zwischen Ehegatten und Scheidung, NZ 2001, 3; abl mit zu pauschaler Argumentation *Deixler-Hübner*, Auswirkung der Scheidung auf Schenkungen zwischen Ehegatten, EF-Z 2008/131.

216 OGH 4 Ob 565/94 NZ 1996, 65; 1 Ob 197/99y JBl 2000, 666; 1 Ob 99/13k iFamZ 2013/190 (*Deixler-Hübner*) etc; *Oberhumer*, Die Behandlung von Schenkungen zwischen Ehegatten bei der nachehelichen Vermögensaufteilung, EF-Z 2014/69.

vorbereiteten Urkunden in der Bankfiliale in Bludenz. Die Klägerin verfügt über Hauptschulbildung. Sie erledigte im Betrieb vor allem Putzarbeiten und betreute fallweise das Kassabuch. Auf wirtschaftliche Entscheidungen innerhalb des Betriebs hatte sie keinen Einfluss. Die Klägerin war über die schlechte wirtschaftliche Situation des Tischlereibetriebs informiert. Sie wusste von ihrem Ehegatten, dass im Fall einer Verweigerung ihrer Unterschrift die Fortführung des Betriebs auf dem Spiel stand. Der beklagten Partei war bekannt, dass die Klägerin nur knapp € 218,02 als Entgelt für die Mitarbeit im Betrieb ihres Gatten bezog. Der Betrieb wurde 1992 geschlossen, ein Konkursantrag mangels Masse abgewiesen. Heute ist die Klägerin Hausfrau und ihr Ehegatte arbeitslos. Die beiden Kredite haften mit ca € 58.138,27 aus. Die Klägerin begehrt nun die Feststellung, ihre Haftung als Bürgin und Zahlerin für die beiden Kredite gegenüber der beklagten Partei sei rechtsunwirksam.

OGH 22.9.1993, 6 Ob 574/93 NZ 1994, 61 – Pachtvertrag

Die Streitteile haben am 29.4.1978 geheiratet. Mit Übergabsvertrag vom 20.12.1978 übertrugen die Eltern der Klägerin eine Liegenschaft mit einem landwirtschaftlichen Betrieb. Am selben Tag errichteten die Eheleute mit Notariatsakt eine schon unter Lebenden wirksame Gütergemeinschaft, in welche die Klägerin die Liegenschaft einbrachte und dem Beklagten das Hälfteeigentum übertrug; dieser brachte im Gegenzug € 22.092,54 für notwendige Investitionen ein. Mit Vertrag vom 14.12.1987 lösten die Streitteile die Gütergemeinschaft auf und vereinbarten, dass das bisher gütergemeinschaftliche Vermögen von nun an im Miteigentum stehe. Der Beklagte verpachtete seiner Frau die ihm gehörige Liegenschaftshälfte, um eine Arbeitslosenunterstützung zu erhalten. Am 10.11.1989 wurde die Ehe der Streitteile aus dem alleinigen Verschulden des Beklagten geschieden. Die Klägerin begehrt die Übertragung des Hälfteeigentums des Beklagten an dem landwirtschaftlichen Betrieb.

OGH 14.11.2000, 4 Ob 281/00b JBl 2001, 309 (*Pfersmann*) – Gütergemeinschaft

Aus Anlass ihrer Eheschließung vereinbarten die Streitteile 1967 eine das gesamte Vermögen umfassende, bereits unter Lebenden wirksame Gütergemeinschaft. Die Beklagte wurde als Hälfteeigentümerin der vom Kläger eingebrachten landwirtschaftlichen Liegenschaften eingetragen. Sie brachte ihrerseits eine Schlafzimmereinrichtung im Wert von € 1.090,09 und Barbeträge von insgesamt € 12.717,75 ein. € 11.627,65 fanden für den Bau eines Kuhstalls Verwendung. 1990 verließ die Beklagte den gemeinsamen Hof. Die Ehe wurde mit Urteil gemäß § 55 Abs 1 EheG ohne Verschuldensausspruch geschieden. Der Kläger begehrt die Zustimmung der Beklagten zur Rückübertragung ihrer Hälfteanteile an den landwirtschaftlichen Liegenschaften. Die Ehewohnung ist ihm bereits im Aufteilungsverfahren gegen eine Ausgleichszahlung von € 14.534,57 zugesprochen worden. Der Wert des Unternehmens hatte im Jahr 1967 € 386.018,26 (davon € 384.441,18 reiner Grundstückswert) betragen. Bei Auflösung der Ehe im Jahr 1995 war der Wert auf € 867.123,75 (davon € 794.712,83 reiner Grundstückswert) gestiegen.

IV. Scheidung

A. Übersicht

Das Scheidungsrecht gibt die Möglichkeit, eine Ehe wegen des Verhaltens der Ehegatten während aufrechter Ehe wieder aufzulösen. Nichtigkeit und Aufhebung der Ehe betreffen dagegen Mängel, die im Zeitpunkt der Eheschließung schon bestanden haben oder bei der Eheschließung entstanden sind.[217] Die Auflösung der Ehe durch Scheidung wirkt nur für die Zukunft (ex nunc). Die Scheidungstatbestände werden in den §§ 49 bis 55a EheG taxativ angeführt.

Das EheG kennt zwei Arten von Scheidungen: die Verschuldensscheidung und die Scheidung aus anderen Gründen. Als **Verschuldenstatbestände** galten früher der Ehebruch (§ 47 alt EheG), die Verweigerung der Fortpflanzung (§ 48 alt EheG) und die sonstige schwere Eheverfehlung (§ 49 alt EheG). Seit dem EheRÄG 1999 sind diese Verschuldensgründe im einheitlichen Verschuldenstatbestand der schweren Eheverfehlung des § 49 EheG zusammengefasst. Damit reagierte der Gesetzgeber auf eine zwar historisch korrekte, inhaltlich aber verfehlte Rechtsprechung des OGH, der die Verschuldenstatbestände der §§ 47 alt und 48 alt EheG als absolute Scheidungsgründe behandelte, die den anderen Ehegatten auch dann zur Scheidung berechtigten, wenn sie tatsächlich nicht zur Zerrüttung der Ehe geführt hatten.[218] Dies konnte einerseits dazu führen, dass ein Ehegatte ein Recht auf Scheidung erlangte, obwohl die Ehe tatsächlich noch nicht zerrüttet war. Andererseits ermöglichte die Bewertung des Ehebruchs als absoluter Scheidungsgrund dem Ehegatten, der selbst bereits die Zerrüttung der Ehe herbeigeführt hatte, unter Umständen unbillige Vorteile im Scheidungsstreit.[219] Durch die Neufassung der Verschuldensscheidung ist nun klargestellt, dass eine Verschuldensscheidung nur gefordert werden kann, wenn eine schwere Eheverfehlung kausal für die unheilbare Zerrüttung der

---

217 Zur Nichtigkeit und Aufhebbarkeit der Ehe siehe oben I.C.
218 OGH 5 Ob 336, 343/65 EFSlg 6.831; 1 Ob 504, 505/78 EFSlg 31.625; 6 Ob 567/79 EFSlg 33.881; 5 Ob 654/80 EFSlg 36.280.
219 Vgl dazu ausführlich ErläutRV 1653 BlgNR 20. GP 13, 23.

Ehe war (relativer Scheidungsgrund). Demgemäß vertritt die Rechtsprechung heute die Auffassung, dass ein Ehebruch, der erst nach der völligen
Zerrüttung der Ehe begangen wird, bei der Verschuldensabwägung nur eine
untergeordnete Rolle spielen kann.[220]

Die **Scheidung aus anderen Gründen** umfasst mehrere sehr unterschiedliche Tatbestände, nämlich die Scheidung wegen eines auf geistiger Störung
beruhenden ehewidrigen Verhaltens (§ 50 EheG), die Scheidung wegen
Geisteskrankheit (§ 51 EheG) oder wegen ansteckender oder ekelerregen-
der Krankheit eines Partners (§ 52 EheG), die Scheidung wegen Auflösung
der häuslichen Gemeinschaft (§ 55 EheG) sowie die einvernehmliche Scheidung (§ 55a EheG).

Diese verschiedenen Scheidungsarten ziehen jeweils unterschiedliche Folgen im nachehelichen Unterhaltsrecht[221] sowie im Sozialversicherungsrecht[222] nach sich. Einheitlich geregelt sind dagegen die namensrechtlichen
Folgen der Ehescheidung (§ 62 EheG, § 93a Abs 2 ABGB) sowie die Aufteilung des Ehevermögens (§§ 81–98 EheG).

Verfahrensrechtlich ist zu beachten, dass die einvernehmliche Scheidung
durch gemeinsamen Antrag im Verfahren außer Streitsachen geltend zu machen ist. Die Scheidung erfolgt hier mit rechtskräftigem Beschluss. Die anderen Scheidungsgründe sind dem streitigen Verfahren zugewiesen. Sie sind
mittels Klage geltend zu machen, und die Scheidung wird durch Urteil ausgesprochen.[223] Hat der Kläger selbst Scheidungsgründe gesetzt, so hat der
Beklagte die Möglichkeit, ebenfalls eine Scheidungsklage (Widerklage) ein-
zubringen. Klage und Widerklage werden dann zur gemeinsamen Verhandlung und Entscheidung verbunden.[224]

Da Scheidungsurteile im Rechtsverkehr häufig Ämtern und Behörden
vorgelegt werden müssen, haben geschiedene Ehegatten zum Schutz ihrer
Privatsphäre das Recht, eine Ausfertigung des Scheidungsurteils bzw -be-
schlusses, die keine Entscheidungsgründe enthält, zu verlangen (§ 460 Z 8a
ZPO, § 96 Abs 5 AußStrG).

Statistik: Im Jahr 2013 wurden in Österreich insgesamt 15.958 Ehen geschieden.[225] Damit verringerte sich die Zahl der Scheidungen im Vergleich
zum Vorjahr um 1.048 Scheidungen, sodass die Scheidungsrate nunmehr

---

220 OGH 3 Ob 158/07t EF-Z 2008/32; 2 Ob 31/11i EF-Z 2011/110.
221 Dazu im Folgenden unter V.B.
222 Vgl unter V.C.
223 Siehe unter 1. Teil Einführung II.C.
224 § 187 ZPO.
225 Quelle: Statistik Austria – Scheidungen
　　(http://www.statistik.at/web_de/statistiken/bevoelkerung/scheidungen/index.html).

40,1 je 100 Eheschließungen beträgt. Davon waren 13.906 (87,1%) einvernehmliche Scheidungen nach § 55a EheG. 840 Scheidungen erfolgten wegen Auflösung der häuslichen Gemeinschaft gem § 55 EheG. 1.222 Ehen wurden auf Grund einer anderen Bestimmung (§§ 49, 50–52 EheG oder nach ausländischem Recht) geschieden. Die mittlere Ehedauer betrug 13,2 Jahre. Bei 23,8% der Ehen hatte die Ehe weniger als fünf Jahre, bei 23,6 % zwischen fünf und zehn Jahren, bei 38,9% zwischen zehn und fünfundzwanzig Jahren und bei 13,7% mehr als 25 Jahre gedauert.

Von den Scheidungen des Jahres 2013 waren insgesamt 18.070 Kinder und Jugendliche unter 18 Jahren betroffen. 967 Kinder waren unter drei Jahren, 2.127 zwischen drei und fünf Jahren, 3.124 zwischen sechs und neun Jahren, 2.990 zwischen zehn und dreizehn Jahren und 2.997 Jugendliche im Alter von vierzehn bis siebzehn Jahren.

B. Verschuldensscheidung

1. Tatbestand

Nach § 49 EheG kann ein Ehegatte die Scheidung begehren, wenn „der andere durch eine schwere Eheverfehlung oder durch ehrloses oder unsittliches Verhalten die Ehe schuldhaft so tief zerrüttet hat, dass die Wiederherstellung einer ihrem Wesen entsprechenden Lebensgemeinschaft nicht erwartet werden kann".

Schwere Eheverfehlungen sind gravierende Verletzungen der Verpflichtungen, die sich aus den persönlichen Rechtswirkungen der Ehe (§§ 44, 89–100 ABGB) ergeben. Sie müssen objektiv geeignet sein, einen entscheidenden Beitrag zur Zerrüttung der Ehe zu leisten,[226] und sie müssen auch tatsächlich für die Zerrüttung **kausal** gewesen sein (relative Wirkung). Dabei ist immer das gesamte Verhalten des beklagten Ehegatten zu beurteilen,[227] sodass auch eine Mehrheit an sich nicht schwerer Eheverfehlungen in ihrer Gesamtheit einen Scheidungsgrund bilden kann.[228] **Zerrüttung** liegt vor, wenn die geistige, seelische oder körperliche Gemeinschaft zwischen den Ehegatten zu bestehen aufgehört hat („objektive Zerrüttung") und wenigstens ein Ehegatte seinen Ehewillen endgültig verloren hat („subjektive

---

226 OGH 6 Ob 598/80 EFSlg 36.292; 3 Ob 503/90 EFSlg 63.349: Die Verfehlung muss geeignet sein, auch bei einem selbst mit rechter ehelicher Gesinnung erfüllten und daher auch zur Nachsicht bereiten Ehegatten eine völlige Entfremdung herbeizuführen.

227 OGH 1 Ob 177/70 EFSlg 13.792; 9 Ob 21/07i iFamZ 2007/157 etc.

228 ZB OGH 3 Ob 503/90 EFSlg 63.351.

Zerrüttung").[229] Nach erfolgter Zerrüttung gesetzte Eheverfehlungen können im Scheidungsverfahren berücksichtigt werden, wenn sie der andere noch als zerrüttend empfinden konnte.[230]

Eine schwere Eheverfehlung berechtigt nur dann zur Scheidung, wenn sie **schuldhaft** gesetzt wurde. Dies setzt einerseits Verschuldensfähigkeit und andererseits Vorwerfbarkeit des gesetzten Verhaltens voraus. Demnach fehlt es an einem Verschulden, wenn ein Ehegatte die Rechtswidrigkeit seines Verhaltens nicht einsehen kann, weil es ihm an der erforderlichen geistigen Kapazität (Geisteskrankheit, die Einsichtsfähigkeit ausschließende Bewusstseinsstörung, wie zB Drogenrausch; vgl aber § 50 EheG) fehlt, oder wenn ihm das Verhalten sonst nicht vorwerfbar ist; etwa weil es unter Drohung oder Zwang,[231] im Notstand oder aufgrund eines Irrtums[232] erfolgt ist oder weil es als entschuldbare Reaktionshandlung auf das Verhalten des anderen Ehegatten gerechtfertigt ist.[233]

§ 49 Satz 2 EheG führt seit dem EheRÄG 1999 einige **Verschuldenstatbestände** ausdrücklich an. Eine schwere Eheverfehlung liegt demnach insbesondere vor, „wenn ein Ehegatte die Ehe gebrochen oder dem anderen körperliche Gewalt oder schweres seelisches Leid zugefügt hat". Der Ehebruch wurde deshalb genannt, um klarzustellen, dass die gleichzeitig erfolgte Aufhebung des § 47 EheG nicht bedeutet, dass der Ehebruch nun keinen Scheidungsgrund mehr darstellt. Mit der ausdrücklichen Anführung der Zufügung körperlicher Gewalt oder schweren seelischen Leids sollte außerdem ein objektiver Verhaltensstandard vorgegeben werden, der verhindern soll, dass Gerichte ein gewalttätiges Verhalten eines Ehegatten als „milieubedingte Entgleisung" verharmlosen, wie dies in der Vergangenheit mehrfach geschehen ist.[234] Damit wollte der Gesetzgeber seinen Weg der

---

229 *Weitzenböck* in Schwimann/Kodek I[4] § 49 EheG Rz 2 ff; OGH 1 Ob 518/90 RZ 1990/78 (177); *Hopf/Kathrein*, Eherecht[3] § 49 EheG Anm 7; 8 Ob 597/92 EFSlg 69.215; 3 Ob 158/07t EF-Z 2008/32; 2 Ob 164/07t EFSlg 117.364 etc.

230 OGH 1 Ob 504, 505/78 EFSlg 31.659; 1 Ob 807/82 EFSlg 43.638; OLG Wien 13 R 23/92 EFSlg 69.224. Dies gilt jetzt auch für den Ehebruch, weil der Gesetzgeber den Ehebruch nun ausdrücklich den anderen schweren Eheverfehlungen gleichgestellt hat. In der Vergangenheit wurde dem Ehebruch auch nach bereits eingetretener Zerrüttung immer noch objektiv zerrüttende Wirkung zugemessen: OGH 5 Ob 345/68 EFSlg 11.842; 5 Ob 264/71 EFSlg 15.748; 1 Ob 502, 503/85 EFSlg 48.721. Dies war eine Folge der von der Rechtsprechung angenommenen absoluten Wirkung des Ehebruchs. Zur Bedeutung solcher Eheverfehlungen für die Verschuldensabwägung siehe unten bei 3. Verschuldensausspruch.

231 OGH 3 Ob 314/50 JBl 1951, 114.

232 OGH 3 Ob 23/74 EFSlg 22.679: Irrtum über das Fortbestehen der Ehe.

233 OGH 1 Ob 609/81 EFSlg 38.672 etc.

234 *Hopf/Stabentheiner*, ÖJZ 1999, 863.

Pönalisierung von Gewalt in der Familie weiter fortsetzen, den er im Jahr 1989[235] mit der Normierung des § 146a ABGB alt (§ 137 Abs 2 ABGB), der in der Kindererziehung die Anwendung von Gewalt und die Zufügung körperlichen oder seelischen Leides untersagt, eingeschlagen hat, und den er im Jahr 1996 mit dem Gewaltschutzgesetz[236] verfahrensrechtlich abgesichert hat.[237] Die Ausübung körperlicher Gewalt ist jedenfalls eine schwere Eheverfehlung[238] und kann nicht als entschuldbare Reaktionshandlung bewertet[239] oder mit dem Verweis auf den „kulturellen Hintergrund" des Gewalttäters verharmlost werden.[240]

Neben diesen im Gesetz genannten Beispielen können alle groben Verletzungen der in den §§ 44 und 89–100 ABGB genannten Verpflichtungen eine schwere Eheverfehlung darstellen. Dies gilt für Verletzungen der Treuepflicht, der Pflicht zum gemeinsamen Wohnen, zur Beitrags- und Unterhaltsleistung, zur anständigen Begegnung[241] oder für die Verweigerung des ehelichen Beistands. Aber auch der schwerwiegende Bruch des entgegengebrachten Vertrauens, etwa durch Verschweigen des Einkommens[242] oder Installieren einer Abhöranlage,[243] das Nichteinbeziehen des anderen in die Freizeit- und Lebensgestaltung[244] oder Vernachlässigung des anderen wegen eines übermäßigen beruflichen Engagements[245] können schwere Eheverfehlungen darstellen.

Ob auch die Verweigerung des sexuellen Kontakts und die Verweigerung der Fortpflanzung als Eheverfehlung gewertet werden können, ist nicht so leicht zu beantworten. Denn die in § 90 alt ABGB ausdrücklich genannte „eheliche Pflicht" wurde durch das EheRwG 1975 aus dem Rechtsbestand gestrichen. Weil sie in der Verpflichtung zur umfassenden ehelichen Lebensgemeinschaft des § 90 ABGB enthalten ist, soll aber nach allgemeiner Meinung auch weiterhin die „grundlose Verweigerung" des Geschlechts-

---

235 Kindschaftsrechts-ÄnderungsG BGBl 1989/162.
236 BG zum Schutz vor Gewalt in der Familie BGBl 1996/759 idF BGBl I 2009/40.
237 ErläutRV 1653 BlgNR 20. GP 23 f.
238 OGH 2 Ob 192/10i EF-Z 2011/87 etc.
239 OGH 9 Ob 33/03y JBl 2004, 171; 6 Ob 149/13z ÖJZ 2014/27, 185 (*Rohrer*): Gewalt kann nicht als milieubedingte Entgleisung entschuldigt werden oder eine angemessene Reaktionshandlung darstellen. OGH 8 Ob 39/08f iFamZ 2008/104; LG Wien 43 R 244/05h EFSlg 111.173.
240 OGH 8 Ob 24/08z Zak 2008/422.
241 OGH 9 Ob 60/05x EF-Z 2006/8; 2 Ob 107/13v iFamZ 2013/237, 308 (*Deixler-Hübner*): dominantes Verhalten und Respektlosigkeit.
242 OGH 1 Ob 201, 202/72 EvBl 1973/179 (398).
243 OGH 1 Ob 193, 194/75 EFSlg 24.980; 8 Ob 115/13i jusIT 2014/9 (*Thiele*).
244 OGH 2 Ob 521/90 EFSlg 63.364; 7 Ob 536/90 EFSlg 63.365.
245 OGH 10 Ob 5/04i EFSlg 108.199; 1 Ob 30/08f EF-Z 2008/106 (*Höllwerth*).

verkehrs als schwere Eheverfehlung gewertet werden.[246] Dasselbe gilt für die Weigerung, den Kinderwunsch des anderen zu erfüllen. Der Verschuldenstatbestand der „Verweigerung der Fortpflanzung" des § 48 alt EheG wurde durch das EheRÄG 1999 aus dem Rechtsbestand gestrichen. Nach Meinung der RV zum EheRÄG 1999 soll dieser Tatbestand in Zukunft ebenfalls im Generaltatbestand der schweren Eheverfehlung des § 49 EheG aufgehen.[247]

Als Scheidungsverschulden zu werten sind jedenfalls sexuelle Vergehen gegenüber dem anderen Ehepartner,[248] Treueverletzungen oder Handlungen, die geeignet sind, beim anderen Abscheu oder einen Vertrauensverlust herbeizuführen. Auch ein Schwangerschaftsabbruch ohne Wissen oder gegen den Willen des Mannes kann eine schwere Eheverfehlung darstellen.[249] Allerdings wird dies immer davon abhängen, welche Gründe die Frau zu diesem Schritt bewogen haben. Die Verweigerung einer medizinisch unterstützten Fortpflanzung kann niemals als Eheverfehlung gewertet werden,[250] deren Vornahme gegen den Willen oder ohne Wissen des Mannes natürlich schon.[251]

Neben der schweren Eheverfehlung stellt auch **ehrloses und unsittliches Verhalten** des anderen einen Verschuldenstatbestand dar. Dieses kann vorliegen, wenn ein Ehepartner ohne Billigung des anderen eine schwere Straftat begangen hat oder der Prostitution oder der Zuhälterei nachgeht.[252] Rauschgift- oder Alkoholmissbrauch[253] können aber nur dann als ehrloses oder unsittliches Verhalten bzw als schwere Eheverfehlung[254] angesehen werden, soweit es sich dabei nicht um eine Krankheit handelt.

---

246 *Schwind*, Eherecht² 35; *Schwimann/Ferrari* in Schwimann/Kodek I⁴ § 90 Rz 6; OGH 7 Ob 670/83 EFSlg 43.624; 1 Ob 502, 503/85 EFSlg 48.744; 2 Ob 31/11i EF-Z 2011/110 (*Höllwerth*) etc; aA *Hinteregger* in Klang³ § 90 Rz 11; *Koch* in KBB⁴ § 90 Rz 4.

247 ErläutRV 1653 BlgNR 20. GP 23. Abl *Hinteregger* in Klang³, § 44 Rz 8 und *Koch* in KBB⁴, § 44 EheG Rz 1: Die Sexualsphäre und die Entscheidung, ein Kind zu zeugen, sind Teil des höchstpersönlichen Lebensbereichs jedes Menschen. Diesbezügliche Entscheidungen müssen vom anderen Ehegatten respektiert werden und dürfen nicht mit Sanktionen durch das Scheidungs- und Scheidungsfolgenrecht belegt werden.

248 Vgl §§ 201, 202 StGB; § 1328 ABGB.

249 OGH 2 Ob 702/87 ÖA 1989, 46.

250 ErläutRV 1653 BlgNR 20. GP 23.

251 OGH 4 Ob 534/91 JBl 1992, 38.

252 OGH 1 Ob 334/75 EFSlg 27.321; 6 Ob 545/77 EFSlg 29.499; 1 Ob 728/85 EFSlg 51.672; 6 Ob 513/88 EFSlg 57.120.

253 OGH 1 Ob 160/75 JBl 1976, 212.

254 So OGH 2 Ob 525/83 EFSlg 43.610; 4 Ob 502, 503/90 EFSlg 63.375 etc.

2. Ausschluss des Scheidungsrechts

Trotz Vorliegens schwerer Eheverfehlungen ist das Recht auf Scheidung ausgeschlossen, wenn das Scheidungsbegehren **sittlich nicht gerechtfertigt** ist (§ 49 letzter Satz EheG). Dies ist der Fall, wenn die Verfehlung des Beklagten erst durch das schuldhafte Verhalten des Klägers hervorgerufen wurde, oder wenn zwischen den von beiden Teilen gesetzten Verfehlungen sonst ein Zusammenhang besteht, oder wenn die Verfehlungen des Klägers unverhältnismäßig schwerer wiegen.[255] Einem Scheidungsbegehren ist demnach „umso mehr die sittliche Rechtfertigung abzusprechen, je mehr der Kläger selbst sich gegen die Ehe vergangen hat, je tiefer er den Partner verletzt hat und je größer die seelische Notlage ist, aus der heraus dieser zu seinen Verfehlungen gekommen ist".[256]

Das Recht auf Scheidung besteht auch nicht, wenn sich aus dem Verhalten des verletzten Ehegatten ergibt, dass er die **Verfehlung des anderen verziehen** oder nicht als ehezerstörend empfunden hat (§ 56 EheG).

Scheidungsgründe müssen binnen einer **Frist** von sechs Monaten ab Kenntnis geltend gemacht werden (**relative Frist, § 57 EheG**). Bei einem fortgesetzten ehewidrigen Verhalten beginnt die Frist erst mit der letzten Verfehlung zu laufen.[257] Der Fristenlauf ist gehemmt, solange die häusliche Gemeinschaft aufgehoben ist. Der schuldige Ehegatte kann aber den anderen auffordern, entweder die Gemeinschaft herzustellen oder die Scheidungsklage zu erheben. Dann läuft die Frist ab dem Empfang dieser Aufforderung. Der Fristenlauf ist gehemmt, solange der klageberechtigte Ehegatte durch einen unabwendbaren Zufall an der Klage gehindert ist. Ist er geschäftsunfähig und hat er keinen gesetzlichen Vertreter, so endet die Klagefrist erst sechs Monate nach Erreichen der Geschäftsfähigkeit bzw ab Bestellung eines gesetzlichen Vertreters (§ 57 Abs 4 iVm § 40 Abs 3 und 4 EheG). Neben dieser relativen Frist gibt es eine **absolute Frist** von zehn Jahren (§ 57 Abs 2 EheG). Nach ihrem Ablauf kann die Scheidung unabhängig von der Kenntnis des Verschuldensgrundes nicht mehr verlangt werden.

Bereits verfristete Scheidungsgründe können in einem Scheidungsverfahren noch vorgebracht werden, wenn die Frist bei Erhebung der Klage noch nicht abgelaufen war (§ 59 Abs 1 EheG). In diesem Zeitpunkt bereits verfristete Scheidungsgründe können außerdem zur Unterstützung anderer,

---

255 OGH 5 Ob 532/84 EFSlg 46.182; 4 Ob 528/89 EFSlg 60.194 etc.
256 OGH 2 Ob 554/78 EFSlg 31.662; 5 Ob 728/78 EFSlg 33.966.
257 OGH 4 Ob 133/05w EFSlg 111.224.

noch nicht verfristeter Scheidungsgründe geltend gemacht werden (§ 59 Abs 2 EheG). Dies gilt analog auch für verziehene Eheverfehlungen.[258]

Auf die Geltendmachung bereits gesetzter Scheidungsgründe, nicht aber auf zukünftige, kann wirksam **verzichtet** werden.[259]

3. Verschuldensausspruch

Wird die Ehe aus dem Verschulden des Beklagten geschieden, so ist dies im Urteil auszusprechen (**Verschuldensausspruch**, § 60 Abs 1 EheG). Der Beklagte kann seinerseits Widerklage erheben und darin die den anderen treffenden Verschuldenstatbestände geltend machen. Will er nicht geschieden werden, so kann er einen **Mitverschuldensantrag gem § 60 Abs 3 EheG** stellen. Dann hat das Gericht bei Erfolg der Klage auch über das Verschulden des Klägers zu befinden. Mögliche Verschuldensaussprüche sind der Ausspruch des alleinigen Verschuldens, des überwiegenden Verschuldens und des gleichteiligen Verschuldens.[260]

Bei der **Verschuldensabwägung** ist das gesamte Verhalten beider Ehegatten zu bewerten. Dabei sind die beiderseitigen Eheverfehlungen in ihrem Zusammenhang zu sehen und dürfen nicht einfach einander gegenübergestellt werden.[261] Entscheidend ist die Schwere der Eheverfehlung, wer mit der schuldhaften Zerstörung der Ehe begonnen hat und wer den entscheidenden Beitrag zur unheilbaren Zerrüttung der Ehe geleistet hat.[262] Ein

---

258 OGH 1 Ob 348/61 EvBl 1962/93 (101); 7 Ob 720/83 EFSlg 43.673; 3 Ob 215/07z EFSlg 117.411.

259 OGH 1 Ob 811/52 SZ 25/258; 1 Ob 48/62 EFSlg 2440 etc.

260 *Beispiel 1:* Mann erhebt Klage, Frau Widerklage. Wird nur ein Verschulden der Frau erwiesen, so ist der Klage des Mannes stattzugeben und das Alleinverschulden der Frau festzustellen. Die Widerklage der Frau ist abzuweisen. Wird auf beiden Seiten ein Verschulden festgestellt, so ist beiden Klagen stattzugeben und entweder auszusprechen, dass beide ein gleichteiliges Verschulden trifft oder, wenn das Verschulden eines Teiles erheblich schwerer wiegt als das Verschulden des anderen, dass einen Teil ein überwiegendes Verschulden trifft.
Beispiel 2: Mann erhebt Klage. Die Frau möchte nicht geschieden werden. Um zu verhindern, dass bei Erfolg der Klage die Ehe aus ihrem Alleinverschulden geschieden wird, erhebt sie einen Mitverschuldensantrag. Kann das Verschulden der Frau nicht erwiesen werden, ist die Klage abzuweisen. Die Ehe bleibt aufrecht. Trifft die Frau ein Verschulden, ist der Klage stattzugeben und die Ehe aufzulösen. Aufgrund des Mitverschuldensantrages der Frau ist aber auch über das Scheidungsverschulden des Mannes abzusprechen. Es kann ein gleichteiliges Verschulden, ein Alleinverschulden der Beklagten oder ein überwiegendes Verschulden der Beklagten oder des Klägers festgestellt werden.

261 OGH 7 Ob 25/07p EFSlg 117.405; 9 Ob 60/05x EFSlg 114.225 f etc.

262 OGH 7 Ob 254/04k EFSlg 111.231; 8 Ob 47/06d EFSlg 114.229 f; 7 Ob 25/07p EFSlg 117.409 f; 10 Ob 83/14z JusGuide 2015/21/13566 etc.

Ausspruch des überwiegenden Verschuldens ist nur gerechtfertigt, wenn das Verschulden eines Ehegatten so deutlich überwiegt, dass das Verschulden des anderen in den Hintergrund tritt.[263] Nach unheilbarer Zerrüttung der Ehe gesetzte Eheverfehlungen spielen für die Verschuldensabwägung keine Rolle, weil diese nicht mehr kausal für die Zerrüttung sind.[264] Allerdings können Eheverfehlungen selbst nach erfolgter Zerrüttung der Ehe noch von Bedeutung sein, wenn die Ehe zwar tiefgreifend, aber noch nicht unheilbar zerrüttet ist und der verletzte Ehegatte bei verständiger Würdigung die weitere Eheverfehlung noch als zerrüttend empfinden durfte. Dies ist insbesondere dann möglich, wenn ein Ehegatte nicht bloß gegen ehespezifische, sondern gegen allgemeine Verhaltenspflichten im zwischenmenschlichen Umgang verstoßen hat, wie bei Misshandlungen oder Beleidigungen des anderen Ehegatten oder auch der Kinder.[265]

Das Scheidungsverschulden hat Bedeutung für den nachehelichen Unterhaltsanspruch mitsamt den daran geknüpften sozialversicherungsrechtlichen Folgen,[266] für das Schicksal der Ehepakte (§ 1266 ABGB)[267] und in sehr eingeschränktem Ausmaß für die Aufteilung des Ehevermögens.[268]

C. Scheidung aus anderen Gründen

1. Krankheitsbedingte Scheidungsgründe

a. Auf geistiger Störung beruhendes Verhalten

Nach § 50 EheG kann ein Ehegatte die Scheidung begehren, wenn die Ehe infolge eines Verhaltens des anderen Ehegatten, das nicht als Eheverfehlung betrachtet werden kann, weil es auf einer geistigen Störung beruht, unheilbar zerrüttet ist. Tatbestandsvoraussetzung ist somit das Vorliegen eines Verhaltens, das objektiv die Qualität einer schweren Eheverfehlung erreicht, das aber dem anderen Ehegatten wegen seiner durch die geistige Störung

---

263 OGH 7 Ob 295/05s EFSlg 114.237; 7 Ob 25/07p EFSlg 117.418 f; 3 Ob 215/07z EFSlg 117.421 etc.
264 OGH 3 Ob 218/08t EFSlg 123.770; 4 Ob 31/08z EFSlg 120.083; 7 Ob 284/08b EF-Z 2010/43 (*Höllwerth*); RIS-Justiz RS0056921, RS0056939, RS0057338.
265 OGH 3 Ob 149/01k EFSlg 97.177; 3 Ob 218/08t EFSlg 123.770; 7 Ob 7/10w iFamZ 2010/161; RIS-Justiz RS0056887.
266 Siehe unten V.B. und V.C.
267 Siehe oben III.C.
268 Siehe unten V.D.3.

verminderten Verschuldensfähigkeit nicht vorgeworfen werden kann. Beispiele sind Neurosen, Drogen- und Alkoholsucht, krankhafte Eifersucht oder einzelne abnormale Handlungen im Zustand der Verwirrung.[269]

b. Geisteskrankheit

Ein Ehegatte kann die Scheidung begehren, wenn der andere geisteskrank ist und die Krankheit einen solchen Grad erreicht hat, dass die geistige Gemeinschaft zwischen den Ehegatten aufgehoben ist, und eine Wiederherstellung dieser Gemeinschaft nicht erwartet werden kann (§ 51 EheG).

c. Ansteckende oder ekelerregende Krankheit

Leidet der Partner an einer ansteckenden oder ekelerregenden Krankheit, kann der andere Scheidung begehren, wenn ihre Heilung oder die Beseitigung der Ansteckungsgefahr in absehbarer Zeit nicht erwartet werden kann (§ 52 EheG).

d. Ausschluss des Scheidungsrechts und Verschuldensausspruch

Die Scheidung nach den §§ 50 bis 52 EheG ist ausgeschlossen, wenn das Scheidungsbegehren sittlich nicht gerechtfertigt ist (§ 54 EheG). Dies ist dann anzunehmen, wenn die Auflösung der Ehe den kranken Ehegatten außergewöhnlich hart treffen würde. Dabei sind die Umstände des Einzelfalls, vor allem das Alter, die Dauer der Ehe und der Anlass der Erkrankung zu berücksichtigen (Härteklausel). Die Rechtsprechung greift hier zusätzlich auch auf § 49 letzter Satz EheG zurück.[270] Rein finanzielle Gründe begründen noch keine Härte, soweit der Kranke dadurch nicht in eine wirtschaftliche Notlage gerät.[271] Eine Verzeihung oder Verfristung ist nicht vorgesehen.

Wird die Ehe auf Klage und Widerklage geschieden und trifft nur einen Ehepartner ein **Verschulden**, so ist dies im Scheidungsurteil auszusprechen. Dies kann der Fall sein, wenn der kranke Ehegatte gegen den anderen eine Widerklage wegen Verschuldens erhebt. Wird die Scheidungsklage auf einen der in den §§ 50 bis 52 EheG genannten Gründe gestützt, so hat der Beklagte die Möglichkeit, einen **Verschuldensantrag** zu stellen, wenn er selbst die Verschuldensscheidung hätte begehren können (§ 61 Abs 2 EheG). Wird

---

269 Vgl die Darstellung bei *Weitzenböck* in Schwimann/Kodek I⁴ § 50 EheG Rz 4.
270 OGH 1 Ob 56/72 EFSlg 18.189; 6 Ob 105/74 EFSlg 22.777; 7 Ob 697/77 EFSlg 29.558.
271 OGH 4 Ob 176/04t EFSlg 108.236.

dem Antrag stattgegeben, so ist im Scheidungsurteil das Alleinverschulden des Klägers auszusprechen.

2. Auflösung der häuslichen Gemeinschaft

a. Tatbestandsvoraussetzung

§ 55 EheG enthält zwei Scheidungsgründe, die auf unheilbarer Zerrüttung und Auflösung der häuslichen Gemeinschaft beruhen.[272] Ist die Ehe unheilbar zerrüttet und die häusliche Gemeinschaft seit **mindestens drei Jahren** aufgehoben, kann jeder der Ehegatten auf Scheidung klagen. Es kommt nicht darauf an, wer die Zerrüttung verschuldet hat und ob überhaupt ein Verschulden an der Zerrüttung auszumachen ist. Damit erhält auch der Ehegatte ein Scheidungsrecht, dem die Verschuldensscheidung nach § 49 EheG nicht offen steht, etwa weil er allein schwere Eheverfehlungen gesetzt hat, oder weil seinem Scheidungsbegehren die sittliche Rechtfertigung fehlt.

Nach ständiger Rechtsprechung ist unter häuslicher Gemeinschaft eine Wohnungs-, Wirtschafts- und Geschlechtsgemeinschaft zu verstehen.[273] Die häusliche Gemeinschaft ist aufgelöst, wenn alle drei Voraussetzungen weggefallen sind und die Eheleute ihre persönlichen Beziehungen zueinander weitgehend abgebrochen haben.[274] Dies ist nach Meinung des OGH auch möglich, wenn beide weiterhin in derselben Wohnung leben, aber getrennte Wege gehen.[275] Gelegentliche Besuche[276] oder wechselseitige Unterstützung in abgegrenzten Teilbereichen[277] können daran nichts ändern. Bloß faktische Abwesenheit auf Grund äußerer Umstände, wie Berufstätigkeit[278] oder Gefängnisaufenthalt,[279] erfüllt das Tatbestandsmerkmal der Auflösung der häuslichen Gemeinschaft dagegen nicht.

Dem Scheidungsbegehren ist nicht stattzugeben, wenn das Gericht zur Überzeugung gelangt, dass eine Wiederherstellung einer dem Wesen der Ehe entsprechenden Lebensgemeinschaft zu erwarten ist (fehlende Zerrüt-

---

272 § 55 EheG wurde durch das BG über Änderungen des Ehegattenerbrechts, des Ehegüterrechts und des Ehescheidungsrechts BGBl 1978/280, das auch § 55a EheG, mit dem die einvernehmliche Scheidung ermöglicht wurde, in das EheG eingefügt hat, neugefasst: vgl die erste umfassende Analyse von *Aicher*, Ehescheidung und Scheidungsfolgen, in Floretta 83 ff.

273 OGH 7 Ob 566/82 EFSlg 41.224; 2 Ob 516/90 EFSlg 63.404.

274 OGH 1 Ob 678/82 EFSlg 41.225.

275 OGH 7 Ob 567/79 SZ 52/29; 1 Ob 567/79 RZ 1981/28 (109); 3 Ob 515/82 EFSlg 41.232.

276 OGH 7 Ob 566/82 EFSlg 41.229; 8 Ob 21/06f EFSlg 114.208.

277 OGH 6 Ob 635/87 EFSlg 54.430; 5 Ob 237/07z EFSlg 117.380.

278 OGH 7 Ob 619/81 EFSlg 38.740; 7 Ob 566/82 EFSlg 41.228.

279 OGH 5 Ob 710/81 SZ 54/170.

tung, § 55 Abs 1 letzter Satz EheG). Die Scheidungsklage ist außerdem auf Antrag des beklagten Ehegatten abzuweisen, wenn der klagende Ehegatte die Zerrüttung allein oder überwiegend verschuldet hat und wenn den Beklagten die Scheidung härter treffen würde als den Kläger die Abweisung des Scheidungsbegehrens (§ 55 Abs 2 EheG). Bei dieser **Härteabwägung** ist auf alle Umstände des Einzelfalls, besonders auf die Dauer der ehelichen Lebensgemeinschaft, das Wohl der Kinder und die Dauer der Aufhebung der häuslichen Gemeinschaft Bedacht zu nehmen. Dabei sind sowohl die Interessen des Beklagten als auch jene des Klägers zu berücksichtigen.[280] Das Scheidungsbegehren kann nur abgewiesen werden, wenn ganz besonders schwerwiegende Umstände auf Seiten der beklagten Partei vorliegen[281] und die Eheauflösung eine im Verhältnis zum Normalfall besondere Härte darstellen würde.[282] Im Fall gleicher Härte ist die Ehe zu scheiden.[283] Dieser Widerspruch kann eine Aufschiebung der Scheidung um weitere drei Jahre bewirken und soll dem Ehegatten, der nicht geschieden werden will, die Möglichkeit geben, sich an die neue Situation anzupassen.[284]

Ist die häusliche Gemeinschaft seit **mehr als sechs Jahren** aufgehoben, ist dem Scheidungsbegehren jedenfalls stattzugeben (§ 55 Abs 3 EheG). Dabei handelt es sich nach Auffassung der Rechtsprechung um einen absolut wirkenden Scheidungstatbestand. Das Vorliegen unheilbarer Ehezerrüttung wird hier gesetzlich vermutet und braucht vom Gericht nicht mehr geprüft zu werden.[285] Auch ein Widerspruch nach § 55 Abs 2 EheG kommt nicht mehr in Frage.[286]

b. Verschuldensausspruch

Wird die Scheidung der Ehe nach § 55 EheG begehrt, so kann die beklagte Partei beantragen, dass im Urteil ausgesprochen werde, dass der Kläger die Zerrüttung allein oder überwiegend verschuldet habe (§ 61 Abs 3 EheG). Entscheidend ist das Zerrüttungsverschulden. Schwere Eheverfehlungen

---

280 OGH 1 Ob 610/81 EFSlg 38.748.

281 OGH 5 Ob 574/80 EvBl 1981/10 (146); 4 Ob 502/89 EFSlg 60.225; 5 Ob 37/07p iFamZ 2007/106; 2 Ob 56/10i JusGuide 2010/30/7753 (Verlust des Aufenthaltsrechts).

282 OGH 4 Ob 550/88 EFSlg 57.164.

283 OGH 7 Ob 567/79 SZ 52/29.

284 OGH 1 Ob 567/79 RZ 1981/28 (109); 1 Ob 610/81 EFSlg 38.744; 1 Ob 501/88 EFSlg 57.162 etc.

285 OGH 4 Ob 524/79 SZ 52/140; 5 Ob 661/81 EFSlg 38.755 etc; *Weitzenböck* in Schwimann/Kodek I[4] § 55 EheG Rz 23; aA *Hopf/Kathrein*, Eherecht[3] § 55 EheG Anm 18.

286 OGH 5 Ob 661/81 EFSlg 38.755.

müssen dafür nicht vorliegen.[287] In diesem Fall erhält der beklagte Ehegatte unterhaltsrechtlich (§ 69 Abs 2 EheG) und sozialversicherungsrechtlich eine günstigere Position als bei Scheidung aus sonstigen Gründen (vgl unten V.B.3.c.). Der Vorschlag, auch dem Kläger einen Verschuldensantrag in Analogie zu § 60 Abs 3 EheG zu ermöglichen,[288] wurde von der Rechtsprechung bislang nicht aufgegriffen.[289] Eine Verschuldenserörterung wird somit auch abgelehnt, wenn beide Ehegatten ihr Klagebegehren auf § 55 EheG stützen.[290]

3. Einvernehmliche Scheidung

a. Tatbestandsvoraussetzung

Die einvernehmliche Ehescheidung wird in § 55a EheG geregelt.[291] Besteht Einvernehmen über die Scheidung, können Eheleute die Scheidung **gemeinsam beantragen**, wenn

- die eheliche Lebensgemeinschaft seit mindestens einem halben Jahr aufgehoben ist,
- beide die unheilbare Zerrüttung des ehelichen Verhältnisses zugestehen und
- eine schriftliche Vereinbarung über die Scheidungsfolgen vor Gericht schließen.

Diese **Scheidungsfolgenvereinbarung** ist schriftlich vor Gericht abzuschließen und muss gem § 55a Abs 2 EheG idF KindNamRÄG 2013 folgende Punkte regeln:

- die unterhaltsrechtlichen Beziehungen der Ehegatten untereinander und
- die gesetzlichen vermögensrechtlichen Ansprüche (Aufteilung des Ehevermögens) im Verhältnis zueinander.

Sind gemeinsame, minderjährige Kinder vorhanden, so muss sie weiters eine Vereinbarung enthalten über:

---

287 OGH 5 Ob 727/82 EFSlg 41.289; 8 Ob 523/83 EFSlg 43.698; 2 Ob 164/07t iFamZ 2008/46 etc.
288 *Kerschner*, Zum Unterhalt nach Scheidung nach neuem Recht, JBl 1979, 571 ff; *Gruber*, Mitverschuldensantrag des Klägers bei Scheidung aus anderen Gründen, in Harrer/Zitta 565; *derselbe* in Schwimann/Kodek I⁴ § 61 EheG Rz 8 und 19.
289 OGH 8 Ob 548/88 EFSlg 57.246; LGZ Wien 47 R 3035/92 EFSlg 69.270.
290 OGH 8 Ob 573, 574/82 SZ 56/136.
291 *Mänhart*, Die Scheidung im Einvernehmen, in Ostheim 125; *Verschraegen*, Die einvernehmliche Scheidung in rechtsvergleichender Sicht (1991); *Beck*, Die Scheidung im Einvernehmen (Checkliste), EF-Z 2014/121.

- die Betreuung ihrer Kinder oder die Obsorge,
- die Ausübung des Rechtes auf persönliche Kontakte[292] und
- die Unterhaltspflicht.

Seit dem KindNamRÄG 2013 braucht dieser Teil der Vereinbarung keine pflegschaftsgerichtliche Genehmigung mehr. Wenn dadurch das Kindeswohl gefährdet ist, hat das Gericht die Vereinbarung aber für unwirksam zu erklären (§ 190 Abs 2 ABGB), und selbst eine Anordnung zu treffen.

Eine Regelung nach § 55a Abs 2 EheG ist nur erforderlich, soweit darüber noch keine rechtskräftige, gerichtliche Entscheidung vorliegt.[293] Sind die Voraussetzungen erfüllt, hat das Gericht die Ehe zu scheiden. Auch das Fehlen einer allfälligen gerichtlichen Genehmigung hindert den Ausspruch der Scheidung nicht (§ 55a Abs 3 EheG).[294] Gegenüber Parteien, die nicht durch einen Rechtsanwalt vertreten sind, bestehen besondere Aufklärungspflichten des Gerichts in Bezug auf die Regelung der Scheidungsfolgen (§ 95 Abs 1 AußStrG).[295] Haben die Ehegatten gemeinsame minderjährige Kinder, so müssen sie vor dem Abschluss oder der Vorlage einer Regelung der Scheidungsfolgen bei Gericht bescheinigen, dass sie sich über die spezifischen mit der Scheidung zusammenhängenden Bedürfnisse ihrer Kinder bei einer geeigneten Person oder Einrichtung beraten haben lassen (§ 95 Abs 1a AußStrG idF KindNamRÄG 2013).[296] Legen die Ehegatten keine Scheidungsvereinbarung vor, so hat sie das Gericht zur Schließung einer solchen anzuleiten (§ 95 Abs 2 AußStrG). Verliert ein Ehegatte durch die Scheidung offenbar den Schutz der gesetzlichen Krankenversicherung, so

---

292 Bis zum KindNamRÄG 2013 konnte die Kontaktregelung auch später erfolgen. Nach allgemeiner Ansicht ist eine allgemein gehaltene Kontaktregelung ausreichend: *Nademleinsky*, Die neue Kontaktregelung, in Gitschthaler, KindNamRÄG 2013 (2013), 239 (253); *Kathrein*, Kindschafts- und Namensrechts-Änderungsgesetz 2013, ÖJZ 2013/23 (209 f); *Beck*, Kontaktregelung im Scheidungsvergleich, EF-Z 2013/162.

293 So kann beispielsweise ein Elternteil bereits rechtskräftig allein mit der Obsorge betraut sein.

294 Da der die minderjährigen Kinder betreffende Teil der Vereinbarung seit dem KindNamRÄG 2013 nicht mehr pflegschaftsgerichtlich genehmigt werden muss, hat diese Bestimmung ihren Anwendungsbereich weitgehend verloren.

295 Diese Beratungspflicht besteht nach § 460 Z 6a ZPO idF FamRÄG 2009 auch für streitige Scheidungen.

296 Vgl dazu *Filler*, Kinder müssen nicht Scheidungsopfer sein – Kinder dürfen nicht zu Scheidungsopfern werden! iFamZ 2013, 270; *Studener-Kuras*, Elternberatung vor einvernehmlicher Scheidung, iFamZ 2013, 262; *Täubel-Weinreich*, Fachtagung Familienberatung, EF-Z 2013/75; *Simotta*, Die verfahrensrechtlichen Bestimmungen des KindNamRÄG 2013, in Ferrari/Hinteregger/Kathrein, Reform des Kindschafts- und Namensrechts (2014)142.

hat das Gericht mit Zustimmung des betroffenen Ehegatten den zuständigen Krankenversicherungsträger zu verständigen, damit ihm dieser Informationen über die sozialversicherungsrechtlichen Folgen der Eheauflösung und die Möglichkeiten der Fortsetzung des Versicherungsschutzes übermittelt (§ 95 Abs 3 AußStrG).

b. Unwirksamerklärung oder Anfechtung der Scheidungsvereinbarung

Die Scheidungsvereinbarung nach § 55a Abs 2 EheG ist, auch wenn sie in Form eines gerichtlichen Vergleichs abgeschlossen wird, ein **Rechtsgeschäft**, das den allgemeinen Regeln des Zivilrechts unterliegt. Sie kann somit wegen mangelnder Geschäftsfähigkeit eines Ehegatten im Zeitpunkt des Vergleichsabschlusses[297] oder wegen Gesetz- bzw Sittenwidrigkeit (§ 879 Abs 1 ABGB) oder wegen ihres Charakters als Scheingeschäft[298] unwirksam sein und wegen Wuchers (§ 879 Abs 2 Z 4 ABGB)[299] angefochten werden.[300] Eine vertragliche Vereinbarung ist wucherisch, wenn willensbeeinträchtigende Faktoren auf Seiten einer Vertragspartei (zB Zwangslage, Unerfahrenheit oder Gemütsaufregung) ausgebeutet werden, indem sich der andere Vertragsteil für seine Leistung eine Gegenleistung versprechen oder gewähren lässt, die zum Wert der Leistung in einem auffallenden Missverhältnis steht. Soweit es sich bei der Vereinbarung um einen zivilrechtlichen Vergleich iSd § 1380 ABGB handelt, ist eine Anfechtung wegen Irrtums infolge § 1385 ABGB nur eingeschränkt möglich. § 1385 ABGB schließt aber nur die Anfechtung eines Vergleichs wegen Irrtums über die verglichenen Punkte aus, nicht aber die Anfechtung eines Vergleichs wegen Irrtums über die Vergleichsgrundlage[301] und die Anfechtung wegen eines arglistig herbeigeführten Irrtums (§ 870 ABGB) oder Motivirrtums.[302] Ausgeschlossen ist eine Anfechtung der Scheidungsvereinbarung wegen laesio enormis.[303]

---

297 OGH 5 Ob 604/84 JBl 1986, 778.

298 OGH 3 Ob 7/95 JBl 1996, 578; 7 Ob 98/05w EFSlg 111.316.

299 OGH 1 Ob 532/85 SZ 58/43; *Hoyer*, Gesetzlicher Unterhalt nach einverständlicher Scheidung? JBl 1986, 772.

300 Vgl *Stabentheiner* in Rummel II/4³ § 55a EheG Rz 13; *Weitzenböck* in Schwimann/Kodek I⁴ § 55a EheG Rz 21.

301 OGH 1 Ob 1574/92 RZ 1993/95 (280): Einkommenshöhe und Unterhaltsvereinbarung.

302 OGH 9 Ob A 295/93 wbl 1994, 310; *Rummel* in Rummel I³ § 870 Rz 3; *Heidinger* in Schwimann VI³ § 1385 Rz 1 ff; *Ertl* in Rummel II/3³ § 1385 Rz 1.

303 Dies ergibt sich für Vergleiche aus § 1386 ABGB, nach Meinung des OGH aber auch aus dem Billigkeitscharakter von Scheidungsvereinbarungen: OGH 2 Ob 579/84 RZ 1985/40 (111).

Die **Rechtsfolgen** dieser Nichtigkeits- bzw Anfechtungsgründe sind sehr unterschiedlich.[304] Nichtigkeit wegen Geschäftsunfähigkeit erfasst die gesamte Vereinbarung. Sitten- oder Gesetzwidrigkeit eines Vertragspunktes macht nur diesen ungültig, und die Anfechtung wegen Wuchers, wegen List oder Irrtums wirkt sich nur auf all jene Vergleichspunkte aus, die vom Willensmangel betroffen sind.[305] Wird der Vergleich erfolgreich gerichtlich beseitigt, so kann binnen eines Jahres ab Rechtskraft des Urteiles ein Antrag auf Aufteilung des Ehevermögens nach §§ 81 ff EheG gestellt werden.[306] Zum Unterhalt bei fehlender oder unwirksamer Vereinbarung siehe unten unter V.B.3.d.

Auf den rechtskräftigen Scheidungsbeschluss hat die Unwirksamkeit oder Anfechtung des Scheidungsvergleichs keine Auswirkung.[307]

D. Mediation

In Österreich hat sich die Mediation zur Bereinigung von Scheidungskonflikten und Obsorgestreitigkeiten bereits gut etabliert. Mediation ist ein freiwilliger außergerichtlicher Prozess, bei dem eine neutrale dritte Person (Mediator/in) die Parteien darin unterstützt, die zwischen ihnen bestehenden Konflikte durch Verhandlungen einvernehmlich und eigenverantwortlich zu lösen. Dem Mediator/der Mediatorin kommt dabei die Aufgabe zu, die Verhandlungen zu leiten und zu strukturieren, er/sie hat aber im Unterschied zu gerichtlichen Einrichtungen (ordentliches Gericht, Schiedsgericht) keine Entscheidungskompetenz.[308]

Das Justizministerium hat in den Jahren 1994 und 1995 gemeinsam mit dem damaligen Bundesministerium für Umwelt, Jugend und Familie an den Bezirksgerichten Floridsdorf und Salzburg einen Modellversuch der „Familienberatung bei Gericht, Mediation und Kinderbegleitung bei Trennung

---

304 *Ferrari-Hofmann-Wellenhof*, Ausgestaltung und Mangelhaftigkeit von Vereinbarungen im Zuge einer einvernehmlichen Scheidung, JBl 1992, 409.

305 *Beispiel:* Eine Scheidungsvereinbarung enthält Regelungen über die Betrauung mit der Obsorge für ein gemeinsames Kind und eine Unterhaltsvereinbarung zu Gunsten der Frau. War diese im Zeitpunkt des Vergleichsabschlusses geschäftsunfähig, so ist der gesamte Vergleich unwirksam. Hat die Frau dagegen dem Mann verschwiegen, dass sie erhebliche Vermögenseinkünfte hat, so kann der Mann die Unterhaltsregelung wegen Irrtums über die Vergleichsgrundlage (uU auch wegen Arglist) anfechten.

306 OGH 7 Ob 51/07m EF-Z 2007/82.

307 OGH 1 Ob 532/85 SZ 58/43.

308 Vgl zB *Haynes*, Scheidung ohne Verlierer (2002).

oder Scheidung der Eltern" durchgeführt, der insgesamt zu recht positiven Ergebnissen geführt hat.[309] Inzwischen hat die Mediation auch bei den Rechtsberufen zunehmende Verbreitung und Akzeptanz gefunden.[310]

Nach vorübergehender punktueller Bedachtnahme in EheRÄG 1999 und KindRÄG 2001 wurde die **Mediation in Zivilrechtssachen** mit dem Zivilrechts-Mediations-Gesetz (ZivMediatG) BGBl I 2003/29 umfassend geregelt.[311] Für grenzüberschreitende Mediationen ist überdies das EU-Mediations-Gesetz BGBl I 2011/21 anzuwenden, das die Richtlinie 2008/52/EG über bestimmte Aspekte der Mediation in Zivil- und Handelssachen[312] umsetzt, mit der europaweit einheitliche Mindeststandards für die Mediation geschaffen wurden[313]. Für „eingetragene Mediatoren" nach dem

309 *Stormann*, Partner- und Familienberatung bei Gericht. Mediation. Kinderbegleitung bei Trennung oder Scheidung der Eltern in Österreich, FamRZ 1994, 1310 und *Filler*, Partner- und Familienberatung bei Gericht – Mediation – Kinderbegleitung bei Trennung oder Scheidung der Eltern, ÖA 1995, 19; Bundesministerium für Umwelt, Jugend und Familie (Hrsg), Familienberatung bei Gericht. Mediation. Kinderbegleitung bei Trennung oder Scheidung der Eltern. Bericht über ein gemeinsames Modellprojekt des Bundesministeriums für Umwelt, Jugend und Familie und des Bundesministeriums für Justiz (1997); Zur Regelung der Mediation durch das EheRÄG 1999: *Grünberger*, Die Regelung der Mediation im EheRÄG 1999, ÖJZ 2000, 50.

310 *Birnbaum/Hoffmann*, Mediation – Ein Betätigungsfeld für Rechtsanwälte? AnwBl 1997, 513; *Draxler/Wiedermann*, Mediation in Österreich konkret, RZ 1998, 122; *Roschger-Stadlmayr/Steinacher*, Praktische Erfahrungen in Scheidungs-/Besuchsrechtsmediationen, RZ 1998, 274; *Allmayer-Beck*, Familienmediation aus der Sicht eines Rechtsanwalts, ÖA 2000, 113; *Benn-Ibler*, Außergerichtliche Streitbeilegung, AnwBl 2004, 373; *Lackner*, Sühneversuch – Versöhnungsversuch – Mediation, RZ 2004, 74.

311 *Ganner*, Vertragsgerechtigkeit durch Mediation, ÖJZ 2003/43 (710); *Kollros*, Die Rechtsstellung des Mediators nach dem Zivilrechts-Mediations-Gesetz, ecolex 2003, 745; *Hopf*, Das Zivilrechts-Mediations-Gesetz, ÖJZ 2004/3 (41); *Roth/Markowetz*, Bundesgesetz über Mediation in Zivilrechtssachen – Ein Überblick über die neuen Bestimmungen, JBl 2004, 296; *Fuchshuber*, Mediation im Zivilrecht (2004); *Diez/Krabbe/Thomson/Gitschthaler*, Familien-Mediation und Kinder[3] (2009); *Schwarz*, Mediation – Collaborative law – Collaborative Practice bei Trennungs- und Scheidungskonflikten (2010); *Stadlmaier*, Familienmediation: Einladung zum konstruktiven Miteinander, iFamZ 2011, 54; *Roth/Stegner*, Mediation in Austria, in Roth/Geistlinger (Hrsg), Yearbook on International Arbitration III (2013) 367; *Schwarzinger*, Collaborative Law, ein außergerichtliches Team-Modell für schwierige Fälle im Familienbereich, RZ 2013, 188. Zu § 107 Abs 3 AuStrG idF KindNamRÄG 2013: *Philadelphy/Schuster*, Mediation zur Sicherung des Kindeswohls, in Gitschthaler (Hrsg), Das Kindschafts- und Namensrechts-Änderungsgesetz 2013 (2013) 311; *Mattl*, Erste Erfahrungen mit dem angeordneten Erstgespräch über Mediation, iFamZ 2014, 322.

312 ABl L 2008/136, 3.

313 Diese betreffen den Zugang zur Mediation, die Sicherstellung ihrer Qualität, die Gewährleistung der Vertraulichkeit, die Auswirkung der Mediation auf Verjäh-

ZivMediatG (siehe unten) bleiben die Vorschriften des ZivMediatG maßgeblich (§ 5 Abs 1 EU-MediationsG).

§ 1 Abs 1 ZivMediatG definiert die Mediation als „eine auf Freiwilligkeit
der Parteien beruhende Tätigkeit, bei der ein fachlich ausgebildeter, neutra-
ler Vermittler (Mediator) mit anerkannten Methoden die Kommunikation
zwischen den Parteien systematisch mit dem Ziel fördert, eine von den Parteien selbst verantwortete Lösung ihres Konfliktes zu ermöglichen." Als
Mediation in Zivilrechtssachen gilt die Lösung von Konflikten, die in den
Zuständigkeitsbereich der ordentlichen Zivilgerichte fallen (§ 1 Abs 2 Ziv-
MediatG).

Mit dem ZivMediatG wird ein rechtlicher Rahmen für die Ausübung der
Mediation in Zivilrechtssachen geschaffen. Es enthält berufsrechtliche Bestimmungen für „eingetragene Mediatoren" und regelt ihre Rechte und
Pflichten. Personen, die bestimmte, im Gesetz näher festgelegte Voraussetzungen erfüllen (vollendetes 28. Lebensjahr, fachliche Qualifikation, Ver-
trauenswürdigkeit, Abschluss einer Haftpflichtversicherung), können beantragen, in eine vom Bundesminister für Justiz geführte **Liste** der Mediatoren
eingetragen zu werden. Über diesen Antrag ist mit Bescheid abzusprechen
(§§ 8–13 ZivMediatG). Die Eintragung erfolgt zeitlich befristet auf fünf
Jahre und kann jeweils auf Antrag um weitere 10 Jahre verlängert werden.
Bei Fehlen oder Wegfall einer Voraussetzung, oder wenn der Mediator seiner Fortbildungsverpflichtung nicht nachkommt, ist dieser von Amts wegen von der Liste zu streichen (§ 14 ZivMediatG).

Wer in diese Liste eingetragen ist, darf sich **„eingetragener Mediator"**
nennen. Er unterliegt sodann Unvereinbarkeitsregeln und einer Reihe von
spezifischen Pflichten (§§ 16–21 ZivMediatG), insbesondere Aufklärungs-
und Dokumentationspflichten. Außerdem ist er zur **Verschwiegenheit** über
die Tatsachen, die ihm im Rahmen der Mediation anvertraut oder sonst bekannt wurden, verpflichtet (§ 18 ZivMediatG). Ein Verstoß gegen diese
Verpflichtung kann, wenn dadurch ein berechtigtes Interesse verletzt wird,
auf Antrag der verletzten Person strafrechtlich verfolgt werden (§ 31 Ziv-
MediatG).

Konsequenterweise darf der eingetragene Mediator im Zivilprozess nicht
als Zeuge über die Tatsachen, die ihm im Rahmen der Mediation bekannt
wurden, vernommen werden (§ 320 Z 4 ZPO, relative Zeugnisunfähigkeit).
Im Strafverfahren ist er berechtigt, die Aussage zu verweigern (§ 157 Abs 1
Z 3 StPO). Im zivilgerichtlichen Verfahren sind die Parteien, wenn dies

---

rungsfristen sowie die Anerkennung und Vollstreckung von Vereinbarungen, die im
Rahmen einer Mediation erzielt werden. Das Mediationsverfahren selbst sowie Kriterien über die Zulassung und die Qualifikation von Mediatoren regelt die RL nicht.

zweckmäßig erscheint, auf die Möglichkeit der Mediation hinzuweisen (§ 204 Abs 1 zweiter Satz ZPO). Im Verfahren außer Streitsachen wird die Mediation nicht ausdrücklich angesprochen. Es ist aber vorgesehen, dass das Gericht in jeder Lage des Verfahrens auf eine einvernehmliche Regelung zwischen den Parteien hinzuwirken hat (§ 13 Abs 3 AußStrG). Ist eine solche zu erwarten, insbesondere mit Unterstützung einer dafür geeigneten Einrichtung, so kann das Gericht mit dem Verfahren innehalten (§ 29 AußStrG). Dabei hatte der Gesetzgeber primär die Führung von Mediationsgesprächen im Auge.[314] Vereinbarungen, die in einem Mediationsverfahren erzielt werden, erhalten die Qualität eines Exekutionstitels, wenn über sie ein Notariatsakt aufgenommen oder ein gerichtlicher Vergleich geschlossen wird (§ 433a ZPO).[315]

Mediationsgespräche durch einen eingetragenen Mediator **hemmen** Anfang und Fortlauf der Verjährung oder sonstiger **Fristen** zur Geltendmachung der von der Mediation betroffenen Rechte und Ansprüche. Diese Wirkung kann durch schriftliche Parteienvereinbarung auf weitere Ansprüche erstreckt werden. Betrifft die Mediation familienrechtliche Angelegenheiten, so umfasst die Hemmung alle wechselseitigen oder von den Parteien wahrzunehmenden Rechte und Ansprüche, sofern die Parteien nichts anderes schriftlich vereinbaren (§ 22 ZivMediatG).

Der Bundesminister für Justiz hat eine Liste der Ausbildungseinrichtungen und Lehrgänge zu führen (§§ 23 – 28 ZivMediatG). § 29 ZivMediatG legt die Eckpunkte der Ausbildung von eingetragenen Mediatoren fest, die durch Verordnung näher konkretisiert werden können. Der Bundesminister für Justiz wird in den die Mediation betreffenden Angelegenheiten durch einen **Beirat** für Mediation unterstützt (§§ 4 – 7 ZivMediatG).

Beispiele aus der Rechtsprechung

OGH 30.1.1997, 8 Ob 2119/96t JBl 1997, 787 – Zerrüttung

Die Streitteile schlossen 1973 die Ehe. Der Kläger nahm im Herbst 1991 zur Klavierlehrerin der beiden ehelichen Kinder ein sexuelles Verhältnis auf, von welchem auch die Beklagte erfuhr. Ab diesem Zeitpunkt verschlechterte sich die Beziehung der Eheleute zunehmend. Als sich die Geliebte des Klägers 1993 von ihm trennte, setzte dieser sein streitsüchtiges und aggressives Verhalten gegenüber seiner Frau und seinen Kindern weiter fort. Im Frühjahr 1994 kam es sogar zu tätlichen Auseinandersetzungen zwischen

---

314 ErläutRV 224 BlgNR 22. GP 40.
315 IdF BGBl I 2011/21. § 433a ZPO setzt Art 6 MediationsRL um, der die Mitgliedstaaten verpflichtet, für die Vollstreckbarkeit der im Mediationsverfahren erzielten Vereinbarung zu sorgen (vgl ErläutRV 1055 BlgNR 24. GP 11).

den Ehegatten. Im Sommer 1994 eskalierte die Situation: Seit Juli 1994 gab der Kläger der Beklagten kein Haushaltsgeld mehr und beteiligte sich auch nicht mehr an den Rückzahlungen für das gemeinsame Haus; die Beklagte zog aus dem ehelichen Schlafzimmer aus und stellte ihre Haushaltsleistungen für den Kläger ein. Der Kläger brachte Mitte August 1994 die Klage auf Scheidung aus dem alleinigen Verschulden der Beklagten ein; im September 1994 erhob die Beklagte Widerklage und begehrte die Scheidung aus dem Verschulden des Klägers. Der Kläger wendete ein, dass die Ehe bereits seit Frühjahr 1994 unheilbar zerrüttet sei und daher das Scheidungsrecht der Beklagten bereits „verjährt" wäre.

OGH 7.10.1965, 2 Ob 254/65 SZ 38/158 – Eifersuchtswahn

Die Parteien haben am 8.12.1938 miteinander die Ehe geschlossen. Beide Teile sind 54 Jahre alt. Der Ehe entstammen zwei, inzwischen volljährige Kinder. Der Kläger begehrt die Scheidung der Ehe, da seine Frau an einem krankhaften Eifersuchtswahn leide. Die Frau hatte in der Vergangenheit durch ihr Verhalten (grobe Beschimpfungen, tätliche Misshandlungen, Vorwürfe sexueller Natur, häusliche Szenen etc) das Zusammenleben schwer belastet. In der letzten Zeit scheint sie allerdings „ruhiger" und verträglicher geworden zu sein.

OGH 7.9.1972, 6 Ob 176/72 SZ 45/93 – Depressionen

Die Parteien haben am 9.7.1955 die Ehe geschlossen, aus welcher ein Kind hervorgegangen ist. Die Ehe der Parteien verlief bis zum Jahre 1967 unauffällig. Im Frühjahr 1967 begann die Beklagte ein verstörtes und gereiztes Wesen an den Tag zu legen. Die Beklagte leidet an einer rezidivierenden, anlagebedingten Depression, die sich im fallweisen Auftreten von Perioden depressiver Stimmungslage äußert, ohne dass damit Störungen ihres Intellekts verbunden sind. Von Sachverständigen wurde diese Depression als Geisteskrankheit eingestuft. Während der Krankheitsperioden kann ein der ehelichen Gemeinschaft entsprechendes Verhalten nicht erwartet werden, in der Zeit zwischen den Krankheitsperioden ist die Beklagte vollkommen gesund. In ihren Krankheitszuständen beging die Beklagte dreimal Selbstmordversuche (Frühjahr und Juni 1967 sowie August 1968) und wurde anschließend jeweils in einer geschlossenen Anstalt angehalten. Im Anschluss an ihren letzten Selbstmordversuch weigerte sich der Kläger, die Ehe mit der Beklagten fortzusetzen, und nahm die Beklagte nicht mehr bei sich auf. Verschiedene Versuche, den Kläger umzustimmen, scheiterten an seiner Ablehnung. In Folge wohnte die Beklagte bis zum Tod ihrer Mutter im Juli 1969 bei dieser, seither lebt sie allein. Der Kläger klagt auf Scheidung.

OGH 17.11.1981, 5 Ob 710/81 SZ 54/170 – Strafhaft

Die Klägerin und der Beklagte haben am 9.12.1976 die Ehe geschlossen. Der Beklagte hat schon früh zu Gewaltdelikten geneigt und war in der Zeit zwischen Oktober 1976 und Februar 1977 auch der Klägerin gegenüber gewalttätig. Die Klägerin war einer der wenigen Menschen, die dem Beklagten bisher Zuneigung entgegengebracht haben. Seine Versicherung, er habe außer ihr nichts, was seinem Leben Sinn und Inhalt gebe, ist glaubwürdig. Seit 3.3.1977 befindet sich der Beklagte in Strafhaft. Im Jahr 1977 schickte die Klägerin dem Beklagten zahlreiche Briefe, in denen sie ihm ihre Zuneigung versicherte. Allmählich versickerten jedoch ihre Gefühle für den Kläger. Am 28.7.1978 reichte die Klägerin die Ehescheidung wegen Verschuldens des Beklagten nach § 49 EheG ein, wobei der Kläger ein Verschulden bestritt; in Folge wurde ein Ruhen des Verfahrens vereinbart. Im Juli 1980 begehrt die Klägerin die Scheidung der Ehe nur mehr aus dem Grunde des § 55 Abs 1 EheG, da die häusliche Gemeinschaft der Ehegatten seit dem 3.3.1977 aufgelöst sei. Der Beklagte fordert die Abweisung des Scheidungsbegehrens, da er durch die Scheidung härter getroffen werde als die Klägerin durch Abweisung ihrer Klage. Der Beklagte ist seit seiner Überstellung in die Strafvollzugsanstalt Stein an der Donau in psychiatrischer Behandlung, wird durch das Scheidungsverfahren seelisch schwer belastet und hat in der Haft Selbstmordversuche unternommen.

OGH 1.3.1979, 7 Ob 567/79 SZ 52/29 – Auszug des Ehemannes

Der Kläger und die Beklagte haben am 4.9.1949 miteinander die Ehe geschlossen. Der Ehe entstammen keine Kinder. Im Mai 1973 teilte der Kläger der Beklagten mit, dass er seit 1972 eine Freundin hat. Diesem Verhältnis entstammt ein im Februar 1974 geborenes Kind. Am 3.9.1973 verließ der Kläger die Ehewohnung und zog zu seiner Freundin. Er kam in der Folge lediglich öfter zum Schlafen nach Hause. Am 30.1.1976 hat er die Ehewohnung endgültig verlassen. Seither wohnt er bei seiner Lebensgefährtin. Die Beklagte versorgte bis zum endgültigen Auszug des Klägers im Jänner 1976 dessen Wäsche, seit Sommer 1975 kocht sie nicht mehr für ihn. Die Geschlechtsgemeinschaft der Streitteile ist seit Sommer 1975 endgültig aufgehoben. Auch in den sonstigen Lebensbereichen waren die Streitteile völlig voneinander getrennt. Der Kläger begehrt die Scheidung der Ehe gem § 55 EheG. Die Beklagte widerspricht der Scheidung. Sie behauptet, dass sie angesichts des Verschuldens des Klägers eine Scheidung härter träfe als den Kläger die Aufrechterhaltung der Ehe und beantragt für den Fall der Scheidung den Ausspruch des Verschuldens des Klägers.

OGH 25.9.1979, 4 Ob 524/79 SZ 52/140 – Der scheidungsunwillige Ehemann

Die Parteien haben am 27.11.1957 die Ehe geschlossen. Der Ehe entstammen keine Kinder. Die Klägerin stützt ihr Scheidungsbegehren auf § 55 EheG. Die Parteien stellen außer Streit, dass die eheliche Gemeinschaft seit sechs Jahren aufgehoben ist, der Beklagte erklärt jedoch, dass er nicht geschieden werden wolle, und beantragt für den Fall einer Scheidung den Ausspruch des Alleinverschuldens der Klägerin an der Zerrüttung der Ehe. Die Klägerin gesteht ihr Verschulden an der Zerrüttung der Ehe ein. Der Beklagte bestreitet, dass die Ehe unheilbar zerrüttet sei.

OGH 11.3.2008, 4 Ob 31/08z EF-Z 2008/136 (*Beck*) = iFamZ 2008/102 = Zak 2008/332 – Verzicht auf die Scheidungsklage

Die Parteien haben 1979 die Ehe geschlossen, aus der zwei Kinder entstammen. Im November 1995 zog die Beklagte aus der Ehewohnung aus. Die Parteien schlossen aus diesem Anlass folgende Vereinbarung: „Marta verlässt am 25.11.1995 auf eigenen Wunsch und ohne Zwang ... den bisherigen Wohnsitz. ... Sämtliche weitere Schritte in Bezug auf die Trennung bzw. die Neubeschaffung des Hausrates, Sorge- und Besuchsrechte für die gemeinsamen Kinder ... sowie Vermögens- und Unterhaltsregelungen werden gemeinsam und einvernehmlich getroffen. Es gilt weiters, dass jetzt und in Zukunft, auch im Fall einer Scheidung, auf gegenseitige Schuldzuweisungen verzichtet wird und keinerlei sich aus der getrennten Lebensführung ergebende Eheverfehlungen als Scheidungsgründe geltend gemacht werden. Eine eventuelle Scheidung wird im gegenseitigen Einvernehmen vorgenommen." Ende August 2006 erhebt der Kläger die Scheidungsklage, zuerst nach § 49 EheG, sodann nach § 55 EheG. Die Beklagte beantragt einen Verschuldensausspruch nach § 61 Abs 3 EheG.

V. Folgen der Ehescheidung

A. Name

Ehescheidung und Aufhebung der Ehe haben auf die Namensführung keinen Einfluss (§ 62 EheG). Nach § 93a Abs 2 ABGB besteht aber die Möglichkeit, einen früheren Namen wieder anzunehmen.[316]

B. Unterhalt

1. Allgemeines

Der nach § 94 ABGB zustehende Unterhaltsanspruch endet mit Rechtskraft des Scheidungsausspruchs. In besonders begründeten Fällen kann einem Ehegatten aber – als eine Fortwirkung der ehelichen Beistandspflicht – über die Scheidung hinaus Unterhalt zustehen. Dabei ist zu beachten, dass die sozialversicherungsrechtlichen Regelungen über die Mitversicherung des geschiedenen Ehegatten an das Bestehen eines nachehelichen Unterhaltsanspruchs anknüpfen (vgl unten C.). Unterhaltstitel (Urteil, Vergleich, Vertrag), die den ehelichen Unterhaltsanspruch regeln, werden mit Rechtskraft der Scheidung unwirksam.[317] Eine Ausnahme stellt der Unterhaltsanspruch nach § 69 Abs 2 EheG dar. Da hier Unterhalt wie bei aufrechter Ehe zusteht,[318] wird angenommen, dass der für den ehelichen Unterhalt geschaffene Titel nach der Scheidung weitergilt.[319] Aber auch bei einem gerichtlichen Vergleich oder einer außergerichtlichen Unterhaltsvereinbarung kann sich entweder ausdrücklich oder im Wege der Auslegung ein Weiterwirken nach Eheauflösung ergeben.[320]

Den Ehegatten steht es grundsätzlich frei, den nachehelichen Unterhalt einvernehmlich zu regeln (§ 80 EheG). Bei der einvernehmlichen Scheidung

---

316 Vgl oben unter II.B.
317 ZB OGH 1 Ob 3/06g FamZ 2006/58 uva.
318 Vgl unten 3.c.
319 OGH 3 Ob 156/79 EvBl 1980/58; 6 Ob 90/01f EFSlg 95.300 etc.
320 OGH 3 Ob 240/02v EFSlg 103.232.

ist eine vertragliche Regelung über den nachehelichen Unterhalt sogar Scheidungsvoraussetzung (§ 55a EheG). Soweit durch eine **Unterhaltsvereinbarung** der gesetzliche Unterhalt bloß konkretisiert wird, gilt der danach geleistete Unterhalt als gesetzlicher Unterhalt.[321] Damit kommen auch auf vertragliche Unterhaltsansprüche die für gesetzliche Unterhaltsansprüche geltenden Bestimmungen zur Anwendung. Da in diesem Fall keine Schenkung vorliegt, sind derartige Unterhaltsvereinbarungen nicht formpflichtig.[322] Bei einem nach einvernehmlicher Scheidung gem § 55a Abs 2 EheG geschuldeten Unterhalt kommt es darauf an, ob er den Lebensverhältnissen der Ehegatten angemessen ist (§ 69a Abs 1 EheG). Auch bei vertraglichen Unterhaltsvereinbarungen (§ 80 EheG) gilt die Umstandsklausel als stillschweigend beigesetzt.[323] Die Ehegatten können auf den Unterhalt verzichten sowie die Geltung der Umstandsklausel ausschließen.[324] Zur vertraglichen Regelung des Unterhalts bei aufrechter Ehe siehe II.D.6.

Erfolgt keine einvernehmliche Regelung, ist der Unterhaltsanspruch nach der Scheidung vom Verschulden bzw zum Teil von der Beklagtenposition im Scheidungsprozess abhängig. Durch das EheRÄG 1999 wurde darüber hinaus ein vom Verschulden unabhängiger Unterhaltsanspruch eingeführt. Grundsätzlich hängt der Unterhaltsanspruch von der Art der Scheidung ab. Es ist auch hier zwischen der Scheidung aus Verschulden und der Scheidung aus anderen Gründen zu unterscheiden. Im Zusammenhang mit einem Unterhaltsverfahren oder einem Verfahren auf Scheidung, Aufhebung oder Nichtigerklärung der Ehe kann einstweiliger Unterhalt nach § 382 Abs 1 Z 8 lit a EO begehrt werden.

2. Unterhalt bei Scheidung aus Verschulden

a. Unterhaltspflicht des allein oder überwiegend schuldigen Ehegatten

Der allein oder überwiegend schuldige Ehegatte hat dem anderen den nach den Lebensverhältnissen der Ehegatten **angemessenen Unterhalt** zu leis-

---

321 OGH 8 Ob 626/87 EFSlg 57.287; 3 Ob 5/94 SZ 67/47; 3 Ob 186/07k iFamZ 2008/45; *Stabentheiner* in Rummel II/4³ § 80 EheG Rz 2; *Gitschthaler* in Gitschthaler/Höllwerth § 80 EheG Rz 2; *Zankl/Mondel* in Schwimann/Kodek I⁴ § 80 EheG Rz 16.

322 OGH 7 Ob 205/68 NZ 1970, 31; LGZ Wien 43 R 332/70 EFSlg 14.003; *Zankl/Mondel* in Schwimann/Kodek I⁴ § 80 EheG Rz 5.

323 OGH 3 Ob 44/67 JBl 1968, 152; 10 Ob 35/04a EFSlg 108.315; *Zankl/Mondel* in Schwimann/Kodek I⁴ § 80 EheG Rz 19.

324 Zu den Folgen eines Unterhaltsverzichts auf den Anspruch auf Sozialleistungen: *Mayr*, Unterhaltsverzicht und seine Folgen für Sozialleistungen, iFamZ 2010, 31.

ten, soweit dessen Einkünfte aus Vermögen und die Erträgnisse einer zumutbaren Erwerbstätigkeit nicht ausreichen (§ 66 EheG). Dies bedeutet, dass jeder geschiedene Ehegatte primär versuchen muss, selbst für seinen angemessenen Unterhalt zu sorgen. Auch wenn er während aufrechter Ehe vereinbarungsgemäß nicht erwerbstätig war, wird von ihm nun eine eigene Erwerbstätigkeit verlangt. Nur soweit eine solche infolge des Fehlens konkreter Arbeitsangebote nicht möglich (zB wegen fortgeschrittenen Alters oder schlechter Gesundheit) oder nicht zumutbar ist, besteht ein Anspruch auf Leistung des angemessenen Unterhalts durch den geschiedenen Ehegatten. Erträgnisse aus Vermögen (zB Sparzinsen, Mieteinnahmen) werden auf den Unterhalt voll angerechnet. Auf den Stamm des Vermögens (Sparguthaben, Liegenschaftseigentum) braucht aber nicht gegriffen zu werden.

Da der unterhaltpflichtige Ehegatte weiterhin den nach den Lebensverhältnissen angemessenen Unterhalt schuldet, gelten für die Unterhaltsbemessung die nach § 94 ABGB bestehenden Grundsätze (vgl oben unter II.D.).

Der Anspruch auf angemessenen Unterhalt verringert sich auf einen **Billigkeitsanspruch**,[325] wenn der Unterhaltspflichtige durch die Leistung des Unterhalts seinen eigenen angemessenen Unterhalt gefährdet (§ **67 Abs 1 EheG**). Dabei sind die sonstigen Verpflichtungen des Unterhaltsverpflichteten, insbesondere weitere Unterhaltpflichten sowie die beiderseitigen Vermögens- und Erwerbsverhältnisse entsprechend zu berücksichtigen. Allfällige Unterhaltsansprüche gegenüber Verwandten (Eltern, Großeltern) gehen vor (§ 71 EheG). Soweit und solange der Unterhaltsberechtigte seinen Unterhalt aus dem Stamm seines Vermögens decken kann, entfällt der Anspruch auf Billigkeitsunterhalt (§ 67 Abs 2 EheG).

b. Unterhalt bei gleichteiligem Verschulden

Trifft beide ein gleichteiliges Verschulden, dann kann dem Ehegatten, „der sich nicht selbst unterhalten kann", nach Billigkeit ein **Unterhaltsbeitrag** zugesprochen werden (§ **68 EheG**). Dieser Unterhaltsbeitrag ist kein echter Unterhaltsanspruch. Er kann zeitlich beschränkt werden und soll nur einen Teil der Lebensbedürfnisse abdecken. Er setzt voraus, dass der bedürftige Ehegatte seinen Unterhalt nicht einmal durch eine unzumutbare Erwerbstätigkeit und auch nicht aus dem Stamm seines Vermögens decken kann.[326]

---

325 *Hirsch*, Der Billigkeitsbegriff im nachehelichen Unterhaltsrecht, JBl 2008, 545.
326 OGH 5 Ob 620/88 EvBl 1989/66 (242), 8 Ob 127/03i EFSlg 108.297; zur Höhe 2 Ob 145/13g iFamZ 2014/192 (*Deixler-Hübner*): zwischen dem niedrigsten Unterhaltsexistenzminimum nach § 292a EO und dem Ausgleichszulagenrichtsatz.

c. Unterhalt unabhängig vom Verschulden

§ **68a EheG** sieht vor, dass bei Vorliegen bestimmter Voraussetzungen unabhängig vom Verschulden Unterhalt begehrt werden kann.[327] Es sind zwei Fälle zu unterscheiden:

Nach § 68a Abs 1 EheG kann ein geschiedener Ehegatte unabhängig vom Verschulden Unterhalt beanspruchen, soweit und solange ihm auf Grund der Pflege und Erziehung eines gemeinsamen Kindes unter Berücksichtigung dessen Wohls nicht zugemutet werden kann, sich selbst zu erhalten (**Betreuungsunterhalt**). Solange das Kind das fünfte Lebensjahr noch nicht vollendet hat, wird die Unzumutbarkeit vermutet. Diese Vermutung kann vom Unterhaltsverpflichteten aber widerlegt werden.

Nach § 68a Abs 2 EheG steht dem Ehegatten, der sich bei aufrechter Ehe einvernehmlich der Haushaltsführung sowie gegebenenfalls der Pflege und Erziehung eines gemeinsamen Kindes oder der Betreuung eines Angehörigen eines der Ehegatten gewidmet hat, ein vom Verschulden unabhängiger Unterhaltsanspruch zu, soweit und solange ihm auf Grund des dadurch bedingten Mangels an Erwerbsmöglichkeiten, der Dauer der ehelichen Lebensgemeinschaft, seines Alters oder seiner Gesundheit nicht zugemutet werden kann, sich selbst zu erhalten (**Unterhalt wegen ehebedingter Einschränkung der Erwerbsfähigkeit**).

Der Unterhaltsanspruch nach § 68a EheG ist seiner zeitlichen Dauer wie seiner Höhe nach beschränkt. Sowohl der Unterhaltsanspruch nach Abs 1 als auch nach Abs 2 ist grundsätzlich **zeitlich befristet**: der Betreuungsunterhalt nach Abs 1 bis zum fünften Geburtstag des jüngsten Kindes und danach auf jeweils drei Jahre; der Unterhalt nach Abs 2 grundsätzlich auf drei Jahre. In beiden Fällen sind auch mehrfache Verlängerungen möglich. Die Befristung kann entfallen, wenn nicht abzusehen ist, ob und wann der Unterhaltsberechtigte in der Lage sein wird, sich selbst zu erhalten. Das Ausmaß des geschuldeten Unterhalts richtet sich nicht nach den Lebensverhältnissen der Ehegatten, wie dies nach § 66 EheG und § 69 Abs 2 EheG der Fall ist, sondern nach dem **Lebensbedarf** des Unterhaltsberechtigten[328] und

---

327 Vgl dazu *Hopf/Stabentheiner*, ÖJZ 1999, 861, 864 ff; *Hopf* in Ferrari/Hopf 15; *Ferrari*, Verschuldensunabhängiger Scheidungsunterhalt nach den §§ 68a und 69b EheG, in Ferrari/Hopf 37; *Knoll*, Verschuldensunabhängiger Unterhalt im Ehescheidungsfolgenrecht nach dem EheRÄG 1999, RZ 2000, 104; *Fischer-Czermak*, Zum Unterhalt nach Scheidung bei gleichem und ohne Verschulden, NZ 2001, 254; *Stabentheiner* in Rummel II/4³ zu § 68a EheG; *Berka-Böckle*, Der verschuldensunabhängige Anspruch nach § 68a EheG – Neue Überlegungen zum Scheidungsunterhalt anhand aktueller Rechtsprechung, JBl 2004, 223; *Hirsch*, JBl 2008, 545 ff; *Schwimann/Kolmasch*, Unterhaltsrecht⁷ 243 ff.

328 Vorbild war § 1578 dBGB (ErläutRV 1653 BlgNR 20. GP 25).

soll in seiner Höhe zwischen dem notdürftigen Unterhalt der §§ 795[329] und 947 ABGB und dem angemessenen Unterhalt des § 66 EheG liegen.[330] Die Bemessung erfolgt folgendermaßen: Zuerst wird der Lebensbedarf des Berechtigten festgestellt und sodann wird eine Kontrollrechnung anhand der Prozentsatzmethode vorgenommen, wobei ein Prozentsatz zwischen 15–33% des Einkommens des Verpflichteten auszumitteln ist. Bei der Bemessung soll der angemessene Unterhalt des § 66 EheG tunlichst nicht erreicht werden.[331] Bei der Kontrollrechnung ist auf die Bemessungsgrundlage im Zeitpunkt der Auflösung der ehelichen Gemeinschaft abzustellen, da der Unterhaltsberechtigte im Gegensatz zum Unterhaltsanspruch nach § 66 EheG nicht an einer Einkommenserhöhung beim Unterhaltsverpflichteten teilhaben soll. Die Bemessungsgrundlage ist allerdings aufzuwerten.[332]

Der Unterhaltsanspruch nach § 68a Abs 1 und Abs 2 EheG steht unter einer umfassenden Billigkeitsklausel. Diese wurde aufgrund der großen Vorbehalte, die diesem verschuldensunabhängigen Unterhaltsanspruch seitens der ÖVP entgegengebracht wurden, vom Justizausschuss[333] präzisiert und im Verhältnis zu der von der RV vorgeschlagenen Regelung noch wesentlich verschärft (§ 68a Abs 3 EheG). Demnach liegt Unbilligkeit vor, wenn die bedürftige Person einseitig besonders schwere Eheverfehlungen begangen hat,[334] oder wenn sie ihre Bedürftigkeit grob schuldhaft herbeigeführt hat oder wenn ein gleich schwerwiegender Grund vorliegt. Im Fall des Unterhaltsanspruchs nach § 68a Abs 2 EheG kann Unbilligkeit auch vorliegen, weil die Ehe nur kurz gedauert hat. Soweit die Gewährung des Unterhalts unbillig wäre, kann er entsprechend vermindert werden oder ganz entfallen. Je gewichtiger die Gründe sind, desto eher ist von der bedürftigen Person auch zu verlangen, dass sie ihren Unterhalt durch die Erträgnisse einer an sich unzumutbaren Erwerbstätigkeit oder aus dem Stamm ihres Vermögens bestreitet. Wie bei § 66 EheG vermindert sich der Unterhaltsanspruch, wenn der Unterhaltsverpflichtete dadurch seinen eigenen angemessenen Unterhalt gefährden würde. Weitere Sorgepflichten sind ebenfalls zu berücksichtigen (§ 68a Abs 4 iVm § 67 Abs 1 EheG).

---

329 Mit dem Inkrafttreten des ErbRÄG 2015 am 1.1.2017 wird § 795 zu § 777 ABGB.
330 ErläutRV 1653 BlgNR 20. GP 25 f.
331 OGH 4 Ob 278/02i JBl 2003, 526; 1 Ob 200/05a FamZ 2006/19; 6 Ob 108/08p iFamZ 2008/169; 9 Ob 87/09y JusGuide 2010/15/7438; 7 Ob 216/13k iFamZ 2014/64 (*Deixler-Hübner*).
332 OGH 6 Ob 108/08p iFamZ 2008/169; 7 Ob 84/06p EF-Z 2007/11 etc.
333 JAB 1926 BlgNR 20. GP 2 ff.
334 ZB OGH 7 Ob 158/04t EFSlg 108.310: fortgesetztes ehebrecherisches Liebesverhältnis, zu dem der andere Ehegatte keinen Anlass gegeben hat.

§ 68a EheG ist nicht nur für die Verschuldensscheidung, sondern auch für die Scheidung aus anderen Gründen (§§ 50–52 sowie § 55 EheG) mit oder ohne Schuldausspruch und für die einvernehmliche Scheidung, wenn es an einer wirksamen Unterhaltsvereinbarung fehlt,[335] anzuwenden (§ 69b EheG). Damit kann bei Scheidung nach den §§ 50–52 und nach § 55 EheG erstmals auch der Scheidungskläger Unterhalt ansprechen.

3. Scheidung aus anderen Gründen

a. Scheidung nach §§ 50–52 EheG mit Schuldausspruch

Erfolgt die Scheidung auf Grund der in den §§ 50 bis 52 EheG genannten Gründe und enthält das Urteil einen Schuldausspruch (§ 61 Abs 2 EheG),[336] so hat der Beklagte Anspruch auf den angemessenen Unterhalt nach § 66 EheG. § 67 EheG findet entsprechende Anwendung.

b. Scheidung nach §§ 50–52, 55 EheG ohne Schuldausspruch

Wird die Ehe nach den §§ 50 bis 52 EheG oder nach § 55 EheG geschieden, und enthält das Urteil keinen Schuldausspruch, so kann dem, der die Scheidung verlangt hat, nach Billigkeit eine Unterhaltpflicht gegenüber dem anderen Ehegatten auferlegt werden (§ **69 Abs 3 EheG**, Billigkeitsunterhaltspflicht des Scheidungsklägers). Bei der Billigkeitsabwägung sind die Bedürfnisse und die Vermögens- und Erwerbsverhältnisse der geschiedenen Ehegatten und der unterhaltpflichtigen Verwandten des Berechtigten[337] sowie die Belastung des Verpflichteten durch weitere Unterhaltsansprüche zu berücksichtigen. Der Unterhalt kann je nach den Umständen des Einzelfalls auch die Höhe des angemessenen Unterhalts erreichen.[338] Soweit und solange der Berechtigte seinen Unterhalt aus dem Stamm seines Vermögens

---

335 Etwa weil diese wegen List oder Irrtums erfolgreich angefochten wurde oder wegen Geschäftsunfähigkeit eines Ehegatten unwirksam ist. Vgl unten unter 3.d.

336 Dieser ist nur zu Lasten des Klägers, nicht des Beklagten möglich.

337 Siehe unten.

338 OGH 1 Ob 190/06g EF-Z 2007/38; richtig differenzierend *Hirsch*, Zur Höhe des nachehelichen Unterhalts in §§ 68, 69 Abs 3 und § 69a Abs 2 EheG, EF-Z 2009/134: Die Höhe kann zwischen dem notwendigen und dem angemessenen Unterhalt liegen. Verfehlt OGH 6 Ob 242/10x EF-Z 2011/66, wonach der Billigkeitsunterhalt nach § 69 Abs 3 und § 69a Abs 2 EheG mit dem Ausgleichszulagenrichtsatz begrenzt ist. Die in dieser E als Beleg für diese Ansicht zitierte Vorjudikatur trägt dieses Ergebnis nicht, da sich diese Entscheidungen jeweils auf den Sonderfall beziehen, dass ein Ehegatte trotz Verzichtes auf die Umstandsklausel (weiteren) Unterhalt begehrt, weil er sich in einer Notlage befindet, was im Einzelfall eine Beschränkung des zustehenden Unterhaltes auf den notwendigen Unterhalt rechtfertigen kann.

decken kann, entfällt der Unterhaltsanspruch (§ 69 Abs 3 iVm § 67 Abs 2 EheG).

c. Scheidung nach § 55 EheG mit Schuldausspruch

Erfolgt die Scheidung nach § 55 EheG und enthält das Urteil den Schuldausspruch nach § 61 Abs 3 EheG, so muss der Ehegatte, der die Scheidung verlangt hat, dem anderen Unterhalt wie bei aufrechter Ehe leisten (§ 69 Abs 2 EheG). Dieser Unterhaltsanspruch soll vor allem Hausfrauen/Hausmänner schützen, die nach langen Jahren der Haushaltsführung und Kinderbetreuung von ihrem Ehepartner verlassen und dann gegen ihren Willen geschieden werden. Für sie soll sich durch die Scheidung unterhaltsrechtlich nichts ändern. Aus diesem Grund ist dieser Unterhaltsanspruch mehrfach privilegiert:

- Der Unterhaltsanspruch umfasst jedenfalls auch den Ersatz der Beiträge zur freiwilligen Versicherung in der Krankenversicherung (§ 69 Abs 2 Satz 2 EheG).
- Da für den Unterhaltsanspruch weiterhin § 94 ABGB gilt, wird vom Beklagten keine weitergehende Erwerbstätigkeit als während der Ehe verlangt, selbst wenn ihm eine solche zumutbar wäre, außer die Weigerung wäre rechtsmissbräuchlich.[339]
- Ein während der Ehe geschaffener Unterhaltstitel gilt auch nach der Scheidung weiter.[340]
- Solange es nicht der Billigkeit widerspricht, entlasten Unterhaltsverpflichtungen für einen neuen Ehegatten den Verpflichteten nicht.
- Der geschiedene Ehegatte hat bei Vorliegen bestimmter weiterer Voraussetzungen Anspruch auf volle Witwen/Witwerversorgung.[341]

d. Billigkeitsunterhalt bei Unwirksamkeit der Unterhaltsvereinbarung

In der Vergangenheit ist es immer wieder vorgekommen, dass sich bei einvernehmlichen Scheidungen nachträglich gezeigt hat, dass die Unterhaltsvereinbarung unwirksam ist, entweder weil sie ein Teil wegen List oder Irrtums erfolgreich angefochten hat oder weil sie wegen fehlender Geschäftsfähigkeit eines Ehegatten oder wegen Sittenwidrigkeit gar nie zustande ge-

---

339 *Hopf/Kathrein*, Eherecht³ § 69 EheG Anm 6 ff (mwN).
340 JAB 916 BlgNR 14. GP 10.
341 Dazu im Folgenden unter C.

kommen ist.[342] Die Rechtsprechung hat in solchen Fällen § 69 Abs 3 EheG analog angewendet und Unterhalt nach Billigkeit zugesprochen.[343] Seit dem EheRÄG 1999 ist ein solcher Billigkeitsunterhalt in § 69a Abs 2 EheG ausdrücklich gesetzlich vorgesehen. Wie in § 69 Abs 3 EheG sind bei der Festsetzung des Unterhalts die Vermögens- und Erwerbsverhältnisse der unterhaltspflichtigen Verwandten zu berücksichtigen. Fällt eine getroffene Unterhaltsvereinbarung nachträglich weg, so kommt aber auch der Zuspruch eines Unterhalts nach § 68a EheG in Betracht (§ 69b EheG).

4. Art der Unterhaltsleistung

Nach der Scheidung ist der Unterhalt durch Zahlung einer **Geldrente** zu leisten, die monatlich im Voraus zu entrichten ist (§ 70 Abs 1 EheG). Liegt ein wichtiger Grund vor, kann der Unterhaltsberechtigte auch eine Abfindung in Kapital verlangen, wenn der Verpflichtete dadurch nicht unbillig belastet wird (§ 70 Abs 2 EheG). Der Verpflichtete schuldet den vollen Monatsbetrag, wenn der Berechtigte im Lauf des Monats stirbt (§ 70 Abs 3 EheG). Dies gilt auch dann, wenn die Unterhaltspflicht aus einem anderen Grund, wie zB Wiederverheiratung des Unterhaltsberechtigten, beendet wird.[344]

Unterhalt kann auch für die Vergangenheit begehrt werden.[345] Ansprüche auf Unterhaltsleistungen verjähren aber in drei Jahren (§ 1480 ABGB). § 72 EheG schränkt die Möglichkeit der Einforderung von rückständigen Unterhaltsleistungen für geschiedene Ehegatten noch weiter ein. Danach kann der Unterhaltsberechtigte **Unterhalt für die Vergangenheit** erst ab dem Zeitpunkt geltend machen, in dem der Verpflichtete in Verzug geraten ist oder in dem der Unterhaltsanspruch gerichtsanhängig gemacht wurde.[346] Dies gilt auch für den Unterhaltsanspruch bei einvernehmlicher Scheidung nach § 55a EheG, soweit dieser – weil den Lebensverhältnissen der Ehegatten angemessen – einem gesetzlichen Unterhaltsanspruch gleichzuhalten ist.[347]

---

342 OGH 5 Ob 604/84 SZ 58/192; 1 Ob 2131/96 JBl 1997, 105. Zu einem Unterhaltsverzicht: OGH 9 Ob 1504/95 EvBl 1995/110 (583) und zu einem Unterhaltsverzicht als Scheingeschäft: OGH 1 Ob 95/10t JusGuide 2010/48/8175. Zur Sittenwidrigkeit des Ausschlusses der Umstandsklausel oben unter II.D.6.

343 OGH 9 Ob 1504/95 EvBl 1995/110 (583); 1 Ob 2131/96 JBl 1997, 105; *Hoyer*, JBl 1986, 772.

344 *Hopf/Kathrein*, Eherecht³ § 70 EheG Anm 3.

345 OGH 6 Ob 544/87 SZ 61/143 (verstärkter Senat).

346 § 72 letzter Halbsatz EheG wurde mit VfGH G 76/01 mit Wirkung zum 1.8.2004 aufgehoben (BGBl I 2004/52).

347 OGH 6 Ob 83/08m EvBl 2008/178.

5. Ende der Unterhaltspflicht

Ein Unterhaltsberechtigter, der infolge sittlichen Verschuldens (zB Spiel- oder Rauschgiftsucht) oder vorsätzlichen oder grob fahrlässigen Verhaltens unterhaltsbedürftig ist, kann nur den notdürftigen Unterhalt fordern (§ 73 EheG). Er verliert den Unterhaltsanspruch, wenn er sich einer schweren Verfehlung gegen den Verpflichteten schuldig macht oder gegen dessen Willen einen ehrlosen oder unsittlichen Lebenswandel führt (**Verwirkung**, § 74 EheG).[348]

Geht der Unterhaltsberechtigte eine Lebensgemeinschaft ein, so kommt es nach Ansicht der Rechtsprechung zu einem Ruhen des Unterhaltsanspruchs.[349] Die neuere Lehre lehnt eine solche pauschale Bewertung als nicht begründbar ab und spricht sich dafür aus, die tatsächlichen Zuwendungen des Lebensgefährten bei der Bemessung des Unterhalts zu berücksichtigen, soweit dadurch unterhaltsrelevante Bedürfnisse des Unterhaltsberechtigten befriedigt werden.[350]

Der Unterhaltsanspruch erlischt, wenn der Unterhaltsberechtigte wieder **heiratet** (§ 75 EheG) oder wenn er **stirbt** (§ 77 EheG).

Stirbt der Verpflichtete, so geht die Unterhaltspflicht auf den Nachlass und ab Einantwortung auf die Erben über (§ 78 Abs 1 EheG). Der Erbe haftet ohne die Beschränkung des § 67 EheG, der Berechtigte muss sich aber die Herabsetzung der Rente auf einen Betrag gefallen lassen, der bei

---

348 *Lukasser*, Zum „ehrlosen oder unsittlichen Lebenswandel" im Sinne des § 74 EheG, ÖJZ 2000, 301; vgl zB OGH 3 Ob 90/07t EFSlg 117.471; 3 Ob 192/11y iFamZ 2012/151; 1 Ob 253/12f iFamZ 2013/146 (*Deixler-Hübner*).

349 OGH 1 Ob 17/54 SZ 27/134; 3 Ob 26, 27/77 EFSlg 29.651; 3 Ob 115, 116/90 JBl 1991, 589; 4 Ob 75/06t EFSlg 114.290 etc; 6 Ob 28/07x EvBl 2007/110 (*Deixler-Hübner*): Der Unterhaltsanspruch ruht auch bei Eingehen einer homosexuellen Lebensgemeinschaft; 3 Ob 186/09p EF-Z 2010/78 (*Gitschthaler*); 3 Ob 237/11s EF-Z 2012/139 (*Linder*); 3 Ob 241/13g iFamZ 2014/147 (gemeinsames Wohnen und Beistands- und Pflegeleistungen wie für einen Ehegatten); 3 Ob 31/14a EF-Z 2014/135 (*Gitschthaler*). Vgl aber OGH 3 Ob 76/95 RZ 1997/55 (175) und 3 Ob 234/07v EF-Z 2008/61 (*Gitschthaler*), wo aufgrund der vertraglichen Vereinbarung (Ausschluss der Umstandsklausel im Scheidungsvergleich bzw ausdrückliche Zusage von Unterhalt auch für den Fall der Lebensgemeinschaft) der Unterhaltsanspruch trotz Lebensgemeinschaft aufrecht blieb.

350 *Verschraegen*, ZfRV 1983, 131; *Gimpel-Hinteregger*, Der Unterhaltsanspruch des geschiedenen Ehegatten bei Eingehen einer Lebensgemeinschaft, in Harrer/Zitta 633; *Binder*, Die Problematik der Geschiedenen-Pensionsregelung, in Harrer/Zitta 684 f; *Lammer*, Zum „Ruhen" des Unterhaltsanspruchs bei Eingehen einer Lebensgemeinschaft, ÖJZ 1999, 53; *Stabentheiner* in Rummel II/4³ § 75 EheG Rz 2; *Meissel*, Zum Ruhen des Unterhaltsanspruchs bei Eingehen einer Lebensgemeinschaft, EF-Z 2007/126; *Kerschner*, Familienrecht⁵ Rz 2/101; *Koziol/Welser/Kletečka*, Bürgerliches Recht I¹⁴ Rz 1606.

Berücksichtigung der Verhältnisse des Erben und der Ertragsfähigkeit des Nachlasses der Billigkeit entspricht (§ 78 Abs 2 EheG). Der Unterhaltsberechtigte muss sich außerdem alles anrechnen lassen, was er an öffentlich-rechtlichen oder privat-rechtlichen Versorgungsleistungen (zB Witwenpension, Lebensversicherung) erhält.[351] Die Beitragspflicht nach § 68 EheG erlischt dagegen mit dem Tod des Verpflichteten (§ 78 Abs 3 EheG).

Grundsätzlich haftet der geschiedene Ehegatte vor den unterhaltspflichtigen Verwandten (Großeltern, Eltern, Kinder, Enkel) des Anspruchsberechtigten. Nur wenn der Verpflichtete durch die Unterhaltsleistung seinen eigenen angemessenen Unterhalt gefährden würde, haften die Verwandten vor dem geschiedenen Ehegatten (**Subsidiarität**, § 71 EheG). Dies gilt jedoch nicht für die Billigkeitsunterhaltsansprüche nach § 69 Abs 3 und § 69a Abs 2 EheG, wo ausdrücklich vorgesehen ist, dass Unterhaltsansprüche gegenüber den Verwandten Vorrang haben. Dies eröffnet nun allerdings einen gewissen Wertungswiderspruch zu § 68 EheG, wo der Vorrang des Unterhaltsanspruchs gegenüber den Verwandten durch das EheRÄG 1999 bewusst beseitigt wurde. Ein Teil der Lehre[352] spricht sich dafür aus, diesen Wertungswiderspruch durch eine teleologische Reduktion zu beseitigen, da es sich beim Vorrang der Unterhaltsleistung durch Verwandte in § 69 Abs 3 und in § 69a Abs 2 EheG um ein Redaktionsversehen handle. Dies wird aber von der Rspr abgelehnt.[353]

---

351 OGH 8 Ob 38/08h EvBl 2008/163; *Stabentheiner* in Rummel II/4³ § 78 EheG Rz 3; *Zankl/Mondel* in Schwimann/Kodek I⁴ § 78 EheG Rz 8.

352 *Hopf/Stabentheiner*, ÖJZ 1999, 864 (FN 112); *Deixler-Hübner*, ÖJZ 2000, 715; *Stabentheiner* in Rummel II/4³ § 69 EheG Rz 8; *Gitschthaler*, Unterhaltsrecht² Rz 717; *Hopf/Kathrein*, Eherecht³ § 71 Rz 2.

353 OGH 6 Ob 131/01k ecolex 2002/247 (654). Ebenso *Zankl/Mondel* in Schwimann/Kodek I⁴ § 69 Rz 18; *Koch* in KBB⁴ § 71 EheG Rz 1.

Übersicht 2: Scheidung und Unterhalt

Art der Scheidung	Unterhaltsanspruch
◆ § 49 EheG	
• alleiniges oder überwiegendes Verschulden	➡ Anspruch des minder bzw nicht schuldigen Teils nach §§ 66 f, 68a EheG; Anspruch des überwiegend bzw allein schuldigen Teils nach § 68a EheG
• gleichteiliges Verschulden	➡ Anspruch des bedürftigen Teils nach §§ 68, 68a EheG
◆ §§ 50–52 EheG	
• mit Schuldausspruch (§ 61 Abs 2 EheG)	➡ Anspruch des Beklagten nach § 69 Abs 1 iVm §§ 66 f EheG, § 69b iVm § 68a EheG; Anspruch des Klägers nach § 69b iVm § 68a EheG
• ohne Schuldausspruch	➡ Anspruch des Beklagten nach § 69 Abs 3 bzw § 69b iVm § 68a EheG; Anspruch des Klägers nach § 69b iVm § 68a EheG
◆ § 55 EheG	
• mit Schuldausspruch (§ 61 Abs 3 EheG)	➡ Anspruch des Beklagten nach § 69 Abs 2 bzw § 69b iVm § 68a EheG; Anspruch des Klägers nach § 69b iVm § 68a EheG
• ohne Schuldausspruch	➡ Anspruch des Beklagten nach § 69 Abs 3 bzw § 69b iVm § 68a EheG; Anspruch des Klägers nach § 69b iVm § 68a EheG
◆ § 55a EheG	➡ Anspruch nach Vereinbarung; fehlt es an einer wirksamen Vereinbarung: Anspruch nach § 69a Abs 2 bzw § 69b iVm § 68a EheG

Beispiele aus der Rechtsprechung

OGH 25.10.1988, 5 Ob 620/88 EvBl 1989/66 (242) – Unterhalt und Haftung der Erben

Die Ehe der Klägerin mit Peter R wurde aus beiderseitigem gleichteiligen Verschulden der Ehegatten geschieden. Auf Grund eines Scheidungsvergleichs erhielt die Klägerin Geldunterhalt. Nach dem Tod von Peter R fordert die Klägerin von den erbserklärten Erben die Weiterzahlung dieser Unterhaltsleistung entsprechend der ihnen zustehenden Erbquote.

OGH 21.1.2003, 4 Ob 278/02i JBl 2003, 526 – Wochenendparadies

Die 1972 geschlossene Ehe der am 24.10.1931 geborenen Klägerin und des am 4.4.1943 geborenen Beklagten wurde aus dem überwiegenden Verschulden der Klägerin geschieden. Diese begehrt Unterhalt von monatlich € 1.155,–. Sie habe sich während aufrechter Ehe fast ausschließlich der Haushaltsführung gewidmet. Aus diesem Grund und wegen ihres Alters sei es ihr nun weder zumutbar noch möglich, eine Arbeit zu finden. Nachdem die Klägerin Ende der 70-er Jahre ihre Arbeit verloren hatte, hatten beide Ehegatten beschlossen, dass sie sich nicht weiter um eine Arbeitsstelle bemühen sollte. Sie kauften ein Haus in der Wachau. Dieses wurde von der Klägerin bewohnt und betreut. Der Beklagte, der weiter in Wien arbeitete, kam an den Wochenenden. Die Klägerin bereitete ihm dann einen ritualartigen Empfang mit Sekt und verschaffte ihm ein angenehmes, erholsames Wochenende. Aufgrund der räumlichen Trennung lebten sich die Streitteile auseinander. 1989 schlug die Klägerin die Bitte des Beklagten ab, nun wenigstens einmal in der Woche nach Wien zu kommen, um ihm im Haushalt zu helfen und einander häufiger zu sehen. Die Klägerin bezieht eine Pension von ca € 300,–. Sie hat für ihre Wohnung € 220,– zu zahlen und für Nebenkosten (Gas, Strom etc) aufzukommen. Zur Behandlung ihres Bandscheibenleidens fallen regelmäßig Kosten für Schwimmbad und Massage an. Das Durchschnittseinkommen des Beklagten beträgt € 3.043,– monatlich.

OGH 25.6.1996, 1 Ob 2131/96f JBl 1997, 105 – Unwirksame Unterhaltsvereinbarung

Die Ehe der Streitteile wurde mit Beschluss vom 19.2.1991 gem § 55a EheG geschieden. Mit dem Scheidungsfolgenvergleich vom selben Tag verpflichtete sich der Beklagte der Klägerin einen monatlichen Unterhalt in der Höhe von € 508,71 für die Dauer eines Jahres zu bezahlen. Die Eheleute verzichteten darüber hinaus auf jeden Unterhalt, auch für den Fall geänderter Verhältnisse, geänderter Rechtslage oder unverschuldeter Not. Die Klägerin begehrt die Verurteilung des Beklagten zur Zahlung eines monatlichen Un-

terhalts von € 1.090,09 ab 1.11.1992, da sie bei Abschluss des Scheidungsvergleiches geschäftsunfähig war. Deshalb habe sie auch den Vergleich angefochten und ein ärztliches Gutachten eingeholt. Die Klägerin bezieht monatlich lediglich eine Notstandshilfe von € 363,65, wogegen der Beklagte
über ein monatliches Nettoeinkommen von etwa € 3.488,30 verfügt.

OGH 24.11.1999, 3 Ob 229/98t JBl 2000, 513 (*F. Bydlinski*) = ecolex 2000,
173, 426 (*Spunda*) – Unterhaltsverzicht

Die rund 23 Jahre dauernde Ehe der Streitteile, der zwei (inzwischen volljährige) Kinder entstammen, wurde am 11.11.1994 gem § 55a EheG geschieden. Die Streitteile schlossen einen gerichtlichen Vergleich ab, in welchem sie wechselseitig auf Unterhalt, auch für den Fall geänderter Verhältnisse und für den Fall der Not, verzichteten. Die Klägerin führte seit dem
Jahr 1992 erfolgreich eine Werbeagentur mit zwei Angestellten. Die Initiati-
ve zur Scheidung ging von ihr aus. Die Klägerin war es auch, die den gegenseitigen Unterhaltsverzicht anstrebte. Sie wollte damit der Gefahr entgehen,
dem Beklagten für den Fall, dass sie mehr verdiene als dieser, Unterhalt zahlen zu müssen. Das Geschäft der Klägerin verlief nur bis zum Spätsommer
1995 erfolgreich. Sie litt in Folge an einer schweren Depression, die psychi-
atrisch behandelt werden musste, und ging keiner Beschäftigung mehr nach.
Zwischen dieser Krankheit der Klägerin und dem Verhalten des Beklagten
während der Ehe besteht kein Zusammenhang. Am 29.10.1997 wurde
schließlich der Konkurs über das Vermögen der Klägerin eröffnet. Mit der
am 11.11.1997 eingelangten Klage begehrt die Klägerin vom Beklagten die
Zahlung eines monatlichen Unterhaltsbeitrages in Höhe von € 581,38 ab
1.6.1996. Sie bringt vor, dass sie ihre nunmehrige völlige Erwerbsunfähig-
keit nicht selbst verschuldet habe, vielmehr sei diese schon geraume Zeit vor
ihrem Konkurs eingetreten und der Konkurs Folge ihrer schweren Depressionen. Ihre Existenz werde durch den Unterhaltsverzicht gefährdet. Der
Beklagte, der als Beamter arbeitet und auf Grund seines Einkommens zur
Unterhaltsleistung in der beantragten Höhe in der Lage ist, fordert die Abweisung des Klagebegehrens, da die Klägerin wirksam auf Unterhalt verzichtet habe. Er wendet auch die unangemessene Höhe der Forderung ein.

OGH 8.10.1981, 3 Ob 572/81 SZ 54/141 – Kindesunterhalt

Mit Vertrag vom 10.9.1977 vereinbarten die Eheleute, dass der Kläger für
die beiden ehelichen Kinder einen monatlichen Unterhaltsbetrag von je
€ 36,34 leistet und dass ein allfälliger Mehrbedarf der Kinder von der Beklagten getragen werde. Dieser Vertrag wurde dem Pflegschaftsgericht nie
vorgelegt. Als „Gegenleistung" dafür wurde der Hälfteanteil des Klägers an
der gemeinsamen Liegenschaft am 30.10.1977 in das Eigentum der Beklag-

ten übertragen, wobei die gesamte Liegenschaft mit einem Veräußerungs- und Belastungsverbot zugunsten der Kinder belastet wurde. Die Ehe der Streitteile wurde am 3.10.1977 geschieden. Im Rahmen des pflegschaftsbehördlich genehmigten Scheidungsvergleiches wird der für die Kinder zu leistende Unterhalt des Klägers ab 1.11.1977 bis auf weiteres auf monatlich € 36,34 pro Kind festgelegt. Weitere Angaben enthält diese Unterhaltsvereinbarung nicht. Mit 1.7.1978 erwirkte die Beklagte eine Erhöhung der monatlichen Unterhaltsleistung auf € 72,67 je Kind. Der Kläger leistet zwar den ihm aufgetragenen Unterhalt, verlangt nun aber die Rückzahlung von € 1.453,46, die er entgegen der Vereinbarung vom 10.9.1977 zu viel an Unterhalt geleistet habe.

OGH 19.5.1954, 1 Ob 17/54 SZ 27/134 – Lebensgemeinschaft

Die Klägerin, deren Ehe mit dem Beklagten aus dem überwiegenden Verschulden des Beklagten mit 23.9.1946 geschieden wurde, begehrt die Erhöhung ihres Unterhalts um monatlich € 5,09, beginnend ab 1.8.1951. In der Verhandlung vom 27.4.1952 stellt der Beklagte die Zwischenanträge auf Feststellung, 1. dass zwischen Wilhelm K und der Klägerin seit 1948 eine Lebensgemeinschaft bestehe, wodurch die Klägerin zur Gänze versorgt sei; 2. dass der Unterhaltsanspruch der Klägerin gemäß § 74 EheG verwirkt sei, weil die Klägerin seit 1948 mit einem verheirateten Mann, nämlich Wilhelm K, in Lebensgemeinschaft lebe. In einer weiteren Verhandlung ergänzt der Beklagte seinen Antrag dahin, es werde zusätzlich festgestellt, dass der Unterhaltsanspruch der Klägerin ruhe.

OGH 25.11.2009, 3 Ob 134/09s EF-Z 2010/46 S 79 (*Hoyer*) = JBl 2010, 294 = EvBl-LS 2010/57 (*Schwarz*) = Zak 2010/73 = iFamZ 2010/76 S 109 (*Deixler-Hübner*) = ecolex 2010/150 (*Friedl*) – Geburt eines Kindes

Der 1959 geborene Kläger und die 1960 geborene Beklagte schlossen 1982 die Ehe, aus der zwei Kinder stammen. 1993 wurde die Ehe einvernehmlich geschieden. Der Kläger verpflichtete sich, der Beklagten einen monatlichen Unterhaltsbeitrag in der Höhe von ATS 8.487,– zu bezahlen, wobei dieser Vereinbarung die Annahme zu Grunde lag, dass den Kläger das alleinige oder überwiegende Verschulden treffe. Die Beklagte bezieht seit Jänner 2004 Sozialhilfe. Sie beantragt im Oktober 2004 die Exekution zur Hereinbringung eines rückständigen Unterhalts für Dezember 2003 bis einschließlich Oktober 2004 von insgesamt 6.784,47 EUR. Mit seiner auf § 35 EO gestützten Klage begehrt der Kläger das Urteil, der Anspruch der beklagten Partei aus dem vollstreckbaren Scheidungsvergleich sei erloschen, in eventu gehemmt. Seine Einkommensverhältnisse haben sich verschlechtert und der Beklagten sei zumutbar, einer Erwerbstätigkeit nachzugehen. Die

Beklagte wendet ein, dass ihr eine Berufstätigkeit nicht zumutbar sei, weil ihre am 10.4.1998 geborene Tochter Stefanie hyperaktiv sei und intensive Betreuung benötige. Die Beklagte ist Alleinerzieherin. Der Vater des Kindes unterstützt sie lediglich im Rahmen seines Besuchsrechts bei der Kinderbetreuung.

C. Sozialversicherungsrecht

Mit der Scheidung, Aufhebung oder Nichtigerklärung der Ehe kommt es grundsätzlich zu einem Erlöschen der Angehörigeneigenschaft des geschiedenen Ehegatten.[354] Dies bedeutet, dass der geschiedene Ehegatte, der nicht selbst versichert ist, seinen vom erwerbstätigen Ehegatten abgeleiteten Versicherungsschutz in der **Krankenversicherung** verliert (§ 123 ASVG, § 78 BSVG, § 83 GSVG). Ausgenommen ist der ehemalige Ehegatte eines Beamten/einer Beamtin, solange ihm dieser/diese als Folge einer Nichtigerklärung, Aufhebung oder Scheidung der Ehe Unterhalt zu leisten hat. Der ehemalige Ehegatte gilt gem § 56 Abs 7 B-KUVG weiterhin als Angehöriger und bleibt mit dem anderen mitversichert. Andere geschiedene Ehegatten haben die Möglichkeit, sich freiwillig zu versichern (§§ 16, 76 ASVG, §§ 8, 27 BSVG, §§ 8, 30 GSVG). Der Beitrag berechnet sich nach der jeweiligen Höchstbeitragsgrundlage, es besteht aber die Möglichkeit, eine Beitragsermäßigung zu beantragen (§ 76 Abs 2 ASVG, § 27 Abs 2 BSVG, § 30 Abs 2 GSVG). Der nach § 69 Abs 2 EheG Unterhaltsberechtigte hat gegenüber dem Verpflichteten einen ausdrücklichen Anspruch auf Ersatz dieser Beiträge. Nach Ansicht der Rechtsprechung ist dieser Kostenersatz aber in den Unterhaltsanspruch einzurechnen.[355] Bei allen anderen nachehelichen Unterhaltsarten bleibt die freiwillige Versicherung allein die Angelegenheit des geschiedenen Ehegatten. Verliert ein Ehegatte durch eine Entscheidung über die Auflösung der Ehe offensichtlich den gesetzlichen Krankenversicherungsschutz, so ist das Gericht mit Zustimmung des betroffenen Ehegatten verpflichtet, den zuständigen Sozialversicherungsträger zu verständi-

---

354 Zur sozialversicherungsrechtlichen Stellung des Ehegatten nach Auflösung der Ehe vgl *Krejci*, Neues Scheidungsrecht und soziale Sicherung, JBl 1979, 169; *Binder* in Harrer/Zitta 669; *Schrammel* in Tomandl (Hrsg), System des österreichischen Sozialversicherungsrechts (LoseBlatt) 121 ff; *Verschraegen*, Mitversicherungsbeitrag und Unterhalt, ÖJZ 2003/16 (289); *Neumayr*, Sozialversicherungsrechtliche Folgen der Ehescheidung, FamZ 2006, 221 und FamZ 2007, 40; *Deixler-Hübner*, Scheidung, Ehe und Lebensgemeinschaft[11] (2013) Rz 221 ff; *Hopf/Kathrein*, Eherecht[3] § 258 ASVG.

355 Vgl die bei *Gitschthaler* in Gitschthaler/Höllwerth § 69 EheG Rz 14 ff; *Zankl/Mondel* in Schwimann/Kodek I[4] § 69 EheG Rz 9 und *Hopf/Kathrein*, Eherecht[3] § 69 EheG Anm 9; angeführte Rechtsprechung.

gen, damit dieser dem Ehegatten Informationen über die sozialversicherungsrechtlichen Folgen der Eheauflösung und die Möglichkeiten zur Fortsetzung des Versicherungsschutzes, etwa über die freiwillige Weiterversicherung, zukommen lassen kann (§ 460 Z 11 ZPO; § 95 Abs 3 AußStrG).

In der **Unfallversicherung** haben Angehörige keine abgeleiteten Ansprüche. Insofern ändert sich für den geschiedenen Ehegatten nichts.

Im Hinblick auf die **Hinterbliebenenversorgung** in der Unfall- und Pensionsversicherung bleibt die Angehörigeneigenschaft trotz Eheauflösung unter bestimmten, ganz konkret definierten Voraussetzungen bestehen. Geschiedene Ehegatten können Anspruch auf eine Witwen/Witwerrente oder Witwen/Witwerpension haben, wenn sie im Zeitpunkt des Todes des versicherten ehemaligen Ehegatten nicht wiederverheiratet sind und Anspruch auf nachehelichen Unterhalt haben. Dies wird für den Witwen/Witwerpensionsanspruch in § 258 ASVG (§ 127 BSVG, § 136 GSVG) sowie im Wesentlichen ähnlich für Hinterbliebene von Beamten in § 19 PG geregelt. Der Anspruch auf eine aus der Unfallversicherung stammende Witwen/Witwerrente wird an dieselben Bedingungen geknüpft (vgl § 215 ASVG, § 149o BSVG).

Der geschiedene Ehegatte hat gem § 258 ASVG (§ 127 BSVG, § 136 GSVG) Anspruch auf die Witwen/Witwerpension, wenn der Verstorbene im Zeitpunkt seines Todes auf Grund
- eines gerichtlichen Urteils,
- eines gerichtlichen Vergleichs oder
- einer vor Eheauflösung eingegangenen vertraglichen Verpflichtung
zur Unterhaltsleistung oder zur Leistung eines Unterhaltsbeitrages nach § 68 EheG verpflichtet war. Dasselbe gilt, wenn der Verstorbene nach Rechtskraft der Scheidung regelmäßig bis zu seinem Tod, jedoch mindestens ein Jahr lang, Unterhalt geleistet hat, vorausgesetzt die Ehe hat mindestens zehn Jahre bestanden (§ 258 Abs 4 lit d ASVG).

Der gerichtliche Vergleich oder das Urteil müssen den nachehelichen Unterhalt regeln.[356] Unterhaltsurteile und -vergleiche, die den Unterhaltsanspruch nach § 94 ABGB (Unterhalt bei aufrechter Ehe) regeln, können keine Anspruchsberechtigung vermitteln, weil der Unterhaltsanspruch nach § 94 ABGB mit Rechtskraft der Eheauflösung erlischt. Ausgenommen ist nur der Unterhaltsanspruch nach § 69 Abs 2 EheG, weil für diesen Unterhaltsanspruch § 94 ABGB weitergilt. In allen anderen Fällen muss für den Unterhalt nach Scheidung ein neuer Titel geschaffen werden. Auch im Fall des § 69 Abs 2 EheG muss ein expliziter Titel vorliegen, das bloße Bestehen

---

356 *Schrammel* in Tomandl 122 f.

des Unterhaltsanspruchs genügt nach Ansicht der Rechtsprechung nicht.[357] Die Rechtsprechung verlangt weiters, dass die Höhe des Unterhalts bestimmt oder ohne weiteren Aufwand bestimmbar sein muss,[358] der betreffende Titel muss im Zeitpunkt des Todes des Versicherten schon vorhanden sein, und die Unterhaltsverpflichtung muss in diesem Zeitpunkt noch aufrecht sein.[359]

Die **Höhe** der Witwen/Witwerpension richtet sich im Wesentlichen nach der Höhe des Unterhaltsanspruchs im Zeitpunkt des Todes des Versicherten (§ 264 ASVG, § 136 BSVG, § 145 GSVG). Bei tatsächlicher Unterhaltsleistung (§ 258 Abs 4 lit d ASVG) kommt es auf die durchschnittliche Unterhaltsleistung in den letzten Jahren vor dem Tod, längstens jedoch auf die durchschnittliche Unterhaltsleistung in den letzten drei Jahren an. Vertragliche oder durch gerichtlichen Vergleich übernommene Erhöhungen des Unterhaltsbetrages bleiben außer Betracht, wenn seit dem Abschluss des Vertrages bzw Vergleichs bis zum Tod nicht mindestens ein Jahr vergangen ist. Bei tatsächlicher Unterhaltsleistung muss seit der Erhöhung ein Jahr vergangen sein.

Der/die nach § 69 Abs 2 EheG Unterhaltsberechtigte genießt eine Sonderstellung (§ 264 Abs 10 ASVG, § 136 Abs 10 BSVG, § 145 Abs 10 GSVG): Hat die Ehe mindestens fünfzehn Jahre gedauert, so gebührt ihm/ihr der volle Witwen/Witwerpensionsanspruch, wenn der/die Unterhaltsberechtigte im Zeitpunkt des Eintritts der Rechtskraft des Scheidungsurteils das 40. Lebensjahr vollendet hatte oder seit diesem Zeitpunkt erwerbsunfähig war oder ein gemeinsames Kind, das Anspruch auf Waisenpension hat, zu betreuen hatte.

D. Aufteilung des Ehevermögens

1. Aufteilungsanspruch und vertragliche Vereinbarung

a. Allgemeines

Nach Ehescheidung hat jeder Ehegatte das Recht, binnen eines Jahres ab Rechtskraft der Scheidung, Aufhebung oder Nichtigerklärung der Ehe im Außerstreitverfahren die gerichtliche Aufteilung des ehelichen Gebrauchsvermögens und der ehelichen Ersparnisse zu verlangen, soweit darüber kei-

---

357 OLG Wien 31 R 13/81 ZAS 1982, 110 (abl *Kerschner*); krit *Schrammel* in Tomandl 125.
358 Krit *Schrammel* in Tomandl 122.
359 Näheres bei *Aichhorn* in Gitschthaler, Eherecht § 258 ASVG Rz 24 ff; *Hopf/Kathrein*, Eherecht³ § 258 ASVG Anm 3.

ne einvernehmliche Einigung erzielt werden kann. Dieser Anspruch wurde durch das BG über Änderungen des Ehegattenerbrechts, des Ehegüterrechts und des Ehescheidungsrechts BGBl 1978/280 geschaffen und ist in den §§ 81 bis 98 EheG geregelt. Zum Aufteilungsanspruch existiert eine umfangreiche Literatur,[360] seine praktische Bedeutung wird durch eine Fülle von oberstgerichtlichen Entscheidungen dokumentiert.

b. Vertragliche Aufteilung

Die Aufteilung des Ehevermögens soll primär einvernehmlich vorgenommen werden. Ein gerichtliches Aufteilungsverfahren kann nur erfolgen, soweit sich die Parteien nicht geeinigt haben (§ 85 EheG). **Im Zusammenhang** mit einem Verfahren auf Scheidung, Aufhebung oder Nichtigerklärung der Ehe können Aufteilungsvereinbarungen **frei geschlossen** werden (§ 97 Abs 5 EheG[361]). Sie unterliegen keiner Formpflicht,[362] und ihre Wirksamkeit ist nach den allgemeinen Regeln des Schuldrechts zu beurteilen. Ansprüche, die sich auf eine solche Vereinbarung stützen, sind nicht mehr im Aufteilungsverfahren, sondern im streitigen Verfahren geltend zu machen.[363]

Die Gültigkeit von Vereinbarungen **ohne Zusammenhang** mit einem Verfahren zur Eheauflösung wird durch § 97 EheG geregelt, der durch das

---

360 *Hackl*, Richterliche Anordnungsbefugnisse und das Verfahren bei der Aufteilung von ehelichem Gebrauchsvermögen und Ersparnissen, in Ostheim 159; *Honsell*, Die Aufteilung des Vermögens bei der Scheidung, in Ostheim 169; *Schwind*, Die Reform des österreichischen Eherechts, FamRZ 1979, 649; *Holeschofsky*, Aufteilung von ehelichem Gebrauchsvermögen, RZ 1982, 4; *Gimpel-Hinteregger*, Billigkeitserwägungen bei der Aufteilung des ehelichen Gebrauchsvermögens und der ehelichen Ersparnisse in der Rechtsprechung des Obersten Gerichtshofes, JBl 1986, 553; *Wilhelm*, Die Aufteilung des ehelichen Vermögens nach den §§ 81 ff EheG in der Rechtsprechung, NZ 1986, 145; *Feil/Holeschofsky*, Unterhalt und Vermögensrechte nach der Scheidung² (1991); *Honsell*, Vermögensteilung nach der Scheidung und Billigkeit, in Harrer/Zitta 613; *Gantner*, Das rechtliche Schicksal der Eigentumswohnung im Scheidungsfall, immolex 2001, 236; *Stefula*, Der gemeinsame Hausbau bei der Auflösung von Ehe und Lebensgemeinschaft, JAP 2001/2002, 138, 203; *Deixler-Hübner*, Die Aufteilung des Ehevermögens nach Billigkeit – oder Die stille Geltung des § 1378 BGB in Österreich, NZ 2002/96 (257); *Linder*, Das Unternehmen in der Ehescheidung zwischen Ehe- und Gesellschaftsrecht, GesRZ 2007, 7; *Gitschthaler*, Nacheheliche Aufteilung (2009); *Oberhumer*, Frischer Wind im Aufteilungsrecht? EF-Z 2012/155. Vgl außerdem die in den Kommentaren angegebenen Literaturhinweise.

361 IdF FamRÄG 2009.

362 OGH 7 Ob 685/85 EFSlg 51.848.

363 OGH 7 Ob 687/80 SZ 53/153; 4 Ob 546/90 EvBl 1990/153 (776); 5 Ob 43/07w EFSlg 117.584.

FamRÄG 2009[364] neu gefasst wurde. § 97 Abs 1 EheG bestimmt, dass solche Vereinbarungen **formpflichtig** sind. Vereinbarungen über die Aufteilung ehelicher Ersparnisse bedürfen der Notariatsaktsform, Vereinbarungen über die Aufteilung des ehelichen Gebrauchsvermögens müssen schriftlich abgeschlossen werden. Diese Formvorschriften gelten auch für eine Änderung der Vereinbarung.[365] Zur Ehewohnung siehe unten.

Stellt nach Auflösung der Ehe einer der beiden oder stellen beide Ehegatten einen Antrag auf Aufteilung des Ehevermögens nach §§ 81 ff EheG, so ist das Gericht bei seiner Entscheidung an die Vereinbarung gebunden. Es kann von dieser nur abweichen, soweit die Vereinbarung einen Teil **unbillig** benachteiligt, sodass diesem nicht zumutbar ist, sich an die Vereinbarung zu halten. Bei der Bewertung der Billigkeit der Vorweg-Vereinbarung ist nicht auf den Zeitpunkt ihres Abschlusses, sondern auf den der Aufteilungsentscheidung abzustellen, und es ist dabei das gesamte Vermögen, das in die Aufteilung einzubeziehen ist, zu berücksichtigen (§ 97 Abs 2 EheG). Unbilligkeit liegt, so die Gesetzesmaterialien,[366] nicht schon vor, wenn die Vereinbarung den Billigkeitserwägungen des § 83 EheG widerspricht, sondern erst wenn eine Abwägung der Interessen beider Ehegatten ergibt, dass ein Teil unverhältnismäßig benachteiligt wird und an Stelle seines Anteils am Ehevermögen mit einem Almosen abgespeist werden soll. Trifft dies zu, kann das Gericht die getroffene Vereinbarung korrigieren. Entscheidende Kriterien für die Unbilligkeitsprüfung und sodann auch für die vom Ge-

---

364 § 97 neu EhcG ist auf Verfahren anzuwenden, die nach dem 31.12.2009 eingeleitet werden (vgl Art 18 § 3 FamRÄG 2009); diese Rückwirkung ist nicht verfassungswidrig: OGH 1 Ob 144/12a EF-Z 2013/51 (*Oberhumer*). Zu den Änderungen durch das Familienrechts-Änderungsgesetz 2009: *Hopf*, Neues im Ehe- und Kindschaftsrecht, ÖJZ 2010/19; *Kralik/Benedikt*, Familienrechts-Änderungsgesetz 2009 mit Schwerpunkt der Neuregelungen über den Ehepakt, NetV 2009, 51; *Nademleinsky*, Das FamRÄG 2009 – die wichtigsten Änderungen, Zak 2009/531; *Pesendorfer*, Familienrechts-Änderungsgesetz 2009: Änderungen im Eherecht, iFamZ 2009, 261; *Schwimann*, Neues Recht für Vereinbarungen über nacheheliche Vermögensaufteilung, Zak 2009/530; *Barth*, Vergleichsgebühr und Familienrechts-Änderungsgesetz 2009, NZ 2010/37; *Beck*, Vorwegvereinbarung über die Aufteilung ehelicher Ersparnisse und ehelichen Gebrauchsvermögens, EF-Z 2010/31; *Deixler-Hübner*, Einige offene Fragen zum reformierten § 97 EheG, Zak 2010/8; *Gitschthaler*, Die neuen Vorwegvereinbarungen nach dem FamRÄG 2009, EF-Z 2010, 9; *Kissich*, Familienrechts-Änderungsgesetz 2009, JAP 2010/2011, 49; *Perner/Spitzer*, Ehewohnung und Ehescheidung, wobl 2010, 29; *Pesendorfer*, FamRÄG 2009 (2010).

365 Erfolgt die neue Vereinbarung jedoch im Zusammenhang mit einem konkreten Verfahren zur Auflösung der Ehe, besteht keine Formpflicht, weil die Ehegatten in diesem Fall auch formlos von der getroffenen Vorweg-Vereinbarung abweichen und die Aufteilung des Ehevermögens anders regeln können (vgl oben, § 97 Abs 5 EheG).

366 IA 673/A 24. GP 37.

richt zu treffende Korrektur[367] sind vor allem die Gestaltung der ehelichen Lebensgemeinschaft und die Dauer der Ehe. Außerdem ist darauf Bedacht zu nehmen, inwieweit der Vereinbarung eine rechtliche Beratung vorangegangen ist und in welcher Form sie geschlossen wurde (§ 97 Abs 4 EheG). Diese Korrektur der Vorweg-Vereinbarung kann nur im Rahmen eines Aufteilungsverfahrens erfolgen. Kommt es nach Auflösung der Ehe nicht zu einem Aufteilungsverfahren, so ist die Vorweg-Vereinbarung voll wirksam und kann nur mehr nach den allgemeinen Regeln des Vertragsrechts (zB wegen Nichtigkeit oder Anfechtbarkeit) im streitigen Verfahren bekämpft werden.

Für die **Ehewohnung** gelten Sonderregeln. Obwohl die Ehewohnung immer eheliches Gebrauchsvermögen darstellt (§ 81 Abs 2 EheG), unterliegt eine Vorweg-Vereinbarung über ihre Aufteilung der **Notariatsaktspflicht** (§ 97 Abs 1 EheG). Das FamRÄG 2009 brachte überdies Neuerungen für den Inhalt von Vorweg-Vereinbarungen in Bezug auf die in die Ehe **eingebrachte** Ehewohnung, wenn diese also von einem Ehegatten in die Ehe mitgebracht oder von Todes wegen erworben oder diesem von einem Dritten geschenkt wurde.[368] Einerseits können die Ehegatten festlegen, dass die Ehewohnung in die Aufteilung fallen soll, auch wenn sie nach den Kriterien des § 82 Abs 2 EheG – notwendiger Bedarf des anderen Ehegatten oder berücksichtigungswürdiger Bedarf eines gemeinsamen Kindes – keine Aufteilungsmasse darstellt („opt-in"-Vereinbarung). Andererseits können sie bei einer Ehewohnung, die nach § 82 Abs 2 EheG in die Aufteilung fällt, vorweg bestimmen, dass das Gericht bei der Aufteilungsentscheidung nicht berechtigt ist, das Eigentum oder ein anderes dingliches Recht an der Ehewohnung auf den anderen Ehegatten zu übertragen („opt-out"-Vereinbarung; § 87 Abs 1 letzter Satz EheG).

Haben die Ehegatten eine Vorweg-Vereinbarung über die Ehewohnung geschlossen, so ist das Gericht an eine darin festgelegte **Zuteilung des Eigentums** gebunden.[369] Das Aufteilungsgericht kann nur im Hinblick auf die **Nutzung** der Ehewohnung von der Vorweg-Vereinbarung abweichen. Eine

---

367 IA 673/A 24. GP 37.

368 Siehe unten unter 2.b.

369 Nach überwiegender Auffasung auch für die gemeinsam erwirtschaftete Ehewohnung: *Deixler-Hübner*, Zak 2010/8, 12; *Kralik/Benedikt*, NetV 2009, 51; *Hopf*, ÖJZ 2010/19, 162; *Perner/Spitzer*, wobl 2010, 34; *Kissich*, JAP 2010/2011/7, 54; *Fischer-Czermak*, Ehepakte und Vermögensaufteilung nach Scheidung, in FS Fenyves (2013) 103 (112 f); anders *Schwimann*, Zak 2009/530, 325; *Gitschthaler*, EF-Z 2010/5, 11; *Hopf/Kathrein*, Eherecht³ § 97 EheG Rz 5 und *Ferrari*, Zu Vorausvereinbarungen über die Ehewohnung nach § 97 EheG, EF-Z 2015/37, wonach die Herausnahme der Ehewohnung aus der gerichtlichen Unbilligkeitsprüfung durch § 97 Abs 2 EheG nur für die **eingebrachte** Ehewohnung gilt.

solche Anpassung der Vereinbarung ist überdies nur zulässig, soweit der andere Ehegatte oder ein gemeinsames Kind seine Lebensbedürfnisse nicht decken kann oder eine deutliche Verschlechterung seiner Lebensverhältnisse hinnehmen müsste (§ 97 Abs 3 EheG). Dies wäre etwa der Fall, wenn der Auszug aus der Wohnung für den Ehegatten mit einem Verlust des Arbeitsplatzes oder für das Kind mit einem Wechsel der Schule oder des Ausbildungsplatzes verbunden ist, der die weitere Entwicklung gefährden kann.[370] Liegt eine „opt-out"-Vereinbarung iSd § 87 Abs 1 letzter Satz EheG vor, so beschränkt sich der gerichtliche Entscheidungsspielraum auf die Änderung der Nutzungsbefugnisse an der Ehewohnung.[371]

c. Aufteilungsanspruch

Der Aufteilungsanspruch muss durch **Antrag** im Außerstreitverfahren geltend gemacht werden. Mit ihren Anträgen grenzen die Parteien den **Gegenstand** der Aufteilung ab.[372] Das Gericht darf nur jene Gegenstände in seine Aufteilungsentscheidung einbeziehen, die direkt oder zumindest erkennbar Gegenstand des Antrags sind.[373] Für die **Vornahme** der Aufteilung ist das Gericht nicht an die Anträge der Parteien gebunden. Diese stellen bloß Vorschläge dar[374] (zur Vorweg-Vereinbarung siehe vorhin). Weicht die Entscheidung des Gerichts von den Anträgen ab, muss den Parteien Gelegenheit geboten werden, dazu Stellung zu nehmen. Dem Gericht ist es verwehrt, im Rahmen seiner Rechtsgestaltung zugunsten einer Partei Rechtspositionen zu begründen, die diese ausdrücklich ablehnt.[375] Der Aufteilungsantrag kann auch bloß hinsichtlich einzelner Vermögensgegenstände gestellt werden (§ 85 EheG).[376] Die von den Parteien bereits durch Vertrag oder Vergleich vorgenommene Aufteilung ist dann angemessen zu berücksichtigen.[377]

---

370 IA 673/A 24. GP 37.
371 Vgl *Ferrari*, EF-Z 2015/37 (56 f, mwN).
372 OGH 6 Ob 586/80 SZ 53/81; 1 Ob 643/82 JBl 1983, 316; 8 Ob 695, 696/89 JBl 1991, 458.
373 OGH 1 Ob 699/84 EFSlg 48.985; 1 Ob 158/08d EF-Z 2009/49.
374 OGH 7 Ob 754/79 SZ 52/145; 6 Ob 586/80 SZ 53/81; 9 Ob 125/04d EFSlg 111.386 etc.
375 OGH 6 Ob 586/80 SZ 53/81; 8 Ob 564/82 EFSlg 43.784.
376 OGH 1 Ob 685/80 SZ 53/125; 8 Ob 572/92 EFSlg 69.349.
377 OGH 5 Ob 736/80 EvBl 1981/71 (237); 1 Ob 643/82 JBl 1983, 316.

Ein von einem Ehegatten gestellter Aufteilungsantrag kann nur mehr einvernehmlich wieder zurückgenommen werden, da es sich um einen gemeinschaftlichen Verfahrensanspruch handelt.[378]

Bei der **Jahresfrist** des § 95 EheG, die mit formeller Rechtskraft des Scheidungsausspruchs zu laufen beginnt,[379] handelt es sich um eine Präklusionsfrist.[380] Wird sie versäumt, besteht der Aufteilungsanspruch nicht mehr, und eine vermögensrechtliche Auseinandersetzung zwischen den ehemaligen Ehegatten kann nur mehr nach allgemeinen schuld- und sachenrechtlichen Regeln im streitigen Verfahren erfolgen. In Betracht kommen Kondiktionsansprüche (va condictio causa data causa non secuta),[381] Ansprüche auf Schenkungsanfechtung oder -widerruf, Ansprüche auf Auseinandersetzung wegen Auflösung einer Gesellschaft bürgerlichen Rechts und der Teilungsanspruch nach § 830 ABGB für die Auflösung einer Miteigentumsgemeinschaft. Vergleichsverhandlungen oder die Durchführung einer Mediation führen zu einer **Hemmung** der Frist.[382] Scheitern die Verhandlungen und ist die Frist bereits abgelaufen, so muss der Aufteilungsantrag unverzüglich eingebracht werden, andernfalls ist der Anspruch erloschen.[383]

Der Aufteilungsanspruch ist **höchstpersönlicher** Natur. Er ist nur insoweit vererblich, unter Lebenden oder von Todes wegen übertragbar und verpfändbar, soweit er durch Vertrag oder Vergleich anerkannt oder gerichtlich geltend gemacht worden ist (§ 96 EheG). Die einstweilige Regelung der Benützung und Sicherung ehelichen Gebrauchsvermögens und

---

378 OGH 6 Ob 655/83 EvBl 1983/172 (662); 6 Ob 189/97f EFSlg 87.574; 9 Ob 125/04d ÖJZ-LSK 2005/164 etc.

379 OGH 5 Ob 629/81 EvBl 1981/211 (605); 4 Ob 509/82 SZ 55/34. Dies gilt auch dann, wenn die Ehe mit einem Teilurteil aufgelöst wurde und über die Verschuldensfrage noch nicht entschieden wurde: OGH 4 Ob 600/81 RZ 1983/40 (186); 4 Ob 509/82 JBl 1982, 495; 7 Ob 211/06i FamZ 2007/45; 1 Ob 94/12y EF-Z 2012/161; vgl *Deixler-Hübner* in Gitschthaler/Höllwerth § 81 EheG Rz 1; *Deixler-Hübner*, (Teil-)Rechtskraft von Eheauflösungsentscheidungen und Frist nach § 95 EheG, Zak 2012/399. Bei erfolgreicher Anfechtung des Scheidungsvergleichs beginnt die Frist mit Rechtskraft des Anfechtungsurteils zu laufen: OGH 7 Ob 51/07m EF-Z 2007/82.

380 Nach Ansicht der Rspr soll nach Ablauf der Frist die Ausdehnung eines fristgerechten Aufteilungsantrages nur mehr im Hinblick auf die Zuerkennung der Ausgleichszahlung möglich sein: zB OGH 1 Ob 26/11x EF-Z 2011/89; 1 Ob 57/11f JBl 2011, 715 (*Fucik*); 1 Ob 32/12f EF-Z 2012/106 (*Gitschthaler*); *Oberhumer*, EF-Z 2012, 252.

381 OGH 6 Ob 76/12p EF-Z 2012/162 (*Stefula*): Pflegekosten.

382 § 1497 ABGB analog, § 22 ZivMediatG; siehe IV.D.

383 OGH 1 Ob 542/90 EFSlg 63.621; 1 Ob 681/90 EvBl 1991/123 (566); 3 Ob 205/08f ecolex 2009/79; 1 Ob 111/14a EF-Z 2015/47 (*Gitschthaler*) etc.

ehelicher Ersparnisse kann Gegenstand einer einstweiligen Verfügung sein (§ 382 Abs 1 Z 8 lit c EO).

2. Gegenstand der Aufteilung

a. Das aufzuteilende Vermögen

Gem § 81 EheG unterliegen das eheliche Gebrauchsvermögen und die ehelichen Ersparnisse der Aufteilung. Auf die formellen Eigentumsverhältnisse kommt es nicht an. § 81 Abs 2 EheG definiert das **eheliche Gebrauchsvermögen** als bewegliche oder unbewegliche körperliche Sachen, die während aufrechter Lebensgemeinschaft dem Gebrauch beider Ehegatten gedient haben. Sachen, die nur dem persönlichen Gebrauch eines Ehegatten allein gedient haben (zB Kleidung, Sportausrüstung), oder die er beruflich braucht (zB PKW, Computer), fallen nicht in die Aufteilung (§ 82 Abs 1 Z 2 EheG). Abwechselnder Gebrauch[384] oder bloße Mitbenutzung[385] schaden nicht. Unter das eheliche Gebrauchsvermögen fallen nach Ansicht der Rechtsprechung auch wertvolle Gegenstände[386] sowie unkörperliche Sachen, wie das Anwartschaftsrecht auf Einräumung von Wohnungseigentum[387] oder ein Wohnrecht.[388] Jedenfalls zum Gebrauchsvermögen gehören der Hausrat und die Ehewohnung, wenn sie während aufrechter ehelicher Lebensgemeinschaft angeschafft wurden oder wenn ein spezifischer Bedarf besteht (vgl näher unter V.D.2.b.).

Als **eheliche Ersparnisse** gelten Wertanlagen, die die Ehegatten während aufrechter ehelicher Lebensgemeinschaft angesammelt haben und die ihrer Art nach üblicherweise für eine Verwertung bestimmt sind (§ 81 Abs 3 EheG). Dabei ist nicht auf die subjektive Verwertungsabsicht, sondern auf die objektive Verwertbarkeit abzustellen.[389] Als Wertanlagen werden angesehen: Bargeld, Spareinlagen,[390] der Rückkaufswert einer Lebensversiche

---

384 OGH 1 Ob 628/80 EFSlg 36.449.

385 Mitfahren mit einem PKW: LGZ Wien 47 R 3038, 3039/89 EFSlg 60.333; Hausratsgegenstände, die nur von einem Teil aktiv benützt wurden: *Stabentheiner* in Rummel II/4³ § 81 EheG Rz 6.

386 OGH 7 Ob 700/82 EFSlg 41.350: Reitpferd; 2 Ob 5/04f EFSlg 111.341: Wochenendhaus.

387 OGH 5 Ob 516/81 SZ 54/79.

388 OGH 6 Ob 33/04b EFSlg 108.376.

389 OGH 1 Ob 804/82 JBl 1983, 488.

390 Auch auf den Namen der Kinder lautende Bausparverträge: OGH 5 Ob 20/05k EFSlg 111.338.

rung,[391] Wertpapiere, Gold, Kunstgegenstände,[392] eine zur Vermietung bestimmte Eigentumswohnung,[393] Liegenschaften[394] oder eine Briefmarkensammlung, wenn sie einen Wert hat.[395]

Schulden, die mit dem ehelichen Gebrauchsvermögen oder mit den ehelichen Ersparnissen in einem inneren Zusammenhang stehen, sind „in Anschlag zu bringen" (§ 81 Abs 1 EheG), dh sie sind vom Wert der Sache, für die sie eingegangen wurden, abzuziehen.[396] Schulden, die mit dem ehelichen Lebensaufwand zusammenhängen (Schulden für den konsumierten Urlaub, überzogenes Gehaltskonto), sind bei der Vornahme der Aufteilung zu berücksichtigen (§ 83 Abs 1 EheG). Da die Aufteilung auch der internen Zuteilung von Schulden dient, sind Schulden auch dann zu berücksichtigen, wenn die mit dem Geld angeschaffte Sache im Aufteilungszeitpunkt nicht mehr vorhanden ist, oder wenn die Verbindlichkeiten nach Auflösung der ehelichen Lebensgemeinschaft von einem Ehegatten zurückbezahlt worden sind.[397] Ein Antrag auf Aufteilung kann auch gestellt werden, wenn im Aufteilungszeitpunkt nur Schulden vorhanden sind.[398]

Unternehmensschulden können im Aufteilungsverfahren nicht berücksichtigt werden. Das Unternehmen ist von der Aufteilung ausgenommen (§ 82 Abs 1 Z 3 und 4 EheG). Diesbezügliche Meinungsdifferenzen und Auseinandersetzungsansprüche sind somit im streitigen Verfahren geltend zu machen.

Maßgeblicher Zeitpunkt für die Zugehörigkeit einer Sache zur Aufteilungsmasse ist der Zeitpunkt der Auflösung der ehelichen Lebensgemeinschaft (vgl § 81 Abs 2 und Abs 3 EheG). **Bewertungsstichtag** ist der Zeitpunkt der Aufteilungsentscheidung in erster Instanz.[399] Zwischenzeitliche Werterhöhungen, die von selbst eintreten (Kursgewinne, Verkehrswertstei-

---

391 LGZ Wien 44 R 306/04g EFSlg 108.350. Nicht aber Anwartschaftsrechte für einen erst in Zukunft entstehenden Anspruch (Einzahlungen in eine Pensionskasse): OGH 3 Ob 122/04v EFSlg 111.337 oder Anwartschaften in einer privaten Pensionsvorsorge: 1 Ob 117/11d iFamZ 2011/247.

392 JAB 916 BlgNR 14. GP 13.

393 OLG Wien 13 R 97/79 EFSlg 34.108.

394 OGH 1 Ob 628/80 EFSlg 36.456; 7 Ob 699/81 EFSlg 38.852.

395 OGH 1 Ob 804/82 JBl 1983, 488; LGZ Wien 45 R 742/03f EFSlg 108.349.

396 *Beispiel:* Eine Eigentumswohnung mit einem Verkehrswert von € 200.000,– ist mit einem Kredit von € 60.000,– belastet. Für die Aufteilung ist ein Wert von € 140.000,– zu veranschlagen.

397 OGH 6 Ob 667/83 SZ 56/193; 6 Ob 710/87 EFSlg 57.310; 10 Ob 15/04k EFSlg 108.337.

398 OGH 1 Ob 605/88 EvBl 1989/57 (213); 1 Ob 111/12y iFamZ 2013/21 (*Deixler-Hübner*).

399 OGH 3 Ob 108/07i EFSlg 117.491 uva.

gerungen), sind in die Aufteilung einzubeziehen. Werterhöhungen, die ein Ehegatte nach Auflösung der ehelichen Lebensgemeinschaft allein erbracht hat (zB Sanierung der ehemaligen Ehewohnung), haben bei der Aufteilung dagegen außer Betracht zu bleiben.[400]

Um **Benachteiligungen** eines Ehegatten zu verhindern, sieht § 91 Abs 1 EheG vor, dass der Wert des Fehlenden in die Aufteilung einzubeziehen ist, wenn ein Ehegatte ohne Zustimmung des anderen eheliches Gebrauchsvermögen oder eheliche Ersparnisse in einer Weise verringert hat, die der Gestaltung der Lebensverhältnisse der Ehegatten während der ehelichen Lebensgemeinschaft widerspricht.[401] Die kritische Frist beginnt frühestens zwei Jahre vor Erhebung der Scheidungs-, Aufhebungs- oder Nichtigkeitsklage bzw Aufhebung der ehelichen Lebensgemeinschaft.

b. Das nicht aufzuteilende Vermögen

Der Aufteilung soll grundsätzlich nur Vermögen unterliegen, zu dessen Erwerb die Ehegatten **während aufrechter ehelicher Lebensgemeinschaft beigetragen** haben. Demzufolge fallen Vermögenswerte, die während einer der Ehe vorangegangenen Lebensgemeinschaft oder erst nach Auflösung der ehelichen Lebensgemeinschaft geschaffen wurden, nicht in die Aufteilung.[402]

Nicht aufzuteilen sind Sachen, die ein Ehegatte in die Ehe **eingebracht**, die er **von Todes wegen erworben** oder die ihm **ein Dritter geschenkt** hat (§ 82 Abs 1 Z 1 EheG). Tritt an die Stelle der eingebrachten Sache eine andere (**Surrogat**),[403] so ist auch diese Sache von der Aufteilung ausgenommen, wenn sie nicht für die eheliche Gemeinschaft umgewidmet wurde und bei Auflösung der ehelichen Lebensgemeinschaft noch abgrenzbar ist.[404] Dass die Sache während der Ehe an Wert gewinnt (Kursgewinne, Ver-

---

400 Zur Bewertungsdiskussion: *Gitschthaler*, Aufteilung Rz 139 ff; *Deixler-Hübner* in Gitschthaler/Höllwerth § 81 EheG Rz 28 f und § 82 EheG Rz 10; *Hopf/Kathrein*, Eherecht³ § 83 EheG Anm 5 f.

401 Vgl *Linder*, Gedanken zum Ausgleich von Benachteiligungen gemäß § 91 EheG, iFamZ 2007, 249.

402 OGH 7 Ob 529/86 EFSlg 51.708; 1 Ob 691/82 EvBl 1983/102 (397); 6 Ob 667/83 SZ 56/193; 3 Ob 124/07t EFSlg 117.484.

403 *Beispiel:* Die Frau erbt von ihrem Vater € 10.000,– und legt dieses Geld in Wertpapieren an. Die Wertpapiere fallen nicht in die Aufteilung.

404 OGH 5 Ob 507/80 JBl 1980, 594; 9 Ob 155/03i EFSlg 108.359; 6 Ob 164/06w EFSlg 114.361; dazu *Deixler-Hübner*, Zur Abgrenzung der Aufteilungsmasse, iFamZ 2012, 133. *Beispiel:* Die Frau erbt von ihrem Vater € 10.000,– und investiert das Geld in den Ankauf der Ehewohnung. Hier fallen die eingebrachten € 10.000,– zwar in die Aufteilungsmasse, sie sind aber als Beitragsleistung der Frau zu veranschlagen und erhöhen ihre Aufteilungsquote.

kehrswertsteigerungen), ändert daran nichts.[405] Ist der Wertzuwachs jedoch auf wertsteigernde Investitionen der Ehegatten zurückzuführen, so fällt die Werterhöhung in die Aufteilung.[406] Haben die Anstrengungen der Ehegatten während aufrechter ehelicher Lebensgemeinschaft dazu geführt, dass der Wertzuwachs den Wert der eingebrachten Sache erheblich übersteigt (zB Hausbau auf der eingebrachten Liegenschaft), so fällt die Sache als Ganzes in die Aufteilung, und der eingebrachte Wert wird dem Ehegatten, der die Sache eingebracht hat, als Beitragsleistung angerechnet.[407]

Hochzeitsgeschenke sind in die Aufteilung einzubeziehen, außer sie wurden nur einem Ehegatten allein gemacht oder dienen nur dessen persönlichem Gebrauch.[408] Geschenke eines Ehegatten an den anderen fallen in die Aufteilung, wenn es sich dabei um eheliche Errungenschaft handelt und nicht eine der Ausnahmebestimmungen des § 82 Abs 1 EheG zur Anwendung kommt.[409] Auch ein Lottogewinn ist aufzuteilen.[410]

Eine wichtige Ausnahme besteht für die **Ehewohnung** und den Hausrat. Die von einem Ehepartner in die Ehe eingebrachte Ehewohnung ist in die Aufteilung einzubeziehen,[411] wenn der andere Ehegatte auf ihre Weiterbenützung zur Sicherung seiner Lebensbedürfnisse angewiesen ist. Nach dem strengen Maßstab der Rechtsprechung ist dies nur der Fall, wenn es sich dabei um eine Existenzfrage handelt oder wenn längere Obdachlosigkeit droht.[412] Die Ehewohnung ist außerdem in die Aufteilung einzubeziehen, wenn ein gemeinsames Kind an ihrer Weiterbenützung einen berücksichti-

---

405 ZB OGH 1 Ob 197/99y EvBl 2000/156; 1 Ob 159/04w EFSlg 108.334 etc.

406 OGH 1 Ob 709/85 EFSlg 51.732; 1 Ob 9/14a iFamZ 2014/190 (*Deixler-Hübner*) etc; 7 Ob 105/09f JusGuide 2010/13/7405 (Beitrag durch Konsumverzicht).

407 OGH 5 Ob 528/95 EvBl 1996/55 etc; *Nimmerrichter*, Die Abgrenzung der Aufteilungsmasse nach §§ 81 ff EheG, iFamZ 2009, 296.

408 Geschenke vor der Eheschließung, anlässlich der Verlobung, der Begründung der Lebensgemeinschaft (traditionelle oder kirchliche Hochzeit) fallen nicht in die Aufteilung: OGH 7 Ob 239/07h EF-Z 2008/33 (*Gitschthaler*).

409 Beispielsweise ein Reitpferd, das nur von der Beschenkten benutzt wird, ist nicht aufzuteilen: LGZ Wien 42 R 183/07h EFSlg 117.516. Zur Behandlung der Schenkung von in die Ehe eingebrachten Sachen vgl OGH 8 Ob 105/06h EFSlg 114.381; 1 Ob 158/08d EF-Z 2009/49; *Deixler-Hübner*, Auswirkung der Scheidung auf Schenkungen zwischen Ehegatten, EF-Z 2008/131; *Oberhumer*, Die Behandlung von Schenkungen zwischen Ehegatten bei der nachehelichen Vermögensaufteilung, EF-Z 2014/69.

410 LGZ Wien 43 R 247/05z EFSlg 111.339.

411 Zu den Möglichkeiten, die Einbeziehung der Ehewohnung in die Aufteilung vertraglich zu regeln, siehe oben unter 1.b.

412 OGH 5 Ob 20/05k MietSlg 57.529; 7 Ob 145/06h EFSlg 114.385.

gungswürdigen Bedarf hat (§ 82 Abs 2 EheG).[413] Hier genügt es, dass ein Wohnungswechsel für das Kind eine zu große Belastung darstellen würde.

Der von einem Ehegatten eingebrachte **Hausrat** ist in die Aufteilung einzubeziehen, wenn der andere Ehegatte auf seine Weiterbenützung zur Sicherung seiner Lebensbedürfnisse angewiesen ist (§ 82 Abs 2 EheG).

Ausdrücklich von der Aufteilung ausgenommen sind Sachen, die zu einem **Unternehmen** gehören, und Anteile an einem Unternehmen, außer es handelt sich um bloße Wertanlagen (§ 82 Abs 1 Z 3 und 4 EheG). Dies gilt nach allgemeiner Ansicht auch für das Unternehmen selbst[414] und für die Erträgnisse des Unternehmens, solange sie nicht für private Zwecke umgewidmet wurden.[415] Für den Unternehmensbegriff greift der OGH auf § 1 KSchG zurück. Danach gilt jede auf Dauer angelegte Organisation selbständiger wirtschaftlicher Tätigkeit, mag sie auch nicht auf Gewinn gerichtet sein, als Unternehmen. Auf die Größe kommt es nicht an.[416] Auch Kleinstunternehmen, wie eine Privatzimmervermietung,[417] eine Arztpraxis[418] oder eine Buschenschank,[419] werden vom OGH als Unternehmen eingestuft. Teleologischer Hintergrund dieser Regelung war einerseits die Ansicht, dass ein Unternehmen dem Erwerb des Unternehmer-Ehegatten dient, auf den der andere nach Auflösung der Ehe keinen Anspruch haben soll, und andererseits die Furcht, dass eine Einbeziehung von Unternehmen in die Aufteilung Arbeitsplätze gefährden könnte.[420]

---

413 OGH 5 Ob 20/05k EFSlg 111.367. *Beispiel:* Mann und Frau bringen jeweils eine Eigentumswohnung in die Ehe mit. Es wird einvernehmlich die Wohnung der Frau zur Ehewohnung bestimmt. Zehn Jahre später wird die Ehe geschieden. Der gemeinsame Sohn ist sieben Jahre alt und besucht die nahe gelegene Volksschule. Die Eltern vereinbaren, dass sein hauptsächlicher Aufenthalt in Zukunft beim Vater sein soll. Die Wohnung des Mannes hat inzwischen € 30.000,– an Wert gewonnen. Für die Aufteilung gilt: Die Wohnung des Mannes fällt nicht in die Aufteilung, und die Frau hat auch keinen Anspruch auf die zwischenzeitige Wertsteigerung von € 30.000,–. Wenn der Mann dies beantragt, ist die Wohnung der Frau dagegen in die Aufteilung einzubeziehen, weil der gemeinsame Sohn, der gerade mit dem Schulbesuch begonnen hat, sonst die Schule wechseln müsste. Angemessen wäre es in diesem Fall, dem Mann ein obligatorisches Nutzungsrecht an der Wohnung der Frau zu gewähren. Dieses ist mit der Dauer des Volksschulbesuchs des Sohnes zu befristen.

414 *Stabentheiner* in Rummel II/4³ § 82 EheG Rz 9; *Deixler-Hübner* in Gitschthaler/Höllwerth § 82 EheG Rz 15; *Gitschthaler* in Schwimann/Kodek I⁴ § 82 EheG Rz 18; *Hopf/Kathrein*, Eherecht³ § 82 EheG Anm 16.

415 ZB OGH 3 Ob 122/04v EFSlg 111.359.

416 ZB OGH 9 Ob 46/06i EFSlg 114.375; 6 Ob 87/10b JusGuide 2010/40/7981.

417 OGH 4 Ob 588/88 EFSlg 57.332; nicht die Vermietung eines Gebäudes mit mehreren Wohnungen an einen Mieter: 1 Ob 9/14a iFamZ 2014/190 (*Deixler-Hübner*).

418 OGH 1 Ob 73/12k Zak 2012/695.

419 OGH 1 Ob 501/84 JBl 1984, 606; 6 Ob 642/84 EvBl 1985/121 (596).

420 JAB 916 BlgNR 14. GP 14.

Die pauschale Herausnahme des Unternehmens aus der Aufteilung ist in der Lehre auf große Kritik gestoßen.[421] Dem Einwand der Lehre, dass diese Regelung einen angemessenen Vermögensausgleich zwischen Ehegatten verhindert, wenn Vermögen, das bei aufrechter ehelicher Lebensgemeinschaft geschaffen wurde, in das Unternehmen investiert worden ist, trug das EheRÄG 1999 mit der Schaffung eines neuen § 91 Abs 2 EheG Rechnung. Wurde eheliches Vermögen in ein Unternehmen, an dem einem oder beiden Ehegatten ein Anteil zusteht, eingebracht oder sonst für ein solches Unternehmen verwendet, so ist der Wert dieses Vermögens in die Aufteilung einzubeziehen. Dabei ist jedoch „zu berücksichtigen, inwieweit jedem Ehegatten durch die Einbringung oder Verwendung Vorteile entstanden sind und inwieweit die eingebrachten oder verwendeten ehelichen Ersparnisse aus den Gewinnen des Unternehmens stammten." Auch darf der Bestand des Unternehmens durch die Aufteilung nicht gefährdet werden.[422]

Für die Herausnahme von Sachen aus der Aufteilung ist ihre Widmung für das Unternehmen entscheidend. Ist beispielsweise eine Liegenschaft zur Gänze mit Unternehmenskrediten belastet[423] oder dient eine Lebensversicherung der Sicherung eines Unternehmenskredits,[424] so fallen Liegenschaft und Lebensversicherung nicht in die Aufteilung. Dasselbe gilt für Sparbücher oder Firmenautos. Wurden Sachen, die zu einem Unternehmen gehören, während aufrechter Ehe von beiden Ehegatten benutzt, so ist dies bei der Aufteilung entsprechend zu berücksichtigen, wenn sie auf Grund ihrer Unternehmenszugehörigkeit dem Unternehmer-Ehegatten verbleiben (§ 91 Abs 3 EheG).

---

421 *Wilhelm*, NZ 1986, 145, 147 f; *Gimpel-Hinteregger*, JBl 1986, 557 ff; *Nowotny*, Ehescheidung und Unternehmensvermögen, ÖJZ 1988, 609; *Honsell* in Harrer/Zitta 616 f; *Linder*, GesRZ 2007, 7.

422 Vgl *Linder*, iFamZ 2007, 249; *Oberhumer*, Unternehmen und Gesellschaftsanteile in der nachehelichen Vermögensaufteilung (2011); *Reiter*, Unternehmens- und Berufsschutz durch nacheheliche Aufteilung, Der Gesellschafter 2013/6. Zur Anwendung des § 91 EheG auf eine Privatstiftung: *Csoklich*, Privatstiftung und Scheidung, RdW 2000, 402; *Riedmann*, Privatstiftung und Schutz der Gläubiger des Stifters (2004) 62 ff; *B. Jud*, Die Privatstiftung in der Vermögensaufteilung bei Scheidung des Stifters, GesRZ 2007, 289.

423 OGH 4 Ob 547/95 SZ 68/127; 1 Ob 216/14t EF-Z 2015/69.

424 OGH 2 Ob 185/04a EFSlg 108.369.

3. Vornahme der Aufteilung

Die Aufteilung hat nach Billigkeit zu erfolgen (§ 83 EheG).[425] Kriterien sind vor allem der **Beitrag**, den jeder Ehegatte zur Anschaffung des ehelichen Gebrauchsvermögens und zur Ansammlung der ehelichen Ersparnisse geleistet hat, und das Wohl der Kinder. Als Beiträge gelten das Erwerbseinkommen und gem § 83 Abs 2 EheG auch alle sonstigen ehelichen Beitragsleistungen, wie Unterhaltsleistung, Mitwirkung im Erwerb, Haushaltsführung, Kindererziehung und jeder sonstige eheliche Beistand. Bei Führung einer Hausfrauen/mannehe wertet die Rechtsprechung die Leistungen des Erwerbstätigen und des Haushaltsführenden grundsätzlich als gleichwertig.[426] Ansonsten werden die beiderseitigen Beitragsleistungen entsprechend gewichtet. Verdienen etwa beide Ehegatten gleich viel, leistet aber einer den Großteil der Hausarbeit, so muss der Beitrag des letzteren höher bewertet werden. Leistungen und Geschenke von Verwandten eines Ehegatten sind, soweit sie nicht deutlich beiden Ehegatten gewidmet wurden, als Beitrag des Ehegatten zu bewerten, mit dem der Leistende verwandt ist.[427]

Das **Wohl der Kinder** spielt vor allem für die Frage der Zuweisung der Ehewohnung und des Hausrats eine Rolle.[428] Seit dem EheRÄG 1999 kann der Bedarf eines Kindes an der Weiterbenützung der Ehewohnung auch dazu führen, dass die Ehewohnung in die Aufteilung einbezogen wird, obwohl sie der andere Ehegatte in die Ehe eingebracht hat (§ 82 Abs 2 EheG).

Weitere von der Rechtsprechung beachtete Kriterien sind der aus dem Anerbenrecht entlehnte Grundsatz des **Wohlbestehenkönnens** und das Verschulden an der Eheauflösung. Der Grundsatz des Wohlbestehenkönnens spielt vor allem für die Bemessung der Ausgleichszahlung eine Rolle.[429] Das **Verschulden** an der Eheauflösung wird dahingehend berücksichtigt, dass der Schuldlose in gewissem Umfang die ihm zuzuweisenden Sachen wählen können soll. Er soll durch die Aufteilung außerdem nicht in unzumutbare wirtschaftliche Schwierigkeiten geraten.[430]

---

425 Vgl dazu *Gimpel-Hinteregger*, JBl 1986, 557; *Reiter*, Die Aufteilung ehelichen Vermögens nach Billigkeitsprinzipien, ÖJZ 2014/126.

426 OGH 2 Ob 98/07m EFSlg 117.524; 1 Ob 36/09i NZ 2009/71; 1 Ob 46/13s iFamZ 2013/147 (*Deixler-Hübner*) etc. Kritisch *Deixler-Hübner*, NZ 2002/96 (257).

427 OGH 6 Ob 178/03z EFSlg 108.360; 6 Ob 164/06w FamZ 2007/22; 8 Ob 91/07a MietSlg 59.483; 7 Ob 23/09x JBl 2010, 56 etc.

428 OGH 5 Ob 776/82 EFSlg 43.771; 8 Ob 695, 696/89 JBl 1991, 458.

429 OGH 6 Ob 702/81 EFSlg 38.907; 2 Ob 581/90 EFSlg 63.598; 1 Ob 2104/96k EFSlg 81.737.

430 OGH 5 Ob 669/81 JBl 1983, 598 etc; einschränkend OGH 5 Ob 221/10a EF-Z 2011/111.

Die Aufteilung ist so vorzunehmen, dass sich die Lebensbereiche der ehemaligen Ehegatten in Zukunft möglichst wenig berühren (§ 84 EheG). Aus diesem Grund soll gemeinsames Miteigentum grundsätzlich aufgelöst werden,[431] und es soll nicht ohne zwingenden Grund einem Ehegatten ein Nutzungsrecht an einer dem anderen gehörenden Sache eingeräumt werden (zB Miete am Haus des anderen). Die Eigentumsübertragung an unbeweglichen Sachen und die Begründung von dinglichen Rechten darf nur angeordnet werden, wenn sonst eine billige Regelung nicht zu erzielen wäre (§ 90 Abs 1 EheG).

Die Aufteilung erfolgt durch die **Zuweisung** der von der Aufteilung erfassten Sachen. Führt die reale Aufteilung des Ehevermögens zu keinem billigen Ausgleich zwischen den Ehegatten, so kann das Gericht die noch bestehende Unbilligkeit durch Anordnung einer Geldzahlung ausgleichen (§ 94 EheG, **Ausgleichszahlung**).

Dem Gericht kommen weitreichende **Anordnungsbefugnisse** zu. In Bezug auf das **eheliche Gebrauchsvermögen** kann das Gericht das Eigentum oder ein Anwartschaftsrecht von einem auf den anderen übertragen. Bei unbeweglichen Sachen kann es Eigentum und dingliche Rechte übertragen und zugunsten eines Ehegatten dingliche und obligatorische Rechte an Liegenschaften des anderen begründen (§ 86 Abs 1 EheG). Steht eheliches Gebrauchsvermögen im Eigentum eines Dritten, so bedarf die Übertragung von Rechten und Pflichten dessen Zustimmung (§ 86 Abs 2 EheG). Hinsichtlich der **Ehewohnung** kann das Gericht überdies anordnen, dass ein Ehegatte an Stelle des anderen in das der Benützung der Ehewohnung zugrundeliegende Rechtsverhältnis eintritt oder das bisher gemeinsame Rechtsverhältnis allein fortsetzt (zB Übertragung des Mietrechts). Hier bedarf es nicht der Zustimmung des Dritten (zB Vermieters), außer es handelt sich um eine Dienstwohnung.[432] In Bezug auf eine iSd § 82 Abs 2 EheG eingebrachte Ehewohnung ist zu beachten, dass die Ehegatten die Übertragung des Eigentums oder von dinglichen Rechten durch Vorweg-Vereinbarung ausschließen können (§ 87 Abs 1 letzter Satz EheG).

Bei der Aufteilung **ehelicher Ersparnisse** kann das Gericht die Übertragung von Vermögenswerten, gleich welcher Art, von einem auf den anderen Ehegatten anordnen. Handelt es sich dabei um eine Wohnung, kann das Gericht auch ein schuldrechtliches Benützungsrecht zu Gunsten eines Ehegatten begründen (§ 89 EheG).

---

431 OGH 5 Ob 669/81 JBl 1983, 598.
432 Zur Dienstwohnung vgl § 88 EheG; *Hofmann-Wellenhof*, Dienstwohnungen im Aufteilungsverfahren nach der Ehescheidung, JBl 1984, 464.

In seiner Entscheidung hat das Gericht auch die zu ihrer Durchführung nötigen Anordnungen zu treffen und die näheren Umstände zu bestimmen (zB Räumungsfrist). Sind mit der Durchführung der Entscheidung Aufwendungen verbunden (zB Grundbuchsgebühr, Transportkosten), so hat das Gericht nach billigem Ermessen zu entscheiden, welcher Ehegatte sie zu tragen hat (§ 93 EheG).

4. Schuldenhaftung

Von der Aufteilung werden auch Schulden, die mit dem ehelichen Gebrauchsvermögen und den ehelichen Ersparnissen (§ 81 Abs 1 Satz 2 EheG) oder mit dem ehelichen Lebensaufwand (§ 83 Abs 1 EheG) zusammenhängen, erfasst (siehe oben V.D.2.a.; zu den Besonderheiten beim Ehegattenkredit siehe oben III.B.). Die Ehegatten können im Rahmen einer vertraglichen Regelung der Scheidungsfolgen nach § 97 Abs 5 EheG oder § 55a Abs 2 EheG festlegen, wer von ihnen im Innenverhältnis zur Zahlung der Schulden verpflichtet ist. Kommt es zu einem gerichtlichen Aufteilungsverfahren, kann das Gericht gem § 92 EheG eine solche **Schuldenzuteilung** treffen.

Durch **§ 98 EheG**, der im Jahr 1985 durch das BG, mit dem Bestimmungen zum Schutz des für einen Kredit mithaftenden Ehegatten getroffen werden BGBl 1985/481, in das EheG eingefügt worden ist, wurde für Kreditverbindlichkeiten, für die **beide** haften, zusätzlich die Möglichkeit eröffnet, dieser internen Schuldenzuteilung **Außenwirkung** für den Gläubiger zu verschaffen.[433] Auf Antrag eines der beiden Ehegatten hat das Gericht mit Wirkung für den Gläubiger auszusprechen, dass derjenige Ehegatte, der im Innenverhältnis zur Zahlung verpflichtet ist, Hauptschuldner und der andere Ausfallsbürge wird. Der Antrag ist binnen der einjährigen Präklusionsfrist des § 95 EheG zu stellen. Bei der einvernehmlichen Scheidung kann ein solcher Antrag bereits im Rahmen des Scheidungsverfahrens gestellt und der Ausspruch nach § 98 EheG mit dem Beschluss über die Scheidung verbunden werden (§ 96 Abs 4 AußStrG). Der Gläubiger ist dem Verfahren

---

433 Krit *Koziol*, Die Ausfallsbürgschaft des geschiedenen Ehegatten kraft Richterspruchs, RdW 1986, 5 (dagegen *Gimpel-Hinteregger*, JBl 1986, 559 FN 81); vgl weiters *Fink*, Zur Ehegattenbürgschaft, AnwBl 1986, 629; *Gamerith*, Die Kreditmithaftung geschiedener Ehegatten nach § 98 EheG, RdW 1987, 183; *M. Bydlinski*, Verfahrens- und materiellrechtliche Fragen bei der Ehegattenbürgschaft, ÖBA 1988, 468; *Koziol*, Zur Haftung des geschiedenen Ehegatten für Kredite (§ 98 EheG), RdW 1990, 243; *Ferner*, Pfandhaftung und § 98 EheG, RdW 1991, 256; *Iro*, Zum Bürgenregreß gegenüber dem Ausfallsbürgen gem § 98 EheG, RdW 1996, 154; *Unger*, Rechtliche Unterschiede bei Aufnahme von Krediten durch Ehegatten und Lebensgefährten, ÖBA 2004, 680.

nach § 98 EheG im ersten Rechtsgang in erster Instanz grundsätzlich erst durch die Zustellung der Entscheidung in erster Instanz beizuziehen (§ 93 Abs 3 AußStrG).

Der Begriff der Kreditverbindlichkeit wird von der Rechtsprechung weit ausgelegt. Er umfasst nicht nur Kreditverträge, sondern auch Ratengeschäfte[434] oder Wechselverbindlichkeiten.[435] Verbindlichkeiten aus Werk- oder Dienstleistungsverträgen fallen unter § 98 EheG, wenn sie kreditiert wurden.[436] Auf die Art der Haftung kommt es nicht an, es kann sich dabei um eine Solidarschuld, einen kumulativen Schuldbeitritt oder eine Bürgschaft handeln. Eine Pfandschuld kann jedoch nicht in eine Ausfallsbürgschaft verwandelt werden.[437]

Der Gläubiger kann gem § 98 Abs 2 EheG auf den Ausfallsbürgen erst greifen, wenn er gegen den Hauptschuldner einen Exekutionstitel erwirkt hat und erfolglos
– Fahrnis- oder Gehaltsexekution und
– Exekution auf eine ihm bekannte Liegenschaft des Schuldners, die offensichtlich für die Forderung Deckung bietet, geführt und
– ihm zur Verfügung stehende Sicherheiten verwertet hat.

Im Ausland müssen Exekutionsschritte nur geführt werden, wenn sie möglich und zumutbar sind. Wurde dem Ausfallsbürgen der Rechtsstreit rechtzeitig verkündet, kann er dem Gläubiger Einwendungen, die nicht in seiner Person begründet sind, nur entgegenhalten, soweit sie auch der Hauptschuldner erheben kann (§ 98 Abs 3 EheG).

Beispiele aus der Rechtsprechung

OGH 27.5.1997, 4 Ob 121/97s RZ 1998/26 (93) – Ausgleichszahlung

Die Ehe der Streitteile wurde am 15.2.1993 aus dem alleinigen Verschulden des Antragsgegners geschieden. Die Beiträge der Ehegatten zur Anschaffung des ehelichen Gebrauchsvermögens und der Ersparnisse sind gleich hoch. Die Aufteilungsmasse setzt sich aus einer Liegenschaft mit einem Haus im Wert von € 181.682,09, an dem die Streitteile zu gleichen Teilen Eigentümer sind, einer zweiten Liegenschaft im Wert von € 21.801,25 und einem PKW im Wert von € 10.900,93 zusammen. Für das Haus bestehen

---

434 JAB 729 BlgNR 16. GP 3. Für Finanzierungsleasingverträge: *Fischer-Czermak*, Leasingverträge von Ehegatten und Ehescheidung, in Welser (Hrsg), Das Recht der Kreditsicherung in Zentral- und Osteuropa (2014) 53.
435 OGH 8 Ob 9/93 EvBl 1994/34 (167).
436 OGH 4 Ob 610/89 SZ 62/193; 5 Ob 183/03b JBl 2004, 584.
437 OGH 6 Ob 520/92 JBl 1993, 527.

Schulden in der Höhe von € 20.348,39. Die Antragstellerin begehrt die Zuweisung der Haushälfte des Antragsgegners. Dafür bietet sie eine Ausgleichszahlung von € 58.138,27 an. Diese Ausgleichszahlung kann sie nur mit Hilfe ihres Sohnes erbringen. Für die Zukunft muss sie sich dadurch Einschränkungen unterwerfen. Der Antragsgegner möchte ebenfalls Alleineigentümer des Hauses werden. Er ist bereit, eine Ausgleichszahlung von € 79.940,12 zu leisten. Außerdem bringt er vor, dass er seit der Scheidung sämtliche Aufwendungen für das Haus getragen und eine werterhöhende Investition von € 6.540,56 vorgenommen habe.

OGH 25.1.1984, 1 Ob 501/84 SZ 57/19 – Buschenschank

Die Streitteile haben am 6.9.1971 die Ehe geschlossen, die 1981 aus dem beiderseitigen, gleichteiligen Verschulden geschieden wurde. Der Antragsgegner übernahm im Jahr 1972 von seinen Eltern einen Heurigen- und Buschenschankbetrieb. Die Antragstellerin arbeitete zu Beginn der Ehe in ihrem erlernten Beruf als Schneiderin und half zeitweise im Heurigenbetrieb aus. Seit 1973 arbeitete sie zur Gänze im Betrieb ihres Gatten. Bis 1974 war der Buschenschank nur zwei bis drei Monate im Jahr, danach jeweils von Mitte Jänner bis Anfang September geöffnet. Die finanzielle Gebarung oblag überwiegend der Antragstellerin, die auch den ehelichen Haushalt besorgte. 1980 beendete sie ihre Mitarbeit im Betrieb, nachdem die Ehe in eine Krise geraten war. Während der Zeit ihrer Mitarbeit wurden verschiedene Gebrauchsgegenstände für den Betrieb angeschafft. Der Unterhalt der Ehegatten wurde aus den Betriebseinnahmen gedeckt. Mit den Betriebserträgnissen wurden auch verschiedene Investitionen in der Ehewohnung durchgeführt. Die Ehewohnung verblieb nach Scheitern der Ehe bei der Antragstellerin. Sie begehrt den Betrag von € 36.336,42.

OGH 18.9.1984, 5 Ob 581/84 SZ 57/139 – Das verschwiegene Appartement

Nach dem Vorbringen der Antragstellerin, deren Ehe mit dem Antragsgegner am 25.5.1983 gemäß § 55a EheG vom Erstgericht rechtskräftig geschieden wurde, sei die anlässlich der Ehescheidung getroffene einvernehmliche Aufteilung des ehelichen Gebrauchsvermögens und der ehelichen Ersparnisse deshalb nicht vollständig gewesen, weil – wie sich nachträglich herausgestellt habe – der Antragsgegner verschwiegen habe, dass er Eigentümer einer Appartementwohnung im Ausland ist. Aus diesem Grunde begehrt die Antragstellerin am 25.5.1984 beim Erstgericht, ihr eine Ausgleichszahlung in der Höhe der Hälfte des Verkehrswertes dieser Wohnung, mindestens jedoch in der Höhe von € 14.534,57 zuzuerkennen, und den Antragsgegner zur Zahlung zu verpflichten.

OGH 24.6.2004, 6 Ob 178/03z EFSlg 108.360, 108.368, 108.370, 108.375 – Ehewohnung

Die im Mai 1969 geschlossene Ehe der Streitteile wurde am 3.9.1997 aus gleichteiligem Verschulden rechtskräftig geschieden. Die Frau begehrt € 218.018,50 als Ausgleichszahlung für die Ehewohnung, die im Alleineigentum des Mannes verbleiben soll. Bei der Ehewohnung handelt es sich um ein Einfamilienhaus, das die Ehegatten auf einer Liegenschaft errichtet haben, die die Großeltern der Frau beiden Ehegatten im Jahr 1979 geschenkt haben. Aus steuerlichen Gründen wurden zwei Schenkungsverträge geschlossen, sodass die Frau zuerst die ganze Liegenschaft bekam und dann dem Mann eine Hälfte weiterschenkte. Außerdem verpflichtete sich der Mann im Schenkungsvertrag, dem Bruder der Frau Sach- und Geldleistungen (Planungsleistungen für dessen Haus und € 18.168,20) zu erbringen. Der Mann brachte € 7.267,28 für den Hausbau ein und der Vater der Frau stellte € 2180,18 für Ziegel zur Verfügung. Im Jahr 1991 erhielt der Mann von einer Großtante der Frau mit Kodizill eine Liegenschaft, die der Antragsgegner um € 148.979,31 verkaufte. Nach dem Willen der Großtante sollte die Frau davon nichts erhalten.

Die Liegenschaft hat einen Verkehrswert von € 257.988,56 und das Inventar ist € 1.090,09 wert. Der Mann nutzt ca 50 m² des 194 m² großen Hauses als Büro. Er wendet ein, dass die Frau zwischen 1986 bis 1991 ohne sein Wissen € 138.078,38 von seinen Betriebskonten abgehoben habe. Er sei deshalb gezwungen gewesen, Kredite aufzunehmen und an der Liegenschaft eine Höchstbetragshypothek von € 113.369,62 zu begründen. Diese Kredite seien in der Zwischenzeit zurückbezahlt. Im Jahr 1991 hätten beide eine schriftliche Vereinbarung geschlossen, in der sich die Frau verpflichtete, ihrem Ehemann € 145.345,76 wertgesichert zurückzuzahlen. Für den Fall einer Ehescheidung sollten sämtliche Ansprüche der Frau aus der Aufteilung des Ehevermögens auf diesen Betrag angerechnet werden.

OGH 21.11.1995, 4 Ob 589/95 SZ 68/219 = EvBl 1996/56 (348) – Bürge

Am 6.8.1989 nahmen die Beklagte und ihr damaliger Ehegatte Roman N einen Kredit bei der Sparkasse F auf. Der Kläger und zwei weitere Personen übernahmen mit schriftlicher Erklärung die Bürgschaft. Die Ehe zwischen der Beklagten und Roman N wurde am 17.11.1993 gemäß § 55a EheG geschieden. Mit Beschluss vom selben Tag stellte das BG mit Wirkung für die Gläubigerin (Sparkasse F) fest, dass der Ehegatte hinsichtlich der noch aushaftenden Verbindlichkeiten Hauptschuldner und die Beklagte Ausfallsbürgin ist. Da der Kläger nicht Kreditgeber, sondern Bürge für die Schulden war, wurde auf ihn in diesem Verfahren überhaupt nicht Bedacht genommen, er wurde vom Beschluss des BG auch nicht verständigt. Nachdem die

Kreditnehmer mit der Zahlung der Raten in Verzug geraten waren, forderte die Sparkasse F den Kläger mit Schreiben vom 19.7.1994 auf, den offenen Kreditsaldo zurückzuzahlen. Dieser Pflicht kam der Kläger sodann auch nach. Der Kläger begehrt nun gemäß § 1358 ABGB von der Beklagten Rückersatz. Die Beklagte wendet ein, dass sie lediglich Ausfallsbürgin sei.

E. Rechtsstellung der Kinder

Die Ehescheidung ändert an der Rechtsstellung der Kinder nichts. Sie führen den bisherigen Namen weiter. Zur Obsorgeregelung siehe 3. Teil Kindschaftsrecht III.E.2.a.ab.

Übersicht 3: Rechtsfolgen von Nichtigkeit, Aufhebung und Scheidung der Ehe

	Nichtigkeit	Aufhebung	Scheidung
◆ *Name*	*ex tunc*	*§ 93a Abs 2 ABGB*	*§ 62 EheG, § 93a Abs 2 ABGB*
◆ *Kinder*	*§§ 179 f ABGB*	*§§ 179 f ABGB*	*§§ 179 f ABGB*
◆ *Ehevermögen*	*§§ 81 ff EheG*	*§§ 81 ff EheG*	*§§ 81 ff EheG*
◆ *Ehepakte*	• *beide Ehegatten kannten die Nichtigkeit (§ 31 EheG iVm § 1265 ABGB)* • *nur einer kannte die Nichtigkeit: Gem § 31 EheG Wahlrecht des Ehegatten, der die Nichtigkeit nicht kannte (§ 1265 oder § 1266 ABGB)* • *keiner kannte die Nichtigkeit (§ 1266 ABGB)*	*§ 1266 ABGB*	*§ 1266 ABGB*
◆ *Unterhalt*	• *beide kannten die Nichtigkeit: kein Unterhalt* • *nur einer kannte die Nichtigkeit: Wahlrecht desjenigen, der die Nichtigkeit nicht kannte (§ 31 EheG iVm § 1265 ABGB oder Unterhalt nach §§ 66 f EheG, § 68a EheG)* • *keiner kannte die Nichtigkeit (§ 69 Abs 3 EheG iVm § 16 der 1. DVEheG, § 68a EheG)*	*§§ 66 ff EheG (Verteilung des Verschuldens nach § 42 Abs 2 EheG u § 17 der 1. DVEheG)*	*§§ 66 ff EheG*

VI. Lebensgemeinschaft und eingetragene Partnerschaft

A. Die Lebensgemeinschaft

Die Lebensgemeinschaft[438] gewinnt vor allem bei jüngeren Paaren („Ehe auf Probe") und bei älteren Personen, die bereits eine Ehe hinter sich haben, zunehmend an Bedeutung.[439] Eine allgemeine zivilrechtliche **Definition** der Lebensgemeinschaft gibt es nicht. § 14 Abs 3 MRG, der das Eintrittsrecht des Lebensgefährten nach dem Tod des Hauptmieters regelt, verlangt das Vorliegen „einer in wirtschaftlicher Hinsicht gleich einer Ehe eingerichteten

---

438 *Verschraegen*, „Samenleven buiten Huwelijk", „Cohabitation" oder die „nichteheliche Lebensgemeinschaft" in niederländischer, englischer und österreichischer Theorie und Praxis, ZfRV 1983, 85; *Schwimann*, Zur nichtehelichen Lebensgemeinschaft im österreichischen Zivilrecht, StAZ 1987, 309; *Klaar*, Rechtsfragen nichtehelicher Lebensgemeinschaft, AnwBl (Sondernummer) 1989, 18; *Meissel/Preslmayr*, Die Abgeltung von Leistungen in der Lebensgemeinschaft, in Harrer/Zitta (Hrsg), Familie und Recht (1992) 515; *Engel*, Rechtliche Probleme der nichtehelichen Lebensgemeinschaft, JRP 1994, 160, 202; *Stabentheiner*, Die nichteheliche Lebensgemeinschaft – ein Überblick, NZ 1995, 49; *Deixler-Hübner*, Probleme der Leistungsabgeltung im Zusammenhang mit der Auflösung der Lebensgemeinschaft, ÖJZ 1999, 201; *Stefula*, Der gemeinsame Hausbau bei der Auflösung von Ehe- und Lebensgemeinschaft, JAP 2001/2002, 138, 203; *Winklhofer*, Lebenspartnerschaft – Liberalisierung des Ehegüterrechtes, NZ 2002, 114; *Aichhorn*, Das Recht der Lebenspartnerschaften (2003); *Kissich* in Klang³ § 44 Rz 11 ff; *Möschl*, Die nichteheliche Lebensgemeinschaft³ (2007); *Cornides*, Alles gleich? Gesetzesinitiativen zur Schaffung eines „Zivilpakts" und einer „Eingetragenen Partnerschaft", JBl 2008, 285; *Deixler-Hübner*, Die Regelung gleich- und verschiedengeschlechtlicher Lebenspartnerschaften, iFamZ 2008, 199; *Schwimann/Ferrari* in Schwimann/Kodek I⁴ § 44 Rz 3 ff; *Ferrari*, Rechtsregeln für nichteheliches Zusammenleben in Österreich, in Kroppenberg (Hrsg), Rechtsregeln für nichteheliches Zusammenleben (2009) 167; *Höllwerth*, Mietrechtliche Aspekte bei der Trennung von Lebensgefährten, Ef-Z 2010/150; *Gitschthaler*, Neuerungen im Recht der Lebensgemeinschaften, AnwBl 2012, 598; *Schinnagl*, Die nichteheliche Lebensgemeinschaft und die gemeinsame Mietwohnung, in FS Würth (2014) 139.

439 Statistik Austria – Familien (http://www.statistik.at/web_de/statistiken/bevoelkerung/haushalte_familien_lebensformen/familien/index.html).

Haushaltsgemeinschaft" und eine Mindestdauer von drei Jahren bzw den gleichzeitigen Bezug der Wohnung durch Mieter und Lebensgefährten. Nach der Rechtsprechung zum Ruhen des Unterhaltsanspruchs des geschiedenen Ehegatten bei Aufnahme einer Lebensgemeinschaft[440] kommt es für das Bestehen einer Lebensgemeinschaft auf die Eheähnlichkeit und das Vorliegen einer Wohn-, Wirtschafts- und Geschlechtsgemeinschaft an, wobei nicht jedes dieser Kriterien erfüllt sein muss. Die Gemeinschaft muss auf eine gewisse Dauer angelegt sein,[441] Geschlechtsverschiedenheit ist keine Voraussetzung.

Die Lebensgemeinschaft ist nicht umfassend rechtlich geregelt, wird aber in verschiedenen gesetzlichen Sonderbestimmungen ausdrücklich berücksichtigt und dabei der Ehe gleichgestellt.[442] Im Familienrecht wird die Lebensgemeinschaft bislang nur vereinzelt angesprochen. Eine Lebensgemeinschaft begründet **keine der Ehe entsprechenden Rechtswirkungen**. Die Lebensgefährten sind demzufolge nicht zur Treue und zur Beistandsleistung verpflichtet. Auch ein gesetzlicher Unterhaltsanspruch[443] und ein Anspruch auf Hinterbliebenenpension (Witwen/Witwerpension) in der gesetzlichen Sozialversicherung bestehen nicht. Demzufolge steht einem Lebensgefährten bei Tötung des Partners auch kein Anspruch auf Ersatz des entgangenen Unterhalts gem § 1327 ABGB zu.[444] Der Lebensgefährte, der in

---

440 Siehe V.B.5.

441 Ausführlich *Kissich* in Klang³ § 44 Rz 13 ff; *Fischer-Czermak*, Wann liegt eine nichteheliche Lebensgemeinschaft vor? In FS Kerschner (2013) 337. Vgl OGH 3 Ob 186/09p EF-Z 2010/78 (*Gitschthaler*); 3 Ob 237/11s EvBl 2012/118 (*Brenn*) = EF-Z 2012/139 (*Linder*).

442 ZB § 14 Abs 3 MRG, § 2 Abs 1 FMedG, § 15 Abs 2 und 3 PSG, §§ 55 Abs 1, 75 Abs 1 und 77 Abs 2 UrheberrechtsG, § 20 Abs 1 Z 2 JN, § 321 Abs 1 Z 1 ZPO, § 32 Abs 1 IO, § 4 Abs 1 AnfO, § 33 Abs 1 NO sowie im Strafrecht (§ 72 Abs 2 StGB, § 65 Z 1 lit b StPO) und Sozialversicherungsrecht (Mitversicherung in der Krankenversicherung vgl zB § 123 ASVG).

443 Vgl aber den Sonderanspruch der Mutter gegenüber dem Vater nach § 235 ABGB bei Geburt eines Kindes, 3. Teil Kindschaftsrecht III.D. Nach *Beclin*, Sind nicht verheiratete Eltern einander zu Unterhalt verpflichtet? EF-Z 2007/3 und *Meissel*, Unterhaltsansprüche aus Lebensgemeinschaft? EF-Z 2008/4, kann aus einzelnen Bestimmungen des geltenden Rechts bei Vorliegen bestimmter Voraussetzungen ein Unterhaltsanspruch abgeleitet werden. *Nowack/Ganner*, Verfassungswidrigkeit des Betreuungsunterhalts und des Unterhaltsanspruchs der nicht verheirateten Mutter? iFamZ 2010, 68 halten die ungleiche Behandlung der geschiedenen Mutter (Anspruch auf Betreuungsunterhalt nach § 68a EheG) und der unehelichen Mutter (Anspruch nur nach § 168 ABGB) für verfassungsrechtlich bedenklich.

444 OGH 8 Ob 127/02p ZVR 2002/96 (*Karner*). Zugesprochen wurde der Lebensgefährtin aber Schmerzengeld für den durch den Verlust des Lebensgefährten hervorgerufenen Schockschaden sowie der Ersatz der Besuchskosten bei Körperverletzung: OGH 2 Ob 103/01p EvBl 2002/190 (725).

die Wohnung des anderen zieht, erwirbt kein familienrechtliches Wohn-recht[445] und hat somit auch kein Recht auf den Schutz der Wohnung, wie dies für Ehegatten in § 97 ABGB vorgesehen ist. Der Lebensgefährte hat bei Tod des anderen kein gesetzliches **Erbrecht**. Das ErbRÄG 2015 sieht je-doch ein außerordentliches gesetzliches Erbrecht des Lebensgefährten vor. Gelangt kein gesetzlicher Erbe zur Erbschaft, so fällt die ganze Erbschaft dem Lebensgefährten zu, wenn dieser mit dem Verstorbenen als dessen Le-bensgefährte zumindest in den letzten drei Jahren vor dem Tod des Erblas-sers im gemeinsamen Haushalt gelebt hat. Bestand aus wichtigen Gründen, vor allem gesundheitlicher oder beruflicher Art, kein gemeinsamer Haus-halt, so kann von diesem Erfordernis abgesehen werden, wenn eine für Le-bensgefährten typische Verbundenheit bestand (§ 748 ABGB idF ErbRÄG 2015). Der Lebensgefährte erhält außerdem einen auf ein Jahr beschränkten Anspruch auf das gesetzliche Vorausvermächtnis (§ 745 ABGB idF Er-bRÄG 2015) und fällt auch in den Kreis der Personen, die Anspruch auf das Pflegevermächtnis nach § 677 ABGB idF ErbRÄG 2015 haben. Diese Best-immungen treten mit 1.1.2017 in Kraft und sind anzuwenden, wenn der Lebensgefährte nach dem 31.12.2016 verstorben ist (§ 1503 Abs 7 ABGB idF ErbRÄG 2015).

Lebensgefährten haben die Möglichkeit, gemeinsam die **Obsorge** für ihre Kinder auszuüben (§ 177 ABGB).[446] Leben im selben Haushalt ein oder mehrere Kinder des Partners, ist ein Lebensgefährte verpflichtet, alles den Umständen nach Zumutbare zu tun, um das Kindeswohl zu schützen (§ 139 Abs 2 ABGB). Er ist überdies verpflichtet, den Elternteil bei den Obsorgeangelegenheiten des täglichen Lebens zu vertreten, soweit dies die Umstände erfordern (§ 139 Abs 2 ABGB letzter Satz ABGB).

Bei der Auflösung der Lebensgemeinschaft bereitet vor allem die **Vermö-gensauseinandersetzung** häufig Schwierigkeiten. Da eine Analogie zu den Vorschriften über die Aufteilung des ehelichen Gebrauchsvermögens und der ehelichen Ersparnisse (§§ 81 ff EheG) von der Rechtsprechung abge-lehnt wird,[447] kann sie nur nach den allgemeinen schuld- und sachenrechtli-chen Regelungen erfolgen. Als Instrumente des Interessenausgleichs kön-nen bei Fehlen von expliziten vertraglichen Vereinbarungen[448] vor allem das Bereicherungsrecht, die Regeln über die Gesellschaft bürgerlichen Rechts, der Widerruf und die Anfechtung von Schenkungen wegen Motivirrtums sowie die sachenrechtlichen Vorschriften über die Auflösung der Miteigen-

---

445 OGH 1 Ob 122/07h iFamZ 2008/43.
446 Siehe 3. Teil Kindschaftsrecht III.E.2.a.aa.
447 Siehe V.D.
448 Vgl *Deixler-Hübner*, Partnerschaftsverträge, iFamZ 2008, 336; *Oswald/Schmalleg-ger*, Partnerschaftsvertrag zwischen nichtehelichen Lebensgefährten, EF-Z 2013/5.

tumsgemeinschaft dienen.[449] Wenn zwei Lebensgefährten heiraten, können sie bei Eheschließung, aber auch danach mit Notariatsakt festlegen, dass die während der Lebensgemeinschaft erworbene Ehewohnung bei allfälliger Auflösung der Ehe Aufteilungsgut iSd §§ 81 ff EheG darstellen soll (§ 82 Abs 2 iVm § 97 Abs 1 EheG; „opt-in"-Vereinbarung) und, wenn sie dies wünschen, auch die Zuteilung des Eigentumsrechts und sonstiger dinglicher Rechte festlegen („opt-out"-Vereinbarung; § 87 Abs 1 letzter Satz EheG).[450] Dasselbe gilt, wenn zwei gleichgeschlechtliche Lebensgefährten eine eingetragene Partnerschaft begründen (§ 25 Abs 2 iVm § 40 Abs 1 EPG; § 30 letzter Satz EPG). De lege ferenda bestehen Bestrebungen, die zivilrechtlichen Rechtsfolgen des Eingehens und der Auflösung der nichtehelichen Lebensgemeinschaft noch ausführlicher rechtlich zu regeln.[451]

Beispiele aus der Rechtsprechung

OGH 17.12.2013, 4 Ob 189/13t iFamZ 2014/63, 79 (*Deixler-Hübner*) – Lebenshaltungskosten

1993 zog der Kl in das Haus der Bekl, seiner Lebensgefährtin. Die Streitteile vereinbarten aus diesem Anlass schriftlich, dass die Bekl die vollen Lebenshaltungskosten (Kost und Logis) des Notstandshilfe beziehenden Kl tragen werde, wofür der Kl seine Arbeitskraft für Renovierungsarbeiten zur Verfügung stellen wird. Auch mündlich versicherten die Streitteile einander wiederholt, dass keiner dem anderen etwas schuldig sei, falls die Lebensgemeinschaft einmal auseinandergehen sollte. Nachdem der Kl der Bekl 2007 Goldbarren im Wert von € 26.000,– entwendete, beendete die Bekl die Lebensgemeinschaft. Der Kl fordert € 50.000,– für erbrachte Arbeitsleistungen.

OGH 21.11.2013, 1 Ob 181/13v EF-Z 2014/115 (178) (*Linder*) – Hausbau

Der Kl und die Bekl, die einander seit 1989 kannten, errichteten 1997 ein Haus, um einen gemeinsamen Wohnsitz zu schaffen. Sie suchten den Bau-

---

449 Ausführlich *Meissel/Preslmayr* in Harrer/Zitta 515; *Deixler-Hübner*, ÖJZ 1999, 201; *Stefula*, JAP 2001/2002, 138, 203; *Kissich* in Klang³ § 44 Rz 33 ff; *Möschl*, Lebensgemeinschaft³ 73 ff (Bereicherung), 71 f (GesBR), 70 (Schenkungen); *Schwimann/Ferrari* in Schwimann/Kodek I⁴ § 44 Rz 3 ff; *Höllwerth*, EF-Z 2010/150; *Schinnagl* in FS Würth 139.

450 Siehe V.D.1.b.

451 Vgl das Gutachten von *Fischer-Czermak/Beclin*, Neue Regelungen für nichteheliche Lebensgemeinschaften? II/1, Verhandlungen der Abteilung Zivilrecht des 18. ÖJT Linz 2012 (2012) und die Referate zum Gutachten von *Deixler-Hübner*, *Hinteregger* und *Neumayr*; *Fischer-Czermak/Beclin*, Reformvorschläge für nichteheliche Lebensgemeinschaften, iFamZ 2012, 188.

platz gemeinsam aus, berieten gemeinsam über die Baupläne und die Ausstattung des Hauses. Die Planung des Hauses und die Finanzierung erfolgten zum Großteil durch den Kl. Die Bekl übergab dem Kl einen Zuschuss von ATS 80.000,– zu den Kosten des von ihm erworbenen Baugrundstücks von gesamt ca ATS 3 Mio und bezahlte einige kleinere Rechnungen. Die Bekl war während des Baus regelmäßig auf der Baustelle und verrichtete auch kleinere Arbeiten. Der Kl, der in Deutschland ein Unternehmen betrieb, kam nur an den Wochenenden und half dann beim Bau mit. Nach dem Einzug in das Haus lebte die Bekl mit den beiden gemeinsamen Kindern im Haus, der Kl arbeitete weiterhin in Deutschland und kam alle 10 bis 14 Tage. Die Bekl führte den Haushalt, erledigte die Gartenarbeit und kümmerte sich um Reparaturen. Der Kl bezahlte die Anschaffung von Gegenständen für das Haus, die Reparaturen und die Betriebskosten. Die Streitteile sprachen immer vom „gemeinsamen" Haus. Eine Eintragung der Bekl ins Grundbuch als Miteigentümerin war aber nie im Gespräch. 2011 beendeten die Streitteile ihre Lebensgemeinschaft. Der Kl begehrt die Räumung des von der Bekl mit der gemeinsamen Tochter bewohnten Hauses. Die Bekl wendet ein, sie habe mit dem Beklagten eine Gesellschaft bürgerlichen Rechts zum Zweck der Errichtung eines Hauses gegründet.

B. Die eingetragene Partnerschaft

Nach langer und kontroverser rechtspolitischer Diskussion[452] wurde im Jahr 2009 in Österreich für gleichgeschlechtliche Paare die Möglichkeit eröffnet, eine gesetzlich anerkannte Lebensgemeinschaft einzugehen.[453] Damit

---

452 Ausführlich *Gröger*, Das Eingetragene Partnerschaft-Gesetz (EPG), ÖJZ 2010/23. Zum Ministerialentwurf zu einem Lebenspartnerschaftsgesetz (LPartG), 189/ME 23. GP; vgl *Cornides*, JBl 2008, 285; *Deixler-Hübner*, iFamZ 2008, 199; *Kloiber*, Keine Ehe für gleichgeschlechtliche Partner! iFamZ, 2008, 209; *Fischer-Czermak*, Ehe oder Lebenspartnerschaft für gleichgeschlechtliche Paare, NZ 2008/28; *Gröger*, Das Lebenspartnerschaftsgesetz, iFamZ 2008, 195; *Traar*, Internationale Aspekte der Lebenspartnerschaft, iFamZ 2008, 206; *Wilhelm*, Gesetzliche Lebenspartnerschaft Homosexueller, ecolex 2008, 497.

453 Schon zuvor wurden gleichgeschlechtlichen Partnern sukzessive verschiedene Rechte eingeräumt: ZB das Eintrittsrecht in den Mietvertrag nach dem Tod des Partners nach § 14 Abs 3 MRG: EGMR 24.7.2003, 40016/98, *Karner/Österreich* ÖJZ 2004/2 (MRK); OGH 5 Ob 70/06i EvBl 2006/154; *Pittl/Sander*, Zum Eintrittsrecht des homosexuellen Lebensgefährten in den Mietvertrag, wobl 2007, 33; krit dazu *Stabentheiner*, Zum Eintrittsrecht des gleichgeschlechtlichen Lebensgefährten gemäß § 14 Abs 3 MRG, wobl 2007, 182; oder die Möglichkeit der Mitversicherung in der Krankenversicherung: VfGH G 87-88/05, V 65-66/05; *Knallnig*, Ausschluss gleichgeschlechtlicher LebensgefährtInnen von Mitversicherung verfassungswidrig? JAP 2005/2006/26; vgl nun § 123 Abs 7a ASVG.

erfüllt Österreich auch eine Verpflichtung nach der EMRK. Nach Ansicht des EGMR verpflichtet Art 8 EMRK die Mitgliedstaaten nicht, die Ehe für gleichgeschlechtliche Partner zu öffnen.[454] Homosexuellen Paaren muss aber die Möglichkeit gegeben werden, eine gesetzlich anerkannte Form der Partnerschaft (Zivilehe oder registrierte Partnerschaft) zu begründen.[455] In Europa gibt es dazu noch kein einheitliches Bild.[456] Während eine Reihe von Staaten (Deutschland, Kroatien, Liechtenstein, Malta, Nordirland, Schweiz, Slowenien, Tschechien, Ungarn, Estland (in Kraft ab 2016)) die Möglichkeit einer registrierten Partnerschaft vorsehen, erlaubt eine zunehmende Anzahl von Staaten (Belgien, Dänemark, Island, Niederlande, Norwegen, Portugal, Schweden, Spanien, Finnland, Frankreich, Luxemburg, Vereinigtes Königreich und Irland (Gesetzesentwurf in Vorbereitung, Einführung frühestens Ende 2015)) gleichgeschlechtlichen Paaren die Eheschließung.

Das **Eingetragene Partnerschaft-Gesetz** BGBl I 2009/135[457] regelt die Begründung, die Wirkungen und die Auflösung der eingetragenen Partner-

---

454 EGMR 24.6.2010, 30141/04, *Schalk* und *Kopf/Österreich* iFamZ 2010/169; dazu *Benke*, Keine Ehe, aber ein Stück Familie, iFamZ 2010, 244; *Vašek*, Gleichgeschlechtliche Ehe: Straßburg locuta, causa finita? iFamZ 2011, 4.

455 EGMR 21.7.2015, 18766/11, 36030/11, *Oliari ua/Italien*.

456 Vgl *Basedow/Hopt/Kötz/Dopffel*, Die Rechtsstellung gleichgeschlechtlicher Lebensgemeinschaften (2000); Schwab (Hrsg), Die eingetragene Lebenspartnerschaft (2002); *Räther*, Der Schutz gleich- und verschiedengeschlechtlicher Lebensgemeinschaften in Europa (2003); *Winkler von Mohrenfels*, Die gleichgeschlechtliche Ehe im deutschen IPR und im europäischen Verfahrensrecht, in FS Tugrul Ansay (2006) 527; Süß/Ring (Hrsg), Eherecht in Europa² (2012); *Deixler-Hübner*, Die Regelung gleich- und verschiedengeschlechtlicher Lebenspartnerschaften, iFamZ 2008, 199; *Fischer-Czermak/Beclin*, GA 18. ÖJT II/1, 104.

457 Zum EPG vgl *Aspöck*, Die kollisionsrechtliche Regelung der eingetragenen Partnerschaft, Zak 2010/393; *Beclin*, Das Eingetragene Partnerschaft-Gesetz im Lichte des Eherechts, EF-Z 2010/34; *Benke*, Zum Bundesgesetz über die eingetragene Partnerschaft 2009: Weder Ehe noch Familie, EF-Z 2010/7; *Deixler-Hübner*, Das neue EPG – gesetzlicher Meilenstein oder kleinster gemeinsamer Nenner? iFamZ 2010, 93; *Fellner*, Eingetragene Partnerschaft und Grunderwerbssteuer, SWK 2010, 30; *Gröger/Haller*, Eingetragene Partnerschaft-Gesetz (2010); *Haunschmidt*, Gelockerte Treuepflicht bei der eingetragenen Partnerschaft? iFamZ 2010, 97; *Hilber*, Die eingetragene Partnerschaft im Steuerrecht, ecolex 2010, 288; *Lutz*, Eingetragene Partnerschaft-Gesetz und Novellen, Infas 2010, 48; *Lutz*, Bundesgesetz über die eingetragene Partnerschaft, DRdA 2010, 171; *Mazal*, Arbeits- und sozialrechtliche Aspekte der eingetragenen Partnerschaft, iFamZ 2010, 99; *Rosenmayr*, Die eingetragene Partnerschaft, Zak 2010/135; *Traar*, Internationale Aspekte der eingetragenen Partnerschaft, iFamZ 2010, 102; *Jesser-Huß*, Die eingetragene Partnerschaft, JAP 2010/2011/13; *Garber*, Sind eingetragene Partnerschaften vom Anwendungsbereich der VO Brüssel IIa erfasst? iFamZ 2012, 204; *Clavora*, Das Wesen der Ehe und der eingetragenen Partnerschaft (Teil I und II), Zak 2013/206 und 245; *Krauskopf*, Rechtsfragen zur eingetragenen Partnerschaft in der Judikatur des VfGH – von Bindestrichen, Behör-

schaft gleich-geschlechtlicher Paare (§ 1 EPG). Eine eingetragene Partnerschaft können nur zwei Personen des **gleichen Geschlechts** begründen.[458] Diese werden sodann als „eingetragene Partner" bezeichnet (§ 2 EPG).

Das EPG gleicht die Stellung der eingetragenen Partner weitgehend an die von Ehegatten an. Dazu werden im EPG zum Großteil die für die Ehe geltenden Bestimmungen des ABGB und des EheG beinahe wortgleich wiedergegeben. Abweichungen bestehen nur punktuell. Die Regelungen des ABGB über das Verlöbnis wurden nicht übernommen. Es wird nur festgehalten, das aus dem Versprechen, eine eingetragene Partnerschaft begründen zu wollen, nicht geklagt werden kann (§ 3 EPG). Der Abschluss einer eingetragenen Partnerschaft setzt Volljährigkeit und zumindest beschränkte Geschäftsfähigkeit voraus (§ 4 EPG). Ein Äquivalent zur Ehemündigkeit ist nicht vorgesehen. Das EPG fügt zu den Eheverboten des EheG noch das Verbot hinzu, dass eine eingetragene Partnerschaft nicht zwischen Personen verschiedenen Geschlechts begründet werden darf (§ 5 Abs 1 Z 1 EPG). Auch die personenstandsrechtlichen Bestimmungen im 3. Abschnitt des Personenstandsgesetzes (§§ 21–27 PStG) sind den Bestimmungen über die Eheschließung weitgehend angeglichen. Unterschiede bestehen bei der Zuständigkeit (Bezirksverwaltungsbehörde statt Standesamt)[459] und bei der Vornahme der Verpartnerung. Diese muss nicht in der für die Ehe vorgesehenen feierlichen Form (§ 18 Abs 1 und 2 PStG) erfolgen, sondern wird mit der Niederschrift über die Begründung der eingetragenen Partnerschaft begründet (§ 25 PStG). Wenn die Partner dies wünschen, sind die für die Eheschließung vorgesehen Zeremonialakte (förmliches Ja-Wort, Mitteilung an die Partner, dass sie nun rechtmäßig verbundene eingetragene Partner sind) aber vorzunehmen.[460] Die Beiziehung von Zeugen ist nicht vorgesehen, aber möglich (§ 25 Abs 3 PStG).

---

denzuständigkeiten und Amtsräumen, in Baumgartner (Hrsg), Öffentliches Recht, Jahrbuch 2014 (2014) 207; *Schrittwieser*, Das Verbot der Diskriminierung aufgrund der sexuellen Orientierung – Europa als Motor des Gleichstellungsrechts, DRdA 2014, 613.

458 Die Beschränkung auf gleichgeschlechtliche Paare ist nicht gleichheitswidrig: VfGH B 1405/10 EF-Z 2012/11 (*Höllwerth*, EF-Z 2012/4); *Simma*, Die eingetragene Partnerschaft wieder auf dem Prüfstand, EF-Z 2015/56 (zum anhängigen Verfahren EGMR, 28475/12, *Ratzenböck und Seydl/Österreich*).

459 Die Zuständigkeit der Bezirksverwaltungsbehörde ist verfassungskonform: VfGH B 121/11 EF-Z 2013/12 (zu § 26a PStG 1983). Unzulässig war aber § 47a Abs 1 PStG 1983, der die Verpartnerung nur „in den Amtsräumen der Bezirksverwaltungsbehörde" zuließ: VfGH G 18/3013 iFamZ 2013/122 (*Pesendorfer*).

460 VfGH B 125/11, 138/11 EZ-Z 2013/48: als Ergebnis einer verfassungskonformen Interpretation von § 47a PStG 1983.

Die **Rechtswirkungen** der eingetragenen Partnerschaft sind denen der Ehe weitgehend gleichgestellt. Anstelle der Pflicht zur Treue besteht eine Pflicht zur umfassenden Partnerschaft und Vertrauensbeziehung und für den Namen wird bestimmt, dass die eingetragenen Partner ihren bisherigen Namen beibehalten (§ 7 EPG). Sie haben aber die Möglichkeit eine verwaltungsrechtliche Namensänderung nach dem NÄG vornehmen zu lassen.[461] Dieser Name wird dann aber nicht als Familienname, sondern als „Nachname" bezeichnet.[462]

Die **Auflösung und Nichtigerklärung** der eingetragenen Partnerschaft kann nur gerichtlich erfolgen (§ 49 Abs 2 Z 2c und d JN). Die Gründe entsprechen im Wesentlichen den Bestimmungen über die Ehescheidung, Aufhebung und Nichtigerklärung der Ehe; allerdings werden die Scheidung und Aufhebung im Begriff der Auflösung zusammengefasst (§§ 14 ff EPG – Auflösung, § 19 EPG – Nichtigkeit). Im Gegensatz zur Ehe stellt der Abschluss einer eingetragenen Partnerschaft zwischen dem Annehmenden und dem Adoptivkind bzw dessen Nachkommen einen Nichtigkeitsgrund dar (§ 19 Abs 2 Z 4 EPG). Eine eingetragene Partnerschaft ist überdies jedenfalls aufzulösen, wenn die häusliche Gemeinschaft seit mehr als drei Jahren[463] aufgehoben ist (§ 15 Abs 3 EPG). Bei den Folgen von Auflösung und Nichtigkeit wurde der privilegierte Unterhaltsanspruch des § 69 Abs 2 EheG absichtlich, § 87 Abs 2 EheG irrtümlich[464] nicht in das EPG übernommen.

Eine gemeinsame elterliche Verantwortung eingetragener Partner für **Kinder** wurde vom Gesetzgeber ausdrücklich nicht gewünscht. Das EPG enthielt deshalb ursprünglich keine Bestimmungen, die sich auf Kinder bezogen oder das Kindschaftsrecht änderten.[465] Anerkannt war bloß, dass die seit dem KindNamRÄG 2013 in § 139 Abs 2 ABGB festgelegte Pflicht, das

---

461 Die Wortfolge „und dies gemeinsam mit der Begründung der eingetragenen Partnerschaft beantragt" in § 2 Abs 1 Z 7a NÄG idF BGBl I 2009/135 wurde vom VfGH G 131/11 iFamZ 2012/119 (*Pesendorfer*) aufgehoben (unzulässige Diskriminierung von eingetragenen Partnern gegenüber Ehegatten). In VfGH B 518/11 iFamZ 2012/3 (*Pesendorfer*) kommt der VfGH im Wege einer verfassungskonformen Interpretation zum Ergebnis, dass eingetragene Partner den Doppelnamen wie Ehegatten unter Setzung eines Bindestrichs bilden und führen müssen; krit zur Methode des VfGH (verfassungskonforme Interpretation anstatt Aufhebung) *Krauskopf* in Baumgartner, Jahrbuch 2014, 218.
462 Krit *Gröger/Haller* § 7 EPG Anm 2; *Beclin*, EF-Z 2010/34 (57); *Jesser-Huß*, JAP 2010/2011/13 (112 f); *Raffaseder*, KindNamRÄG 2013 diskriminiert eingetragene Partner, EF-Z 2013/79.
463 Nach § 55 Abs 3 EheG sind dies sechs Jahre.
464 *Gröger/Haller* § 30 EPG Anm 1.
465 ErläutRV 485 BlgNR 24. GP 3.

Kindeswohl zu schützen sowie die Verpflichtung, den Elternteil in dringenden Obsorgeangelegenheiten des täglichen Lebens zu vertreten, auch für den eingetragenen Partner, der mit dem Kind des anderen Partners im gemeinsamen Haushalt lebt, gilt.[466] Dem homosexuellen Partner konnte auch die Pflegeelterneigenschaft zum Kind des anderen zukommen.[467]

Das gesetzgeberische Ziel, eingetragenen Partnern die Möglichkeit gemeinsamer rechtlicher Elternschaft vorzuenthalten, konnte jedoch aus verfassungsrechtlichen Gründen nicht erreicht werden. Im Jahr 2013 entschied der EGMR,[468] dass das Verbot der Stiefkindadoption eine unsachliche Diskriminierung von gleichgeschlechtlichen gegenüber verschiedengeschlechtlichen Paaren darstellt und Art 8 iVm Art 14 EMRK verletzt. Der Gesetzgeber reagierte unverzüglich mit der Verabschiedung des Adoptionsrechts-Änderungsgesetzes 2013 (AdRÄG 2013)[469], das gleichgeschlechtlichen Paaren die Möglichkeit der Stiefkindadoption eröffnete. Der neu geschaffene § 197 Abs 4 ABGB bestimmt nun, dass die familienrechtlichen Beziehungen des Kindes zum jeweils anderen Elternteil (und nicht wie bisher zum Elternteil, der dasselbe Geschlecht wie der Annehmende hat) und zu dessen Verwandten erlöschen, wenn ein Kind vom Partner seines Elternteils (Ehegatte, eingetragener Partner oder Lebensgefährte) adoptiert wird. Außerdem legt § 43 Abs 1 Z 27 EPG idF AdRÄG 2013 fest, dass die auf gemeinsame Kinder bezogenen Bestimmungen des Ehe- und Kindschaftsrechts für eingetragene Partner sinngemäß gelten. Dies bedeutet, dass nun bei einvernehmlicher Auflösung einer eingetragenen Partnerschaft bei Bedarf auch eine Regelung betreffend Obsorge, Kontaktrecht und Kindesunterhalt getroffen werden muss, obwohl dies in § 15 Abs 5 EPG nicht ausdrücklich angeführt ist. Auch der vom Verschulden unabhängige Unterhaltsanspruch des § 68a Abs 1 EheG, der auf die Betreuung eines gemeinsamen Kindes abstellt, kann auf eingetragene Partner angewendet werden. Entsprechend anzuwenden sind auch die Bezugnahmen auf die Interessen von Kindern bei den persönlichen Rechtswirkungen der Ehe oder im Aufteilungsrecht (§ 90 Abs 3 ABGB – Beistandspflicht bei der Obsorge, § 91 Abs 2 ABGB – Gestaltung der Lebensgemeinschaft, § 82 Abs 2 und § 83 EheG – Aufteilung).

Mit Erkenntnis vom 11.12.2014 hat der Verfassungsgerichtshof überdies das Verbot der gemeinsamen Adoption durch gleichgeschlechtliche Paare

---

466 Ausführlich zu § 137 Abs 4 ABGB alt *Jesser-Huß*, JAP 2010/2011/13 (116 f).
467 OGH 8 Ob 62/12v EF-Z 2012/129 (kein Anspruch auf förmliche Feststellung der Pflegeelternstellung).
468 EGMR 19.2.2013, 19010/07, X ua/Österreich; *Aichhorn*, Verbot der Stiefkindadoption für Homosexuelle, EF-Z 2013/4.
469 BGBl I 2013/179. *Beck*, AdRÄG 2013: Zulässige und unzulässige Adoptionen in gleichgeschlechtlichen Partnerschaften, ÖJZ 2013/73.

aufgehoben.[470] Der Gesetzgeber ist nun aufgefordert, eine verfassungskonforme Neuregelung zu schaffen. Aufgehoben wurde auch der Ausschluss von gleichgeschlechtlichen Frauenpaaren von der medizinisch unterstützten Fortpflanzung durch Samenspende.[471] Der Gesetzgeber hat dieses Erkenntnis zum Anlass genommen, das Recht der medizinisch unterstützten Fortpflanzung mit dem Fortpflanzungsmedizinrechts-Änderungsgesetz 2015 (FMedRÄG 2015), BGBl I 2015/35, umfassend zu reformieren (siehe 3. Teil Kindschaftsrecht II.A.3.a.).

Eingetragene Partner und das Bestehen einer eingetragenen Partnerschaft werden auch in einer Reihe weiterer Bestimmungen des ABGB (§ 537a[472] – Erbrecht wie ein Ehegatte, § 284c Abs 1 – Vertretungsbefugnis nächster Angehöriger, § 364c – Belastungs- und Veräußerungsverbot) und des EheG (Eheverbote und Nichtigkeit der Ehe: §§ 9, 24, 28 Abs 2; Unterhalt: §§ 67 Abs 1, 69 Abs 2, 75) berücksichtigt.

§ 43 EPG erklärt eine Reihe von gesetzlichen Bestimmungen, die Ehegatten, Ehesachen oder Eheangelegenheiten betreffen, sinngemäß auch für eingetragene Partner, Partnersachen oder Partnerangelegenheiten anwendbar. Außerdem wurden durch das EPG viele weitere Gesetze, die verschiedenste Bereiche betreffen, wie Zivilverfahrensrecht, Strafrecht, Arbeits-, Sozial- und Sozialversicherungsrecht, Dienstrecht, Abgabenrecht, Verwaltungsverfahrens-, Datenschutz- und Dienstrecht, Personenstands-, Pass-, Melde- und Fremdenrecht etc angepasst, um die Rechtsstellung von eingetragenen Partnern an die von Ehegatten anzugleichen.

---

470 VfGH G 119-120/2014 ÖJZ 2015/6: Aufhebung von § 191 Abs 2 Satz 1 ABGB und § 8 Abs 4 EPG mit Ablauf des 31.12.2015; *Bernat*, Gleichgeschlechtliche Eltern, EF-Z 2015/38. Die Aufhebung tritt mit 1.1.2016 in Kraft. Zur Rechtslage vor der Aufhebung: *Manolas*, Sukzessivadoptionen in eingetragenen Partnerschaften, JRP 2014, 261.

471 VfGH G 16, 44/2013 EF-Z 2014/35 (*Fischer-Czermak*) = iFamZ 2014, 54 (*Voithofer/Flatscher-Thöni*) = RdM 2014/1 (*Kopetzki*) = RdM 2014/204 (*Kopetzki*) = iFamZ 2015, 1 (*Barth*); *Bernat*, EF-Z 2015/38; *Krauskopf* in Baumgartner 229.

472 In den Bestimmungen des ABGB idF des ErbRÄG 2015 wird der eingetragene Partner dem Ehegatten konsequent gleichgestellt.

3. Teil: Kindschaftsrecht

I. Einleitung

Das Kindschaftsrecht ist im dritten Hauptstück des ABGB („Rechte zwischen Eltern und Kindern": §§ 137–203) und im fünften Hauptstück (Kindesunterhalt: §§ 231–235) sowie in einigen Sondergesetzen, wie dem BG über die religiöse Kindererziehung BGBl 1985/155, dem UnterhaltsvorschußG BGBl 1985/451 und dem Bundes-Kinder- und Jugendhilfegesetz 2013 BGBl I 2013/69, das durch die einzelnen Landesgesetze für Kinder- und Jugendhilfe[1] näher ausgeführt wird, geregelt. Das vierte Hauptstück des ABGB behandelt in den §§ 204–230 ABGB die Obsorge einer anderen Person. Die Sachwalterschaft (§§ 268 ff ABGB) gilt seit dem KindRÄG 2001 nur mehr für volljährige Personen. Dasselbe gilt für die Regelungen über die Vertretungsbefugnis nächster Angehöriger (§§ 284b–284e ABGB) und die Vorsorgevollmacht (§§ 284f–284h ABGB).

Inhaltlich wurde das Kindschaftsrecht seit dem Jahr 1970 grundlegend **umgestaltet**.[2] Wesentliches Anliegen der Reformen im Kindschaftsrecht waren die Gleichstellung von Vater und Mutter sowie die Angleichung der Rechtsstellung von ehelichem und unehelichem Kind. So legt § 137 Abs 1 ABGB ausdrücklich fest, dass die **Rechte und Pflichten des Vaters und der Mutter gleich** sind. Die Eltern haben gleichermaßen das Wohl ihrer minderjährigen Kinder zu fördern und ihnen Fürsorge, Geborgenheit und eine sorgfältige Erziehung zu gewähren (§ 137 Abs 2 ABGB). Die Ausübung der elterlichen Rechte und Pflichten unterliegt aber weitgehend der Disposition der Eltern. Sie können etwa festlegen, welchen Namen das Kind erhält, oder wie die Pflege und Erziehung im Einzelnen gehandhabt werden soll. Unterschiedliche Regelungen für Vater und Mutter müssen gesondert ge-

---

1 Burgenländisches Kinder- und Jugendhilfegesetz LGBl 2013/62; Kärntner Kinder- und Jugendhilfegesetz LGBl 2013/83; nö Kinder- und Jugendhilfegesetz LGBl 9270-0; oö Kinder- und Jugendhilfegesetz LGBl 2014/30; Salzburger Kinder- und Jugendhilfegesetz LGBl 2015/32; Steiermärkisches Kinder- und Jugendhilfegesetz LGBl 2013/138; Tiroler Kinder- und Jugendhilfegesetz LGBl 2013/150; Vlbg Kinder- und Jugendhilfegesetz LGBl 2013/29; Wiener Kinder- und Jugendhilfegesetz LGBl 2013/51.

2 Vgl oben unter 1. Teil Einführung I.

rechtfertigt werden. Solche Unterschiede bestehen auf Grund biologischer Faktoren vor allem im Abstammungsrecht. Kinder werden heute zunehmend nicht bloß als Objekte elterlicher Rechte und staatlicher Erziehungsaufsicht, sondern als Rechtssubjekte mit eigenen Ansprüchen gesehen.[3] Dies wurde vom KindRÄG 2001[4] deutlich zum Ausdruck gebracht. Mit dieser umfassenden Novelle wurde die Rechtsstellung von Kindern und Jugendlichen durch eine Reihe von Maßnahmen (Herabsetzung des Volljährigkeitsalters auf 18 Jahre, verstärkte Berücksichtigung ihres Willens bei ihrer Pflege und Erziehung, eigenes Besuchsrecht des Kindes, Verbesserung der Verfahrensrechte von Mündigen, Recht auf Einwilligung in die ärztliche Heilbehandlung) wesentlich gestärkt.[5]

Im Juni 2003 hat der VfGH einen Teil des Abstammungsrechts wegen Verstoßes gegen Artikel 8 EMRK mit Wirkung zum 30.6.2004 als verfassungswidrig aufgehoben.[6] Der Gesetzgeber hat daraufhin mit dem FamErbRÄG 2004 das Abstammungsrecht einer umfassenden Neuregelung unterzogen,[7] die seit 1.1.2005 wirksam ist. Das FamErbRÄG 2004 bewirkte auch Änderungen des Adoptionsrechts. Damit sollte dem zunehmenden Missbrauch des Adoptionsrechts durch die Vornahme von Scheinadoptionen zum Zwecke der Erlangung der Aufenthalts- und Arbeitsbewilligung für volljährige Fremde entgegengetreten werden.[8]

---

3   *Mottl*, Das Kind: Rechtssubjekt oder nur Spielball familiärer Auseinandersetzungen? in Rauch-Kallat/J. Pichler (Hrsg), Entwicklungen in den Rechten der Kinder im Hinblick auf das UN-Übereinkommen über die Rechte des Kindes (1994) 167.

4   Kindschaftsrechts-Änderungsgesetz 2001 BGBl I 2000/135, im Wesentlichen in Kraft seit 1.7.2001; siehe dazu Ferrari/Hopf (Hrsg), Reform des Kindschaftsrechts (2001). Zu den Inhalten, Grundsätzen und Zielen der Reform *Weitzenböck*, Das neue österreichische Kindschaftsrecht, ÖA 1999, 210; *Hopf/Weitzenböck*, Schwerpunkte des Kindschaftsrechts-Änderungsgesetzes 2001, ÖJZ 2001, 485 und 530; *Beclin*, Die wichtigsten Neuerungen durch das Kindschaftsrechts-Änderungsgesetz 2001 (KindRÄG 2001), JAP 2001/2002, 121; *Haidenthaller*, Schwerpunkte der Kindschaftsrechts-Reform 2001, JBl 2001, 622, 633 sowie die umfangreichen Ausführungen in den Erläuterungen zur RV 296 BlgNR 21. GP 22. Zur Entstehungsgeschichte *Hopf*, Auf dem Weg zu einem Kindschaftsrechts-Änderungsgesetz in der 21. Gesetzgebungsperiode, in FS Dittrich (2000) 525.

5   Neu geregelt wurde auch das Recht der Vermögensverwaltung, das bis dahin noch stark obrigkeitsstaatlich geprägt war, sowie der Bereich der elterlichen Obsorge nach Ehescheidung, siehe III.E.2.ab.

6   VfGH 28.6.2003, G 78/00 FamRZ 2003, 1915 (*Bernat*).

7   ErläutRV 471 BlgNR 22. GP 1.

8   ErläutRV 471 BlgNR 22. GP 1. Vgl im Einzelnen unten unter II.B.2.

Das FamRÄG 2009 brachte einige Neuerungen für **Patchworkfamilien**.[9] § 90 Abs 3 ABGB stellt nun ausdrücklich klar, dass sich die eheliche Beistandspflicht auch auf die Obsorge für ein Stiefkind erstreckt. Der mit dem Elternteil verheiratete Partner ist verpflichtet, den anderen bei der Ausübung der Obsorge zu unterstützen. Um ihm diese Aufgabe zu erleichtern, erhält er das Recht, soweit erforderlich, den Elternteil in den Obsorgeangelegenheiten des täglichen Lebens zu vertreten. Er ist außerdem verpflichtet, alles den Umständen nach Zumutbare zu tun, um das Kindeswohl zu schützen. Diese Verpflichtung besteht nicht nur für den Ehegatten, sondern für jede volljährige Person, die mit dem Elternteil und dem Kind nicht nur vorübergehend im gemeinsamen Haushalt lebt und in einem familiären Verhältnis zum Elternteil steht, also beispielsweise für Eltern, Geschwister oder den Lebensgefährten des Elternteils (§ 137 Abs 4 ABGB alt; nun § 139 Abs 2 ABGB idF KindNamRÄG 2013). Weitere Änderungen betrafen das Unterhaltsvorschuss- und das Adoptionsrecht.

Mit dem **KindNamRÄG 2013**[10] wurde das Kindschaftsrecht weitreichend geändert und neu strukturiert. Auslöser für die Novelle waren mehrere Entscheidungen des EGMR zur rechtlichen Stellung des Vaters eines un-

---

9   IA 673/A BlgNR 24. GP 18. Vgl dazu und zu den Vorentwürfen *Barth-Richtarz*, Obsorge der Stiefeltern für ihre Stiefkinder, FamZ 2007, 115; *Fischer-Czermak*, Patchworkfamilien: Reformbedarf im Unterhaltsrecht? EF-Z 2007/30; *Haidvogl*, Die „Patchworkfamilie" nach österreichischem Recht, FamZ 2007, 109; *Pesendorfer*, Das Familienrechts-Änderungsgesetz 2008, iFamZ 2008, 232; *Fucik*, Zum Regierungsprogramm der 24. Gesetzgebungsperiode, iFamZ 2009, 59; *Stefula*, Die Neuerungen zur Patchworkfamilie, iFamZ 2009, 266; *Fischer-Czermak*, Beistandspflichten und Vertretung in Obsorgeangelegenheiten nach dem FamRÄG 2009, EF-Z 2010/2.

10   KindNamRÄG 2013 BGBl I 2013/15. Vgl dazu Barth/Deixler-Hübner/G. Jelinek (Hrsg), Handbuch des neuen Kindschafts- und Namensrechts (2013); Deixler-Hübner/Fucik/Huber (Hrsg), Zak-Spezial – Das neue Kindschaftsrecht (2013), Deixler-Hübner/Ulrich (Hrsg), Kindschafts- und Namensrechts-Änderungsgesetz. Grundrechte – Elternrechte – Kinderrechte (2013); Gitschthaler (Hrsg), EF-Spezial – Kindschafts- und Namensrechts-Änderungsgesetz 2013 (2013); *Beclin*, KindNamRÄG 2013 – Wesentliche Änderungen der Novelle (2014); Ferrari/Hinteregger/Kathrein (Hrsg), Reform des Kindschafts- und Namensrechts (2014); Bundesministerium für Justiz (Hrsg) KindNamRÄG 2013 (2014).

ehelichen Kindes.[11] Nach der ständigen Judikatur des EGMR[12] beschränkt sich der Begriff der Familie in Art 8 EMRK nicht auf Beziehungen, die auf eine Ehe gegründet sind, sondern schließt auch faktische Familienbeziehungen mit ein. Kinder, die aus einer Familienbeziehung stammen, sind mit ihrer Geburt Teil des Familienlebens. Der wechselseitige Genuss von Elternteil und Kind an der Gesellschaft des jeweils anderen ist ein grundlegendes Element dieses Familienlebens. Staatliche Maßnahmen, die diesen Genuss behindern, stellen einen Eingriff in das Recht auf Achtung des Familienlebens dar und müssen deshalb gesetzlich vorgesehen und nach den in Art 8 Abs 2 EMRK genannten Zwecken in einer demokratischen Gesellschaft, insbesondere zum Schutz der Rechte und Freiheiten anderer, notwendig sein. Der EGMR befand in den Rechtssachen *Zaunegger* gegen Deutschland und *Sporer* gegen Österreich, dass sowohl das deutsche als auch das österreichische Kindschaftsrecht den Vater eines unehelich geborenen Kindes unzulässig diskriminieren, weil der Vater die elterliche Sorge (Deutschland) bzw Obsorge (Österreich) zu seinem Kind nur mit Zustimmung der Mutter erlangen konnte. Sowohl das dt BVfG[13] als auch der VfGH folgten der Rechtsansicht des EGMR. Der VfGH[14] hob § 166 erster Satz ABGB alt, der bestimmte, dass die Mutter mit der Obsorge für das uneheliche Kind allein betraut war, wegen Verstoßes gegen Art 14 iVm Art 8 EMRK auf.

---

11 EGMR 2.9.2003, 56838/00, *Guichard/Frankreich* EGMR 2003-X; 3.12.2009, 22028/04, *Zaunegger/Deutschland* iFamZ 2010/1; 21.12.2010, 20578/07, *Anayo/Deutschland* EF-Z 2011/34 (*Nademleinsky*); 3.2.2011, 35637/03, *Sporer/Österreich* EF-Z 2011/33 (*Nademleinsky*). Siehe auch EuGH 5.10.2010, C-400/10 PPU, *J.McB./L.E.* EF-Z 2011/25 (*Nademleinsky*); vgl *Barth*, Gemeinsame Obsorge für alle? iFamZ 2010, 10; *Khakzadeh-Leiler*, Obsorge für uneheliche Kinder, JRP 2010, 51; *Reiter*, Obsorgerecht auf dem Prüfstand – der EGMR („*Zaunegger*"), das deutsche Bundesverfassungsgericht und mögliche Lehren daraus für Österreich, EF-Z 2010/153; *Verschraegen*, Elterliche (Ob-)Sorge – Regel und Ausnahme: Wer bestimmt, wer entscheidet? iFamZ 2010, 4.

12 EGMR 26.5.1994, 16969/90, *Keegan/Irland* ÖJZ 1995/2; 14.9.1999, 39067/97, *Balbontin/Vereinigtes Königreich*; 13.7.2000, 25735/94, *Elsholz/Deutschland* ÖJZ 2002/3; 2.9.2003, 56838/00, *Guichard/Frankreich* sowie 21.12.2010, 20578/07, *Anayo/Deutschland* EF-Z 2011/34 (*Nademleinsky*) zum Besuchsrecht des biologischen Vaters; EGMR 15.9.2011, 17080/07, *Schneider/Deutschland* EF-Z 2012/92.

13 BVfG 1 BvR 420/09 NJW 2010, 3008. Siehe nun die neue Regelung zur Sorge nicht miteinander verheirateter Eltern in § 1626a BGB. Die Mutter ist bei Geburt des Kindes nach wie vor ex lege allein mit der Sorge betraut. Dem Vater ist es nun aber möglich, das Sorgerecht für sein Kind auch gegen den Willen der Mutter durch gerichtliche Entscheidung gemeinsam mit der Mutter zu erlangen, wenn dies dem Kindeswohl nicht widerspricht.

14 VfGH G 114/11 JBl 2012, 783.

Der Gesetzgeber nahm die Aufhebung des § 166 erster Satz ABGB alt zum Anlass für eine umfassende Reform des Kindschaftsrechts. Das Kind-NamRÄG 2013 brachte insbesondere folgende Neuerungen:

- völlige Neugestaltung des Rechts des Familiennamens für Ehegatten und Kinder (§§ 93–93c ABGB, §§ 155 ff ABGB);
- Neustrukturierung des gesamten Kindschaftsrechts;
- Beseitigung des Begriffs des unehelichen Kindes aus dem Gesetz;
- gesetzliche Umschreibung des Kindeswohls (§ 138 ABGB);
- Ausweitung der gemeinsamen Obsorge (§§ 177 ff ABGB) und Verbesserung der Rechtsstellung des nicht mit der Obsorge betrauten Elternteils (§ 186 ff ABGB) sowie
- Einrichtung einer Familiengerichtshilfe (§§ 106a ff AußStrG).

Das **Adoptionsrechts-Änderungsgesetz 2013**[15] hat die Möglichkeit der sogenannten „Stiefkindadoption" in gleichgeschlechtlichen Paarbeziehungen eingeführt. Das bedeutet, dass eine Person das leibliche Kind ihres gleichgeschlechtlichen Partners adoptieren kann. Auslöser für dieses Gesetz war einmal mehr eine Entscheidung des EGMR.[16] Nach früherem Recht wären durch die Einzeladoption von Seiten einer Frau (eines Mannes) die familienrechtlichen Beziehungen zur leiblichen Mutter (zum leiblichen Vater) erloschen. Diese Rechtslage verstieß nach Ansicht des EGMR gegen Art 14 iVm Art 8 EMRK, weil sie homosexuelle Paare gegenüber heterosexuellen Paaren diskriminierte. Gründe für die Ungleichbehandlung seien nicht ersichtlich. Es sei auch nicht nachgewiesen, dass es zu einer Beeinträchtigung des Kindeswohls führe, wenn das Kind zwei rechtliche Mütter oder zwei rechtliche Väter habe.

Das Adoptionsrechts-Änderungsgesetz führte nicht zur Öffnung der gemeinsamen Adoption für eingetragene Partner und auch die sogenannte Sukzessivadoption, bei der ein eingetragener Partner das adoptierte Kind

---

15 AdRÄG 2013 BGBl I 2013/179. *Beck*, AdRÄG 2013: Zulässige und unzulässige Adoptionen in gleichgeschlechtlichen Partnerschaften – Gesetzgeberischer Minimalismus mit Hang zur Verfassungswidrigkeit? ÖJZ 2013, 699; *Pesendorfer*, Das Adoptionsrechts-Änderungsgesetz 2013 – Möglichkeit der Stiefkindadoption in gleichgeschlechtlichen Partnerschaften, iFamZ 2013, 174; *Simma*, Adoptionsrechts-Änderungsgesetz 2013. Die vorgeschlagenen Änderungen – grundrechtlich ein großer Wurf? EF-Z 2013, 148; *Zemanek*, Stiefkindadoption in gleichgeschlechtlichen Partnerschaften vor Inkrafttreten des AdRÄG 2013, iFamZ 2014, 18.

16 EGMR 19.2.2013, Nr 19010/07, *X und andere/Österreich* FamRZ 2013, 763 = ÖJZ 2013/4 = EF-Z 2013/80 (*Simma*) = iFamZ 2013/33 (*Pesendorfer*); vgl auch *Fucik*, Adoptionen in gleichgeschlechtlichen Verbindungen. EGMR und BVfG haben entschieden, ÖJZ 2013, 193.

des anderen ebenfalls adoptieren möchte, blieb ihnen weiterhin verwehrt.[17] Dazu entschied nun der Verfassungsgerichtshof, dass es mit Art 8 iVm Art 14 der EMRK nicht vereinbar sei, dass eingetragene Partner nicht gemeinsam ein Kind adoptieren können und hob die entsprechenden Bestimmungen im ABGB und EPG zum 31.12.2015 auf.[18] Bis dahin hat der Gesetzgeber Zeit, eine verfassungskonforme Regelung zu schaffen. Eingetragenen Partnern werden ab diesem Zeitpunkt somit sowohl die gemeinsame Adoption als auch die Sukzessivadoption offen stehen.

Auch das **Fortpflanzungsmedizinrechts-Änderungsgesetz 2015**[19] war eine Reaktion des Gesetzgebers auf eine Entscheidung des Verfassungsgerichtshofs[20]. Dieser hatte nämlich jene Bestimmungen des Fortpflanzungsmedizingesetzes (FMedG), nach denen Frauenpaaren die medizinisch unterstütze Fortpflanzung verwehrt war, aufgehoben. Es widerspreche – so die Begründung des VfGH – dem Diskriminierungsverbot nach Art 14 iVm Art 8 EMRK, wenn Frauenpaare vom Zugang zur Fortpflanzungsmedizin und damit von der Möglichkeit, Kinder zu haben und sie aufzuziehen, ausgeschlossen würden. Für eine unterschiedliche Behandlung gegenüber verschiedengeschlechtlichen Paaren gebe es keine überzeugenden oder schwerwiegenden Gründe. Zumindest die Insemination in vivo[21] müsse Frauenpaaren erlaubt sein.[22]

Das FMedRÄG 2015 hat nun Frauenpaaren, die in eingetragener Partnerschaft verbunden sind oder in Lebensgemeinschaft leben, die medizinisch

---

17 Krit dazu *Beck*, ÖJZ 2013, 699 und *Simma*, EF-Z 2013, 148.

18 VfGH 11.12.2014 – G 119-120/2014-12 EF-Z 2015, 73 (*Bernat*).

19 FMedRÄG 2015 BGBl I 2015/35. Siehe dazu *Hopf*, Fortpflanzungsmedizinrecht neu, ÖJZ 2014/1037; *Kopetzki*, Fortpflanzungsmedizinrecht im Umbruch, RdM 2014, 1; *Ferrari*, Künstliche Fortpflanzung im österreichischen Recht, in Dutta/Schwab/Henrich/Gottwald/Löhnig (Hrsg), Künstliche Fortpflanzung und europäisches Familienrecht (2015) 181; *Voithofer/Flatscher-Thöni*, Öffnung der Fortpflanzungsmedizin für Frauenelternpaare, iFamZ 2015, 9; *Wendehorst*, Neuerungen im österreichischen Fortpflanzungsmedizinrecht durch das FMedRÄG 2015, iFamZ 2015, 4; *Bernat*, Das österreichische Abstammungsrecht im Kontext der medizinisch unterstützten Fortpflanzung – Eine Bestandsaufnahme nach Inkrafttreten des Fortpflanzungsmedizinrechts-Änderungsgesetzes 2015, in Coester-Waltjen/Lipp/Schumann/Veit (Hrsg) „Kinderwunschmedizin" – Reformbedarf im Abstammungsrecht? (2015) 65.

20 VfGH 10.12.2013, G 16/2013, G 44/2013 iFamZ 2014/3 (*Meinl*) = RdM 2014/77 (*Kopetzki*).

21 Darunter versteht man das Einbringen von Samen in die Geschlechtsorgane der Frau: siehe § 1 Abs 2 Z 1 FMedG.

22 VfGH 10.12.2013, G 16/2013, G 44/2013 iFamZ 2014/3 (*Meinl*) = RdM 2014/77 (*Kopetzki*); siehe auch schon *Ferrari*, Neue Möglichkeiten der Elternschaft für gleichgeschlechtliche Paare in Österreich, FamRZ 2014, 1512 f.

unterstützte Fortpflanzung geöffnet. Die Änderungen durch diese Novelle reichen aber noch viel weiter: Zulässig sind nach neuer Rechtslage auch die Eizellspende und in begrenztem Rahmen die Präimplantationsdiagnostik.

Die **elterlichen Rechte und Pflichten** sind weit gespannt. Die Eltern haben für die Erziehung ihrer minderjährigen Kinder zu sorgen und überhaupt ihr Wohl zu fördern (§ 137 Abs 2 ABGB). Sie haben dem Kind bis zu seiner Selbsterhaltungsfähigkeit Unterhalt zu leisten (§ 231 ABGB) und für das minderjährige Kind die Obsorge auszuüben. Diese umfasst die Pflege und Erziehung des Kindes, die Pflicht zur Vermögensverwaltung und die gesetzliche Vertretung in diesen sowie allen anderen Angelegenheiten (§ 158 Abs 1 ABGB).

Das Eltern-Kind-Verhältnis beschränkt sich nicht nur auf das minderjährige Kind. Es ist ein umfassendes Verhältnis, das aus wechselseitigen Rechten und Pflichten besteht, die das ganze Leben über bestehen, und das sich auch in erbrechtlichen Ansprüchen fortsetzt. Eltern und Kinder haben einander beizustehen und mit Achtung zu begegnen (§ 137 Abs 1 ABGB). Wird das Kind nach eingetretener Selbsterhaltungsfähigkeit wieder unterhaltsbedürftig, so lebt die Unterhaltspflicht der Eltern wieder auf. Auch das Kind kann gegenüber seinen Eltern und Großeltern unterhaltspflichtig werden (§ 234 ABGB).

Das Elternrecht wird als ein **absolutes Recht** betrachtet, in das Dritte nicht unerlaubt eingreifen dürfen (§ 139 Abs 1 ABGB). Bei Zuwiderhandeln stehen Unterlassungs- und bei Verschulden Schadenersatzansprüche zu.[23] Gem § 162 Abs 1 ABGB hat der mit der Pflege und Erziehung betraute Elternteil das Recht, den Aufenthaltsort seines Kindes zu bestimmen. Hält sich das Kind woanders auf, kann er es notfalls mit behördlicher Hilfe, soweit es Pflege und Erziehung erfordern auch gegen den Willen des Kindes, zurückholen.

Das Elternrecht steht nicht unbegrenzt zu, sondern wird durch verschiedene gesetzliche Regelungen definiert und beschränkt. So dürfen Eltern ihren Kindern zwar Anordnungen erteilen. Diese müssen aber dem Alter, der Entwicklung und der Persönlichkeit des Kindes entsprechen und dürfen nicht mit unangemessenen Mitteln durchgesetzt werden (§ 161 ABGB). Das SchulpflichtG BGBl 1985/76 verpflichtet Eltern, ihre Kinder zur Schule zu schicken. Die Jugendschutzgesetze der Länder[24] regeln Alkohol- und Niko-

---

23 Vgl OGH 4 Ob 186/09w JBl 2010, 292 (Anspruch auf Unterlassung der Störung der Besuche der Tochter bei der kranken Mutter durch die Schwester als Eigentümerin der Wohnung). OGH 4 Ob 8/11x JusGuide 2011/21/8790 (Schadenersatz für den Vater wegen Vereitelung des Besuchsrechts durch die obsorgeberechtigte Mutter).

24 Burgenländisches JugendschutzG LGBl 2002/54; Kärntner JugendschutzG LGBl 1998/5; nö JugendG LGBl 4600; oö JugendschutzG LGBl 2001/93; Salzburger Ju-

tinkonsum sowie die Ausgehzeiten für Kinder und Jugendliche. Überhaupt behält sich der Staat eine **Aufsichtsfunktion** vor, die ihn dazu berechtigt, die Rechte der Eltern durch gerichtliche Entscheidung einzuschränken und im Extremfall ganz zu entziehen (§ 181 ABGB).

Eine wichtige Institution zur Ausübung dieser Aufsicht ist der **Kinder- und Jugendhilfeträger**. Dies ist eine Landesbehörde, der durch Landesgesetz die Besorgung der öffentlichen Kinder- und Jugendhilfe zugewiesen ist („Jugendamt", § 10 B-KJHG). Aufgabe des Kinder- und Jugendhilfeträgers ist es, die Familie bei der Erfüllung ihrer Aufgaben in der Pflege und Erziehung von Minderjährigen zu beraten und zu unterstützen (§ 3 B-KJHG). Zu diesem Zwecke werden verschiedene soziale Dienste angeboten (Schulung der Eltern, Beratungs- und Therapiedienste, Kinderbetreuung etc). Soweit Eltern oder sonstige Erziehungsberechtigte das Wohl des Kindes nicht gewährleisten, hat der Kinder- und Jugendhilfeträger öffentliche Jugendhilfe in Form von Erziehungshilfen (Unterstützung bei der Erziehung bis hin zur vollen Erziehung, vor allem durch Unterbringung des Kindes in einem Heim oder einer Pflegefamilie) zu gewähren (§§ 25 ff B-KJHG).[25] Bei Gefahr für das Kindeswohl hat der Kinder- und Jugendhilfeträger eigene rechtliche Befugnisse. In bestimmten Fällen ist er auch mit der Obsorge eines Kindes betraut oder kann als Vertreter des Kindes tätig werden.[26] Er ist auch zur Vermittlung von Pflegeplätzen (§§ 18 ff B-KJHG) und zur Mitwirkung an Adoptionen (§§ 31 ff B-KJHG) zuständig. Sozialpädagogische Einrichtungen wie beispielsweise Kinder- und Jugendheime dürfen nur mit Bewilligung des Kinder- und Jugendhilfeträgers errichtet und betrieben werden (§ 17 Abs 4 B-KJHG).

Bestimmender Grundsatz des gesamten Kindschaftsrechts ist das **Kindeswohl**.[27] Eltern haben das Wohl ihres Kindes zu fördern. Seine Gefähr-

---

gendG LGBl 1999/24; Steiermärkisches JugendschutzG LGBl 1998/80; Tiroler JugendschutzG LGBl 1994/4; Vlbg JugendG LGBl 1999/16; Wiener JugendschutzG LGBl 2002/17.

25 *Barth*, Zwangsmaßnahmen an Minderjährigen in sozialpädagogischen Einrichtungen, ÖJZ 2006/20; *Jaksch-Ratajczak*, Von der Betrauung mit der Obsorge nach ABGB und JWG, EF-Z 2007/55.

26 Vgl unten unter III.E.2.b.

27 Vgl *Coester*, Das Kindeswohl als Rechtsbegriff (1983); *Bernat*, Das Kindeswohl auf dem Prüfstand des Rechts – Gedanken zur Funktionsbestimmung einer familienrechtlichen Generalklausel, ÖA 1994, 43; *Mottl* in Rauch-Kallat/J. Pichler 167; *Fucik*, Das Spannungsfeld zwischen Kindeswohl und Elternrecht aus der Sicht des Pflegschaftsrichters, ÖA 1996, 43; *Figdor*, Lässt sich das Kindeswohl quantifizieren? RZ 2006, 12; *Zinner*, Das Verfahren zur Abklärung von Kindeswohlgefährdung, iFamZ 2008, 101; zu § 138 ABGB idF des KindNamRÄG 2013: *Deixler-Hübner*, Kindeswohl und Neuerungen im Pflegschaftsverfahren, in Deixler-Hübner/Ulrich

dung ist einerseits Legitimation für den Staat, in die Familienautonomie einzugreifen, und andererseits Entscheidungsmaxime für Art und Umfang des Eingriffs. Bei der Beurteilung des Kindeswohls ist eine Vielzahl von Kriterien, die in § 138 ABGB (nicht taxativ) aufgezählt werden, zu berücksichtigen.

Im Folgenden wird zuerst die Begründung des Kindschaftsverhältnisses durch Abstammung sowie Adoption dargestellt. Sodann werden die Rechtswirkungen des Kindschaftsverhältnisses, nämlich Namensrecht, Unterhalt und Obsorge, behandelt. Nicht eingegangen wird auf die erbrechtlichen Implikationen des Kindschaftsverhältnisses. Diese sind nicht dem Kindschaftsrecht, sondern dem Erbrecht zuzuordnen.

89; *G. Jelinek*, Die Neuregelung des Kindeswohls, in Barth/Deixler-Hübner/G. Jelinek 33; *Doppel*, Die Kriterien des Kindeswohls: Neue Chancen und alte Missverständnisse, in Barth/Deixler-Hübner/G. Jelinek 43; *G. Kathrein*, Das Kindschafts- und Namensrechts-Änderungsgesetz 2013 im Überblick, in Ferrari/Hinteregger/Kathrein 11 ff; *R. Neumayer*, Das Kindeswohl als Maßstab zur Entscheidungsfindung, iFamZ 2013, 42; *Salicites*, Kindeswohl in Zivil- und Verwaltungsverfahren – Bedarf die Gewährleistung des Kindeswohls einer Trennung der zivilen und öffentlich-rechtlichen Rechtsschutzsysteme? in *Ferz/Salicites*, Mediation Aktiv 2014 (2014) 75.

II. Begründung des Kindschaftsverhältnisses

A. Abstammungsrecht

1. Mutterschaft

Als **Mutter** gilt gem § 143 ABGB immer die Frau, die das Kind geboren hat. Diese Regelung ist erforderlich, weil die heutige Medizin die Möglichkeit eröffnet, dass eine Frau ein Kind austrägt, das nicht von ihr abstammt. In Frage kommen die Eizellspende und die Leihmutterschaft, bei der eine Frau ein genetisch fremdes Kind austrägt, um es nach der Geburt an die genetischen Eltern bzw die genetische Mutter herauszugeben. Die Eizellspende ist seit dem FMedRÄG 2015 in Österreich erlaubt, während die Leihmutterschaft nach wie vor verboten ist (§ 3 Abs 1 FMedG). Ihre Vornahme ist für den Arzt als Verwaltungsübertretung strafbar (§ 23 FMedG). Wird trotz des Verbots eine Leihmutterschaft durchgeführt, entweder illegal in Österreich oder unter Umständen legal im Ausland, stellt § 143 ABGB jedenfalls klar, dass nur die Frau, die das Kind geboren hat, rechtlich als Mutter gilt. Die Frau, von der die Eizelle stammt, kann nach österreichischem Recht nicht als Mutter festgestellt werden, weder im Fall der erlaubten Eizellspende noch im Fall einer unerlaubten Leihmutterschaft. Im Fall der Leihmutterschaft kann die rechtliche Mutterschaft der genetischen Mutter an sich nur durch Adoption hergestellt werden, allerdings besteht auch die Möglichkeit, dass eine ausländische Statusentscheidung, wonach die genetische Mutter rechtlich als Mutter anzusehen ist, in Österreich anerkannt wird.[28]

---

28 Vgl zum Fall von zwei durch eine Leihmutter in den USA geborenen Kindern VfGH B 13/11 RdM 2012/83 (*Bernat*): Die Statusentscheidung einer ausländischen Behörde, wonach die genetische Mutter rechtlich als Mutter gilt, widerspricht nicht dem österreichischen ordre public. So auch VfGH B 99/12 ua RdM-LS 2013/14 (*Bernat*): ukrainische Leihmutter.

2. Vaterschaft

a. Allgemeines

Die Feststellung der Vaterschaft wurde durch das FamErbRÄG 2004 und das AußStrG 2003 grundlegend geändert.[29] Seit 1.1.2005 sind Abstammungsverfahren dem **Verfahren außer Streitsachen** zugewiesen. Verfahren über die Abstammung werden zwar grundsätzlich nur auf Antrag eingeleitet (§ 82 Abs 1 AußStrG), durch die Behandlung im Verfahren außer Streitsachen besteht aber ein hohes Maß an Flexibilität. § 82 Abs 2 AußStrG sieht vor, dass in Verfahren über die Abstammung jedenfalls das Kind und die Person, deren Elternschaft durch das Verfahren begründet, beseitigt oder wieder begründet werden kann, sowie der andere Elternteil des Kindes, sofern er einsichts- und urteilsfähig sowie am Leben ist, Parteistellung haben. Nach § 85 AußStrG bestehen außerdem spezifische Mitwirkungspflichten bei der Gewinnung des Abstammungsbeweises. Beweismittel im Abstammungsverfahren sind der Blutfaktorenvergleich, anthropologisch-erbbiologische Gutachten, Tragzeitgutachten sowie die DNA-Analyse.[30] Dieser kommt heutzutage im Abstammungsverfahren überragende Bedeutung zu,

---

29 Vgl *Fucik*, Außerstreitverfahren in Abstammungs-, Adoptions-, Ehe- und Sachwalterschaftssachen, ecolex 2004, 920; *Simotta*, Das neue Abstammungsrecht, ÖA 2004, 175; *Rosenmayr*, Änderungen im Abstammungsrecht durch das FamErbRÄG 2004, NZ 2004/94; *Beig*, Das Familien- und Erbrechtsänderungsgesetz 2004 (Teil I) Abstammungsrecht, JAP 2004/2005/15; *Beclin*, Das Familien- und Erbrechtsänderungsgesetz 2004 (Teil II) Erbrecht, JAP 2004/2005/16; *Ferrari*, Das neue österreichische Abstammungsrecht, in FS Schwab (2005) 1333; *dies*, Streit um die Abstammung – die Rechtslage im österreichischen Recht, in Spickhoff/Schwab/Henrich/Gottwald (Hrsg), Streit um die Abstammung – ein europäischer Vergleich (2007) 183 ff; *Fischer-Czermak*, Neueste Änderungen im Abstammungs- und Erbrecht, JBl 2005, 2; *Schwimann*, Neuerliche Abstammungsrechtsreform mit Ablaufdatum, NZ 2005/17; *Weitzenböck*, Das neue materielle und formelle Recht der Abstammung und der Adoption, ÖStA 2005, 68 und 84; *Zemanek*, Das erfolgreiche Abstammungsverfahren, iFamZ 2009, 337.

30 *Reichelt*, Anwendung der DNA-Analyse (genetischer Fingerabdruck) im Vaterschaftsfeststellungsverfahren, FamRZ 1991, 1265; *Neuhuber/Klintschar*, Über die Möglichkeiten der DNA-Analyse in der Abstammungsbegutachtung in Fällen mit abwesendem Vater (Defizienzfälle), ÖA 1996, 44; *Fischer/Speiser*, Die Entwicklung der Vaterschaftsdiagnostik von 1900 bis 2000, ÖA 2000, 104; *Mayr et al*, Vaterschaftsbegutachtung – DNA versus konventionelle Systeme, RZ 2001, 169; *Zehethofer*, DNA Profiling in der Abstammungsbegutachtung, RZ 2007, 272; *Gunzer*, Mater Incerta, RZ 2004, 65; *Friedl/Wilhelm*, Abzweigung bereits entnommener DNA Proben zur Vaterschaftsfeststellung, ecolex 2012/244; *Zemanek*, Keine Verpflichtung der Polizei zur Herausgabe von DNA-Material zum Zweck der Verwertung im Abstammungsverfahren, iFamZ 2012/88; *Beck*, DNA-Tests bei „beteiligten" Personen im Abstammungsverfahren, EF-Z 2014/103.

weil dadurch mit überaus hoher Wahrscheinlichkeit eine positive Feststellung der Abstammung möglich ist. Ein weiterer Vorteil des Verfahrens außer Streitsachen sind die im Vergleich zum streitigen Verfahren geringeren Kosten. Zum Schutz minderjähriger Kinder bestimmt § 83 Abs 4 AußStrG überdies, dass in Verfahren über die Abstammung minderjähriger Kinder kein Anspruch auf Kostenersatz besteht.[31]

§ 141 ABGB regelt die **Geschäftsfähigkeit** in Abstammungsangelegenheiten. Für nicht eigenberechtigte Personen, die auch nicht über die notwendige Einsichts- und Urteilsfähigkeit verfügen, kann nur der gesetzliche Vertreter handeln (§ 141 Abs 1 ABGB). Bei Minderjährigen ist dies die mit der Obsorge betraute Person[32] und bei Volljährigen der Sachwalter. Da ein Anerkenntnis nur persönlich abgegeben werden kann (§ 145 Abs 1 ABGB), kommt für diese Personen eine Feststellung der Abstammung durch Anerkenntnis nicht in Frage. Nicht eigenberechtigte Personen, die über die notwendige Einsichts- und Urteilsfähigkeit verfügen, können selbst handeln, brauchen aber die Zustimmung ihres gesetzlichen Vertreters. Bei Personen, für die ein Sachwalter bestellt ist, ist die Zustimmung des Sachwalters immer erforderlich, auch dann, wenn er nicht für Abstammungsangelegenheiten bestellt ist.[33] Handelt der gesetzliche Vertreter, so braucht er die Einwilligung des einsichts- und urteilsfähigen Vertretenen. Bei mündigen Minderjährigen[34] wird das Vorliegen der Einsichts- und Urteilsfähigkeit vermutet (§ 141 Abs 1 Satz 3 ABGB).[35] Der gesetzliche Vertreter hat sich bei seinen Vertretungshandlungen vom Wohl des Vertretenen leiten zu lassen. Eine gerichtliche Genehmigung braucht in Angelegenheiten der Abstammung nicht eingeholt zu werden (§ 141 Abs 2 ABGB).

Der gesetzliche Vertreter ist verpflichtet, für die Feststellung der Vaterschaft zu sorgen. Die **Pflicht zur Feststellung der Vaterschaft** entfällt, wenn sie für das Wohl des Kindes nachteilig ist, oder wenn die Mutter von ihrem Recht Gebrauch macht, den Namen des Vaters nicht zu nennen (§ 149 Abs 1 ABGB). In diesem Fall hat der Kinder- und Jugendhilfeträger[36] „die Mutter darauf aufmerksam zu machen, welche Folgen es hat,

---

31 In der Praxis werden aber dennoch auch das Kind und die am Verfahren beteiligte Mutter zum Ersatz der Sachverständigenkosten (DNA-Gutachten) verpflichtet: krit *Zemanek*, iFamZ 2009, 339 f.

32 Dazu unten III.E.2.

33 ErläutRV 471 BlgNR 22. GP 15 f. Zum gleichgelagerten Problem bei der Eheschließung vgl 2. Teil Eherecht I.B.2.a.

34 Dies sind Personen, die das 14. Lebensjahr vollendet haben (§ 21 Abs 2 ABGB).

35 Zur Einwilligung in die Heilbehandlung (§ 173 ABGB) vgl unten III.E.3.a.aa.

36 Das Gesetz spricht noch vom „Jugendwohlfahrtsträger"; das Jugendwohlfahrtsgesetz BGBl 161/1989 ist aber durch das Bundes-Kinder- und Jugendhilfegesetz BGBl I 2013/69, das seit 1.5.2013 in Kraft steht, ersetzt worden. In diesem Gesetz ist der

wenn die Vaterschaft nicht festgestellt wird" (§ 149 Abs 2 ABGB). Solche Folgen sind fehlender Unterhaltsanspruch und fehlender Erbrechtsanspruch des Kindes gegenüber dem Vater sowie mögliche psychische Nachteile für das Kind (Fehlen einer wichtigen Bezugsperson, Schwierigkeiten bei der Identitätsfindung). Auch wenn sich die Mutter weigert, den Namen des Vaters zu nennen, bleiben Vater, Kind und gesetzlicher Vertreter des Kindes dennoch berechtigt, die Vaterschaft feststellen zu lassen.[37]

Mit schriftlicher Zustimmung des gesetzlichen Vertreters ist der Kinder- und Jugendhilfeträger in Abstammungsangelegenheiten Vertreter des Kindes (§ 208 Abs 2 ABGB). Die Vertretungsbefugnis des gesetzlichen Vertreters wird dadurch aber nicht eingeschränkt, sodass es zu konkurrierenden Rechtsakten kommen kann.[38] Der Kinder- und Jugendhilfeträger kann gem § 209 ABGB auch als Kollisionskurator bestellt werden. Er kann den gesetzlichen Vertreter des Kindes (zumeist die Mutter) auch sonst bei der Feststellung der Vaterschaft unterstützen und ist auch berechtigt, Vaterschaftsanerkenntnisse entgegenzunehmen. Diese können unter anderem auch vor dem Kinder- und Jugendhilfeträger abgegeben werden und sind von diesem zu beurkunden und zu beglaubigen und sodann an den zuständigen Standesbeamten zu übermitteln (§ 44 B-KJHG).

Akte, mit denen die Abstammung festgestellt wird, die Änderung der Abstammung sowie die Feststellung der Nichtabstammung wirken gegenüber **jedermann** (§ 140 ABGB).[39] Bei Tod der betroffenen Person geht das Recht auf Feststellung der Abstammung, deren Änderung[40] oder die Feststellung der Nichtabstammung auf deren **Rechtsnachfolger** über (§ 142 ABGB).

Begriff „Kinder- und Jugendhilfeträger" an die Stelle des Begriffs „Jugendwohlfahrtsträger" getreten.

37 Vgl *Hopf* in KBB[4] § 149 Rz 2.

38 § 208 Abs 4 ABGB.

39 Zur umstrittenen Frage, ob die Vaterschaft zu einem Kind als Vorfrage in einem anderen Verfahren, konkret dem Verfahren über den Unterhaltsregress des Scheinvaters gegenüber dem biologischen Vater, dessen Vaterschaft noch nicht festgestellt ist, beurteilt werden darf: *Lurger/Tscherner*, Inzidentfeststellung der Vaterschaft im Unterhaltsregressverfahren, JBl 2009, 205.

40 Siehe dazu sogleich unter b.ba.

Übersicht 4: Abstammung

Vater	Mutter
◆ Ehe mit der Mutter (§ 144 Abs 1 Z 1 ABGB)	◆ Geburt (§ 143 ABGB)
◆ Anerkenntnis (§§ 145, 147 ABGB)	
◆ gerichtliche Entscheidung (§§ 148 Abs 1 und Abs 2, 150, 151, 154 Abs 1 Z 2 ABGB)	

b. Begründung der rechtlichen Vaterschaft

ba. Ehe mit der Mutter

Die **rechtliche Vaterschaft** kann auf drei Arten begründet werden: durch Ehe mit der Mutter, Anerkenntnis oder Entscheidung des Gerichts (§ 144 ABGB). Wird ein Kind nach der Eheschließung und vor Scheidung, Aufhebung oder Nichtigerklärung der Ehe seiner Mutter geboren, so ist der Ehemann rechtlich der Vater des Kindes. Dasselbe gilt, wenn das Kind vor Ablauf des 300. Tages nach dem **Tod** des Ehemannes der Mutter geboren wird (§ 144 Abs 1 ABGB). Heiratet die Mutter binnen dieses Zeitraumes erneut, so ist der Mann Vater, der mit der Mutter innerhalb dieses Zeitraumes zuletzt die Ehe geschlossen hat (§ 144 Abs 4 Satz 1 ABGB). Wird ein Kind nach **Scheidung, Aufhebung** oder **Nichtigerklärung** der Ehe geboren, dann kann die Vaterschaft des ehemaligen Ehemannes der Mutter nur durch Anerkenntnis oder gerichtliche Entscheidung festgestellt werden.

Die durch die Ehe mit der Mutter vermittelte Abstammung des Kindes vom Ehemann der Mutter kann wieder **aufgehoben** werden. Nach § 151 ABGB kann das Kind gegen den Mann oder dieser gegen das Kind einen **Antrag auf Feststellung** stellen, dass das Kind nicht von ihm abstammt. Die Mutter hat kein Antragsrecht, ihr kommt aber im Verfahren Parteistellung zu (§ 82 Abs 2 AußStrG). Im Verfahren ist die Nichtabstammung vom Ehemann der Mutter festzustellen. Nicht entscheidend ist, dass das Kind während der Ehe gezeugt worden ist. Stellt das Gericht fest, dass das Kind nicht vom Ehemann der Mutter abstammt, so hat das Kind rechtlich keinen

Vater, und es kann die Abstammung von einem anderen Mann festgestellt werden.[41]

Das Antragsrecht unterliegt einer **zeitlichen Befristung** (§ 153 ABGB). Der Antrag muss binnen zwei Jahren ab Kenntnis der Umstände, die dafür sprechen, dass das Kind nicht vom Ehemann der Mutter abstammt, gestellt werden. Diese Frist beginnt frühestens mit der Geburt des Kindes. Sie ist gehemmt, solange die antragsberechtigte Person nicht eigenberechtigt ist. Dies bedeutet, dass sowohl das Kind als auch der Ehemann, im Fall seiner Minderjährigkeit, jedenfalls bis zur Vollendung des 20. Lebensjahres (Volljährigkeitsalter von 18 Jahren plus zwei Jahre) antragsberechtigt sind.[42]

Der Lauf der Frist ist ebenfalls gehemmt, solange die antragsberechtigte Person innerhalb des letzten Jahres der Frist durch ein unvorhergesehenes oder unabwendbares Ereignis an der Antragstellung gehindert ist. Tritt eine Änderung der Abstammung ein,[43] so läuft die Zwei-Jahres-Frist frühestens ab der Wirksamkeit der Änderung. Solange die Abstammung von einem anderen Mann feststeht, kann der Feststellungsantrag nach § 151 ABGB nicht erhoben werden.[44] Nach Ablauf von 30 Jahren ab der Geburt des Kindes oder der Änderung der Abstammung kann nur mehr das Kind (bzw dessen Rechtsnachfolger) die Feststellung der Nichtabstammung begehren (§ 153 Abs 3 ABGB).

Die Nichtabstammung vom Ehemann wird außerdem festgestellt, wenn das Kind von seinem Recht Gebrauch macht, gem § 150 ABGB gegen einen anderen Mann einen Antrag auf Feststellung der Vaterschaft zu stellen (sog „Vätertausch"), oder wenn ein anderer Mann ein Anerkenntnis nach § 147 ABGB abgibt und dieses nach dessen Abs 2 wirksam wird (sog „vater-

---

41 Anders ist es jedoch, wenn die Mutter innerhalb der 300-Tage-Frist nach dem Tod des Ehemanns neuerlich geheiratet hat. Stellt das Gericht auf Antrag nach § 151 ABGB fest, dass das Kind nicht vom zweiten Ehemann abstammt, so ist der verstorbene Ehemann der Vater (§ 144 Abs 1 Z 1 ABGB).

42 Zur Handlungsfähigkeit von nicht eigenberechtigten Personen siehe oben II.A.2.a.

43 *Beispiel:* Der Ehemann der Mutter ist gestorben. Die Mutter heiratet innerhalb der 300-Tage-Frist und bringt innerhalb dieser Frist ein Kind zur Welt. Gem § 144 Abs 4 ABGB ist der zweite Ehemann der Mutter der Vater des Kindes. Der zweite Ehemann der Mutter erhebt einen Antrag nach § 151 ABGB und es wird festgestellt, dass das Kind nicht von ihm abstammt. Mit Rechtskraft dieses Beschlusses gilt gem § 144 Abs 1 ABGB der erste Ehemann der Mutter als Vater des Kindes (= Änderung der Abstammung). Die Rechtsnachfolger (Erben) dieses Mannes haben nun zwei Jahre ab Kenntnis der entsprechenden Umstände Zeit, ihrerseits den Feststellungsantrag nach § 151 ABGB zu erheben, wobei diese Frist frühestens mit der rechtswirksamen Änderung der Abstammung beginnt (§ 153 Abs 1 ABGB).

44 *Beispiel:* Der zweite Ehemann der Mutter gilt gem § 144 Abs 4 ABGB als Vater. Weder kann das Kind gegen den verstorbenen Ehemann der Mutter noch können dessen Rechtsnachfolger gegen das Kind einen Antrag nach § 151 ABGB erheben.

schaftsdurchbrechendes Anerkenntnis" oder „privatautonomer Väter-tausch"). Der Ehegatte der Mutter kann seine Vaterstellung in diesem Fall nur beibehalten, wenn er gegen das Anerkenntnis Widerspruch erhebt und im Verfahren über die Unwirksamerklärung des Anerkenntnisses die Ab-stammung vom Anerkennenden nicht erwiesen wird (§ 154 Abs 1 Z 2 ABGB).

bb. gerichtliche Entscheidung

Das Gericht hat auf Antrag den Mann als Vater festzustellen, von dem das Kind abstammt (§ 148 Abs 1; **positiver Abstammungsbeweis**). Antragsbe-rechtigt ist das Kind gegen den Mann bzw der Mann gegen das Kind. Damit hat sowohl der Mann, der vermutet der Vater des Kindes zu sein, als auch das Kind, die Möglichkeit, in einem gerichtlichen Verfahren Gewissheit über die tatsächliche genetische Abstammung zu bekommen.[45] Wie sich aus § 150 ABGB ergibt, ist Voraussetzung für den Antrag nach § 148 ABGB, dass die Vaterschaft zu dem Kind noch nicht feststeht, sei es durch die Ehe des Mannes mit der Mutter (§ 144 Abs 1 Z 1 ABGB), ein Anerkenntnis (§ 145 ABGB) oder weil die Vaterschaft eines anderen Mannes nach § 148 ABGB bereits gerichtlich festgestellt ist.

Bei Antragstellung durch das Kind besteht gem § 148 Abs 2 ABGB eine Beweiserleichterung im Wege einer widerlegbaren Zeugungsvermutung. Kann das Kind beweisen, dass der Mann mit seiner Mutter innerhalb eines Zeitraums von nicht mehr als 300 und nicht weniger als 180 Tagen vor der Geburt Geschlechtsverkehr hatte, so ist der Mann als Vater festzustellen, außer er weist nach, dass das Kind nicht von ihm abstammt. Der Mann hat den vollen Ausschlussbeweis zu führen. Nach den Erläuterungen zur RV[46] soll das Gericht primär versuchen, die Vaterschaft durch DNA-Gutachten positiv festzustellen. Nur wenn dies nicht möglich ist, soll eine Vater-schaftsfeststellung aufgrund der Zeugungsvermutung erfolgen. Eine solche **Vaterschaftsfeststellung kraft Zeugungsvermutung** ist nach Ablauf von zwei Jahren nach dem Tod des Mannes nicht mehr möglich, außer das Kind weist nach, dass ihm der positive Nachweis der Vaterschaft aus Gründen, die in der Sphäre des Mannes liegen, nicht gelingt (§ 148 Abs 2 ABGB); et-wa weil sich der Mann dem Zugriff des Gerichts entzieht oder weil die Er-ben genetisches Material verschwinden haben lassen.[47] Auf ein Verschulden kommt es nicht an.[48] Für den positiven Vaterschaftsnachweis besteht keine

---

45 ErläutRV 471 BlgNR 22. GP 21.
46 ErläutRV 471 BlgNR 22. GP 22.
47 ErläutRV 471 BlgNR 22. GP 22.
48 OGH 7 Ob 75/07s EF-Z 2008/5 (*Höllwerth*); 2 Ob 98/12v iFamZ 2012/172.

zeitliche Befristung. Dieser ist auch nach mehr als zwei Jahren nach dem Tod des Mannes zulässig.

Das **Kind** kann die gerichtliche Feststellung seiner Abstammung auch dann beantragen, wenn bereits die Vaterschaft eines anderen Mannes feststeht (§ 150 ABGB; sog „Vätertausch").[49] Dieser Antrag unterliegt keiner zeitlichen Begrenzung.[50] Gelingt dem Kind der Abstammungsnachweis, sei es durch positiven Abstammungsbeweis oder kraft Zeugungsvermutung, so hat das Gericht zugleich auszusprechen, dass das Kind nicht vom anderen Mann abstammt. Da dieser im Verfahren Parteistellung hat (§ 82 Abs 2 AußStrG), hat er die Möglichkeit, seine Interessen im Verfahren zu wahren.[51] Die Feststellung wirkt auf die Geburt des Kindes zurück.[52]

Der Mann, der meint, der Vater des Kindes zu sein, hat kein Antragsrecht nach § 150 ABGB. Steht bereits die Vaterschaft eines anderen Mannes fest, hat er somit nur die Möglichkeit, ein Anerkenntnis nach § 147 ABGB abzugeben. Dies bedeutet, dass eine Feststellung seiner Vaterschaft ohne Zustimmung des Kindes, und, solange das Kind nicht eigenberechtigt ist, gegen den Willen der Mutter, die ihn als Vater bezeichnen müsste, nicht möglich ist (§ 147 Abs 2 ABGB).[53] Mit der Beschränkung der Antragslegitimation auf das Kind wollte der Gesetzgeber verhindern, dass ein Mann, der sich für den Vater des Kindes hält, sich in eine bestehende soziale Familie hineindrängen kann.[54] Dieser Gesichtspunkt kann jedoch nur dann eine Rolle spielen, wenn diese soziale Familie tatsächlich besteht, also wenn der Scheinvater seine Vaterrolle tatsächlich ausübt. Ist dies nicht der Fall, so fehlt der Lösung des Gesetzgebers die sachliche Rechtfertigung. Problematisch ist § 150 ABGB auch, wenn der biologische Vater bereits eine soziale

---

49 ZB durch Anerkenntnis oder Vaterschaft des Ehemanns der Mutter.
50 OGH 9 Ob 76/07b EvBl 2008/87.
51 Da im Verfahren der Untersuchungsgrundsatz gilt, ist das Gericht verpflichtet, die genetische Abstammung des Kindes zu erforschen (*Fischer-Czermak*, JBl 2005, 2). Die Ansicht, dass es den beiden Männern im Verfahren freistehen soll, durch den Verzicht auf die Führung des Ausschlussbeweises die Väterposition zu tauschen (so *Stefula* in Klang³ § 163b Rz 9), ist abzulehnen. Umstritten ist, ob der Antrag nach § 150 ABGB (§ 163b ABGB alt) selbst dann zulässig ist, wenn die Vaterschaft bereits aufgrund eines DNA-Tests durch eine gerichtliche Entscheidung festgestellt ist (so *Deixler-Hübner* in ABGB-ON¹·⁰³ § 150 Rz 1; *Hopf* in KBB⁴ § 150 Rz 3; aA *Simotta*, ÖA 2004, 175; *Bernat* in Schwimann/Kodek⁴ Ia § 150 Rz 8, 10.
52 OGH 6 Ob 65/08i EvBl 2008/169.
53 Siehe unten.
54 ErläutRV 471 BlgNR 22. GP 25.

Beziehung zum Kind aufgebaut hat oder aufbauen möchte, weil dann seine Beziehung zum Kind unter den Schutzbereich des Art 8 EMRK fällt.[55]

bc. Anerkenntnis

Die Feststellung der Vaterschaft kann auch durch Anerkenntnis erfolgen. Das **Vaterschaftsanerkenntnis** hat durch persönliche Erklärung des Mannes in inländischer öffentlicher oder öffentlich-beglaubigter Urkunde zu erfolgen (§ 145 ABGB). Es muss dem zuständigen Standesbeamten im Original oder in öffentlich-beglaubigter Abschrift zukommen[56] und wirkt dann zurück auf den Zeitpunkt der Erklärung. Es soll eine genaue Bezeichnung des Anerkennenden, der Mutter und des Kindes, soweit es bereits geboren ist, enthalten (§ 145 Abs 2 ABGB). Ein wirksames Anerkenntnis hat **Rückwirkung** und begründet die Feststellung der Abstammung ab dem Zeitpunkt der Geburt des Kindes.[57] Mögliche Stellen für die Abgabe eines Vaterschaftsanerkenntnisses sind der zuständige Standesbeamte (§ 67 Abs 1 Z 1 PStG), der Kinder- und Jugendhilfeträger (§ 44 Abs 1 B-KJHG), das Pflegschaftsgericht (§ 81 AußStrG iVm § 114 Abs 1 JN), jede österreichische Vertretungsbehörde im Ausland (§§ 35 Abs 2, 67 Abs 3 PStG) sowie jeder österreichische Notar (§§ 2, 52 ff NO).[58] Ein Anerkenntnis kann auch

---

55 Krit *Stefula* in Klang[3] § 163b Rz 7 und *Aichinger*, Zur Legalisierung der bloßen „Erzeugerschaft", EF-Z 2009, 5 und 45; sowie *Ferrari* in Spickhoff/Schwab/Henrich/Gottwald 119. Für *Kneihs*, Die Regelungen über die Durchsetzung und Anerkennung der Vaterschaft im ABGB, FamZ 2006, 132 liegt die Regelung noch im Rahmen des gesetzgeberischen Gestaltungsspielraums. So nach anfänglichen Bedenken (OGH 1 Ob 236/05w FamZ 2006/8; dazu *Koppensteiner*, Zwei Väter und ein Kuckuckssei, FamZ 2006, 60) auch die Rechtsprechung: OGH 1 Ob 98/07d EvBl 2007/176 (krit *Fischer-Czermak*). Nach Ansicht des EGMR besteht zwar eine Verpflichtung des Mitgliedstaates zu prüfen, ob es im Kindeswohlinteresse liegt, dem leiblichen Vater, etwa durch Gewährung eines Besuchsrechts die Möglichkeit zu geben, eine Beziehung zu seinem Kind aufzubauen (EGMR 21.12.2010, 20578/07, *Anayo/Deutschland*), nicht aber das Recht zu geben, die Vaterschaft des rechtlichen Vaters anzufechten: EGMR 23.3.2012, 23.338/09, *Kautzer/Deutschland* und 22.3.2012, 45.071/09, *Ahrens/Deutschland* iFamZ 2012/84; *Wukovits*, Die soziale Familie: Vorrang vor dem biologischen Band zwischen Vater und Kind, EF-Z 2012/126.
56 Vgl auch OGH 5 Ob 208/07k iFamZ 2008/7.
57 *Stabentheiner* in Rummel, 1. Ergänzungsband zur 3. Auflage § 163c Rz 12a.
58 Vgl ausführlich *Stabentheiner* in Rummel, 1. Ergänzungsband zur 3. Auflage § 163c Rz 7 ff.

von den Rechtsnachfolgern des Mannes (ruhender Nachlass bzw ab der Einantwortung von den Erben) abgegeben werden.[59]

Das Kind (bei Tod seine Rechtsnachfolger)[60] oder die Mutter können innerhalb von zwei Jahren ab Kenntnis von dessen Rechtswirksamkeit gegen das Anerkenntnis **Widerspruch** erheben (§ 146 Abs 1 ABGB). Der Mutter kommt das Recht zum Widerspruch nur zu, sofern sie am Leben und einsichts- und urteilsfähig ist.[61] Der Lauf der Frist ist gehemmt, solange die widerspruchsberechtigte Person nicht eigenberechtigt ist oder innerhalb des letzten Jahres der Frist durch ein unvorhergesehenes oder unabwendbares Ereignis am Widerspruch gehindert ist (§ 146 Abs 2 ABGB). Bei Widerspruch von Kind oder Mutter hat das Gericht das Anerkenntnis für rechtsunwirksam zu erklären. Diese Erklärung darf allerdings nicht erfolgen, wenn im Verfahren erwiesen wird, dass das Kind tatsächlich vom Anerkennenden abstammt (§ 154 Abs 1 Z 2 ABGB). Alle Parteien des Verfahrens (Mann, Kind und Mutter) haben das Recht, die Rechtsunwirksamkeitserklärung des Anerkenntnisses durch den positiven Abstammungsnachweis zu verhindern.[62]

Dass zum Zeitpunkt des Anerkenntnisses bereits die **Vaterschaft eines anderen Mannes feststeht**, hindert das Anerkenntnis nicht. Dieses wird aber nach § 147 Abs 1 ABGB erst rechtswirksam, sobald mit allgemein verbindlicher Wirkung festgestellt ist, dass der andere Mann nicht der Vater des Kindes ist (zB im Fall des § 154 ABGB). Ohne eine solche gerichtliche Feststellung wird das Anerkenntnis nur wirksam, wenn das Kind dem Anerkenntnis in öffentlicher oder öffentlich beglaubigter Urkunde zustimmt (§ 147 Abs 2 ABGB: **„vaterschaftsdurchbrechendes Anerkenntnis"** oder „privatautonomer Vätertausch"). Ist das Kind minderjährig, so ist die Zustimmung durch den Kinder- und Jugendhilfeträger zu erteilen. Dieser ist in Bezug auf die Zustimmung gem § 147 Abs 4 ABGB gesetzlicher Vertreter des Kindes. Damit soll eine Interessenkollision bei der Mutter, die ja meist gesetzliche Vertreterin des Kindes ist, vermieden werden. Ist das Kind nicht eigenberechtigt,[63] so wird das Anerkenntnis überdies nur wirksam,

---

59 *Stabentheiner* in Rummel, 1. Ergänzungsband zur 3. Auflage § 163c Rz 17; *Hopf* in KBB⁴ § 145 Rz 2; *Bernat* in Schwimann/Kodek⁴ Ia § 145 Rz 7; *Deixler-Hübner* in ABGB-ON¹·⁰³ § 145 Rz 1.

60 *Hopf* in KBB⁴ § 146 Rz 1; *Stefula* in Klang³ § 163d Rz 6.

61 Zu Recht krit gegenüber dieser sachlich nicht gerechtfertigten Einschränkung: *Simotta*, ÖA 2004, 175.

62 ErläutRV 471 BlgNR 22. GP 27.

63 Entweder weil es minderjährig ist oder weil ihm ein Sachwalter bestellt ist.

wenn die einsichts- und urteilsfähige Mutter selbst[64] den Anerkennenden als Vater bezeichnet (§ 147 Abs 2 ABGB).

Das Anerkenntnis wirkt bereits ab dem Zeitpunkt seiner Erklärung, sofern alle diesbezüglichen Schriftstücke (Anerkenntnis, Zustimmung des Kindes, allfällige Bezeichnung des Anerkennenden durch die Mutter) dem Standesbeamten zukommen. Der Standesbeamte hat dann das Anerkenntnis in das Personenstandsbuch einzutragen und den Mann, dessen Vaterschaft feststand (zB Ehemann der Mutter) vom Anerkenntnis zu informieren.[65] Dieser kann gegen das Anerkenntnis binnen zwei Jahren bei Gericht **Widerspruch** erheben (§ 147 Abs 3 iVm § 146 ABGB). In diesem Fall hat das Gericht die Rechtsunwirksamkeit des Anerkenntnisses festzustellen, wenn nicht im Verfahren erwiesen wird, dass das Kind vom Anerkennenden abstammt (§ 154 Abs 1 Z 2 ABGB). In diesem Verfahren haben Kind, Mutter, Anerkennender sowie der Mann, dessen Vaterschaft zum Zeitpunkt des Anerkenntnisses feststand, Parteistellung (§ 82 Abs 2 AußStrG).

Ein gültig abgegebenes Vaterschaftsanerkenntnis kann durch gerichtliche Entscheidung wieder unwirksam werden. Nach § 154 Abs 1 hat das Gericht von Amts wegen die **Rechtsunwirksamkeit** des Anerkenntnisses festzustellen, wenn

- das Anerkenntnis nicht den Formvorschriften entspricht (Z 1 lit a);
- es auf Seiten des Anerkennenden an der Einsichts- und Urteilsfähigkeit bzw an der gesetzlichen Vertretung gemangelt hat; es sei denn, der Mangel der gesetzlichen Vertretung ist nachträglich behoben worden oder der Anerkennende hat das Anerkenntnis nach Erreichung der Eigenberechtigung gebilligt (Z 1 lit b);
- Widerspruch erhoben wurde und im Verfahren nicht erwiesen wird, dass das Kind vom Anerkennenden abstammt (Z 2).

Für das Anerkenntnis nach § 147 Abs 2 ABGB müssen auch die Zustimmung des Kindes und die allfällige Bezeichnung des Anerkennenden als Vater durch die Mutter den Formvorschriften entsprechen. Unwirksamkeitsgründe sind hier außerdem ein Vertretungsmangel beim Kind, der auch nachträglich nicht behoben wurde, sowie die mangelnde Einsichts- und Urteilsfähigkeit bei Kind oder Mutter (§ 154 Abs 1 Z 1 lit a und b ABGB).

Auf **Antrag des Anerkennenden** ist ein Anerkenntnis für rechtsunwirksam zu erklären (§ 154 Abs 1 Z 3 ABGB), wenn er beweist,

---

64 Weder ein Vertreter noch im Fall ihres Todes ihr Rechtsnachfolger können diese Erklärung abgeben (vgl ErläutRV 471 BlgNR 22. GP 26 f).
65 ErläutRV 296 BlgNR 21. GP 62.

– dass sein Anerkenntnis durch List, ungerechte und gegründete Furcht oder Irrtum darüber veranlasst worden ist, dass das Kind von ihm abstammt, oder

– dass das Kind nicht von ihm abstammt, und er erst nachträglich von solchen Umständen Kenntnis erlangt hat, die für die Nichtabstammung des Kindes sprechen.

Dieser Antrag kann längstens bis zum Ablauf von zwei Jahren nach Entdeckung der Täuschung, des Irrtums oder der genannten Umstände oder nach Wegfall der Zwangslage erhoben werden. Die Frist beginnt frühestens mit der Geburt des Kindes (§ 154 Abs 2 ABGB). Sie läuft erst, wenn der Anerkennende von Umständen Kenntnis erlangt, die seine Vaterschaft als höchst unwahrscheinlich erscheinen lassen, und er objektiv die Möglichkeit hat, die Abstammung durch Einholung eines Sachverständigengutachtens, insbesondere durch DNA-Analyse, zu klären. Dabei ist auf den Maßstab eines objektiv verständigen Mannes abzustellen.[66] Nach allgemeiner Ansicht ist die absolute Verjährungsfrist von 30 Jahren des § 153 Abs 3 ABGB auf den Antrag auf Unwirksamerklärung eines Anerkenntnisses gem § 154 Abs 1 Z 3 ABGB analog anzuwenden.[67]

Beispiele aus der Rechtsprechung

OGH 29.8.2007, 7 Ob 75/07s EF-Z 2008/5 (*Höllwerth*) = ÖJZ-LS 2008/6 = Zak 2007/708 – verstorbener Mann

Der Antragsteller wurde am 9.3.2004 geboren. Seine Mutter hatte mit dem verstorbenen Alpheus O. in der empfängniskritischen Zeit bis kurz vor dessen Tod am 22.6.2003 eine sexuelle Beziehung. Alpheus O. war nigerianischer Staatsbürger und zuletzt ohne festen Wohnsitz. Der Antragsteller, dessen Aussehen darauf hindeutet, dass ein Elternteil afrikanischer Abstammung ist, beantragt die Feststellung, dass der Verstorbene sein Vater ist. Die Antragsgegnerin, die Verlassenschaft nach Alpheus O., beantragt die Abweisung des Antrags. Der Versuch einen genetischen Abstammungsbeweis zu gewinnen schlug fehl, weil kein verwertbares Gewebematerial von Alpheus O. zur Verfügung steht.

---

66 OGH 7 Ob 85/08p JusGuide 2009/22/6629; 2 Ob 182/08s iFamZ 2009/20 (*Zemanek*); 8 Ob 65/10g EF-Z 2011/5.

67 OGH 1 Ob 106/08g RZ-EÜ 2009/63. Allerdings beginnt diese Frist erst mit dem Inkrafttreten des FamErbRÄG 2004 am 1.1.2005 zu laufen: OGH 2 Ob 12/12x EF-Z 2012/65 (*Gitschthaler*).

OGH 5.6.2008, 6 Ob 65/08i EF-Z 2009/14 (*Gitschthaler*) = EvBl 2008/169 = iFamZ 2008/120 = RZ-EÜ 2009/60 = Zak 2008/501 – Vätertausch 1

Laurenz G. wurde am 31.3.2002 außerehelich geboren. Am 19.8.2003 anerkannte der geschiedene Ehegatte der Mutter, Harald G., die Vaterschaft, obwohl er wusste, dass er nicht der Vater des Kindes ist. Unterhalt leistete er nicht. In der Folge erhob das Kind, vertreten durch den Kinder- und Jugendhilfeträger, den Antrag, nach § 163b ABGB (nunmehr § 150 ABGB) einen anderen Mann als Vater festzustellen. Das Gericht gab dem Antrag Folge und stellte gleichzeitig fest, dass das Kind nicht von Harald G. abstammt. Der Mann, dessen Vaterschaft festgestellt wurde, wendet gegen das Unterhaltsbegehren des Kindes ein, seine Unterhaltsverpflichtung könne frühestens mit der Vaterschaftsfeststellung entstanden sein.

OGH 19.12.2007, 9 Ob 76/07b EvBl 2008/87 = JBl 2008, 520 = RZ 2008/19 = Zak 2008/264 – Vätertausch 2

Die am 3.4.1990 während aufrechter Ehe ihrer Mutter mit Hans P. geborene minderjährige Katharina beantragte, vertreten durch den Jugendwohlfahrtsträger, die Feststellung der Vaterschaft des Karl P. Dieser beantragte die Abweisung bzw Zurückweisung des Antrags, weil er verfristet sei, wobei er auf die Frist des § 158 Abs 1 ABGB (nunmehr § 153 Abs 1 ABGB) verweist.

OGH 30.3.2009, 7 Ob 85/08p iFamZ 2009/146 – Anerkenntnis

Der Antragsteller hat im August 1990 die Vaterschaft zu dem am 7.8.1990 geborenen Antragsgegner anerkannt, weil er mit der Mutter sexuelle Kontakte hatte und meinte, dass er der Vater des Kindes sei. Bereits 1990 oder 1991 teilte ihm ein Studienkollege mit, dass die Mutter auch mit dessen Bruder ein geschlechtliches Verhältnis gehabt habe. Im Jahr 2002 kam es zu einem ersten Treffen mit dem Antragsgegner. Dabei dachte sich der Antragsteller, dass er keine besondere Ähnlichkeit zwischen sich und dem Antragsgegner erkennen könne. Er unternahm aber nichts, „weil für ihn die Sache erledigt war". Am 8.6.2006 bringt er den Antrag auf Feststellung der Unwirksamkeit des Anerkenntnisses ein.

OGH 26.6.2007, 1 Ob 98/07d EF-Z 2007/101 = EFSlg 116.925 = iFamZ 2007/143 (*Zemanek*) = RZ-EÜ 2008/13 = Zak 2007/474 – biologischer Vater

Die verheiratete Mutter hatte eine außereheliche Affäre mit dem Antragsteller, der der biologische Vater ihrer am 12.11.1999 geborenen Tochter ist. Dieser hatte seit Sommer 2000 regelmäßigen Kontakt zum Kind. Zuerst geschah dies ohne Wissen des Ehemanns, später, nachdem die Mutter dem

Ehemann ihr Verhältnis zum Antragsteller gebeichtet hatte, auch mit dessen Zustimmung. Mutter und Ehemann lehnten allerdings kategorisch ab, dass die Tochter über die Vaterschaft des Antragstellers informiert werde und meinten, man solle es ihr erst im Erwachsenenalter mitteilen. Dennoch offenbarte der Antragsteller im August 2004 in Abwesenheit der Mutter und ihres Ehemanns dem (damals fünfjährigen) Kind, dass er sein Vater sei. Mutter und Ehemann betrachteten dies als Vertrauensbruch und unterbinden seitdem den Kontakt zum Kind. Das Kind geht nach wie vor davon aus, dass der Ehemann der Mutter der Vater ist. Der Antragsteller begehrt am 12.1.2005, das Gericht möge feststellen, dass die Minderjährige von ihm abstamme. Er habe zwar seine Vaterschaft anerkannt, doch habe die Mutter sich geweigert, ihn als Vater zu bezeichnen.

OGH 27.2.2014, 1 Ob 148/12i iFamZ 2013/45 (*Seeber-Grimm/Schoditsch*) = EF-Z 2013/82 (*Beck*) = EF-Z 2013/76 (*Spitzer*) = EFSlg 134.336 = Zak 2013/244 (*Ahari*) = EvBl 2013/95 (*Brenn/Pesendorfer*) – eineiige Zwillinge

Mit seiner bereits 1999 erhobenen Klage begehrte der Kl die Feststellung, dass der Bekl sein unehel Vater sei (vor dem 1.1.2005 war die Vaterschaft noch im streitigen Verfahren festzustellen). Darüber hinaus begehrte er vom Bekl Unterhalt seit seiner Geburt. In der empfängniskritischen Zeit hatte aber auch der eineiige Zwillingsbruder des Bekl Geschlechtsverkehr mit der Mutter des Kindes. Die Wahrscheinlichkeit der genetischen Vaterschaft ist bei beiden Brüdern gleich hoch.

OGH 8.3.2012, 2 Ob 12/12x EF-Z 2012/65 (*Gitschthaler*) = iFamZ 2012/89 = Zak 2012/212 – Scheinvater

Der Antragsteller anerkannte am 8.11.1958 die Vaterschaft zu dem am 16.7.1958 geborenen Erstantragsgegner. Am 3.12.2010 beantragte er, dieses Anerkenntnis für rechtsunwirksam zu erklären. Der Antragsteller ist nicht der leibliche Vater des Erstantragsgegners.

OGH 23.1.2015, 8 Ob 74/14m EF-Z 2015/91 = AnwBl 2015, 331 – DNA-Analyse[68]

Der Kläger wurde im Jahr 1960 rechtskräftig als Vater der damaligen Klägerin (nunmehr Beklagten) festgestellt. Auf Drängen seiner ehelichen Tochter beauftragte er am 2.3.2014 ein gerichtsmedizinisches Institut mit der Erstel-

---

[68] Siehe auch OGH 22.10.2014, 3 Ob 148/14g EF-Z 2015/90 und dazu *Kogler*, Absolute Befristung von Wiederaufnahmsklagen, EF-Z 2015/87.

lung eines DNA-Gutachtens über seine Vaterschaft zur Beklagten. Dieses Gutachten, das ihm am 20.3.2014 zukam, gelangte zu dem für den Kläger völlig überraschenden und erstaunlichen Ergebnis, dass er von der Vaterschaft zur Beklagten ausgeschlossen ist. Er begehrt daher am 7.4.2014 die Wiederaufnahme des seinerzeitigen Abstammungsverfahrens.

Übersicht 5: Feststellung der Vaterschaft

1. Gerichtsentscheidung

- § 148 Abs 1

  Kind   ⇨   Mann
  Mann   ⇨   Kind

  → Feststellung der Abstammung bzw der Nichtabstammung

- § 148 Abs 2 (Zeugungsvermutung)

  Kind   ⇨   Mann

  → Feststellung (außer Mann führt den vollen Ausschlussbeweis)

- § 150 (Abstammung von einem anderen Mann steht bereits fest)

  Kind   ⇨   Mann

      – Abstammung wird bewiesen

  → Feststellung; Feststellung der Nichtabstammung vom anderen Mann

      – Abstammung wird nicht bewiesen

  → Vaterschaft des anderen Mannes bleibt bestehen

2. Anerkenntnis (Mann)

- § 145
  - kein Widerspruch (Mutter, Kind; § 146 Abs 1)

    → Feststellung (außer § 154: Rechtsunwirksamkeitsgründe)

  - Widerspruch (Mutter, Kind; § 146 Abs 1
    → Verfahren nach § 154 Abs 1 Z 2
        – Abstammung wird bewiesen

    → Feststellung

        – Abstammung wird nicht bewiesen

    → keine Feststellung

- § 147 Abs 2

  a) Kind ist eigenberechtigt: Zustimmung des Kindes
    - kein Widerspruch des anderen Mannes

    → Feststellung

    - Widerspruch des anderen Mannes
    → Verfahren nach § 154 Abs 1 Z 2
        – Abstammung wird bewiesen

    → Feststellung

        – Abstammung wird nicht bewiesen

    → Vaterschaft des anderen Mannes bleibt

  b) Kind ist nicht eigenberechtigt: Anerkennender muss zusätzlich von der einsichts- und urteilsfähigen Mutter als Vater bezeichnet werden; mj Kind wird durch KJHT vertreten

3. Ehe mit der Mutter

♦ **Geburt während aufrechter Ehe:**   ➡ Ehemann

- Antrag nach § 151

  Ehemann   ⇨   Kind

  Kind   ⇨   Ehemann

       – Abstammung wird   ➡ Ehemann
  bewiesen

       – Abstammung wird   ➡ Feststellung der Nichtabstam-
  nicht bewiesen   mung vom Ehemann

- Antrag nach § 150 (Abstammung vom
  Ehemann steht fest)

  Kind   ⇨   Mann

       – Abstammung wird   ➡ Feststellung; Feststellung der
  bewiesen   Nichtabstammung vom Ehe-
                                      mann

       – Abstammung wird   ➡ Vaterschaft des Ehemannes
  nicht bewiesen   bleibt bestehen

- Anerkenntnis nach § 147 Abs 2   ➡ siehe oben

♦ **Geburt binnen 300 Tagen nach Tod des Ehemannes**

  a) Mutter heiratet nicht: ➡ verstorbener Ehemann

- Antrag nach § 151 (Rechtsnachfolger des
  Mannes, Kind), § 150 (Kind)

- Anerkenntnis nach § 147 Abs 2   ➡ siehe oben

  b) Mutter heiratet: ➡ neuer Ehemann

- Anträge nach § 151, § 150 möglich, bei Er-   ➡ verstorbener Ehemann
  folg

3. Vaterschaft und Elternschaft bei medizinisch unterstützter Fortpflanzung

a. Das Fortpflanzungsmedizingesetz 1992

Die moderne Medizin hat verschiedene Methoden zur Behandlung der männlichen und weiblichen Sterilität entwickelt. Nach einer langjährigen, sehr intensiv geführten Diskussion[69] um ihre ethische Zulässigkeit und ihre zivilrechtlichen Implikationen hat der Gesetzgeber diesen Bereich 1992 mit dem FMedG einer umfassenden Regelung zugeführt.[70] Das FMedG ist mehrmals novelliert worden. Die bedeutsamste Reform erfolgte zuletzt durch das **FMedRÄG 2015**.[71]

Als medizinisch unterstützte Fortpflanzung gilt „die Anwendung medizinischer Methoden zur Herbeiführung einer Schwangerschaft auf andere Weise als durch Geschlechtsverkehr" (§ 1 FMedG). § 2 FMedG bestimmt,

---

69 Vgl *Steiner*, Rechtsfragen der „In-Vitro-Fertilisation", JBl 1984, 175; Bernat (Hrsg), Lebensbeginn durch Menschenhand (1985); *Steiner*, Ausgewählte Rechtsfragen der Insemination und Fertilisation, ÖJZ 1987, 513; *Selb*, Rechtsordnung und künstliche Reproduktion des Menschen (1987); *Edlbacher*, Eimutter, Ammenmutter, Doppelmutter, ÖJZ 1988, 417; *Posch*, Rechtsprobleme der medizinisch assistierten Fortpflanzung und Gentechnologie, 10. ÖJT (1988) I/5; *Bernat*, Rechtsfragen medizinisch assistierter Zeugung (1989).

70 Zum FMedG: *Bernat*, Das Fortpflanzungsmedizingesetz – ein erster Tour d'Horizon, JAP 1992/93, 38; *derselbe*, Das Fortpflanzungsmedizingesetz: Neue Aufgaben für das Notariat, NZ 1992, 244; *derselbe*, Die rechtliche Regelung von Fortpflanzungsmedizin und Embryonenforschung in Deutschland, Österreich und der Schweiz, ÖA 1993, 47; *Memmer*, Rechtsfragen im Gefolge medizinisch assistierter Fortpflanzungen post mortem vel divortium, JBl 1992, 361; *derselbe*, Eheähnliche Lebensgemeinschaften und Reproduktionsmedizin, JBl 1993, 297; *Pichler*, Probleme der medizinisch unterstützten Fortpflanzung, ÖA 1993, 53; *Schwimann*, Neues Fortpflanzungsmedizinrecht in Österreich, StAZ 1993, 169; *Steininger*, Interpretationsvorschläge für die neuen Normierungen im ABGB über die väterliche Abstammung, ÖJZ 1995, 121; *Lurger*, Das Abstammungsrecht bei medizinisch assistierter Zeugung nach der deutschen Kindschaftsrechtsreform im Vergleich mit dem österreichischen Recht, DEuFamR 1999, 210; Bernat (Hrsg), Die Reproduktionsmedizin am Prüfstand von Recht und Ethik (2000); *Bernat*, Tagungsbericht „Fortpflanzungsmedizin – Ethik und Rechtspolitik", RdM 2001, 29; *Peichl*, Der Embryo in vitro – seine rechtliche Qualifikation und die Alternative der „Embryoannahme", ÖJZ 2003/32; *Bernat*, Gibt es ein „Recht auf Kreatürlichkeit"? juridikum 2004, 4; *Aigner/Schwamberger*, Fortpflanzungsmedizingesetz-Novelle 2004, RdM 2005/11; *Tschugguel*, Fortpflanzungsmedizin und Erbrecht, FamZ 2006, 109; *Riedl*, Embryonenimplantation nach Scheidung? EF-Z 2008/48; *Leischner*, Die Gewinnung von Keimzellen zur medizinisch unterstützten Fortpflanzung, RdM 2009/87; *Grüblinger*, Neue Möglichkeiten im Bereich der Reproduktionsmedizin? Zak 2010/394; *M. Steininger*, Reproduktionsmedizin und Abstammungsrecht (2014).

71 Siehe die Literaturangaben oben unter I.

dass eine medizinisch unterstützte Fortpflanzung **zulässig** ist, wenn sie in einer Ehe, einer eingetragenen Partnerschaft oder in einer Lebensgemeinschaft vorgenommen wird und

- bei einem verschiedengeschlechtlichen Elternpaar die Zeugung eines Kindes auf natürlichem Weg nicht möglich oder zumutbar ist oder
- eine Schwangerschaft bei einem Frauenpaar herbeigeführt werden soll oder
- zum Zweck einer nach § 2a FMedG zulässigen Präimplantationsdiagnostik vorgenommen werden muss.

Erlaubte Methoden sind die Insemination[72] und In-vitro-Fertilisation[73] jeweils in homologer[74] und heterologer[75] Form (§ 2 iVm § 3 FMedG). Zulässig ist nun auch die Eizellspende, wenn die Wunschmutter nicht älter als 45 Jahre ist (§ 3 Abs 3 FMedG).[76] Bei medizinisch unterstützter Fortpflanzung mit Hilfe von Samen oder Eizellen einer dritten Person hat das Kind nach Vollendung des 14. Lebensjahres das Recht auf Auskunft und Einsichtnahme in die Aufzeichnungen über die Person des Samenspenders bzw der Eizellspenderin (§ 20 Abs 2 iVm § 15 Abs 1 FMedG).

Verboten sind nach wie vor die Embryonenspende, die Leihmutterschaft,[77] sowie das Einfrieren eigener Eizellen für eine spätere Wunschschwangerschaft („social egg freezing").[78]

---

72 Einbringen von Samen in die Geschlechtsorgane einer Frau.

73 Verschmelzung von Ei- und Samenzelle außerhalb des Körpers der Frau.

74 Verwendung von Eizellen und Samen der Ehegatten, eingetragenen Partner oder Lebensgefährten.

75 Verwendung von Samen einer dritten Person (Samenspender).

76 Die heterologe In-vitro-Fertilisation und die Eizellspende wurden erst durch das FMedRÄG erlaubt. Die zuvor bestehenden Verbote dieser Methoden widersprachen nach Meinung des VfGH nicht der österreichischen Grundrechtsordnung: VfGH G 91/98, G 116/98 JBl 2000, 228; krit *Novak*, Fortpflanzungsmedizingesetz und Grundrechte, in Bernat 62. Nach der Großen Kammer des EGMR verstieß § 3 Abs 1 FMedG nicht gegen Art 14 iVm Art 8 EMRK: EGMR 3.11.2011, 57813/00, *S.H. et al/Österreich* iFamZ 2012/1 (*Vasek*) = EF-Z 2012/7 (*Bernat*); anders noch die Kleine Kammer in der E vom 1.4.2010: EGMR 57813/00, *S.H. et al/Österreich* RdM 2010/88 (*Bernat*). Siehe ausführlich Bernat, SH et al gegen Österreich: Ein Schritt vorwärts, ein Schritt zurück, in Österreichische Juristenkommission (Hrsg), Gesundheit und Recht – Recht auf Gesundheit (2013) 163.

77 Zur Frage der Staatsbürgerschaft eines durch eine Leihmutter im Ausland geborenen Kindes: VfGH B 13/11 RdM 2012/83 (*Bernat*); VfGH B 99/12 ua RdM-LS 2013/14 (*Bernat*), siehe dazu auch oben II.A.1

78 Siehe *Bernat*, Das Recht der Fortpflanzungsmedizin im Wandel, JAP 2015 (in Druck).

b. Vaterschaft

Bei medizinisch unterstützter Fortpflanzung bestehen eine Reihe von **Sondervorschriften** für die Begründung der rechtlichen Vaterschaft. Die Zeugungsvermutung des § 148 Abs 2 ABGB gilt auch für den Fall, dass an der Mutter innerhalb des kritischen Zeitraums eine medizinisch unterstützte Fortpflanzung vorgenommen worden ist. Vater ist der Mann, dessen Samen verwendet wurde. Ist die medizinisch unterstützte Fortpflanzung aber mit dem Samen eines Dritten (sog „Samenspender") durchgeführt worden, so ist der Mann als Vater festzustellen, der dieser medizinisch unterstützten Fortpflanzung in Form eines Notariatsakts[79] zugestimmt hat, außer er weist nach, dass das Kind nicht durch die medizinisch unterstützte Fortpflanzung gezeugt worden ist (§ 148 Abs 3 ABGB). Die Feststellung der Vaterschaft des Dritten ist nicht möglich (§ 148 Abs 4 ABGB). Nach § 154 Abs 1 Z 2 ABGB ist außerdem eine Erklärung der Rechtsunwirksamkeit eines Anerkenntnisses wegen Widerspruchs nicht möglich, wenn im Verfahren erwiesen wird, dass das Kind durch medizinisch unterstützte Fortpflanzung mit dem Samen eines Dritten gezeugt wurde und der Anerkennende dem in Form eines Notariatsakts zugestimmt hat.

Hat der Ehemann der Mutter einer medizinisch unterstützten Fortpflanzung mit dem Samen eines Dritten in Form eines Notariatsaktes zugestimmt, so können weder er noch das Kind die Feststellung begehren, dass das mit dem Samen des Dritten gezeugte Kind nicht vom Ehemann der Mutter abstammt (§ 152 ABGB). Eine solche Feststellung kommt demnach in Frage, wenn es an der qualifizierten Zustimmungserklärung fehlt,[80] oder wenn das Kind in Wahrheit nicht durch die medizinisch unterstützte Fortpflanzung gezeugt wurde.

4. Elternschaft der Frau, die das Kind nicht geboren hat

Das FMedRÄG 2015 ermöglicht nun Frauenpaaren, die miteinander in eingetragener Partnerschaft oder in Lebensgemeinschaft leben, die heterologe Insemination sowohl in vivo als auch in vitro. Gem § 8 FMedG müssen dafür beide ihre Zustimmung zur Durchführung der medizinisch unterstütz-

---

79 Die Möglichkeit der Zustimmung in Form eines gerichtlichen Protokolls wurde durch das BudgetbegleitG 2011 BGBl I 2010/111 beseitigt. Die diesbezüglichen Bestimmungen des ABGB wurden mit dem KindNamRÄG 2013 angepasst.

80 Weil die (im Ausland abgegebene) Zustimmungserklärung nicht in Form eines Notariatsakts oder (des damals noch zulässigen) gerichtlichen Protokolls erfolgt ist: OGH 7 Ob 527/96 JBl 1996, 717 (für den konkreten Fall zu Recht abl *Bernat*). Der Mann bleibt dem Kind aber weiter unterhaltspflichtig: OGH 7 Ob 212/97w SZ 70/155.

ten Fortpflanzung in Form eines Notariatsakts erklären. Die Elternrollen werden sodann folgendermaßen festgelegt:[81] Mutter ist die Frau, die das Kind zur Welt bringt (§ 143 ABGB). Die andere Frau wird zum „Elternteil", wenn an der Mutter in der empfängniskritischen Zeit eine medizinisch unterstützte Fortpflanzung durchgeführt worden ist, und

1. sie mit der Mutter im Zeitpunkt der Geburt des Kindes in eingetragener Partnerschaft verbunden ist oder als eingetragene Partnerin der Mutter nicht früher als 300 Tage vor der Geburt des Kindes verstorben ist[82] oder
2. sie die Elternschaft anerkannt hat oder
3. ihre Elternschaft gerichtlich festgestellt ist.

Diese Regelung über die Elternschaft ist eng an die Bestimmungen über die Begründung der rechtlichen Vaterschaft in § 144 Abs 1 ABGB angelehnt. Sie unterscheidet sich aber in einem wichtigen Punkt: Die Elternschaft nach § 144 Abs 2 ABGB setzt in allen drei Varianten voraus, dass an der Mutter in der empfängniskritischen Zeit eine medizinisch unterstützte Fortpflanzung durchgeführt wurde. Anerkennt die Lebensgefährtin der Mutter ihre Elternschaft nach § 145 ABGB, so muss sie diesem „Anerkenntnis der Elternschaft" einen Nachweis über die an der Mutter durchgeführte medizinisch unterstützte Fortpflanzung beilegen.

Wurde das Kind auf natürlichem Wege oder ohne medizinische Unterstützung („Heiminsemination") gezeugt, so kann die Partnerin der Mutter die rechtliche Elternschaft nur im Wege der Stiefkindadoption erlangen.[83]

Auf die Frau, die Elternteil iS des § 144 Abs 2 ABGB ist, sind die auf den Vater und die Vaterschaft Bezug nehmenden Bestimmungen im ABGB und in anderen bundesgesetzlichen Vorschriften sinngemäß anzuwenden. Dies gilt für alle abstammungsrechtlichen Bestimmungen, die nur von Vaterschaft sprechen sowie alle Vorschriften über die Rechte zwischen Eltern und Kindern (Obsorge, Unterhalt, Erbrecht) und zwischen den Eltern untereinander (§ 144 Abs 3 ABGB).[84]

---

81 Ausführlich *Ferrari*, Medizinisch unterstützte Fortpflanzung und Elternschaft zweier Frauen, in Barth/Erlebach (Hrsg), Handbuch des neuen Fortpflanzungsmedizinrechts (in Druck); *Bernat*, Gleichgeschlechtliche Eltern, EF-Z 2015, 60.

82 Würden nach dieser Bestimmung mehrere Frauen in Betracht kommen, so ist diejenige von ihnen Elternteil, die mit der Mutter zuletzt die eingetragene Partnerschaft begründet hat: § 144 Abs 4 Satz 2 ABGB.

83 Diese Differenzierung ist nicht verfassungswidrig: *Ferrari* in Barth/Erlebach (in Druck); krit *Bernat*, EF-Z 2015, 61.

84 *Voithofer/Flatscher-Thöni*, Öffnung der Fortpflanzungsmedizin für Frauenelternpaare. Welche gesetzlichen Bestimmungen über Mutter und/oder Vater sind nun

Beispiele aus der Rechtsprechung

OGH 13.3.1996, 7 Ob 527/96 JBl 1996, 717 (*Bernat*) = RdM 1996/26 = ZfRV 1996/36 – Wunschvater

Der Kläger und seine Ehefrau ließen in München eine heterologe Insemination durchführen. Nach einer ausführlichen Beratung am 7.6.1993 durch den behandelnden Arzt unterfertigten beide vor dem Arzt die nach deutschem Recht gestaltete Erklärung, dass sie dieser Insemination zustimmen und dass das aus dieser Behandlung hervorgehende Kind in jeder Beziehung und mit allen rechtlichen Konsequenzen ihr gemeinsames eheliches Kind sein soll. Am 10.2.1994 wurde die Beklagte geboren. Am 13.12.1994 wurde die Ehe zwischen dem Kläger und der Mutter der Beklagten einvernehmlich geschieden. Am 23.1.1995 begehrt der Kläger die Feststellung, dass die Beklagte nicht sein eheliches Kind sei. Das beklagte Kind bestreitet die Zulässigkeit des Klagebegehrens. Der Kläger, das beklagte Kind und dessen Mutter besitzen die österreichische Staatsbürgerschaft und leben in Österreich.

OGH 23.7.1997, 7 Ob 212/97w SZ 70/155 = RdM 1998/2 (*Bernat*) = ÖJZ 1998/2 – Unterhalt nach heterologer Insemination

Sachverhalt wie oben. Im Zuge der einvernehmlichen Scheidung vom 13.12.1994 wurde die Obsorge über die Beklagte ihrer Mutter übertragen, der Kläger verpflichtete sich im pflegschaftsbehördlich genehmigten Vergleich zu einer monatlichen Unterhaltsleistung von € 145,35. Der Kläger begehrt die Feststellung, dass der Unterhaltsvergleich vom 13.12.1994 rechtsunwirksam sei. Er habe seine Unterhaltsverpflichtung in dem Irrtum abgegeben, der eheliche Vater der Beklagten zu sein. Grundlage seiner Unterhaltsvereinbarung sei die aufrechte Ehe zwischen ihm und der Mutter der Beklagten sowie der Umstand gewesen, dass das aus der Fremdinsemination entspringende Kind sein eheliches Kind sein sollte. Die Beklagte beruft sich auf den vertraglichen Unterhaltstitel und bringt vor, dass dem Kläger bei Eingehen seiner Unterhaltsverpflichtung bewusst gewesen sei, nicht der biologische Vater der Beklagten zu sein.

---

auch für Frauenelternpaare anwendbar? iFamZ 2015, 9; *Ferrari* in Barth/Erlebach (in Druck).

B. Adoption

1. Definition

Mit der Adoption (Annahme an Kindesstatt) entsteht zwischen dem Annehmenden und dem Angenommenen durch **Vertrag** ein gleiches **Rechtsverhältnis** wie es durch **Abstammung** begründet wird. Dieses Rechtsverhältnis erfasst auch die Nachkommen des Annehmenden und die im Zeitpunkt der Annahme noch minderjährigen Nachkommen des Angenommenen (§ 197 ABGB).

2. Abschluss und Bewilligung des Adoptionsvertrages

Die Adoption kommt durch **schriftlichen Vertrag** zwischen dem Annehmenden und dem Angenommenen zustande, der für seine Gültigkeit zwingend der **gerichtlichen Bewilligung** bedarf. Wird die Bewilligung erteilt, so wird die Adoption rückwirkend ab dem Zeitpunkt des Vertragsabschlusses wirksam (§ 192 Abs 1 ABGB).

Das **Wahlkind** kann minderjährig oder schon volljährig sein. Ist das Wahlkind (noch) nicht geschäftsfähig, so schließt es den Vertrag durch seinen gesetzlichen Vertreter (§ 192 Abs 2 ABGB).

Die Annahme kann an sich nur durch **eine Person** erfolgen. Ausgenommen sind **Eheleute** (§ 191 Abs 2 Satz 1 ABGB) und ab 1.1.2016 auch **eingetragene Partner.**[85]

Ehegatten dürfen grundsätzlich nur gemeinsam annehmen. Dies gilt auch für die Adoption einer erwachsenen Person.[86] Gem § 191 Abs 2 Satz 3 ABGB bestehen aber eine Reihe von Ausnahmen. So kann ein Ehegatte alleine annehmen,
- wenn das Wahlkind das leibliche Kind des anderen Ehegatten ist,
- wenn der andere Ehegatte die gesetzlichen Voraussetzungen hinsichtlich der Eigenberechtigung oder des Alters nicht erfüllt,
- wenn der Aufenthalt des anderen Ehegatten seit mindestens einem Jahr unbekannt ist,
- wenn die eheliche Gemeinschaft seit mindestens 3 Jahren aufgehoben ist, oder
- wenn ein sonstiger, gleich gewichtiger Grund vorliegt.

---

85 VfGH 11.12.2014 – G 119-120/2014-12 EF-Z 2015, 73 (*Bernat*). Siehe oben unter I.
86 OGH 1 Ob 284/03a EvBl 2004/90.

Der **Annehmende** muss bestimmte Voraussetzungen erfüllen. Er muss voll **geschäftsfähig** sein. Ist ihm die Vermögensverwaltung für das Vermögen des Wahlkindes durch behördliche Verfügung anvertraut, so kommt eine Adoption erst nach Rechnungslegung und Pflichtentbindung in Frage (§ 191 Abs 3 ABGB).

Erforderlich ist gem § 193 Abs 1 ABGB auch ein bestimmtes **Mindestalter**. Dieses wurde mit dem KindNamRÄG 2013 einheitlich für Wahlvater und Wahlmutter auf 25 Jahre festgesetzt. Zwischen dem Annehmenden und dem Wahlkind muss nach § 193 Abs 2 ABGB überdies ein **Altersunterschied** von mindestens 16 Jahren bestehen. Diese Altersgrenzen dürfen nicht unterschritten werden.[87] Die Wortfolge über den starren Mindestaltersunterschied von 16 Jahren in § 193 Abs 2 ABGB wurde jedoch vom VfGH mit Wirkung ab 1.1.2016 aufgehoben.[88]

Der Adoptionsvertrag ist gem § 194 ABGB nur dann gerichtlich zu **bewilligen**, wenn zwischen dem Annehmenden und dem Wahlkind bereits eine Eltern-Kind-Beziehung besteht oder hergestellt werden soll. Beim nicht eigenberechtigten Kind muss die Adoption seinem Wohl dienen. Gem § 90 Abs 3 AußStrG ist das Gericht verpflichtet, auf geeignete Weise zu ermitteln, ob die Annahme dem Wohl des minderjährigen Kindes entspricht. Zu diesem Zweck muss jedenfalls eine Strafregisterauskunft über die Wahleltern sowie über Personen in deren näherem Umfeld eingeholt werden. Das betrifft vor allem Personen, die mit dem Kind im gleichen Haushalt leben sollen.[89]

Ist das Kind eigenberechtigt, so ist die Annahme nur zu bewilligen, wenn die Antragsteller nachweisen, dass bereits ein enges, der Beziehung zwischen leiblichen Eltern und Kindern entsprechendes Verhältnis besteht. Dieses wird angenommen, wenn Wahlkind und Annehmender fünf Jahre hindurch entweder in häuslicher Gemeinschaft gelebt oder einander in einer vergleichbar engen Gemeinschaft Beistand geleistet haben. Außerdem ist in § 26 Abs 1 IPRG vorgesehen, dass bei Erwachsenenadoptionen die Voraussetzungen der Annahme an Kindesstatt und ihrer Beendigung sowohl nach dem Personalstatut des Annehmenden als auch des Kindes zu beurteilen sind. Da sehr viele Staaten die Erwachsenenadoption untersagen oder an enge Voraussetzungen knüpfen, bewirkt dies eine Erschwerung von Erwachsenenadoptionen. Das Ziel dieser Regelungen ist zu verhindern, dass

---

87   ErläutRV 2004 Blg 24. GP 31 f.

88   VfGH 11.12.2014 – G 18/2014-14 EF-Z 2015, 117 (*Beck*): Das starre Erfordernis dieses Altersabstands ohne die Möglichkeit der Unterschreitung im Einzelfall widerspricht dem in Art 1 letzter Satz des BVG über die Rechte von Kindern festgelegten Gebot der Berücksichtigung des Kindeswohls.

89   IA 673/A BlgNR 24. GP 30.

bloße Scheinadoptionen vorgenommen werden, um Fremden in Österreich eine Arbeits- und Aufenthaltsbewilligung zu verschaffen.[90]

Die Bewilligung ist außerdem zu versagen, wenn die Adoption einem überwiegenden Anliegen eines leiblichen Kindes des Annehmenden entgegensteht, etwa wenn dessen Unterhalt oder Erziehung gefährdet würde.[91] Bloß wirtschaftliche Interessen des leiblichen Kindes (zB geschmälerte Erbquote) reichen nicht aus (§ 194 Abs 2 ABGB).

Die Bewilligung darf gem § 195 Abs 1 ABGB[92] nur erteilt werden, wenn folgende Personen der Adoption **zustimmen**:

- die Eltern des minderjährigen Wahlkindes,
- der Ehegatte oder der eingetragene Partner des Annehmenden;
- der Ehegatte oder der eingetragene Partner des Wahlkindes sowie, seit dem FamRÄG 2009 auch
- das Wahlkind ab Vollendung des 14. Lebensjahres.

Das Zustimmungsrecht entfällt, wenn die zustimmungsberechtigte Person als gesetzlicher Vertreter des Wahlkindes den Annahmevertrag geschlossen hat oder wenn diese Person (auch das Wahlkind) nicht nur vorübergehend zu einer verständigen Äußerung unfähig ist. Bei Eltern und Ehegatten entfällt das Zustimmungsrecht überdies, wenn deren Aufenthalt seit mindestens sechs Monaten unbekannt ist (§ 195 Abs 2 ABGB). Ob diese Voraussetzungen vorliegen, ist streng zu prüfen.[93] Die Zustimmung einer zustimmungsberechtigten Person, nicht aber die Zustimmung des Wahlkindes, kann vom Gericht ersetzt werden, wenn keine gerechtfertigten Gründe für die Weigerung vorhanden sind (§ 195 Abs 3 ABGB). Dieses Zustimmungsrecht ist ein höchstpersönliches Recht[94] und darf nicht schon deshalb ersetzt werden, weil die Adoption im Interesse des Kindes ist.[95] Die Weigerung der

---

90 ErläutRV 471 BlgNR 22. GP 34. Vgl OGH 5 Ob 18/05s EvBl 2005/157; 9 Ob 70/10z EF-Z 2011/6.

91 OGH 2 Ob 536/94 EvBl 1995/34.

92 Diese Bestimmung entsprach vor dem KindNamRÄG 2013 § 181 ABGB, der durch das FamRÄG 2009 neu gefasst wurde. Mit der Neuregelung sollte das österreichische Adoptionsrecht an die Vorgaben des Europäischen Übereinkommens über die Adoption von Kindern BGBl 1980/314 angepasst werden: IA 673/A BlgNR 24. GP 27.

93 OGH 4 Ob 133/00p EvBl 2000/205. Vgl auch EGMR 25.1.2007, 21949/03, *Eski/ Österreich* ÖJZ 2007/14. UU (Abgabe des Kindes in einer Babyklappe) erstreckt sich die Frist sogar bis zur Beschlussfassung in erster Instanz: OGH 4 Ob 148/11k EF-Z 2012/9 (*Höllwerth*).

94 OGH 7 Ob 687/79 EFSlg 33.650.

95 OGH 1 Ob 733/79 EvBl 1980/98; 5 Ob 604/81 EFSlg 38.434.

Eltern des Kindes ist im Zweifel immer als gerechtfertigt anzusehen[96] und kann nur bei Gefährdung des Kindeswohls ersetzt werden,[97] so wenn sich der die Zustimmung verweigernde Elternteil gegenüber dem Kind beharrlich eines in höchstem Maße familienwidrigen Verhaltens schuldig gemacht hat,[98] oder wenn die Eltern drogenabhängig sind und immer wieder straffällig werden.[99]

Gem § 196 Abs 1 ABGB sind **anhörungsberechtigt**:

– das nicht eigenberechtigte Wahlkind ab dem fünften Lebensjahr, außer es hat schon seit diesem Zeitpunkt beim Annehmenden gelebt,
– die Eltern des volljährigen Wahlkindes,
– die Pflegeeltern oder der Leiter des Heimes, in dem sich das Wahlkind befindet, und
– der Kinder- und Jugendhilfeträger.

Zu hören sind nach überwiegender Auffassung auch die Kinder des Annehmenden.[100] Kann das Anhörungsrecht gar nicht oder nur mit unverhältnismäßigen Schwierigkeiten ausgeübt werden, so entfällt es (§ 196 Abs 2 ABGB, § 181a Abs 2 ABGB alt).

Eine Adoption kann auch in Form einer **Inkognito-Adoption** erfolgen, um die Integration des Wahlkindes in die Adoptivfamilie zu erleichtern. In diesem Fall wird infolge eines übereinstimmenden Antrags der Vertragsparteien die Bewilligung der Adoption davon abhängig gemacht, dass alle oder einzelne Zustimmungs- oder Anhörungsberechtigte auf die Mitteilung des Namens und des Wohnorts des Annehmenden und auf die Zustellung des Bewilligungsbeschlusses verzichten (§ 88 AußStrG). In diesem Fall werden dem Verzichtenden die persönlichen und wirtschaftlichen Verhältnisse des Annehmenden bloß allgemein beschrieben. Das Wahlkind hat ab Vollendung des 14. Lebensjahres das Recht, in den Adoptionsakt Einsicht zu nehmen und sich dadurch Kenntnis von seiner Abstammung zu verschaffen.[101]

Für die Adoption von **ausländischen Kindern**, die in Österreich von zunehmender praktischer Bedeutung ist, gelten eine Reihe von Sondervor-

---

96 OGH 1 Ob 557/80 EFSlg 36.057; 2 Ob 239/09z JusGuide 2010/12/7384; 4 Ob 149/10f EF-Z 2011/7 etc.
97 *Barth/Neumayr* in Klang³ § 181 Rz 19.
98 OGH 1 Ob 733/79 EvBl 1980/98; 5 Ob 604/81 EFSlg 38.434; 3 Ob 530/83 EvBl 1983/125; 6 Ob 50/02z EFSlg 100.414.
99 OGH 1 Ob 629/84 EFSlg 45.910.
100 *Barth/Neumayr* in Klang³ § 180a Rz 14 ff (insb Rz 18); *Hopf* in KBB⁴ § 196 Rz 1; *Höllwerth* in Schwimann/Kodek⁴ Ia § 196 Rz 7.
101 § 37 PStG iVm § 104 Abs 1 AußStrG. Vgl ausführlich OGH 2 Ob 129/06v EvBl 2007/2.

schriften.[102] Das Haager Adoptionsübereinkommen[103] enthält umfassende Regelungen zur Wahrung des Kindeswohls sowie zur Zusammenarbeit der Behörden und gewährleistet die wechselseitige Anerkennung der nach dem Übereinkommen zustande gekommenen Adoptionen. Das Europäische Übereinkommen über die Adoption von Kindern (Straßburger Adoptionsübereinkommen)[104] legt nationale Mindeststandards bei Adoptionen fest. Mit dem FamRÄG 2009 wurde außerdem ein fakultatives Verfahren zur Anerkennung von ausländischen Adoptionsentscheidungen eröffnet.[105] Gem §§ 91a–91d AußStrG haben die Parteien das Recht, in einem förmlichen Verfahren die Wirksamkeit einer ausländischen Entscheidung über die Annahme an Kindesstatt, und zwar sowohl über die Bewilligung der Annahme als auch über die Entscheidung über die Auflösung oder Rückgängigmachung einer Adoption, klären zu lassen. Diese Entscheidung hat verbindliche Wirkung für alle zukünftigen gerichtlichen und verwaltungsbehördlichen Verfahren zwischen den im Anerkennungsverfahren beteiligten Personen. Kommt eine Anerkennung einer ausländischen Adoptionsentscheidung nicht in Frage, so besteht bei Vorliegen der inländischen Gerichtsbarkeit (§ 113b JN) regelmäßig die Möglichkeit, ein innerstaatliches Adoptionsverfahren abzuführen.[106]

3. Wirkungen

Mit der Adoption entstehen zwischen dem Wahlkind einerseits und dem Annehmenden andererseits die gleichen Rechte und Pflichten, wie sie durch die **Abstammung** begründet werden (§ 197 Abs 1 ABGB). Zwischen dem Annehmenden und dem Wahlkind und seinen Nachkommen besteht aber nicht das Eheverbot der Blutsverwandtschaft, sondern das schlichte Eheverbot der Annahme an Kindesstatt (§ 10 EheG).[107] Auf die übrigen Verwandten, ausgenommen die Nachkommen des Annehmenden und die im

---

102 Dazu ausführlich Nademleinsky/Neumayr (Hrsg), Internationales Familienrecht 120 ff (Rz 07.01 ff); *Schütz*, Internationale Adoptionen, iFamZ 2007, 309.

103 Haager Übereinkommen vom 29.5.1993 über den Schutz von Kindern und die Zusammenarbeit auf dem Gebiet der internationalen Adoption BGBl III 1999/145.

104 Europäisches Übereinkommen über die Adoption von Kindern vom 24. April 1967 BGBl 1980/314.

105 Vgl *Fucik*, Anerkennung ausländischer Adoptionsentscheidungen, iFamZ 2009, 271; *Fucik*, Muster – Anerkennung ausländischer Entscheidungen über die Annahme an Kindes statt, ÖJZ 2010/18.

106 IA 673/A BlgNR 24. GP 31.

107 Zum Eheverbot der Annahme an Kindesstatt vgl oben unter 2. Teil Eherecht I.B.3.b.bc.

Zeitpunkt der Adoption noch minderjährigen Nachkommen des Wahlkindes, hat die Adoption keine Wirkung.

Nehmen Ehegatten gemeinsam an, so erlöschen die **familienrechtlichen Beziehungen** des Kindes zu beiden leiblichen Eltern. Nimmt nur eine einzelne Person an, so tritt diese an die Stelle des entsprechenden leiblichen Elternteiles (§ 197 Abs 3 ABGB). Willigt der andere Elternteil ein, so kann das Gericht aussprechen, dass auch die Beziehungen zu diesem Elternteil erlöschen (§ 197 Abs 2 ABGB).

Eine Sonderregel gibt es für die **„Stiefkindadoption"**: Nimmt ein Ehegatte, eingetragener Partner oder ein Lebensgefährte das Kind seines jeweiligen Partners an, so tritt dieser an die Stelle des anderen Elternteils (§ 197 Abs 4 ABGB idF AdRÄG 2013). Diese Bestimmung ermöglicht nun auch einem gleichgeschlechtlichen Paar die Stiefkindadoption, ohne dass die familienrechtlichen Beziehungen des Kindes zum eingetragenen Partner oder Lebensgefährten des Wahlelternteils erlöschen.

Das Wahlkind bleibt mit seiner Herkunftsfamilie aber weiter **verwandt.** Zwischen ihnen gilt beispielsweise weiterhin das Eheverbot der Blutsverwandtschaft nach § 6 EheG.[108] Auch die **vermögensrechtlichen Beziehungen** zwischen dem Wahlkind und den leiblichen Eltern bleiben subsidiär bestehen (§ 198 ABGB). Die leiblichen Eltern und ihre Verwandten sind weiterhin zur Unterhaltsleistung und zur Leistung der Ausstattung verpflichtet. Diese Pflichten sind aber gegenüber den durch die Adoption begründeten Pflichten nachrangig. Auch die Unterhaltpflicht des Wahlkindes gegenüber seinen leiblichen Eltern bleibt aufrecht, sofern sie nicht ihre Unterhaltspflicht gegenüber dem noch nicht vierzehn Jahre alten Wahlkind gröblich vernachlässigt haben. Die wechselseitigen erbrechtlichen Ansprüche bleiben ebenfalls bestehen, gegenüber dem Wahlkind werden die Adoptiveltern in der gesetzlichen Erbfolge aber vor den leiblichen Eltern gereiht (§ 199 ABGB).

4. Beseitigung der Adoption

Die Adoption kann nur gerichtlich, und zwar durch Widerruf der Adoptionsbewilligung oder durch Aufhebung **aufgelöst** werden. Die Widerrufs- und Aufhebungsgründe werden in den §§ 200 und 201 ABGB taxativ aufgezählt. Eine vertragliche Einigung oder eine Anfechtung des Adoptionsvertrages aus anderen Gründen ist nicht möglich (§ 203 ABGB).

---

108 Zum Eheverbot der Blutsverwandtschaft vgl oben unter 2. Teil Eherecht I.B.3.b.ba.

Der **Widerruf der Adoptionsbewilligung** wirkt **ex tunc** und ist bei besonders schwerwiegenden Gründen vorzunehmen. Die Adoption ist **von Amts wegen oder auf Antrag** eines Vertragsteiles zu widerrufen, wenn

- der Annehmende bei Abschluss des Adoptionsvertrages nicht eigenberechtigt war, außer er hat bei Erlangung der Eigenberechtigung zu erkennen gegeben, dass er die Wahlkindschaft fortsetzen will;
- ein nicht eigenberechtigtes Wahlkind selbst den Annahmevertrag geschlossen hat und der Vertretungsmangel auch nachträglich nicht geheilt wurde;
- das Wahlkind durch mehr als eine Person, die im Bewilligungszeitpunkt nicht miteinander verheiratet waren, angenommen wurde oder
- die Adoption zum Erwerb des Namens des Annehmenden oder zur Verdeckung rechtswidriger geschlechtlicher Beziehungen missbraucht wurde.

Die Adoption ist **auf Antrag** eines Vertragsteiles zu widerrufen, wenn der Adoptionsvertrag nicht schriftlich abgeschlossen wurde und seit der Adoption nicht mehr als fünf Jahre vergangen sind.

Die **Aufhebung** der Adoption wirkt **ex nunc**. Mit Rechtskraft des Aufhebungsbeschlusses erlöschen die durch die Adoption begründeten Rechtsbeziehungen, und die familienrechtlichen Beziehungen zwischen dem Kind und seinen leiblichen Eltern leben wieder auf (§ 202 ABGB). Haben Ehegatten gemeinsam angenommen, muss die Aufhebung immer beide Wahlelternteile erfassen. Die Aufhebung gegenüber einem allein ist nur bei Auflösung oder Nichtigerklärung der Ehe der Wahleltern zulässig. Die Aufhebung kann erfolgen:

- auf Antrag, wenn die Erklärung einer Vertragspartei oder eines Zustimmungsberechtigten durch List oder ungerechte und gegründete Furcht veranlasst worden ist (Präklusivfrist von einem Jahr);
- von Amts wegen bei Gefahr für das Wohl des nicht eigenberechtigten Kindes;
- auf Antrag des Wahlkindes bei
  - Auflösung der Ehe der Wahleltern oder des leiblichen Elternteils mit dem Wahlelternteil oder
  - bei Auflösung der eingetragenen Partnerschaft des leiblichen Elternteils mit dem Wahlelternteil oder
  - nach dem Tod des Wahlvaters bzw der Wahlmutter,
    wenn die Adoptionsaufhebung dem Wohl des Kindes dient und nicht gerechtfertigte Interessen des Annehmenden dagegen stehen;
- auf gemeinsamen Antrag des Annehmenden und des eigenberechtigten Wahlkindes.

Beispiele aus der Rechtsprechung

OGH 12.11.1979, 1 Ob 733/79 EvBl 1980/98 = JBl 1981, 208 = EFSlg 33.652 – Inkognito-Adoption

Das Kind wurde am 4.12.1976 außerehelich geboren, der Vater verstarb noch vor seiner Geburt. Die Mutter des Kindes, die in desolaten Verhältnissen aufwuchs, leidet zwar an einer Geistesschwäche mittleren Grades, ist aber den Aufgaben ihres Lebenskreises gewachsen und zur Erziehung ihres Kindes fähig. Nach der Geburt des Kindes war die Mutter nach einer Delogierung obdachlos und kam zunächst mit ihrem Neugeborenen bei einer Freundin unter. Sie kam in dieser Zeit ihren mütterlichen Pflichten ohne Beanstandung nach. Drei Monate später fand die Mutter bei ihrem Bruder und ihrer Schwägerin Aufnahme. Diese stellten in Abwesenheit der Mutter den Antrag, das Kind in einem Heim unterzubringen, da die Wohnverhältnisse sehr eng waren und sie mit der Mutter des Kindes Streit hatten. Daraufhin verließ die Kindesmutter ohne das Kind die Wohnung ihres Bruders und fand vorübergehend bei der väterlichen Großmutter Zuflucht. Vom 5.4.1977 bis 20.7.1977 wurde das Kind vom Jugendwohlfahrtsträger (nunmehr Kinder- und Jugendhilfeträger) in einem Pflegeheim, anschließend bei Pflegeeltern untergebracht, bei denen das Kind seitdem in geordneten Familienverhältnissen lebt. Die Mutter des Kindes war bestrebt, das Kind wieder in ihren Haushalt zurückzuführen, das Vorhaben scheiterte aber vor allem daran, dass ihr der Aufenthalt des Kindes wegen der geplanten Inkognito-Adoption seit dem Jahre 1977 nicht bekannt gegeben wurde. Sie wandte sich am 7.7.1977 an das Jugendamt und wurde (auch unter dem Druck der väterlichen Großmutter) überzeugt, einer Inkognito-Adoption schriftlich zuzustimmen. Am 27.9.1977 erschien die Mutter beim Vormundschaftsgericht (nunmehr Pflegschaftsgericht) und erklärte, die beabsichtigte Inkognito-Adoption strikt abzulehnen. Sie brachte vor, dass sie ihr Kind gerne bei sich haben wolle, die äußeren Umstände (keine Arbeit, keine Wohnung) dies aber nicht zulassen. Sie möchte das Kind daher in ihrem Nahbereich auf einem Pflegeplatz unterbringen. Die Pflegeeltern beantragen die Bewilligung der Adoption.

OGH 10.8.2006, 2 Ob 129/06v Zak 2006/604 = FamZ 2006/74 (*Zemanek*) = EF-Z 2007/57 (*Verschraegen*) = ÖJZ 2007/2 – Inkognitoadoption und Kindeswohl

Das Kind, das vom Jugendwohlfahrtsträger (nunmehr Kinder- und Jugendhilfeträger) vertreten wird, befindet sich praktisch seit seiner Geburt in der Pflege der Wahleltern und entwickelt sich dort sehr gut. Sechs Monate nach der Geburt schlossen die Wahleltern und der Jugendwohlfahrtsträger einen

Adoptionsvertrag. Die leibliche Mutter, die sich geweigert hatte, den leiblichen Vater zu nennen, stimmte der Adoption zu. Es handelt sich um eine Inkognitoadoption; die Mutter verzichtete iSd § 88 AußStrG auf die Mitteilung von Namen und Wohnort der Annehmenden. Der Jugendwohlfahrtsträger beantragte die Bewilligung der Adoption. Die Vorinstanzen lehnten die Bewilligung ab. In Hinblick auf das aus Art 8 MRK ableitbare Recht des Kindes, seine Abstammung zu kennen, entspreche eine Inkognitoadoption von vornherein nicht dem Kindeswohl.

OGH 15.12.2005, 6 Ob 179/05z EvBl 2006/52 = Zak 2006/157 = RZ-EÜ 2006/147 – Unehelicher Vater

Am 17.11.2004 schlossen der uneheliche Vater und das am 10.11.2004 geborene Kind, vertreten durch die Mutter, einen Adoptionsvertrag, wonach der Vater sein Kind an Kindesstatt annahm. Am 10.12.2004 langte der Antrag der Eltern auf Bewilligung der Adoption beim Erstgericht ein. Einen Monat später zog die Mutter ihre Zustimmung zur Adoption zurück. Sie sei über die Folgen der Adoption nicht informiert worden und erst jetzt, nach Abklingen ihrer nach der Geburt aufgetretenen „postpartiellen Traumatisierung bzw Psychose", in der Lage zu erkennen, wozu sie zugestimmt habe.

EGMR 5.6.2014, 31021/08, *I.S./Deutschland* EF-Z 2014/154 (*Nademleinsky/Beck*) – Kontaktrecht

Eine Frau hatte bereits zwei Kinder und bekam im April 2000 Zwillinge aus einer außerehelichen Beziehung. Auf Druck ihres Ehemannes übergab sie die Kinder drei Wochen nach der Geburt einer Pflegefamilie. Bei einem Treffen am Jugendamt sagten die künftigen Adoptiveltern der Mutter zu, ihr einmal jährlich einen kurzen Bericht über die Entwicklung der Kinder und aktuelle Fotos zu übermitteln. Strittig ist, ob dabei auch Treffen zwischen der Mutter und den Adoptivkindern vereinbart wurden. Im Juni 2001 bewilligte das Gericht die Adoption. Sechs Monate später beantragte die Mutter, die Adoption aufzuheben. Ihr Antrag wurde rk abgewiesen. Die dt Gerichte wiesen seit 2002 alle Anträge der Mutter auf Auskunft sowie auf regelmäßige Kontakte mit den inzwischen 14 Jahre alten Töchtern im Wesentlichen mit der Begründung ab, dass die Kinder bereits drei Wochen nach ihrer Geburt zu Pflegeeltern gekommen seien und die Mutter in einer so kurzen Zeit keine soziale und familiäre Bindung zu ihnen aufgebaut habe. Überdies schütze das dt Adoptionsrecht die familiären Beziehungen zwischen Kindern und ihren Adoptiveltern. Aus der Zusage der Adoptiveltern, sie regelmäßig über die Entwicklung der Kinder zu informieren, könne die Mutter kein Recht auf Umgang ableiten. Daraufhin erhob die Mutter

Beschwerde beim EGMR wegen Verletzung von Art 8 EMRK allein und iVm Art 14 EMRK.

OGH 25.6.2014, 9 Ob 34/14m EF-Z 2014/155 (*Beck*) = iFamZ 2014/178 (*Zemanek*) = Zak 2014/498 – Adoption in Nepal

Die Wahleltern beantragten die Aufhebung der in Nepal am 28.12.2008 bewilligten Adoption mit ihrer 2006 geborenen Adoptivtochter, die trotz zahlreicher Interventionen bisher aufgrund faktischer Umstände nicht aus Nepal zu ihnen in die USA ausreisen konnte, weil der Direktor des Waisenhauses, in dem ihre Adoptivtochter lebt, seine Zustimmung verweigert. Die Antragsteller berufen sich daher darauf, dass die weitere Aufrechterhaltung des Adoptivverhältnisses, das bisher nicht gelebt werden konnte und aller Voraussicht nach auch in Zukunft nicht gelebt werden könne, dem Kindeswohl zuwiderlaufe. Nunmehr sind alle österreichischen Staatsbürger.

III. Rechtswirkungen des Kindschaftsverhältnisses

A. Name

Die Regelung des Kindesnamens wurde durch das KindNamRÄG 2013 völlig neu gestaltet.[109] Den Eltern kommt nun ein großer Entscheidungsspielraum zu. Haben die Eltern einen **gemeinsamen Familiennamen**, so erhält das Kind bei der Geburt den gemeinsamen Familiennamen der Eltern (§ 155 Abs 1 ABGB). Führt ein Elternteil aber einen Doppelnamen nach § 93 Abs 3 ABGB, so können sie auch bestimmen, dass das Kind nicht den gemeinsamen Familiennamen der Eltern, sondern diesen Doppelnamen erhält (§ 155 Abs 1 ABGB).[110]

Haben die Eltern **keinen gemeinsamen Familiennamen**, so können sie den Namen eines Elternteils, aber auch einen aus ihren beiden Namen zusammengesetzten Doppelnamen zum Namen des Kindes bestimmen (§ 155 Abs 2 ABGB).[111] Zur Vermeidung unübersichtlicher Namensketten darf der

---

109 Das neue Namensrecht (§§ 155–157 ABGB idF KindNamRÄG 2013) gilt für Kinder, deren Geburt (bzw Adoption) nach dem 31.3.2013 beurkundet wird. Für früher geborene Kinder kann ab 1.9.2013 eine Namensbestimmung nach neuem Recht vorgenommen werden (vgl § 1503 Z 5 ABGB). Siehe zum Namensrecht idF des Kind-NamRÄG: *Pesendorfer*, Das neue Namensrecht im Überblick – Ehenamen – Namen der Kinder – Übergangsregeln, iFamZ 2013, 34; *Jesser-Huß*, Das neue Namensrecht, in Ferrari/Hinteregger/Kathrein 87 ff; *Pesendorfer*, Die Entwicklung des Namensrechts seit dem KindNamRÄG 2013 – Strittige Fragen anhand von Praxisbeispielen samt Lösungsvorschlägen, iFamZ 2014, 234; *Wagner*, Neuerungen im Namensrecht, in Deixler-Hübner/Ulrich 33 ff.

110 *Beispiel:* Der gemeinsame Familienname der Eltern ist der Name der Mutter *Leitner*. Der Vater hat bei der Eheschließung bestimmt, dass er seinen bisherigen Namen *Berger* dem gemeinsamen Familiennamen voranstellt. Das Kind erhält bei Geburt von Gesetzes wegen den Namen *Leitner*. Die Eltern können aber bestimmen, dass das Kind den Doppelnamen des Vaters, nämlich *Berger-Leitner* erhält.

111 Bis zum KindNamRÄG 2013 erlaubte das österreichische Recht den Eltern nicht, ihrem Kind einen solchen Doppelnamen zu geben. Ein im EU-Ausland rechtmäßig geführter Doppelname musste jedoch in Österreich anerkannt werden. Vgl die Entscheidungen des EuGH in den Rechtssachen *Garcia Avello* (C-148/02 Slg 2003, I-11613) und *Grunkin-Paul* (C-353/06 EF-Z 2009/37): Eine Verpflichtung, im Hei-

Doppelname des Kindes nur aus zwei Teilnamen bestehen, die durch einen Bindestrich zu trennen sind. Führt einer der Elternteile bereits einen aus mehreren Teilnamen zusammengesetzten Namen, so kann nur ein Teilname für den Doppelnamen des Kindes verwendet werden.[112] Soll das Kind den Namen eines Elternteils erhalten und besteht dieser aus mehreren Teilnamen, kann dem Kind der gesamte Familienname oder auch nur ein oder mehrere Teilnamen weitergegeben werden. Mangels Namensbestimmung erhält das Kind den Namen der Mutter (§ 155 Abs 3 ABGB). Bei mehreren Kindern können die Familiennamen der Geschwister unterschiedlich sein, sie müssen also nicht den gleichen Familiennamen führen.

Die Namensbestimmung erfolgt durch **Erklärung vor dem Standesbeamten** in öffentlicher oder öffentlich-beglaubigter Urkunde (§ 157 Abs 3 iVm § 93c ABGB). Das **Recht zur Namensbestimmung** hat die mit der Pflege und Erziehung des Kindes betraute Person. Sind mehrere Personen damit betraut, so haben sie das Einvernehmen herzustellen. Für die Vornahme der Namensbestimmung genügt aber die Erklärung einer berechtigten Person (zB Mutter), dass die andere (zB Vater) damit einverstanden ist oder dass das Einvernehmen nicht mit zumutbarem Aufwand erreicht werden kann (§ 156 Abs 1 ABGB). Kann kein Einvernehmen erzielt werden oder geben die Eltern widersprüchliche Namensbestimmungserklärungen ab, kann gem § 181 ABGB das Pflegschaftsgericht angerufen werden. Ist das Kind bereits einsichts- und urteilsfähig, so bestimmt es seinen Familiennamen selbst. Die Einsichts- und Urteilfähigkeit wird bei mündigen Kindern vermutet (§ 156 Abs 2 ABGB). Die Bestimmung des Familiennamens darf nur einmal vorgenommen werden (§ 157 Abs 1 ABGB). Nachträgliche Änderungen können nur im Wege einer verwaltungsbehördlichen Namensänderung nach dem NÄG erfolgen. Ändert sich allerdings der Name der

---

matstaat einen anderen Namen zu führen als im Geburts- und Aufenthaltsstaat (hinkende Namensführung), verletzt das in Art 18 EGV (nun Art 21 AEUV) jedem Unionsbürger garantierte Recht, sich im Hoheitsgebiet der Mitgliedstaaten aufzuhalten und frei zu bewegen, da die daraus resultierenden Probleme beim Nachweis der Identität zu schwerwiegenden Nachteilen im beruflichen wie im privaten Leben führen können. Dazu *Lurger*, Der Einfluss der Personenfreizügigkeit des EGV auf das österreichische Familien- und Erbrecht, EF-Z 2008/77 und 99; *Hinteregger*, Anerkennung des von einem deutschen Kind nach dänischem Recht erworbenen Doppelnamens durch die deutsche Personenstandsbehörde. Aus Anlass der E des EuGH vom 14.10.2008, C-353/06, *Grunkin-Paul*, Zak 2009/206.

112 Die Mutter heißt *Müller-Bauer*, der Vater *Meier*. Das Kind kann den Namen *Müller-Bauer* oder *Meier* erhalten oder einen aus beiden Familiennamen zusammengesetzten Doppelnamen, wobei vom Namen der Mutter nur entweder der Teilname *Müller* oder der Teilname *Bauer* in den Doppelnamen des Kindes aufgenommen werden kann.

Eltern oder eines Elternteiles oder heiraten die Eltern einander, so kann der Familienname des Kindes neuerlich bestimmt werden. Dasselbe gilt, wenn sich die Person eines Elternteils (zB durch Adoption, Änderung der Abstammung des Kindes) ändert (§ 157 Abs 2 ABGB). Wie beim Ehenamen kann bei der Namensbestimmung festgelegt werden, dass der Familienname dem Geschlecht angepasst wird bzw dass eine auf das Geschlecht bezogene Endung entfällt (§ 157 Abs 3 iVm § 93a Abs 3 ABGB).

B. Unterhalt

1. Unterhaltspflicht der Eltern

a. Unterhaltsanspruch

Die Eltern haben ihrem Kind nach ihren Kräften anteilig bis zu seiner Selbsterhaltungsfähigkeit Unterhalt zu leisten (§ 231 ABGB).[113] Das Ausmaß der Leistungspflicht richtet sich einerseits nach den **Lebensverhältnissen** der Eltern und andererseits nach den **Bedürfnissen** des Kindes, wobei seine Anlagen, Fähigkeiten, Neigungen und Entwicklungsmöglichkeiten entsprechend berücksichtigt werden müssen. Daraus folgt, dass die Unterhaltspflicht nicht bloß den Lebensbedarf[114] des Kindes abdecken soll, sondern dass das Kind am Lebensstandard der Eltern teilhaben muss. Da sich die Unterhaltspflicht auch nach den individuellen Fähigkeiten des Kindes richtet, können Eltern sogar in einem ihre eigenen Lebensverhältnisse übersteigenden Ausmaß zu Unterhalt verpflichtet sein. Im Rahmen ihrer Leistungsfähigkeit haben Eltern auch zu einer höherwertigen Berufsausbildung, etwa zu einem Hochschulstudium, beizutragen, wenn das Kind dazu die erforderlichen Fähigkeiten besitzt und die Ausbildung ernsthaft und zielstrebig verfolgt. Auf die gesellschaftliche Stellung der Eltern kommt es dabei nicht an.[115]

---

113 Ausführlich zum Kindesunterhalt: *Gitschthaler*, Unterhaltsrecht² (2008) 1 ff; *Schwimann/Kolmasch*, Unterhaltsrecht⁷ (2014) 95 ff sowie die Kommentierungen des § 231 ABGB in den Kommentaren zum ABGB.

114 Nahrung, Kleidung, Wohnung, medizinische Versorgung sowie der Aufwand für Betreuung, Erziehung und Ausbildung und für Freizeitbedürfnisse des Kindes, einschließlich eines Taschengeldes: OGH 6 Ob 230/01v ÖA 2002, 172; *Hopf* in KBB⁴ § 231 Rz 2.

115 OGH 1 Ob 526/76 JBl 1977, 594; 1 Ob 703/87 ÖA 1989, 166; 3 Ob 523, 524/93 ÖA 1994, 66 etc. Dazu ausführlich *Eypeltauer*, Die Kriterien zur Bestimmung der dem Kind zustehenden Ausbildung, ÖA 1988, 91.

Für den Kindesunterhalt gilt wie für den Ehegattenunterhalt der **Anspannungsgrundsatz**.[116] Bei der Beurteilung der Leistungsfähigkeit der Eltern ist auch deren Vermögen einzubeziehen. Kann der Unterhalt anders nicht aufgebracht werden, so sind die Eltern verpflichtet, den Stamm ihres Vermögens anzugreifen, soweit ihnen dies zumutbar ist.[117]

Der Unterhaltsanspruch besteht gem § 231 Abs 3 ABGB nur, soweit das **Kind** seinen Unterhalt nicht aus den Erträgnissen seines Vermögens bestreiten kann. Eigene Einkünfte des Kindes mindern seinen Bedarf.[118] Auf den Stamm seines Vermögens braucht es aber nicht zu greifen.

Freiwillige Leistungen eines Dritten, etwa eines Verwandten, mindern den Unterhaltsanspruch des Kindes gegen seine Eltern nur dann, wenn der Leistende die Absicht hatte, die Eltern zu entlasten.[119] Leistungen, die der Lebensgefährte des Kindes zur Deckung dessen Lebensbedarfs erbringt, werden allerdings regelmäßig auf den Unterhaltsanspruch des Kindes gegen seine Eltern angerechnet.[120]

Die Unterhaltspflicht endet mit der **Selbsterhaltungsfähigkeit** des Kindes. Das Vorliegen der Selbsterhaltungsfähigkeit hängt nicht vom Alter des Kindes ab, sondern ist gegeben, wenn das Kind in der Lage ist, die Mittel zur Bestreitung seines angemessenen Unterhalts aus Eigenem zu erwerben, insbesondere durch eigene Erwerbstätigkeit selbst zu verdienen.[121] Dabei muss es in der Lage sein, mit seinen Einkünften auch außerhalb des elterli-

---

116 Vgl oben unter 2. Teil Eherecht II.D.1.

117 Demnach sind für die Beurteilung der Leistungsfähigkeit des Verpflichteten die Abfindung für den Erb- oder Pflichtteil: OGH 5 Ob 576/90 SZ 63/60 oder ein Lottogewinn: OGH 6 Ob 526/93 ÖA 1994, 25, einzubeziehen, nicht aber der Wert eines Einfamilienhauses, das der eigenen Wohnversorgung dient: OGH 8 Ob 634/91 EvBl 1992/73, wohl aber wenn der Unterhaltsschuldner das Haus bereits aus freien Stücken verkauft hat und eine andere Wohnmöglichkeit hat: OGH 6 Ob 625/91 EFSlg 65.012.

118 Vgl *Schwimann/Kolmasch*, Unterhaltsrecht[7] 149 ff.

119 OGH 1 Ob 179/12y iFamZ 2013/5; 10 Ob 17/13t iFamZ 2013/128.

120 OGH 6 Ob 569/91 EFSlg 65.069; 4 Ob 305/97z EvBl 1998/54; krit *Schwimann/Kolmasch*, Unterhaltsrecht[7] 107 f.

121 OGH 8 Ob 618/90 RZ 1992/5; 8 Ob 634/91 EvBl 1992/73; 7 Ob 640/92 ÖA 1993, 141 etc. Zur Selbsterhaltungsfähigkeit während einer Ausbildung und zur Frage der Betreuung volljähriger Kinder: *Schwimann*, Zum Unterhalt volljähriger Kinder, NZ 2004/31; *Joeinig*, Unterhalt für Studierende (Checkliste), EF-Z 2008/146; *Gitschthaler*, Eigeneinkommen des Kindes und Selbsterhaltungsfähigkeit, insbesondere bei Eigenpflege, EF-Z 2008/130. Zur Auswirkung der Studiengebühren auf den Unterhaltsanspruch: OGH 3 Ob 135/03d JBl 2004, 376 (keine prozentuelle Erhöhung des Unterhalts).

chen Haushalts alle Bedürfnisse abzudecken, die bislang von den Eltern durch Geld oder Betreuungsleistung befriedigt wurden.[122]

Eine Verwirkung des Kindesunterhalts ist nicht möglich. Wenn das Kind aber ein Verhalten setzt, das die Entziehung des Pflichtteils rechtfertigt, dann kann der Anspruch vom angemessenen auf den notdürftigen Unterhalt herabgesetzt werden.[123] Heiratet das Kind oder begründet es eine eingetragene Partnerschaft, so geht die Unterhaltspflicht des Ehepartners[124] bzw des eingetragenen Partners[125] der Unterhaltspflicht der Eltern vor.[126] Das gilt auch für allfällige Unterhaltspflichten nach Auflösung der Ehe oder eingetragenen Partnerschaft.[127] Verliert das Kind seine Selbsterhaltungsfähigkeit, so lebt die Unterhaltspflicht wieder auf.[128]

Die Eltern haben zur Unterhaltsleistung nach ihren Kräften **anteilig** beizutragen. Dies bedeutet, dass die Unterhaltslast nach der Leistungsfähigkeit auf die Eltern verteilt wird, sodass der Elternteil mit dem größeren Einkommen auch entsprechend mehr leisten muss.[129]

Der Elternteil, der den **Haushalt** führt, in dem er das Kind **betreut**, leistet dadurch seinen Beitrag (§ 231 Abs 2 ABGB). Dies ist der Fall, wenn bei gemeinsamem Haushalt ein Elternteil allein den Haushalt führt, oder wenn das Kind nur mit einem Elternteil im gemeinsamen Haushalt lebt. Der andere ist dann verpflichtet, die übrigen Bedürfnisse des Kindes zu decken. Der Haushaltsführende muss erst dann mehr beitragen, wenn und soweit der andere Elternteil nicht zur vollen Deckung des Unterhaltsbedarfs in der

---

122 OGH 3 Ob 547/90 SZ 63/101; 4 Ob 511/91 RZ 1992/3; 5 Ob 508/92 EFSlg 68.475. Bei weit überdurchschnittlichen Lebensverhältnissen wird das bislang unterhaltsberechtigte Kind durch die Sach- und Geldleistungen des Bundes bei Ableistung seines Präsenzdienstes nicht selbsterhaltungsfähig: OGH 1 Ob 262/99g JBl 2000, 738; zum Zivildienst: LG Ried 6 R 202/09m EF-Z 2010/77 (*Maier/Tews*).

123 OGH 2 Ob 130/73 EvBl 1974/37; 1 Ob 526/76 JBl 1977, 594; 5 Ob 503/83 EFSlg 42.737 etc.

124 § 94 ABGB.

125 § 12 EPG.

126 Größenschluss aus § 71 EheG bzw § 22 Abs 4 EPG. *Schwimann/Kolmasch*, Unterhaltsrecht[7] 2.

127 §§ 66 ff EheG, §§ 20 ff EPG; siehe insbesondere § 71 EheG und § 22 Abs 4 EPG.

128 OGH 6 Ob 85/08f iFamZ 2009/140 (drogensüchtige Tochter beginnt eine Berufsausbildung). Nicht jedoch, wenn das Kind sich nicht in zumutbarer Weise um eine Erwerbstätigkeit bemüht oder einfach verabsäumt, selbst für seine Zukunft (Krankheit, Alter) vorzusorgen: OGH 1 Ob 159/08a JBl 2009, 369.

129 Die Rechtsprechung geht hier so vor, dass sie von jedem Einkommen zuerst die für den eigenen Unterhalt notwendigen Beträge abzieht und die Unterhaltslast sodann nach dem Verhältnis des verbleibenden Restbetrages auf die beiden Eltern aufteilt: zB OGH 1 Ob 564/91 EvBl 1991/166; 5 Ob 106/10i EF 16.139; *Schwimann/Kolmasch*, Unterhaltsrecht[7] 105 ff.

Lage ist. Dasselbe gilt, wenn der betreuende Elternteil ein beträchtlich höheres Einkommen hat, sodass die dem anderen zumutbare Unterhaltsleistung nicht mehr ins Gewicht fällt.[130] § 231 Abs 2 ABGB gilt auch für jenen Elternteil, in dessen Haushalt das Kind hauptsächlich betreut wird.[131]

Der Elternteil, der mit dem Kind nicht im gemeinsamen Haushalt lebt, muss den Unterhalt in Geld leisten. Betreuungsleistungen bei Ausübung des Kontaktrechts im üblichen Ausmaß[132] verringern die Geldunterhaltspflicht nicht. Gehen aber die Betreuungsleistungen über den gewöhnlichen Umfang hinaus, so kann dies seine Geldunterhaltspflicht vermindern. Nach welchen Kriterien und in welcher Höhe diese Reduktion erfolgt, ist nicht ganz klar. Zuletzt zeichnet sich aber folgende Judikaturlinie ab: Ist das Einkommen beider Eltern etwa gleich hoch und erbringen sie gleichwertige Betreuungs- und Naturalunterhaltsleistungen,[133] so trifft keinen Elternteil eine Geldleistungspflicht.[134] Bei wesentlichen Unterschieden steht dem Kind ein Restgeldunterhaltsanspruch gegen den leistungsfähigeren bzw weniger betreuenden Elternteil zu.[135] Dabei kommt es auf die tatsächlichen Betreuungsleistungen an und nicht darauf, wer mit der Obsorge oder der „hauptsächlichen Betreuung"[136] für das Kind betraut ist.[137]

Verletzt der geldunterhaltspflichtige Elternteil seine Unterhaltspflicht und tritt der betreuende Elternteil in Vorlage, so hat dieser einen Rückersatzanspruch.[138]

---

130 OGH 1 Ob 16/02p JBl 2002, 516. Dies wäre etwa der Fall, wenn der Betreuende ein weit überdurchschnittliches Einkommen hat und der andere nur über das Existenzminimum verfügt.

131 Dies gilt auch für den Fall der Aufhebung und Nichtigerklärung der Ehe. Zu § 179 ABGB siehe III.E.2.a.ab.

132 Zum Kontaktrecht siehe unten III.E.5.b.

133 Nach der Rspr sind Unterschiede bis zu einem Drittel bei beiden Kriterien hinzunehmen: LGZ Wien 42 R 138/11x EF-Z 2012/17; OGH 4 Ob 16/13a EF-Z 2013/115 (*Gitschthaler*); zu Recht krit *Schwimann/Kolmasch*, Unterhaltsrecht[7] 104.

134 RIS Justiz RS0047452.

135 *Schwimann/Kolmasch*, Unterhaltsrecht[7] 103; in 5 Ob 2/12y Zak 2012/626 setzte der OGH bei einem Betreuungsverhältnis von 3:4 die Reduktion der Geldunterhaltsverpflichtung mit 40% fest. Siehe auch 4 Ob 16/13a: 10% Reduktion bei einem Besuchstag wöchentlich über dem üblichen Besuchsrechtsausmaß, 20% bei Betreuung zu 1/3 durch den Geldunterhaltspflichtigen.

136 Siehe unten III.E.2.a.aa.

137 OGH 4 Ob 16/13a EF-Z 2013/115 (*Gitschthaler*).

138 Vgl *Neuhauser*, Saldierung wechselseitiger Unterhaltsforderungen des Kindes nach Betreuungswechsel? EF-Z 2009/115; *Neuhauser*, Vorschussweise Leistung von Unterhalt durch den betreuenden Elternteil, iFamZ 2012, 121; *Huber*, Was geschieht mit Unterhaltsrückständen bei Aufenthaltswechsel des Kindes? iFamZ 2012, 67.

Wird das Kind nicht im Haushalt eines Elternteils, sondern bei einem Dritten (Großeltern, Pflegeeltern, Heim) betreut[139] oder benötigt das nicht im elterlichen Haushalt lebende Kind keine Betreuung mehr (Eigenpflege), so sind beide Elternteile nach ihren Kräften anteilig zu Geldunterhalt verpflichtet.[140]

Lebt das Kind nicht mit dem Unterhaltspflichtigen im gemeinsamen Haushalt, sind die an den betreuenden Elternteil bzw das Kind ausgezahlte **Familienbeihilfe und der Kinderabsetzbetrag** seit einer Entscheidung des VfGH[141] aus dem Jahr 2002, mit der § 12a FLAG zum Teil aufgehoben wurde, auf den Geldunterhaltsanspruch des Kindes teilweise anzurechnen. Nach Ansicht des VfGH haben Familienbeihilfe und Kinderabsetzbetrag auch das Ziel, den Unterhaltsschuldner steuerlich zu entlasten. Lebt der Unterhaltspflichtige nicht mit dem Kind im gemeinsamen Haushalt, muss die steuerliche Entlastung des Geldunterhaltspflichtigen von den Zivilgerichten bei der Unterhaltsbemessung herbeigeführt werden. Dazu ist der nach zivilrechtlichen Grundsätzen ermittelte Unterhaltsbetrag um einen bestimmten Betrag zu kürzen. Diese Kürzung erfolgt nur bei höherem Einkommen des Unterhaltspflichtigen, weil Unterhaltspflichtige mit niedrigerem Einkommen durch den Unterhaltsabsetzbetrag gem § 33 Abs 4 Z 3 EStG bereits ausreichend steuerlich entlastet sind.[142]

---

139 Die Betreuung während des Tages durch die Großmutter (OGH 3 Ob 26/11m Jus-Guide 2011/19/8748) oder während der Schulzeit in einem Internat (OGH 6 Ob 120/03w EFSlg 103.268 etc) ist noch keine Drittbetreuung.

140 Zur Berechnung des Kindesunterhalts in diesen Fällen siehe *Schwimann/Kolmasch*, Unterhaltsrecht[7] 105 ff.

141 G 7/02 RdW 2002/475. Siehe BGBl I 2002/152.

142 *Barth*, Ist die Familienbeihilfe bei der Unterhaltsbemessung zu berücksichtigen? RZ 2001, 248; *Holzner*, Familienbeihilfe und Unterhalt, ÖJZ 2002, 444; *Tews*, Unterhaltsbemessung und Familienbeihilfe, RZ 2002, 230; *Gitschthaler*, Familienbeihilfe und deren Anrechnung auf Kindesunterhaltsansprüche, JBl 2003, 9; *derselbe*, Familienbeihilfe, Kindesunterhalt und der Oberste Gerichtshof, ÖJZ 2003/51 (821); *Siart/Dürauer*, Die Anrechnung der Familienbeihilfe auf den Geldunterhalt, iFamZ 2008, 176; *Schwimann/Kolmasch*, Unterhaltsrecht[7] 10 f, 127 ff; *Kolmasch*, Die Anrechnung der Familienbeihilfe auf den Kindesunterhalt nach der Steuerreform 2009, Zak 2009/264; *Heiderer*, Kinderfreibetrag nach § 106a EStG und Unterhaltsbemessung, EF-Z 2009/135; *Neuhauser*, Zehn Jahre Anrechnung der Familienbeihilfe auf den gesetzlichen Unterhaltsanspruch von Kindern, iFamZ 2012, 281. Zur Bemessung: OGH 4 Ob 52/02d EvBl 2003/45; 1 Ob 97/02z JBl 2003, 443; 3 Ob 141/02k JBl 2003, 174; 7 Ob 167/02p JBl 2003, 107; 7 Ob 147/02t JBl 2003, 111; 4 Ob 134/03i EvBl 2003/175; 6 Ob 94/03x JBl 2004, 101; 1 Ob 208/03z JBl 2004, 306; Anrechnung auch bei Auszahlung der Familienbeihilfe an das Kind: OGH 4 Ob 215/09k EF-Z 2010/73 sowie bei Begrenzung des Unterhalts durch Unterhaltsstopp: 7 Ob 193/02m JBl 2003, 113; 10 Ob 31/08v iFamZ 2008/114; keine Anrechnung, wenn der

Auch der Kindesunterhalt kann vertraglich vereinbart werden, wobei der Gestaltungsfreiheit zum Schutz des Kindes enge Grenzen gesetzt werden müssen.[143] Ein gänzlicher Unterhaltsverzicht ist selbst durch das volljährige Kind nicht zulässig.[144] Unterhaltsvereinbarungen mit dem minderjährigen Kind bedürfen der pflegschaftsgerichtlichen Genehmigung,[145] außer sie betreffen nur die Höhe des gesetzlichen Unterhalts und werden vor Gericht geschlossen. Eine solche Vereinbarung ist nur für den Unterhaltsverpflichteten verbindlich (§ 190 Abs 3 ABGB).[146]

Jeder Festsetzung einer Unterhaltspflicht, sei es durch Beschluss, Vergleich oder Vertrag wohnt die **Umstandsklausel** inne.[147] Im Rahmen der dreijährigen Verjährungsfrist des § 1480 ABGB kann Unterhalt auch rückwirkend verlangt werden.[148] Dabei ist zu beachten, dass die Verjährung zwischen minderjährigen Kindern und den mit ihrer Obsorge betrauten Personen gehemmt ist, solange das Obsorgeverhältnis besteht (§ 1495 ABGB, Fortlaufshemmung).[149]

Vereinbarungen, wonach sich ein Elternteil dem anderen gegenüber verpflichtet, für den Unterhalt des Kindes allein oder überwiegend aufzukommen und den anderen bei Inanspruchnahme durch das Kind schad- und klaglos zu halten, sind nur mehr im Rahmen einer umfassenden Scheidungsfolgenregelung zulässig (§ 231 Abs 4 ABGB, eingefügt durch das KindNamRÄG 2013). Sie sind aber problematisch, weil sie leicht dazu führen können, dass dem Kind weniger an Unterhalt zukommt als ihm nach dem Gesetz zustünde.[150]

Unterhaltspflichtige nicht in Österreich steuerpflichtig ist: OGH 8 Ob 90/09g EvBl 2010/38.

143 Vgl OGH 2 Ob 234/07m EF-Z 2008/37; 2 Ob 253/08g Zak 2009/573 (Neubemessung nach Umstandsänderung).

144 OGH 2 Ob 772 ZBl 1933/327; 1 Ob 561, 562/87 EFSlg 53.262.

145 § 167 Abs 3 ABGB.

146 *Ferrari*, Ausgewählte Fragen zur privatautonomen Gestaltung des Kindesunterhalts unter besonderer Berücksichtigung des KindNamRÄG 2013 in FS Fenyves (2013) 87 (94 ff); *Gitschthaler*, Neuerungen im Kindesunterhaltsrecht in Gitschthaler, KindNamRÄG 257 (264 ff); *Neuhauser*, Die Auswirkungen des KindNamRÄG 2013 auf den Unterhaltsanspruch und dessen Sicherung, iFamZ 2013, 26 (29).

147 OGH 5 Ob 866/76 EFSlg 26.488; 1 Ob 538/83 EFSlg 43.108 etc. Zur Umstandsklausel siehe oben unter 2. Teil Eherecht II.D.6.

148 OGH 6 Ob 544/87 SZ 61/143 (verstärkter Senat); *Pichler*, Gedanken zum Unterhalt für die Vergangenheit, ÖA 1988, 68; *derselbe*, Unterhalt für die Vergangenheit, JAP 1990, 42; *Reischauer*, Unterhalt für die Vergangenheit und materielle Rechtskraft, JBl 2000, 421.

149 OGH 1 Ob 201/11g EF-Z 2012/16 (*Gitschthaler*).

150 Siehe dazu *Ferrari* in FS Fenyves 98 ff.

Die Unterhaltsschuld geht bei **Tod des Unterhaltspflichtigen** bis zum Wert der Verlassenschaft auf seine Erben über. In den Anspruch ist aber alles einzurechnen, was das Kind nach dem Erblasser an öffentlich-rechtlichen oder privatrechtlichen Zuwendungen (zB Waisenpension, Lebensversicherung, Erbteil etc) erhält (§ 233 ABGB).

Über alle gesetzlichen Unterhaltsansprüche zwischen Personen, die in gerader Linie miteinander verwandt sind, ist im Außerstreitverfahren zu entscheiden (§ 114 JN). Auch volljährige Kinder sind daher zur Geltendmachung ihrer Unterhaltsansprüche gegen Eltern oder Großeltern auf den Außerstreitweg verwiesen.

b. Bemessung

Bei aufrechter Hausgemeinschaft zwischen Kind und Unterhaltsverpflichteten wird Naturalunterhalt geschuldet, bei getrenntem Haushalt oder bei Unterhaltsverletzung Geldunterhalt.[151] Als **Unterhaltsbemessungsgrundlage** gilt wie beim Ehegattenunterhalt das tatsächlich zur Verfügung stehende Einkommen.[152]

Die **Bemessung** des Unterhaltsanspruchs richtet sich nach dem Bedarf des Kindes auf der einen und der Leistungsfähigkeit des Verpflichteten auf der anderen Seite. Wie beim Ehegattenunterhalt[153] hat auch hier die Rechtsprechung für die Bemessung bestimmte **Prozentsätze** herausgebildet, die als Orientierungshilfe und zur Gleichbehandlung gleichgelagerter Fälle dienen sollen.

Somit haben Kinder unter sechs Jahren Anspruch auf 16%, Kinder von sechs bis zehn Jahren Anspruch auf 18%, Kinder von zehn bis fünfzehn Jahren Anspruch auf 20% und Kinder über fünfzehn Jahren Anspruch auf 22% der Unterhaltsbemessungsgrundlage. Für jedes weitere unterhaltsberechtigte Kind unter zehn Jahren verringert sich der Prozentsatz um 1% und für jedes weitere unterhaltsberechtigte Kind über zehn Jahren um 2%. Unterhaltspflichten für den Ehegatten werden mit einem Abzug von 0 – 3% veranschlagt.[154]

---

151 Vgl *Neuhauser* in Schwimann/Kodek[4] Ia § 231 Rz 109 ff; *Barth/Neumayr* in Klang[3] § 140 Rz 35.

152 Vgl oben unter 2. Teil Eherecht II.D.4.

153 Vgl oben unter 2. Teil Eherecht II.D.4.

154 *Stabentheiner* in Rummel I[3] § 140 Rz 5c; *Barth/Neumayr* in Klang[3] § 140 Rz 127 ff; *Gitschthaler*, Unterhaltsrecht[2] Rz 248; *Limberg* in ABGB-ON[1.02] § 231 Rz 35; *Neuhauser* in Schwimann/Kodek[4] Ia § 231 Rz 118; *Schwimann/Kolmasch*, Unterhaltsrecht[7] 122 ff.

Diese Prozentsätze werden bei niedrigem Einkommen oder bei vermehrten Sorgepflichten nicht ausgeschöpft.[155] Bei sehr hohem Einkommen des Unterhaltsschuldners zieht die Rechtsprechung eine Unterhaltshöchstgrenze (**Luxusgrenze** oder „Playbogrenze") ein.[156] Lebt das Kind im Ausland, so muss bei der Bemessung des Unterhalts der Kaufkraftunterschied berücksichtigt werden. Dem Kind ist dann ein „Mischunterhalt" zuzusprechen, der sich nach dem Bedarf des Kindes im Ausland und dem Nettoeinkommen des Unterhaltspflichtigen in Österreich richtet.[157]

Daneben gibt es den **Regelbedarf** als eine weitere Kontroll- und Orientierungsgröße für den zustehenden Unterhalt. Darunter versteht man den Bedarf, den jedes Kind einer bestimmten Altersstufe neben der Betreuung durch den haushaltsführenden Elternteil hat. Dazu werden die Werte der Kinderkostenanalyse der Statistik Austria, die jährlich angepasst und von der österreichischen Arbeitsgemeinschaft für Jugendwohlfahrt veröffentlicht werden, herangezogen.[158] Da der Regelbedarf nicht auf die Lebensverhältnisse der Eltern abstellt, kommt eine Unterhaltsbemessung nach dem Regelbedarf aber nicht in Betracht. Er dient der Praxis bloß als Informationsgröße und Vergleichsmaßstab.

Neben dem laufenden Unterhalt kann noch ein Anspruch auf **Sonderbedarf**[159] bestehen, wenn das Kind einen besonderen Aufwand benötigt. Ein Bedarf ist dann als Sonderbedarf einzustufen, wenn er über den allgemeinen bei der Festlegung des Regelbedarfs berücksichtigten Durchschnittsbedarf eines gleichaltrigen Kindes hinausgeht und aus den laufenden Unterhaltszahlungen nicht bestritten werden kann.[160] Als Sonderbedarf gelten vor al-

---

155 LGZ Wien 47 R 794/88 EFSlg 55.992; 43 R 901/88 EFSlg 55.991; 43 R 730/90 EFSlg 61.820; 47 R 42/92 EFSlg 67.768.

156 Meist im Ausmaß des Zweieinhalbfachen des Regelbedarfs: OGH 7 Ob 652/90 RZ 1991/26, 6 Ob 127/10k JusGuide 2010/44/8075. Vermögensbildung (Rücklagenbildung für den Erwerb einer eigenen Wohnung) zählt auch bei sehr hohem Einkommen des Unterhaltsverpflichteten nicht zum Unterhaltsbedarf: OGH 2 Ob 67/09f Zak 2010/139.

157 RIS-Justiz RS0111899; *Nademleinsky*, Praktisches zum Mischunterhalt, EF-Z 2009/116.

158 Regelbedarfssätze ab 1.7.2015: 0–3 Jahre: € 197,–; 3–6 Jahre: € 253,–; 6–10 Jahre: € 326,–; 10–15 Jahre: € 372,–; 15–19 Jahre: € 439,–; 19–25 Jahre: € 550,–; http://www.jugendwohlfahrt.at/rs_regelbedarf.php (Stand Juli 2015; gültig jeweils von 1.7. bis 30.6.).

159 *Rudolf*, Kindesunterhalt – Die Pflicht zur Deckung des Sonderbedarfs, ÖJZ 2000, 172; *Griehser/Hörmann*, Praxisprobleme des Sonderbedarfs im Unterhaltsrecht, iFamZ 2012, 167.

160 RIS-Justiz RS0109908, RS0047539. Die Rsp stellt auf drei Kriterien ab: Individualität, Außergewöhnlichkeit und Dringlichkeit.

lem notwendige Aufwendungen für eine medizinische Behandlung[161] oder für die Ausbildung des Kindes.[162]

2. Unterhaltspflicht der Großeltern

Sind beide Elternteile nicht imstande, ausreichend Unterhalt zu leisten, so schulden ihn die Großeltern (§ 232 ABGB). Bevor das Kind auf die Großeltern greifen kann, muss es, soweit zumutbar, den **Stamm seines Vermögens** zur Unterhaltsdeckung heranziehen. Jeder Großelternteil hat außerdem nur insoweit Unterhalt zu leisten, als er dadurch seinen eigenen angemessenen Unterhalt nicht gefährdet, wobei sonstige Sorgepflichten zu berücksichtigen sind. Die Großeltern sind nur dann und soweit unterhaltspflichtig, als die Eltern unfähig sind, den Unterhalt zu leisten.[163] Nicht ausreichend ist es, dass die Hereinbringung des Unterhalts von den Eltern bloß faktisch unmöglich oder schwierig ist.[164] Ansprüche nach dem UnterhaltsvorschußG, die bei minderjährigen Kindern in solchen Fällen Abhilfe schaffen können, gehen der Unterhaltspflicht der Großeltern vor.[165]

Das **Ausmaß** der Unterhaltspflicht richtet sich nach dem Bedarf des Kindes und den Lebensverhältnissen der Eltern vor Eintritt der Leistungsunfähigkeit sowie nach den Lebensverhältnissen der Großeltern.[166] Im Übrigen gilt auch für die Unterhaltspflicht der Großeltern § 231 ABGB. Daraus folgt, dass die vier Großelternteile den Unterhalt gleichrangig, aber anteilig

---

161 ZB Heilungskosten: LGZ Wien 43 R 879/80 EFSlg 35.329 oder Zahnregulierungskosten: OGH 6 Ob 230/08d EvBl-LS 2009/50; 5 Ob 116/09h EvBl 2009/154; Kontaktlinsen: OGH 10 Ob 61/05a JBl 2006, 165.

162 Beispielsweise eine im Interesse des Kindes gebotene Internatsunterbringung: OGH 7 Ob 579/90 EFSlg 61.873 oder die für die Ausbildung notwendige Anschaffung eines Computers: OGH 10 Ob 61/05a JBl 2006, 165 oder ein Auslandsstudium: OGH 7 Ob 163/09k JusGuide 2010/14/7423 (hohe Begabung, Neigung, fehlende billigere Alternative und Zumutbarkeit für den Unterhaltsverpflichteten); 6 Ob 14/10t EF-Z 2010/108 und nicht aber die Kosten für eine durchschnittlich teure Schulsportwoche: OGH 1 Ob 86/00d EvBl 2000/174 oder die Unterbringung in einer Privatschule, wenn eine öffentliche Schule zur Verfügung steht: OGH 4 Ob 120/09i JusGuide 2009/47/7047. Auch Verfahrenskosten können Sonderbedarf darstellen, nicht aber die Kosten eines nicht unüblich komplizierten Unterhaltsverfahrens: OGH 6 Ob 183/06i JBl 2007, 306.

163 Auch Unterhaltszahlungen an einen unterhaltspflichtigen Elternteil sind in die Bemessungsgrundlage einzubeziehen: OGH 1 Ob 337/99m EvBl 2000/114.

164 OGH 1 Ob 588/78 SZ 51/110; 6 Ob 2206/96x ÖA 1997, 193. Vgl *Barth/Neumayr* in Klang³ § 141 Rz 8 (mwN).

165 § 3 Z 2 und § 4 UVG. Zum UVG siehe sogleich im Folgenden unter 4.a.

166 OGH 1 Ob 588/78 SZ 51/110; 1 Ob 2339/96v RZ 1997/82.

nach ihren Kräften zu leisten haben, und dass der Großelternteil, der das Kind betreut, damit seine Unterhaltspflicht erfüllt.[167]

3. Unterhaltspflicht des Kindes gegenüber Eltern und Großeltern

Sind Eltern oder Großeltern nicht imstande, sich selbst zu erhalten, so haben sie einen Unterhaltsanspruch gegenüber dem Kind (§ 234 ABGB).[168] Voraussetzung dafür ist, dass sie ihre Unterhaltspflicht gegenüber dem Kind nicht gröblich vernachlässigt haben. Auch hier muss zuerst, soweit zumutbar, auf den Stamm des Vermögens gegriffen werden.[169] Das Kind ist außerdem nur soweit unterhaltspflichtig, als es dadurch den eigenen angemessenen Unterhalt nicht gefährdet, wobei sonstige Sorgepflichten angemessen zu berücksichtigen sind. Die Höhe des Anspruchs richtet sich nach den Lebensverhältnissen des Kindes. Mehrere Kinder haben den Unterhalt anteilig nach ihren Kräften zu leisten. Die Unterhaltspflicht eines Ehegatten, eines früheren Ehegatten und von Vorfahren oder von Verwandten näheren Grades (Kind vor Enkel, gegenüber Seitenverwandten besteht keine gesetzliche Unterhaltspflicht) geht dieser Verpflichtung vor.

4. Schutz von gesetzlichen Unterhaltsansprüchen

a. Unterhaltsvorschußgesetz (UVG)

Das UnterhaltsvorschußG[170] ermöglicht die Gewährung von Vorschüssen auf den gesetzlichen Unterhalt von Kindern durch den Bund, um diese vor

---

167 *Beispiel:* Beide Eltern und der Vater der Mutter sind gestorben. Das Kind wird von der mütterlichen Großmutter betreut. Die väterlichen Großeltern haben nach ihren Kräften anteilig Geldunterhalt zu leisten.

168 Vgl *Haberl*, Der Regressanspruch des Sozialhilfeträgers, EF-Z 2007/2; *Weinrichter*, Zum Unterhaltsanspruch von Aszendenten insb bei deren Heimunterbringung, iFamZ 2007, 232. Zur Frage eines Entgeltanspruchs für außerordentliche Beistandsleistungen: OGH 6 Ob 29/09x EF-Z 2009/137 (*Stefula*); LGZ Wien 44 R 158/09z EF-Z 2009/142; *Deixler-Hübner*, Sind Beistandsleistungen zwischen Angehörigen – vor allem im Eltern-Kind-Verhältnis – finanziell abgeltbar? iFamZ 2009, 134.

169 OGH 1 Ob 88/09m JusGuide 2009/34/6831.

170 BG über die Gewährung von Vorschüssen auf den Unterhalt von Kindern (UVG) BGBl 1976/250, wiederverlautbart BGBl 1985/451 idgF; siehe *Knoll*, Kommentar zum Unterhaltsvorschußgesetz, Beilage zu ÖA 1987 bis 1991 sowie die ausführliche Kommentierung von *Neumayr* in Schwimann/Kodek I⁴ UVG. Zu den Änderungen durch das FamRÄG 2009: *Neuhauser*, Änderungen beim Unterhaltsvorschuss, iFamZ 2009, 275; *Gröger*, Unterhaltsvorschuss nach dem FamRÄG 2009, EF-Z 2010/6; *Neumayr*, Unterhaltsvorschuss neu, ÖJZ 2010/20; *Garber*, Zur Vollstreckbarkeit eines Unterhaltstitels als Voraussetzung für die Gewährung von Unterhalts-

Schwierigkeiten bei der Hereinbringung ihres Unterhalts von säumigen Unterhaltsschuldnern zu schützen. Anspruch auf Vorschüsse haben minderjährige Kinder, die ihren gewöhnlichen Aufenthalt im Inland haben und entweder österreichische Staatsbürger oder staatenlos sind (§ 2 Abs 1 UVG).[171] Bevorschusst werden nur gesetzliche Unterhaltsansprüche. Voraussetzung für die Vorschussleistung ist, dass der Unterhaltsschuldner trotz Vorliegens eines im Inland vollstreckbaren Exekutionstitels den Unterhalt nicht zur Gänze leistet und das Kind glaubhaft macht, dass es einen Exekutionsantrag gestellt hat (§ 3 UVG). Vorschüsse werden aber ua auch geleistet, wenn die Führung einer Exekution aussichtslos erscheint (§ 4 Z 1 UVG), schon die Festsetzung des Unterhalts aus Gründen, die auf der Seite des Unterhaltsschuldners liegen, nicht gelingt (§ 4 Z 2 UVG) oder wenn der Unterhaltsschuldner seine Unterhaltsverpflichtung nicht erfüllen kann, weil er in Haft ist (§ 4 Z 3 UVG).

Ein Anspruch auf Unterhaltsvorschüsse besteht nicht, wenn das Kind mit dem Unterhaltsschuldner im selben Haushalt lebt oder wenn das Kind durch eine Maßnahme der Sozialhilfe oder der Kinder- und Jugendhilfe in einer Pflegefamilie, einem Heim oder in einer sonstigen Einrichtung untergebracht ist (§ 2 Abs 2 UVG).

Vorschüsse sind im Verfahren außer Streitsachen durch den gesetzlichen Vertreter des Kindes zu beantragen (§§ 9 f UVG). Die Auszahlung erfolgt durch den Präsidenten des OLG (§ 17 UVG). Geleistete Vorschüsse sind vom Unterhaltsschuldner zurückzuzahlen (§ 13 Abs 1 Z 4 UVG). Werden Vorschüsse gewährt, so wird der Kinder- und Jugendhilfeträger Vertreter des Kindes zur Durchsetzung seiner Unterhaltsansprüche (§ 9 Abs 2 UVG), und er hat auch dafür zu sorgen, dass die bevorschussten Unterhaltsbeiträge vom Unterhaltsschuldner wieder hereingebracht werden (§ 13 Abs 1 Z 5 UVG).[172]

Die Höhe der Vorschüsse richtet sich nach dem Unterhaltstitel. Sie werden längstens für fünf Jahre gewährt (§ 8 UVG), eine Verlängerung um längstens jeweils fünf weitere Jahre ist aber möglich (§ 18 UVG). Zu Unrecht bezogene Unterhaltsvorschüsse sind zurückzuzahlen (vgl § 22 UVG).

---

vorschüssen nach dem UVG, iFamZ 2011, 6; *Neuhauser*, Vollstreckbarkeit des Unterhaltstitels und Bevorschussungsfähigkeit nach dem UVG, iFamZ 2011, 9.

171 Zur Frage der Anwendbarkeit auf EWR-Bürger und auf österreichische Kinder im Ausland vgl *Neumayr* in Schwimann/Kodek I⁴ § 1 UVG Rz 13 ff; *Felten/Neumayr*, Die neue Wanderarbeitnehmerverordnung und Unterhaltsvorschuss, iFamZ 2010, 164; *Pfarrhofer*, Verpflichtung zum Export von Unterhaltsvorschussleistungen ist entfallen, Zak 2010/395.

172 Vgl *Knoll*, Die Sachwalterschaft des Jugendwohlfahrtsträgers (JWT) aus der Perspektive des Unterhaltsvorschußgesetzes, RZ 1994, 202.

b. Exekutionsrecht und Unterhaltsschutzgesetz

Gesetzliche Unterhaltsansprüche werden durch die Rechtsordnung besonders geschützt. Der Unterhaltspflichtige muss an der Feststellung seines Einkommens mitwirken. Für den Unterhalt von Kindern sieht § 102 AußStrG umfangreiche Auskunftspflichten des Unterhaltspflichtigen, von öffentlichen Stellen (Arbeitsmarktservice, Sozialversicherungsträger, Finanzamt) sowie von Dienstgebern vor. Unterhaltsansprüche unterliegen nur beschränkt der Exekution[173] und für ihre Hereinbringung bestehen einige weitreichende Exekutionsprivilegien.[174] Kindesunterhalt kann auch vorläufig gewährt werden (§§ 382 Abs 1 Z 8 lit a und 382a EO).

Darüber hinaus bestehen noch spezifische Schutzvorschriften, die verhindern sollen, dass Unterhaltspflichtige keinem oder keinem offiziellen Erwerb nachgehen, um sich ihrer Unterhaltspflicht zu entziehen. Nach § 1 UnterhaltsschutzG[175] haftet der, der einer unterhaltspflichtigen Person, die keinem Erwerb nachgeht, Unterhalt gewährt, ohne dazu gesetzlich verpflichtet zu sein, dem Unterhaltsberechtigten als Bürge und Zahler für die Unterhaltsschulden. Damit soll es dem Unterhaltsschuldner erschwert werden, sich vor der Unterhaltsleistung zu drücken, indem er keinem Erwerb nachgeht und sich von einer anderen Person aushalten lässt.

Erbringt ein Unterhaltsschuldner einem Dritten laufend Arbeitsleistungen, die üblicherweise vergütet werden, ohne oder gegen eine relativ geringe Gegenleistung, so gilt im Verhältnis zwischen dem Unterhaltsberechtigten und dem Dritten ein angemessenes Entgelt als geschuldet (§ 292e Abs 1 EO). Damit erhält der Unterhaltsgläubiger die Möglichkeit, gegen den Dritten Drittschuldnerexekution zu führen und auf dieses fiktive Arbeitsentgelt zu greifen.

Die gröbliche Verletzung der Unterhaltspflicht ist überdies eine gerichtlich strafbare Handlung, die mit Freiheitsstrafe bedroht ist (§ 198 StGB).

---

173 § 290a Abs 1 Z 10, § 291a EO.

174 § 406 ZPO: Verurteilung des Unterhaltspflichtigen zu noch nicht fälligen Leistungen; § 291c EO: Vorratspfändung; § 291b und § 292b EO: vermindertes Existenzminimum für den Verpflichteten. Vgl *Rechberger/Oberhammer*, Exekutionsrecht[5] (2009) Rz 410.

175 BG über den Schutz des gesetzlichen Anspruches auf Unterhalt BGBl 1960/59, wiederverlautbart BGBl 1985/452. Vgl *Neumayr* in Schwimann/Kodek I[4] USchG.

C. Der Anspruch auf Ausstattung

Eltern sind verpflichtet, ihren Kindern anlässlich ihrer Eheschließung eine angemessene Ausstattung zu geben.[176] Dieser Anspruch ist in den §§ 1220 – 1223 ABGB geregelt. Diese wurden mit dem FamRÄG 2009 neu gefasst. Der veraltete Anspruch auf Heiratsgut, das dem Mann entweder von der Braut oder deren Eltern „zur Erleichterung des mit der ehelichen Gesellschaft verbundenen Aufwands übergeben oder zugesichert wird" (§ 1218 alt ABGB), wurde abgeschafft. Der Anspruch auf Ausstattung wurde nun geschlechtsneutral formuliert. Sprachlich hat sich der Gesetzgeber ganz eng an den Bestimmungen zum Heiratsgut, die gem § 1231 Satz 2 alt ABGB auch für den Ausstattungsanspruch maßgebend waren, orientiert. Daraus folgt, dass die bisherige Rechtsprechung zum Ausstattungsanspruch weitgehend aufrechterhalten werden kann. Im Gegensatz zur Rechtslage vor dem FamRÄG 2009 kann nun nur mehr das ausstattungsberechtigte Kind selbst und nicht mehr sein Ehegatte[177] die Ausstattung fordern (§ 1221 ABGB). Der Anspruch auf Ausstattung verjährt in drei Jahren (§ 1486 Z 7 ABGB)[178].

Der Anspruch auf Ausstattung hat seine Begründung in der Unterhalts- und Versorgungspflicht der Eltern[179] und soll eine Starthilfe bei der ersten Gründung einer eigenen Familie darstellen.[180] Er besteht somit nur einmal. Wird er einmal vollständig gewährt, so kann er bei einer weiteren Eheschließung nicht noch einmal verlangt werden (§ 1223 ABGB). Er ist

---

176 Vgl dazu *Ostheim*, Familienrechtsreform und Ausstattungsanspruch, ÖJZ 1978, 505; *F. Bydlinski*, Vorzeitige Gewährung von Heiratsgut oder Ausstattung und Tod des Dotierungspflichtigen, JBl 1985, 79; *Schauer*, Heiratsgut herabgesetzt? RdW 1987, 282; *Wanke*, Ausstattungsanspruch bei hinlänglichem Vermögen des Ausstattungsberechtigten, JBl 1988, 691; *derselbe*, Nachträgliche Leistung einer Heiratsausstattung, ÖJZ 1991, 113; *B. Jud*, Ausgewählte Fragen zu Heiratsgut und Ausstattung (§§ 1220, 1231 ABGB), NZ 1999, 37; *Deixler-Hübner*, Rechtsnatur und Höhe des Ausstattungsanspruchs gem §§ 1220 ff ABGB, iFamZ 2007, 301; *Fischer-Czermak*, Die Ausstattung nach dem FamRÄG 2009, EF-Z 2010/4.

177 § 1221 alt ABGB sprach von den „Brautpersonen", woraus die Rechtsprechung den Schluss zog, dass auch der Ehegatte die Ausstattung fordern konnte: OGH 8 Ob 17/91 SZ 64/120.

178 VfGH G 141/10 iFamZ 2011/186 (*Sigmund*): Die Einführung dieser Verjährungsfrist durch das FamRÄG 2009 war nicht verfassungswidrig.

179 OGH 2 Ob 124/72 RZ 1972, 206; 8 Ob 17/91 SZ 64/120; 10 Ob 40/13z iFamZ 2014/33.

180 OGH 5 Ob 516/82 EFSlg 41.044; 1 Ob 537/88 EFSlg 56.935; 10 Ob 92/04h EFSlg 111.096 zuletzt 7 Ob 137/10p EF-Z 2011/17; 7 Ob 248/10m EF-Z 2011/113; 10 Ob 40/13z iFamZ 2014/33.

höchstpersönlicher Natur und kann deshalb erst nach seiner Geltendmachung abgetreten oder verpfändet werden.[181] Der Anspruch auf Ausstattung entsteht mit dem Verlöbnis, wird aber erst mit der Eheschließung fällig[182] und erlischt mit Beendigung der Ehe.[183]

Er richtet sich gegen die Eltern, die die Ausstattung entsprechend den Vorgaben des § 231 ABGB anteilig nach ihren Kräften zu leisten haben.[184] Sind die Eltern nicht leistungsfähig, so schulden die Großeltern die Ausstattung (§ 1220 ABGB). Für den Umfang der Leistungspflicht sind auf der einen Seite die Vermögensverhältnisse des Verpflichteten und auf der anderen Seite der Bedarf des Berechtigten jeweils im Zeitpunkt der Eheschließung ausschlaggebend.[185] Eigenes Vermögen oder weit überdurchschnittliches Einkommen des Berechtigten verringern den Anspruch und können ihn gänzlich ausschließen.[186] Als Richtschnur für die Bemessung des Ausstattungsanspruchs werden von der Rechtsprechung 25–30% des Jahresnettoeinkommens des Verpflichteten angenommen.[187]

Der Anspruch auf Ausstattung besteht nicht, wenn das Kind ohne Wissen oder gegen den Willen der Eltern geheiratet hat, und die Ursache der Missbilligung der Heirat durch die Eltern begründet ist (§ 1222 ABGB). Dasselbe muss gelten, wenn der Berechtigte darauf verzichtet hat.[188] Bei Tod des Verpflichteten geht die Verpflichtung, eine Ausstattung zu leisten, nur dann auf seine Erben über, wenn der Berechtigte den Anspruch zu Lebzeiten des

---

181 OGH 2 Ob 539/92 SZ 65/81.
182 OGH 2 Ob 124/72 SZ 45/78; 3 Ob 524/79 EFSlg 36.119; 6 Ob 298/03x EFSlg 108.090.
183 OGH 1 Ob 61/03g NZ 2004/4 (Scheidung); 7 Ob 137/10p EF-Z 2011/17 (Tod).
184 OGH 10 Ob 61/09g EF-Z 2010/26 (*Gitschthaler*): keine Solidarhaftung.
185 OGH 2 Ob 229/52 SZ 25/106; 5 Ob 64/62 EvBl 1962/437; 4 Ob 543/74 EFSlg 22.539; 1 Ob 215/99w EvBl 2000/1; außer die Leistungsfähigkeit ist zur Zeit der Geltendmachung des Anspruchs geringer: OGH 2 Ob 709, 746/51 EvBl 1952/29; 3 Ob 616/76 EvBl 1977/98. Wird der Anspruch erst bei der zweiten Eheschließung geltend gemacht, so kommt es auf die Vermögensverhältnisse des berechtigten Kindes in diesem Zeitpunkt an: OGH 2 Ob 10/99f EvBl 2000/178; 6 Ob 271/02z ecolex 2003/368. Vermögensverringerungen vor der Eheschließung werden nur bei Vereitelungsabsicht berücksichtigt: OGH 6 Ob 180/01s JBl 2002, 176.
186 Vermögen: OGH 6 Ob 89/68 SZ 41/38; 5 Ob 553/88 EFSlg 56.937 etc; Einkommen: 3 Ob 557/84 EFSlg 46.062.
187 OGH 5 Ob 617/80 EFSlg 36.143; 1 Ob 600/91 EFSlg 66.322.
188 OGH 5 Ob 134/73 EvBl 1974/40; 1 Ob 791/83 EFSlg 46.069.

Verpflichteten gerichtlich oder außergerichtlich geltend gemacht hat[189] oder wenn ihn der Verpflichtete zu Lebzeiten zugesagt hat.[190]

D. Ansprüche der Mutter gegen den Vater des Kindes

Bei der Geburt eines Kindes ist der Vater gem § 235 ABGB verpflichtet, der Mutter die Kosten der Entbindung und die Kosten ihres Unterhalts für die ersten acht Wochen nach der Entbindung sowie allfällige weitere durch die Geburt verursachte Kosten (zB medizinische Nachbetreuung) zu ersetzen. Die Bestimmung hat vor allem Bedeutung, wenn die Eltern nicht miteinander verheiratet sind und galt früher nur für die „uneheliche Mutter". Sie ist aber nun nach § 235 ABGB idF des KindNamRÄG 2013 auch auf Mütter, die mit dem Vater verheiratet sind oder waren, anzuwenden.[191] Die Einordnung dieses Unterhaltsanspruchs beim Kindesunterhalt (vgl die Überschrift vor § 231 ABGB) ist unpassend, weil es sich um einen Anspruch der Mutter gegenüber dem Vater des Kindes handelt. Der Anspruch verjährt in drei Jahren ab der Entbindung. Da sich die Mutter alle öffentlich-rechtlichen Ansprüche, die sie aus dem Anlass der Geburt gegenüber der Sozialversicherung oder anderen leistungspflichtigen Personen (Entgeltfortzahlung bei Beamten) hat, anrechnen lassen muss,[192] hat dieser Anspruch in der Praxis wenig Bedeutung.

Beispiele aus der Rechtsprechung

OGH 19.3.2013, 4 Ob 16/13a EF-Z 2013/115 (*Gitschthaler*) = iFamZ 2013/88 = Zak 2013/395 = EFSlg 137.926 – Betreuung und Unterhaltsanspruch

Die beiden 2003 und 2005 geborenen Kinder befinden sich in Pflege und Erziehung bei ihrer Mutter; sie sind einkommens- und vermögenslos. Ihre Eltern haben die gemeinsame Obsorge. Aufgrund der Besuchsrechtsregelung der Eltern hat der Vater zu beiden Kindern ein überdurchschnittliches Besuchsrecht; aufgerechnet auf ein Jahr betreut er sie 158 Tage. Der Vater erzielt ein für den Unterhalt anrechenbares monatliches Durchschnittsnettoeinkommen von € 2.851,23 samt anteiliger Sonderzahlungen; weitere Sorgepflichten bestehen gegenüber einer 2011 geborenen Tochter und seiner Ehegattin, die seit 1.6.2011 nur mehr Kinderbetreuungsgeld bezieht und

---

189 OGH 2 Ob 229/52 SZ 25/106; 8 Ob 582/92 EFSlg 69.071.
190 OGH 6 Ob 89/68 SZ 41/38.
191 *Deixler-Hübner* in ABGB-ON[1.03] § 235 Rz 0.
192 Für Sozialversicherungsleistungen: OGH 6 Ob 317/69 EvBl 1970/161; 1 Ob 110/71 EFSlg 15.470.

zuvor Notstandshilfe erhielt. Der Vater beantragt die Enthebung von seiner bisherigen Unterhaltsverpflichtung von € 582,– bzw € 452,–. Da er beide Kinder zur Hälfte betreue und die Mutter über ein etwa gleich hohes Einkommen wie er verfüge, bestehe keine Geldunterhaltspflicht. Die Mutter beantragt (in Vertretung der Kinder) die Abweisung des Antrags.

OGH 2.5.1990, 1 Ob 599/90 SZ 63/74 = RZ 1993/39 – Wagnis Selbständigkeit

Die Ehe der Eltern wurde am 4.11.1983 einvernehmlich geschieden, wobei die Obsorge für die beiden Kinder der Mutter zukam. Am 5.4.1989 beantragte die Mutter die Erhöhung der vom Vater zu leistenden monatlichen Unterhaltsbeträge für die Kinder von € 297,96 bzw € 268,89 auf € 436,04 bzw € 363,36 mit der Begründung, dass sich sowohl die Bedürfnisse der Kinder als auch das Einkommen des Vaters erhöht hätten. Der Vater beantragt seinerseits eine Herabsetzung der Unterhaltsbeträge, da er weniger als früher verdiene. Da er eine selbständige Tätigkeit aufnehmen und dazu eine neue Existenz im Ausland gründen möchte, habe er sein Dienstverhältnis mit 30.4.1989 einvernehmlich aufgelöst. Ein Einkommen könne er erst wieder erzielen, wenn seine neue Erwerbsquelle erschlossen sei. Außerdem sei er ab 1.6.1989 auch für seine dann nicht mehr berufstätige Ehefrau sorgepflichtig. Das letzte Nettoeinkommen des Vaters betrug monatlich € 2.049,37. Die von ihm bisher gezahlten Unterhaltsbeträge überschreiten den statistischen Durchschnittsbedarf gleichaltriger Kinder.

OGH 26.2.2014, 7 Ob 16/14z Zak 2014/275 = JBl 2014, 451 = EF-Z 2014/109 = iFamZ 2014/76 – Einkommen aus Zuhälterei

Die Ehe der Eltern des Kindes wurde am 19.3.2004 geschieden. Die Obsorge für die Tochter wurde der Mutter übertragen. Der Vater ist verpflichtet, seiner Tochter einen monatlichen Unterhalt im Zeitraum 1.5.2006 bis 30.11.2007 von € 280,– und ab dem 1.12.2007 von € 320,– zu bezahlen. In die Unterhaltsbemessungsgrundlage des Vaters wurden neben dem Bezug von Leistungen aus der Arbeitslosen- bzw Pensionsversicherung auch Einkünfte aus dem Betrieb eines „Privatbordells" einbezogen. Das Kind stellt einen Abänderungsantrag, da der Vater aus seinem „Privatbordell" höhere Einkünfte als bisher angenommen beziehe, sowie einen inhaltsähnlichen Unterhaltserhöhungsantrag. Der Vater beantragt die Herabsetzung des Unterhalts auf € 10,–, weil er nun in Untersuchungshaft sei und kein Einkommen habe.

OGH 4.8.2009, 9 Ob 63/08t EvBl 2010/4 = Zak 2009/534 = iFamZ 2009/222 – Unterhaltsanspruch nach Bakkalaureat

Die 1984 geborene Antragstellerin wechselte im WS 2005/2006 vom abgebrochenen Diplomstudium der Ernährungswissenschaften auf das Bakkalaureatsstudium der Publizistik- und Kommunikationswissenschaft. Der Mittelwert der durchschnittlichen Studiendauer des Bakkalaureatsstudiums beträgt an der Universität Wien 8,1 Semester. Die Antragstellerin hat das Bakkalaureatsstudium der Publizistik- und Kommunikationswissenschaft am 20.8.2007 mit Auszeichnung absolviert. Sie ist seit dem 1.10.2007 im Magisterstudium der Publizistik- und Kommunikationswissenschaft inskribiert, hat dort schon einige Prüfungen abgelegt und führt nun dieses Studium im Anschluss an das Bakkalaureatsstudium fort. Sie beantragt, ihren Vater, den Antragsgegner, ab 1.11.2005 zu einer monatlichen Unterhaltsleistung von € 600,– zu verpflichten. Der Antragsgegner beantragte die Abweisung des Antrags auf Erhöhung des Unterhalts und bringt vor, dass die Antragstellerin mit Abschluss des Bakkalaureatsstudiums selbsterhaltungsfähig sei.

OGH 11.11.1998, 7 Ob 302/98g JBl 2000, 112 – Doktoratsstudium

Die Klägerin inskribierte 1990 an der Universität Wien Jus und schloss dieses Studium nach insgesamt 12 Semestern mit einem Notendurchschnitt von ca 3,5 im November 1996 ab. Von 1.1. bis 22.10.1997 war sie als Rechtspraktikantin in Graz tätig. Sie bewarb sich um keine weitere juristische Arbeitsstelle. Am 23.10.1997 inskribierte sie für das Doktoratsstudium. Bis zum Schluss der Verhandlung erster Instanz am 11.3.1998 hatte sie noch kein konkretes Dissertationsthema erhalten und auch noch kein für das Dissertationsstudium vorgesehenes Zeugnis erlangt. Die Klägerin hat noch kein konkretes Berufsziel, schließt jedoch nicht aus, Anwältin zu werden oder die Universitätslaufbahn einzuschlagen. Die Klägerin begehrt, ihren Vater ab 23.10.1997 zu monatlichen Unterhaltsbeiträgen von € 999,25 sowie zur Zahlung von € 3.633,64 für die Anschaffung eines Computers samt Einschulung zu verpflichten. Der Beklagte beantragt die Abweisung dieses Begehren, da die Klägerin bereits selbsterhaltungsfähig sei.

OGH 25.5.2011, 8 Ob 43/11y Zak 2011/506 = iFamZ 2011/187 = EFSlg 130.344 – Berufsbegleitendes Studium

Der 1986 geborene Antragsteller besuchte eine HTL für Bautechnik und beendete diese Ausbildung im Juni 2006 erfolgreich mit der Reife- und Diplomprüfung. Von Juli 2006 bis März 2007 absolvierte er den Zivildienst. Die Geldunterhaltspflicht des Antragsgegners wurde mit Wirkung ab 1. Juli 2006 für erloschen erklärt. Im Anschluss an den Zivildienst war der Antragsteller als Angestellter eines Bauunternehmens beschäftigt und erzielte dabei zuletzt ein Durchschnittseinkommen von € 2.362,98 brutto pro Monat. Im September 2008 beendete der Antragsteller das Dienstverhältnis einvernehmlich, um ein Bachelorstudium für Bauingenieurwesen und Baumanagement an einer Fachhochschule in Wien anzutreten. Sein facheinschlägiger HTL-Abschluss ermöglichte es dem Antragsteller, sofort im dritten Semester einzusteigen, sodass er den planmäßig sechs Semester dauernden Studiengang in nur vier Semestern abschließen konnte. Dieses Studium wird an der Fachhochschule auch in berufsbegleitender Form angeboten. Der Antragsteller entschied sich aber für ein Vollzeitstudium, weil der berufsbegleitende Unterricht den Besuch abendlicher Pflichtveranstaltungen an vier Tagen in der Woche von 17.30 bis 21.30 Uhr, ein achtwöchiges Pflichtpraktikum sowie Prüfungen über 30 ECTS pro Semester erfordert hätte. Der Antragsteller beabsichtigt, seine Ausbildung mit einem Masterlehrgang, der nach vier Semestern mit dem akademischen Grad „Diplomingenieur für technisch-wissenschaftliche Berufe" abschließt, fortzusetzen. Der Antragssteller begehrt, den Antragsgegner ab 1.10.2008 wieder zu Unterhaltszahlungen zu verpflichten.

OGH 27.3.2012, 4 Ob 40/12d EF-Z 2012/166 (*Gitschthaler*) = Zak 2012/336 – Konditorlehre nach Koch-/Kellnerlehre

Der Unterhaltsanspruch der Antragstellerin war nach erfolgreicher Absolvierung der Koch-/Kellnerlehre aufgrund der erlangten Selbsterhaltungsfähigkeit erloschen. Die Antragstellerin beabsichtigt nunmehr eine Zweitlehre als Konditorin, da sie dadurch ein besseres berufliches Fortkommen erlange und begehrt, den Antragsgegner zu Unterhaltsleistungen zu verpflichten. Der Antragsgegner bezieht eine „Mindestpension", hat also ein Einkommen in der Höhe des allgemeinen Existenzminimums. Er beantragt, von der Unterhaltspflicht für die Antragstellerin zur Gänze befreit zu werden.

OGH 28.2.2011, 9 Ob 53/10z Zak 2011/233 = EF-Z 2011/92 = iFamZ 2011/97 – Sonderbedarf (Notebook)

Die Antragstellerin ist Studentin und die volljährige Tochter des Antragsgegners. Sie stellte am 10.5.2010 den Antrag, ihren Vater zur Zahlung eines Sonderbedarfs für den Zeitraum 1.9.2007 bis 31.3.2010 von € 1.660,73 zu verpflichten. Sie studiere Umweltsystemwissenschaften in Graz und betreibe ihr Studium zielstrebig, mit zumindest durchschnittlichem Erfolg. Sie begehre als Sonderbedarf die Hälfte diverser, im genannten Zeitraum angelaufener Kosten (Studiengebühren, Studienkarten/Fahrschein, Notebook, Bücher, Schreibmaterial, Skripten, ÖH-Beiträge, Taschenrechner, Drucker, USB-Stick). Diese Aufwendungen seien für ihr Studium unerlässlich und könnten aus dem laufenden Unterhalt nicht bestritten werden. Der Antragsgegner sprach sich gegen den Antrag aus, da alle mit dem Studium verbundenen Auslagen bereits im „Normalunterhalt" inbegriffen seien und keinen Sonderbedarf darstellten.

OGH 10.4.1990, 5 Ob 567/90 JBl 1991, 41 – Lehrlingsentschädigung

Nach der Scheidung seiner Eltern befindet sich der am 27.10.1972 geborene Andreas in der alleinigen Obsorge seines Vaters, die Mutter leistet einen monatlichen Unterhalt, seit 4.8.1989 in der Höhe von € 109,01. Das monatliche Nettoeinkommen des Vaters beträgt € 872,07, jenes der Mutter € 988,35. Der Minderjährige bezieht seit 22.8.1989 eine monatliche Lehrlingsentschädigung von € 332,84, seine Ausbildungskosten für die internatsmäßig geführte Berufsschule betragen € 436,04. Die Mutter begehrt die Herabsetzung ihrer Unterhaltsverpflichtung ab 1.9.1989 auf höchstens € 14,53, der Vater erklärt, mit einer Herabsetzung auf € 72,67 einverstanden zu sein.

OGH 11.12.2002, 7 Ob 167/02p JBl 2003, 107 – Familienbeihilfe

Die Ehe der Eltern ist geschieden. Die antragstellenden Zwillinge, Sarah und Yves, leben bei der Mutter. Der Vater bezieht ein monatliches Durchschnittseinkommen von € 3.156,57. Er ist für zwei weitere Kinder (geb 1985 und 2002) und für seine zweite Ehefrau, die Kindergeld bezieht, unterhaltspflichtig. Die Antragsteller beantragen die Erhöhung des Unterhaltsbetrags von zuletzt je € 374,27. Der Vater beantragt die Anrechnung der von der Mutter bezogenen Familienbeihilfe auf den von ihm zu leistenden Unterhaltsbetrag.

OGH 13.3.2008, 6 Ob 5/08s EF-Z 2008/83 (*Deixler-Hübner*) = iFamZ 2008/90 = JBl 2008, 580 = Zak 2008/392 = RZ-EÜ 2008/422 ff – Wohnungsaufwand und Luxusgrenze

Der am 10.12.1989 geborene Sohn wohnt mit seiner Mutter in der ehemaligen Ehewohnung der Eltern, einem Einfamilienhaus, das im gemeinsamen Eigentum der Eltern steht. Die Eltern sind seit März 2003 getrennt, aber noch nicht geschieden. Der Vater, der ein monatliches Nettoeinkommen von ca € 8.900,– hat, muss dem Sohn € 735,– an Unterhalt zahlen. Die Mutter trägt die Betriebskosten für das Haus. Der Vater zahlt monatlich € 2.060,– für die Rückzahlung der für den Ankauf aufgenommenen Kredite sowie € 90,– für die Haushaltsversicherung. Der Mutter wird auf ihren Unterhaltsanspruch gegenüber dem Vater die Hälfte der Beschaffungskosten für das Haus angerechnet. Der Sohn begehrt die Erhöhung seines Unterhalts auf € 1000,– ab 1.12.2004. Er bringt vor, dass der Vater tatsächlich rund € 12.000,– verdiene. Der Vater wendet ein, dass der Unterhaltsanspruch nicht das 2,5 fache des Regelbedarfs übersteigen dürfe. Auf diesen Betrag müsse sich der Sohn ein Viertel der vom Vater getragenen Beschaffungskosten für das Haus sowie die Hälfte der Kosten für die Haushaltsversicherung (insgesamt € 560,–) anrechnen lassen.

OGH 6 Ob 14/10t Zak 2010/327 = EF-Z 2010/108 -Auslandsstudium

Anna besucht seit Herbst 2007 ein vierjähriges College in New York. Die Beziehung Annas zu den USA wurde seit ihrer Kindheit gefördert. Sie besuchte bereits die Vorschule der Vienna International School und wechselte dann in die American International School Vienna, wo sie im Juni 2007 maturierte. Sie war auch regelmäßig in den USA und besuchte ein Jahr lang eine Schule in Kalifornien. Das College in New York vermittelt einen umfassenden Einblick in Naturwissenschaften, Geisteswissenschaften, Kultur und Kunst und schließt mit dem Titel „Bachelor" ab. Nach Abschluss des College stehen ihr verschiedene Möglichkeiten offen, darunter die Möglichkeit, Medizin oder Rechtswissenschaften weiterzustudieren. Durch das Studium in den USA sind Anna hohe Kosten entstanden. Diese betragen im Zeitraum August 2007 bis März 2009 rund € 47.255,–. Anna erhebt gegen ihren Vater einen Antrag auf Zuerkennung von Sonderbedarf.

OGH 22.4.2009, 3 Ob 10/09f Zak 2009/382 = EF-Z 2009/123 (*Gitschthaler*) = EvBl-LS 2009/125 = Jus-Extra OGH-Z 4689 = iFamZ 2009/180 = RZ 2009/19 – Besuchskosten

Der mj Merlin, geboren im Frühjahr 2000, befindet sich in Pflege und Erziehung seiner Mutter, die im Sprengel des Erstgerichts wohnt. Der in den Niederlanden wohnende Vater, den keine weiteren Sorgepflichten treffen, erzielt ein durchschnittliches Nettoeinkommen von monatlich € 1.750,–. Er verpflichtete sich zur Zahlung eines vorläufigen Unterhaltsbetrags von € 150,– monatlich. Ihm steht ein Besuchsrecht in der Zeit von 18.00 Uhr an jedem zweiten Freitag im Monat bis zum darauf folgenden Mittwoch nach der Schule und ab 18.00 Uhr desselben Tages bis zum darauf folgenden Samstag 18.00 Uhr zu. Die Parteien vereinbarten, dass das überdurchschnittliche Ausmaß des Besuchsrechts bei der Unterhaltsbemessung durch einen zehnprozentigen Abzug zu berücksichtigen sei. Der Minderjährige begehrt die Festsetzung eines monatlichen Unterhalts mit € 285,–. Der Vater wendet ein, dass er monatlich € 1000,– Besuchskosten aufwende.

OGH 11.10.2012, 2 Ob 211/11k ZfRV-LS 2012/55 = Zak 2012/730 = iFamZ 2013/3 = EFSlg 133.596 = EFSlg 133.581 = EFSlg 133.589 = EFSlg 133.675 = EFSlg 133.593 – Drittpflege

Der Minderjährige ist der Sohn der geschiedenen Ehegatten S und B. Die alleinige Obsorge obliegt der Mutter. Der Vater verpflichtete sich zur Leistung eines monatlichen Unterhaltsbeitrags von € 500,– an das Kind. Seit 2.2.2007 lebt der Minderjährige bei den mütterlichen Großeltern in Serbien. Der Vater stellt den Antrag auf Herabsetzung seiner monatlichen Unterhaltsverpflichtung auf € 50,–, da sich der Minderjährige seit Februar 2007 in Drittpflege der mütterlichen Großeltern in Serbien befinde und von der Mutter nur gelegentlich besucht werde. Die Mutter habe daher zum Kindesunterhalt anteilig beizutragen. Die Mutter spricht sich gegen den Herabsetzungsantrag des Vaters aus, da sie für die Ausgaben in Serbien aufkomme und den Großeltern das dafür benötigte Geld gebe. Sie arbeite in Wien „geblockt" und fahre zumindest zweimal pro Monat nach Serbien, wo sie mit dem Minderjährigen jeweils mehrere Tage verbringe. Sie treffe alle Entscheidungen, trage alle Kosten, besuche Elternabende in der Schule und unterstütze ihren Sohn telefonisch oder über „Skype" bei den Hausaufgaben. Der durch seine Mutter vertretene Minderjährige stellt den mit seinen gestiegenen Bedürfnissen und dem höheren Einkommen des Vaters begründeten Antrag, die monatliche Unterhaltsverpflichtung des Vaters zu erhöhen. Der Vater widerspricht dem Erhöhungsbegehren.

OGH 7.7.1978, 1 Ob 588/78 SZ 51/110 – Großelternunterhalt

Der Großvater wurde zur Unterhaltsleistung für seine drei minderjährigen Enkelkinder verpflichtet. Er beantragt, ihn seiner Unterhaltsverpflichtung zu entheben, da beide Elternteile im Stande seien, für den Unterhalt ihrer drei Kinder zu sorgen. Vom voll erwerbsfähigen Vater der Kinder kann keine Unterhaltsleistung eingebracht werden, da er unbekannten Aufenthalts ist. Die ebenfalls voll erwerbsfähige Mutter lebt im Ausland, was die Einbringung ihrer Unterhaltsbeiträge erschwert. Auch sie kommt ihrer Unterhaltsverpflichtung nicht nach.

OGH 9.6.1988, 6 Ob 544/87 (verst Senat) JBl 1988, 586 (*Pichler*) – Unterhalt für die Vergangenheit

Das klagende Kind wurde am 3.11.1984 unehelich geboren. Die Vaterschaft des Beklagten wurde festgestellt. Am 6.1.1986 klagt das Kind seinen Vater auf Leistung eines monatlichen Unterhaltsbetrages ab dem Tage seiner Geburt. Das Erstgericht gibt dem Unterhaltsbegehren für die Zeit ab dem Tag der Klagseinbringung statt, weist jenes für die Zeit ab der Geburt bis zum

Tag vor der Klagseinbringung jedoch ab, da Unterhalt für die Vergangenheit nicht gefordert werden könne.

OGH 26.2.2008, 1 Ob 151/07y EF-Z 2008/84 (*Gitschthaler*) = iFamZ 2008/92 und 168 = Zak 2008/303 – Ausstattung

Die Tochter begehrt nach ihrer Eheschließung im September 1999 von der Mutter eine Ausstattung in der Höhe von € 327.027,75. Die Mutter hat ein jährliches Einkommen von € 30.522,60. Im Jahr 1999 besaß sie ein Liegenschaftsvermögen im Wert von rund € 1,8 Mio, wovon € 450.000,– auf ihren Anteil an der Villa, in der sie wohnt, entfallen. Im Jahr 1999 hatte die Mutter einen Erbanspruch nach ihrem 1994 verstorbenen Ehemann, dem Vater der antragstellenden Tochter, von € 900.000,–. Davon muss sie der Tochter nach einem gerichtlichen Vergleich noch € 110.000,– als Pflichtteil ausbezahlen. Im Jahr 2001 verschenkte die Mutter einen Teil ihres Liegenschaftsvermögens an ihre zwei anderen Töchter. Seit 1981 darf die Tochter im Haus der Eltern eine voll ausgestattete Mietwohnung benützen, für die sie seit 1989 € 50,87 monatlich bezahlt. Dem wurde vom Erstgericht ein Gesamtwert von € 10.000,– zugemessen. Die Tochter hat ein monatliches Einkommen von ca € 726,73 und keine nennenswerten Ersparnisse.

E. Obsorge

1. Begriffsdefinitionen

a. Obsorge

Der Begriff der **Obsorge** wurde durch das Kindschaftsrechts-Änderungsgesetz 1989 in das ABGB eingeführt. Er ersetzt den alten Begriff der elterlichen Gewalt und umfasst Pflege und Erziehung, Vermögensverwaltung und Vertretung des Kindes (§ 158 Abs 1 ABGB). Die Obsorge ist Ausdruck der besonderen Verantwortung der Eltern oder der sonst mit der Obsorge betrauten Person für das Kind. Die mit der Obsorge verbundenen Befugnisse sollen nach Ansicht des Gesetzgebers kein von dieser Verantwortung losgelöstes Recht darstellen, sondern nur dazu dienen, die daraus resultierenden Aufgaben bewältigen zu können.[193] Der Gesetzgeber des KindRÄG 2001 wollte diese besondere Pflichtenbindung der Obsorge auch sprachlich deutlich zum Ausdruck bringen. Das Gesetz spricht deshalb selbst bei den Eltern nur mehr von der „Betrauung" mit der Obsorge.

Alle mit der Obsorge betrauten Personen (Eltern, Großeltern, Pflegeeltern, andere Obsorgebetraute) sowie Personen, die sonstige Rechte und

---

193 ErläutRV 296 BlgNR 21. GP 33.

Pflichten gegenüber einem Kind haben (zB Recht auf persönliche Kontakte), haben zur Wahrung des Kindeswohls alles zu unterlassen, was das Verhältnis des Kindes zu anderen Personen, denen Rechte und Pflichten gegenüber dem Kind zukommen, beeinträchtigen oder was die Wahrnehmung von deren Aufgaben erschweren könnte (**Wohlverhaltensgebot**; § 159 ABGB).

Mit dem FamRÄG 2009 wurde der Ehegatte des mit der Obsorge betrauten Elternteils (Stiefmutter, Stiefvater) ausdrücklich verpflichtet, dem anderen bei der Ausübung der Obsorge **beizustehen**. Diese Verpflichtung ist Teil der ehelichen Beistandspflicht.[194] Sie gilt deshalb nur für Ehegatten bzw eingetragene Partner[195], aber nicht für Partner einer Lebensgemeinschaft. Es hat aber jede mit einem Elternteil und dessen minderjährigem Kind nicht nur vorübergehend im gemeinsamen Haushalt lebende volljährige Person, die in einem familiären Verhältnis zum Elternteil steht (Verwandte, Lebensgefährte) alles Zumutbare zu tun, um das Kindeswohl zu schützen. Sie vertritt den Elternteil auch in Obsorgeangelegenheiten des täglichen Lebens (§ 139 Abs 2 ABGB). Nach den Erläuterungen[196] zu § 137 Abs 4 ABGB alt, der Vorgängerbestimmung, ist sie dabei an die Wünsche des vertretenen Elternteils gebunden. Die Vertretung kommt nur zum Tragen, wenn die Umstände eine solche Vertretung erforderlich machen. Zur Abgrenzung der Obsorgeangelegenheiten des täglichen Lebens verweisen die Erläuterungen auf § 1687 Abs 1 Satz 3 BGB (Angelegenheiten, „die häufig vorkommen und die keine schwer abzuändernden Auswirkungen auf die Entwicklung des Kindes haben") sowie auf die Lehre und Rechtsprechung zu § 96 ABGB. Beispiele sind das Verfassen einer Entschuldigung für den Turnunterricht oder das Abholen des Kindes vom Kindergarten.

Rechtliches Instrument der Personensorge für Minderjährige ist nur die Obsorge. Die **Vormundschaft**, ein veraltetes Instrument zur Regelung der gesetzlichen Vertretung eines Kindes, wenn diese nicht von den Eltern ausgeübt werden konnte, wurde durch das KindRÄG 2001 abgeschafft. An die Stelle der Vormundschaft trat „die Obsorge einer anderen Person".[197]

Die Obsorge erfasst nur minderjährige Kinder und endet somit mit der Vollendung des 18. Lebensjahres (§ 183 Abs 1 ABGB iVm § 21 Abs 2 ABGB). Mit Erreichen der Volljährigkeit hat der gesetzliche Vertreter dem Kind dessen Vermögen auszufolgen und alle dessen Person betreffenden Urkunden und Nachweise zu übergeben (§ 183 Abs 2 ABGB). Heiratet ein minderjähriges Kind, so steht es gem § 174 ABGB, solange die Ehe dauert,

---

194 Vgl 2. Teil Eherecht II.C.
195 Sie ist Teil der allgemeinen Beistandspflicht (§ 8 Abs 2 EPG).
196 IA 673/A BlgNR 24. GP 26.
197 Siehe sogleich.

hinsichtlich seiner persönlichen Verhältnisse, nicht jedoch für vermögensrechtliche Angelegenheiten, einem/einer Volljährigen gleich.

Im außerstreitigen **Verfahren** über die Obsorge oder die persönlichen Kontakte besteht relative Anwaltspflicht und es findet kein Kostenersatz statt (vgl § 107 AußStrG idF KindNamRÄG 2013). Das Gericht hat die zur Sicherung des Kindeswohls erforderlichen Maßnahmen anzuordnen. Derartige Maßnahmen umfassen den verpflichtenden Besuch einer Familien-, Eltern- oder Erziehungsberatung, die Teilnahme an einem Erstgespräch über Mediation oder über ein Schlichtungsverfahren, die Teilnahme an einer Beratung oder Schulung zum Umgang mit Gewalt und Aggression, das Verbot der Ausreise mit dem Kind und die Abnahme der Reisedokumente des Kindes. Die Obsorge und die Ausübung des Rechts auf persönliche Kontakte können auch **vorläufig** eingeräumt oder entzogen werden (§ 107 Abs 2 AußStrG). Der vorläufige Obsorge- bzw Kontaktrechtsentzug setzt keine Gefährdung des Kindeswohls voraus, sondern ist „nach Maßgabe des Kindeswohls" möglich.[198]

b. Kuratel

Besteht zwischen den Interessen des Kindes und den seines gesetzlichen Vertreters in einer bestimmten Angelegenheit eine **Interessenkollision**, so ist für das Kind ein besonderer Vertreter (Kurator) zu bestellen (§ 271 ABGB).[199] Dies kann sowohl auf Antrag als auch von Amts wegen geschehen. Ein solcher Interessenskonflikt kann etwa entstehen, wenn der gesetzliche Vertreter mit dem von ihm vertretenen Minderjährigen ein Rechtsgeschäft tätigen möchte. Eine Kuratorbestellung kann auch notwendig sein, wenn es zwischen Minderjährigen, die denselben gesetzlichen Vertreter haben, zu einer Interessenkollision kommt (§ 272 ABGB), etwa wenn ein Minderjähriger gegen den anderen einen Schadenersatzanspruch geltend machen möchte. Als Kollisionskuratur kann hier nur eine physische Person bestellt werden.[200]

---

198 Krit *Simotta*, Die verfahrensrechtlichen Bestimmungen des KindNamRÄG 2013, in Ferrari/Hinteregger/Kathrein 113 (115 ff), die § 107 Abs 2 AußStrG für verfassungsrechtlich problematisch hält.

199 Die §§ 271 und 272 ABGB wurden durch das KindRÄG 2001 neu formuliert. Noch zur alten Rechtslage *Fenyves*, Die zivilrechtliche Anerkennung von Vereinbarungen zwischen Angehörigen, in Ruppe, Handbuch² 84 ff; *Dullinger*, Die gesetzliche Vertretung Minderjähriger bei Rechtsgeschäften, RZ 1986, 202 (204 ff).

200 OGH 8 Ob 144/03i JBl 2004, 800; 7 Ob 7/04m EvBl 2004/155: Der Jugendwohlfahrtsträger (nunmehr Kinder- und Jugendhilfeträger) kann diesfalls nicht zum Kollisionskurator bestellt werden.

Eine Kuratorbestellung ist immer nur dann erforderlich, wenn die Interessen des Minderjährigen durch den Konflikt gefährdet sind und auch das Gericht nicht in der Lage ist, sie ausreichend zu schützen. Keiner Kuratorbestellung bedarf es grundsätzlich im Verfahren zur Festsetzung des Unterhalts und im Verfahren zur Regelung der persönlichen Kontakte, auch wenn das Kind durch den betreuenden Elternteil vertreten wird (§ 271 Abs 2 ABGB). Dies gilt auch für Verfahren nach §§ 229 und 230 ABGB, in denen über den Entschädigungs-, Entgelt- und Aufwandersatzanspruch der nach § 204 mit der Obsorge betrauten Person[201] gegenüber dem Kind entschieden wird (§ 271 Abs 2 ABGB). Hier geht der Gesetzgeber davon aus, dass die Interessen des Kindes selbst bei Vorliegen einer gewissen Interessenkollision durch das Gericht ausreichend geschützt werden können. Soweit dies in concreto nicht der Fall ist, ist natürlich ein Kollisionskurator zu bestellen.[202]

2. Obsorgebetrauung

a. Eltern, Großeltern und Pflegeeltern

aa. Eltern

Sind die Eltern bei der Geburt des Kindes **miteinander verheiratet**, so sind beide Eltern mit der Obsorge betraut (§ 177 Abs 1 ABGB).[203] Dasselbe gilt, sobald sie einander nach der Geburt des Kindes heiraten. Soweit möglich und tunlich, sollen sie die Obsorge einvernehmlich wahrnehmen (§ 137 Abs 2 ABGB). Können sie in einer wichtigen Angelegenheit, die das Kind betrifft, kein Einvernehmen erzielen, so kann jeder Elternteil eine Entscheidung des Gerichts darüber beantragen (vgl § 181 ABGB).

Sind die Eltern bei der Geburt des Kindes **nicht miteinander verheiratet**, so ist von Gesetzes wegen allein die Mutter mit der Obsorge betraut (§ 177 Abs 2 ABGB). Seit dem KindNamRÄG 2013[204] sieht das Gesetz mit der

---

201 Es geht hier um Ansprüche einer „anderen mit der Obsorge betrauten Person", dazu unten 2.b.; die §§ 229 f ABGB sind weder auf Eltern, Großeltern und Pflegeeltern noch – gemäß § 210 Abs 1 ABGB – auf den Kinder- und Jugendhilfeträger (§ 210 Abs 1 ABGB) anzuwenden: *Hopf* in KBB⁴ § 230 Rz 1.

202 ErläutRV 296 BlgNR 21. GP 79 f.

203 *Schwimann*, Kindesunterhalt und elterliche Gewalt, in Floretta, Ehe- und Kindschaftsrecht 162 ff; *Mottl*, Die Sorge der Eltern für ihre Kinder (1992) 93 f; *Jaksch-Ratajczak*, Von der Betrauung mit der Obsorge nach ABGB und JWG, EF-Z 2007/55.

204 Siehe dazu umfassend *Ferrari*, Die Obsorge nicht miteinander verheirateter Eltern für ihre Kinder, in Ferrari/Hinteregger/Kathrein, Reform des Kindschafts- und Namensrechts, 19 ff.

Bestimmung der Obsorge vor dem Standesbeamten nun einen einfachen und unbürokratischen Weg vor, um auch den Vater mit der Obsorge zu betrauen. Die Eltern können, sofern die Obsorge nicht schon gerichtlich geregelt ist, vor dem Standesbeamten nach einer Belehrung über die Rechtsfolgen bestimmen, dass sie beide mit der Obsorge betraut sind. Diese Erklärung muss persönlich und unter gleichzeitiger Anwesenheit beider Eltern erfolgen und wird sofort wirksam. Leben die Eltern nicht in häuslicher Gemeinschaft, so müssen sie auch festlegen, in wessen Haushalt das Kind hauptsächlich betreut wird (§ 177 Abs 4 ABGB).[205] Damit soll gewährleistet werden, dass das Kind eine Hauptbezugsperson hat, um die Kontinuität der Erziehung zu sichern und das Kind vor einem häufigen Wechsel seines sozialen Umfelds zu bewahren.[206] Die Bestimmung der Obsorge kann nur einmal erfolgen. Jeder Elternteil hat das Recht, seine Erklärung binnen acht Wochen zu widerrufen. Damit wollte der Gesetzgeber der Befürchtung entgegenwirken, Mütter könnten unter Druck gesetzt werden, einer Obsorge beider Eltern zuzustimmen, damit der Vater die Vaterschaft anerkennt.[207] In welcher Form der Widerruf zu erfolgen hat, ist nicht geregelt.[208] Vor dem Widerruf gesetzte Vertretungshandlungen bleiben wirksam (§ 177 Abs 2 letzter Satz ABGB).

Der Standesbeamte hat gem § 109 Abs 3 AußStrG das für die Entscheidung über die Obsorge zuständige Gericht unter Anschluss der Erklärungen der Eltern schriftlich über die Bestimmung der Obsorge durch die Eltern zu informieren. Eine gerichtliche Genehmigung der Obsorgebestimmung ist nicht erforderlich. Das Gericht hat aber bei Gefährdung des Kindeswohls die Obsorgebestimmung für unwirksam zu erklären und zugleich eine davon abweichende Anordnung zu treffen (§ 190 Abs 2 ABGB).

Sowohl miteinander verheiratete als auch nicht miteinander verheiratete Eltern können die Obsorge durch **Vereinbarung** regeln und auch eine bereits getroffene Regelung durch Vereinbarung abändern (§ 177 Abs 3 ABGB).[209] Sie können damit die gemeinsame Obsorge oder die Betrauung

---

205 In § 177 Abs 4 ABGB Satz 1 taucht aufgrund eines Redaktionsversehens noch die frühere Formulierung „ … bei welchem Elternteil sich das Kind hauptsächlich aufhalten soll" auf. Siehe auch *Kathrein*, ÖJZ 2013, 203 FN 57.

206 Vgl zu § 177 ABGB alt: ErläutRV 296 BlgNR 21. GP 37, 65 f.

207 ErläutRV 2004 BlgNR 24. GP 25.

208 Sicher wirksam ist er, wenn er in Form eines „contrarius actus", also mündlich und persönlich vor dem Standesbeamten erfolgt. Es ist aber wohl auch ein schriftlich gegenüber dem Standesbeamten erklärter Widerruf zulässig und wirksam: So *Kathrein*, Kindschafts- und Namensrechts-Änderungsgesetz 2013, ÖJZ 2013, 197 (203); *Ferrari* in Ferrari/Hinteregger/Kathrein 23 f mwN zum Meinungsstand.

209 Zur teleologischen Reduktion von § 177 Abs 3 ABGB in bestimmten Fällen siehe *Ferrari* in Ferrari/Hinteregger/Kathrein 25 f. Zu § 177 Abs 3 siehe auch *Gottscha-*

eines Elternteiles allein mit der Obsorge festlegen. Leben sie nicht im gemeinsamen Haushalt, so müssen sie bei gemeinsamer Obsorge auch vereinbaren, in wessen Haushalt das Kind hauptsächlich betreut wird (sog Domizilelternteil). Dieser Elternteil muss immer mit der gesamten Obsorge betraut sein, außer es liegt ein Fall des § 158 Abs 2 ABGB (gesetzliche Beschränkung der Obsorge wegen fehlender voller Geschäftsfähigkeit) vor. Damit soll vermieden werden, dass der Domizilelternteil durch die Vereinbarung der Eltern in seinen Kompetenzen eingeschränkt werden kann, was zwangsläufig zu praktischen Schwierigkeiten bei der Ausübung der Obsorge führt. Die Obsorge des Elternteils, in dessen Haushalt das Kind nicht hauptsächlich betreut wird, kann dagegen mit einer Obsorgevereinbarung[210] auf bestimmte Angelegenheiten beschränkt werden (§ 177 Abs 4 ABGB). Die Obsorgevereinbarung ist dem **Gericht** vorzulegen, bedarf aber keiner gerichtlichen Genehmigung. Wie bei der Bestimmung der Obsorge hat das Gericht bei Gefährdung des Kindeswohls die Obsorgevereinbarung für unwirksam zu erklären und eine davon abweichende Anordnung zu treffen (§ 190 Abs 2 ABGB).

Ein Elternteil, der nicht mit der Obsorge betraut ist (zB der nicht mit der Mutter verheiratete Vater) kann überdies die Übertragung der alleinigen Obsorge oder seine Beteiligung an der Obsorge nach § 180 Abs 1 Z 2 ABGB bei Gericht **beantragen**. Das Gericht hat dann, wenn es dem Kindeswohl entspricht, eine vorläufige Regelung der Obsorge zu treffen und nach einer **Phase der vorläufigen elterlichen Verantwortung** über die Obsorge zu entscheiden.[211] Damit erhält der Vater eines außerhalb der Ehe geborenen Kindes, wie von EGMR[212] und VfGH[213] aus Art 8 EMRK abgeleitet, die Möglichkeit auch ohne Zustimmung der Mutter die Obsorge zu seinem Kind zu erhalten, wenn dies dem Wohl des Kindes entspricht.[214]

---

mel, Regelungsbefugnisse im Rahmen der einvernehmlichen Obsorgeverteilung, JBl 2014, 147 (153 ff).

210 Mit Obsorgebestimmung nach § 177 Abs 2 ABGB ist dies nicht möglich.

211 Siehe sogleich unter 2.a.ab.

212 EGMR 3.12.2009, 22028/04, *Zaunegger/Deutschland* iFamZ 2010/1 und 3.2.2011, 35637/03, *Sporer/Österreich* EF-Z 2011/33 (*Nademleinsky*) sowie VfGH G 114/11 JBl 2012, 783. Siehe unter I.

213 VfGH G 114/11 JBl 2012, 783.

214 *Beispiel*: Die Mutter erklärt sich nach der Geburt des Kindes weder zu einer Bestimmung der Obsorge vor dem Standesbeamten noch zu einer Vereinbarung vor Gericht bereit. Der nicht mit ihr verheiratete Vater kann einen Antrag auf Beteiligung an der Obsorge oder auf Übertragung der Alleinobsorge stellen. Da die Antragsmöglichkeit nicht befristet ist, steht ihm dieser Weg auch noch Jahre später, etwa im Zeitpunkt der Trennung von der Mutter, offen.

ab. Änderung der Obsorge

Auflösung der Ehe oder der häuslichen Gemeinschaft

Seit dem KindRÄG 2001 ist die gemeinsame Obsorge beider Eltern auch bei Ehescheidung[215] und Trennung der Eltern der Regelfall. In der Vergangenheit war die gemeinsame Obsorge in diesem Fall sehr umstritten.[216] Sie hat sich in der Praxis jedoch durchgesetzt,[217] konnte aber bis zum Kind-NamRÄG 2013 nicht gegen den Willen eines Elternteils angeordnet oder aufrechterhalten werden.[218]

---

215 § 177 ABGB alt sprach dogmatisch korrekt von Scheidung, Aufhebung und Nichtig-erklärung der Ehe. § 179 ABGB verwendet dafür nun den Begriff der „Auflösung" der Ehe. Die Auflösung der Ehe durch Tod ist davon selbstverständlich nicht erfasst.

216 *Harrer*, Pflege, Erziehung und Verwaltung des Vermögens des Kindes nach Schei-dung der Elternehe, ÖJZ 1984, 452; *Pichler*, Bestehen verfassungsrechtliche Beden-ken gegen die alleinige Zuteilung der Obsorge an einen Elternteil nach Scheidung (Trennung)? ÖA 1989, 115; *Henrich*, Auch weiterhin kein gemeinsames Sorgerecht geschiedener Eltern in Österreich, FamRZ 1990, 483; *Stolzlechner*, Die Übertragung der Obsorge auf einen Elternteil nach Eheauflösung bzw nach einer nicht bloß vo-rübergehenden Trennung der Eltern (§ 177 ABGB) im Lichte des Art 8 MRK sowie des Art 5 des 7. ZProt, in Harrer/Zitta 785; *Ferrari-Hofmann-Wellenhof*, Zum Ob-sorgerecht bei Trennung der Eltern und bei Scheidung, Aufhebung oder Nichtiger-klärung der Ehe, in FS Wesener (1992) 119; *Deixler-Hübner*, Die Obsorgerechtsre-gelung nach der Ehescheidung, ÖJZ 1993, 722; *Engel*, Probleme der Obsorgezutei-lung bei Trennung der Eltern, ÖJZ 1994, 542; *Verschraegen*, Gemeinsame Obsorge – ausländisches Recht und UN-Kinderrechtekonvention, ÖJZ 1996, 257; *Pichler*, Probleme der gemeinsamen Obsorge, ÖJZ 1996, 92; *Kolbitsch*, Wider die gemeinsa-me Obsorge nach Scheidung, ÖJZ 1997, 326. Zur Regelung im Ministerialentwurf zum KindRÄG 2001: *Gründler*, Die Neuregelung einer Teilnahme an der Obsorge nach Trennung und Scheidung der Eltern durch den Entwurf des KindRÄG 1999, ÖJZ 2000, 332; *Deixler-Hübner*, Ministerialentwurf Kindschaftsrecht: Die geplante Teilnahme an der Obsorge, ecolex 2000, 268. § 177 alt ABGB war zweimal Gegen-stand einer verfassungsgerichtlichen Gesetzesprüfung. Der VfGH kam beide Male zum Ergebnis, dass § 177 alt ABGB mit dem Verfassungsrecht vereinbar ist: VfGH G 142/88 VfSlg 12103; G 154/93 VfSlg 14.301.

217 *Barth-Richtarz/Figdor*, Was bringt die gemeinsame Obsorge? (2008); *Barth-Rich-tarz*, 5 Jahre Obsorge beider Eltern – eine Bilanz, FamZ 2006, 43; *Barth-Richtarz*, Neue empirische Ergebnisse zur gemeinsamen Obsorge, iFamZ 2010, 126; *Beck*, Kinder brauchen beide Eltern – Neue Wege im Kindschaftsrecht, EF-Z 2010/151; *Jelinek*, Obsorge beider Eltern – gemeinsam oder einsam? iFamZ 2010, 181.

218 Nach der Rechtslage vor dem KindNamRÄG 2013 hatte das Gericht einen Elternteil allein mit der Obsorge zu betrauen, wenn die Eltern keine Einigung erzielten. Auch wenn die Eltern zunächst die gemeinsame Obsorge vereinbarten, später aber ein El-ternteil deren Aufhebung beantragte, konnte das Gericht, wenn keine Einigung zwi-schen den Eltern zu erzielen war, nur einem Elternteil allein die Obsorge zuweisen. Die gemeinsame Obsorge nach Trennung oder Scheidung musste also nach früherem Recht immer vom Einvernehmen der Eltern getragen sein (§ 177a ABGB alt).

§ 179 Abs 1 ABGB ordnet an, dass die Obsorge beider Eltern aufrecht bleibt, wenn die Ehe oder die häusliche Gemeinschaft der Eltern aufgelöst wird. Die Eltern können jedoch vor Gericht eine Vereinbarung schließen, dass ein Elternteil allein mit der Obsorge betraut oder dass die Obsorge eines Elternteils auf bestimmte Angelegenheiten beschränkt wird.

Bleibt die Obsorge beider Eltern aufrecht, so müssen sie dem Gericht eine Vereinbarung darüber vorlegen, in wessen Haushalt das Kind hauptsächlich betreut wird (§ 179 Abs 2 ABGB). Wie bei § 177 Abs 4 ABGB ausdrücklich vorgesehen, wird eine solche Vereinbarung nur dann notwendig sein, wenn die Eltern nicht in häuslicher Gemeinschaft leben. Im Gegensatz zur früheren Rechtslage (§ 177 Abs 2 ABGB alt) sieht § 179 ABGB auch nicht mehr vor, dass dieser Elternteil mit der gesamten Obsorge betraut sein muss. Da nicht anzunehmen ist, dass der Gesetzgeber für geschiedene oder getrennte Eltern von diesem Erfordernis abgehen wollte, ist es jedoch naheliegend § 177 Abs 4 ABGB analog anzuwenden. Die Obsorge des anderen Elternteils kann auf einzelne Teilbereiche (zB Vermögensverwaltung) beschränkt werden.[219]

Kommt die Vereinbarung über die hauptsächliche Betreuung des Kindes oder die Betrauung mit der Obsorge nach Ehescheidung oder Trennung nicht binnen angemessener Frist zustande, so muss das Gericht **von Amts wegen** tätig werden und eine Entscheidung treffen. Sofern dies dem **Wohl des Kindes entspricht**, hat es zunächst eine **vorläufige Regelung der elterlichen Verantwortung** zu treffen (§ 180 ABGB). Das Gericht hat für einen Zeitraum von sechs Monaten (Phase der vorläufigen elterlichen Verantwortung) einem der beiden mit der Obsorge betrauten Elternteile die hauptsächliche Betreuung des Kindes in seinem Haushalt aufzutragen und dem anderen ein so ausführliches Kontaktrecht einzuräumen, dass es ihm möglich ist, ebenfalls die Pflege und Erziehung des Kindes wahrzunehmen. Dabei sind die Details des Kontaktrechts, der Pflege und Erziehung sowie der Unterhaltsleistung entweder einvernehmlich durch die Eltern oder, soweit dieses nicht erzielt werden kann, durch Anordnung des Gerichts festzulegen. Die Phase der vorläufigen elterlichen Verantwortung kann auch verlängert werden, soweit dies für die Entscheidungsfindung erforderlich ist. Die Anordnung dieser Phase hat aber zu unterbleiben, wenn sie nicht dem Kindeswohl entspricht. Das ist dann der Fall, wenn jegliche Kommunikationsbasis zwischen den Eltern fehlt[220] oder, wenn von vornherein klar ist, dass ein Elternteil nicht mit der Obsorge betraut werden kann, entweder

---

219 ErläutRV 2004 BlgNR 24. GP 26.
220 LG St. Pölten 23 R 204/13t EF-Z 2013/111 (*Gitschthaler*); OGH 1 Ob 126/13 f EF-Z 2013/163 (*Beck*); 1 Ob 220/13d iFamZ 2014/82 (*Thoma-Twaroch*).

weil er dazu nicht in der Lage ist (zB Krankheit, Drogensucht, fehlende Bereitschaft) oder weil er das Kindeswohl gefährdet (zB Gewalttätigkeit, völlig unkooperatives Verhalten).

Nach Ablauf der Phase der vorläufigen elterlichen Verantwortung hat das Gericht eine **endgültige** Entscheidung zu treffen. Maßgebliche Kriterien für die endgültige Entscheidung über die Obsorge sind das Kindeswohl sowie die Erfahrungen in der Phase der vorläufigen elterlichen Verantwortung, wobei auch die Leistung des gesetzlichen Unterhalts in dieser Zeit berücksichtigt werden muss. Betraut das Gericht beide Eltern mit der Obsorge, so hat es auch festzulegen, in wessen Haushalt das Kind hauptsächlich betreut wird.[221] Das Gericht kann seit dem KindNamRÄG 2013 auch gegen den Willen eines oder sogar beider Elternteile die gemeinsame Obsorge bzw deren Fortbestehen anordnen.[222] In der Rechtsprechung ist bereits die Tendenz zu erkennen, die Obsorge beider Eltern auch nach deren Trennung oder Scheidung aufrecht zu erhalten, wenn wenigstens ein Mindestmaß an Gesprächsbasis und Kooperationsbereitschaft zwischen den Eltern besteht.[223]

Die endgültige Entscheidung ist sogleich, also ohne Vorschaltung einer vorläufigen Phase der elterlichen Verantwortung zu treffen, wenn eine solche nicht dem Kindeswohl entspricht.[224]

Kommt es nach Auflösung der Ehe oder Haushaltsgemeinschaft zur Obsorgebetrauung nur eines Elternteiles, so stehen dem anderen das Recht

---

221 Siehe allerdings LGZ Wien 42 R 321/14p Zak 2015/11, das ausnahmsweise und entgegen der ausdrücklichen Anordnung in § 180 Abs 2 letzter Satz ABGB das „Doppelresidenzmodell" zuließ, weil die Eltern dieses schon jahrelang erfolgreich praktiziert hatten.

222 OGH 6 Ob 41/13t EvBl 2013/137 (*Rohrer*) = EF-Z 2013/106 (*Beck*) = iFamZ 2013/218 (*Thoma-Twaroch*); 1 Ob 156/14v iFamZ 2015/12; 1 Ob 250/14t JusGuide 2015/20/13536 ua.

223 OGH 6 Ob 41/13t EvBl 2013/137 (*Rohrer*) = EF-Z 2013/106 (*Beck*) = iFamZ 2013/218 (*Thoma-Twaroch*); 4 Ob 32/13d iFamZ 2013/219 (*Thoma-Twaroch*) = EvBl-LS 2013/143 (*Brenn*); 3 Ob 145/13i EF-Z 2014/73 (*Beck*); 1 Ob 156/14v iFamZ 2015/12; OGH 26.2.2015, 8 Ob 7/15k. Keine gemeinsame Obsorge bei Fehlen dieser Mindestkommunikationsbasis: OGH 6 Ob 74/13w iFamZ 2013/217 (*Thoma-Twaroch*); 4 Ob 88/14s iFamZ 2014/134 (*Thoma-Twaroch*); 3 Ob 128/14s iFamZ 2014/213 (*Thoma-Twaroch*); 5 Ob 144/14h iFamZ 2014/216 (*Thoma-Twaroch*); 1 Ob 250/14t; siehe auch 3 Ob 149/14d EF-Z 2015/44 (*Pierer*): keine gemeinsame Obsorge bei nur gelegentlicher Kommunikation wegen Strafhaft des Vaters im Ausland; OGH 22.1.2015 2 Ob 240/14d: Kommunikation ausschließlich per SMS und E-Mail reicht für gemeinsame Obsorge nicht aus.

224 Bisher hat die Anordnung der vorläufigen elterlichen Verantwortung in der Gerichtspraxis wenig Bedeutung.

auf persönliche Kontakte mit dem Kind (§ 187 ABGB) und das Informations-, Äußerungs- und Vertretungsrecht gem § 189 ABGB zu.[225]

Erstmalige Betrauung mit der Obsorge

Das Verfahren nach § 180 ABGB ist auch durchzuführen, wenn ein Elternteil, dem die Obsorge zu seinem Kind nicht zukommt, die Übertragung der alleinigen Obsorge oder seine Beteiligung an der Obsorge **beantragt** (§ 180 Abs 1 Z 2 ABGB). Das trifft vor allem auf den Vater eines außerhalb einer Ehe geborenen Kindes zu.[226] Da dieser Elternteil (noch) nicht mit der Obsorge betraut ist, kann das Gericht in der Phase der vorläufigen elterlichen Verantwortung nur den anderen Elternteil, der allein mit der Obsorge betraut ist, mit der hauptsächlichen Betreuung in seinem Haushalt beauftragen (vgl § 180 Abs 1 ABGB). Unklar ist allerdings, wie vorzugehen ist, wenn kein Elternteil mit der Obsorge betraut ist, sondern die Obsorge Großeltern, Pflegeeltern oder einer anderen Person zukommt, und nun ein Elternteil die Obsorge anstrebt. Es spricht viel dafür, auch in diesem Fall das in § 180 ABGB vorgesehene Verfahren entsprechend anzuwenden.

Neuregelung der Obsorge

Die endgültige Entscheidung über die Obsorge ist bindend. Eine gerichtliche **Neuregelung** der auf diese Weise geregelten Obsorge kann von einem Elternteil nur beantragt werden, wenn sich die Verhältnisse maßgeblich geändert haben. Für diese Neuregelung ist dann derselbe Ablauf (vorläufige Regelung, Beobachtungszeitraum, endgültige Entscheidung) einzuhalten. § 180 Abs 3 ABGB ist analog anzuwenden, wenn die Obsorge durch Bestimmung vor dem Standesbeamten oder durch Vereinbarung vor Gericht geregelt ist. Das bedeutet, dass auch in diesen Fällen ein Antrag auf Neuregelung nur bei maßgeblicher Änderung der Verhältnisse zulässig ist.[227]

ac. Obsorge bei Verhinderung eines Elternteils

Ist **ein Elternteil**, der **gemeinsam** mit dem **anderen Elternteil** mit der Obsorge betraut war, gestorben oder sonst an der Ausübung der Obsorge gehindert, weil sein Aufenthalt seit mindestens sechs Monaten unbekannt ist, oder weil er nicht oder nur schwer erreicht werden kann, so ist ex lege der andere allein mit der Obsorge betraut (§ 178 Abs 1 ABGB). Dasselbe gilt, wenn einem Elternteil die Obsorge ganz entzogen wurde. Ist ein El-

---

225 Siehe sogleich unter 5.
226 *Ferrari* in Ferrari/Hinteregger/Kathrein 27 ff.
227 *Ferrari* in Ferrari/Hinteregger/Kathrein 34 f; so im Ergebnis auch *Beck* in Gitschthaler, KindNamRÄG 191 und *Deixler-Hübner* in ABGB-ON[1.03] § 180 Rz 29.

ternteil nur teilweise an der Ausübung der Obsorge gehindert, so kommt sie in diesem Teilbereich dem anderen allein zu. Dies ist der Fall, wenn einem Elternteil die Obsorge teilweise entzogen worden ist oder wenn ihm für einen Teilbereich die Fähigkeit zur Ausübung der Obsorge fehlt. Ist ein Elternteil beispielsweise nicht voll geschäftsfähig, so hat er nicht das Recht und die Pflicht zur Vermögensverwaltung und zur gesetzlichen Vertretung des Kindes (§ 158 Abs 2 ABGB). Diese kommt somit dem anderen Elternteil allein zu. Das Bestehen dieser alleinigen Obsorge ist auf Antrag des Berechtigten gerichtlich festzustellen (§ 178 Abs 2 ABGB).

Sind **beide Elternteile verhindert**, die Obsorge auszuüben, so hat das Gericht darüber zu entscheiden, welches Großelternpaar (bzw subsidiär welcher Großelternteil) oder welches Pflegeelternpaar (bzw welcher Pflegeelternteil) mit der Obsorge betraut werden soll. Sind beide Elternteile im selben Teilbereich verhindert, so gilt dies entsprechend für diesen Teilbereich.[228] Entscheidendes Kriterium für die Betrauung mit der Obsorge ist das Kindeswohl.

Ist der **allein obsorgebetraute Elternteil** an der Ausübung der Obsorge infolge der oben genannten Gründe verhindert, so hat das Gericht zu entscheiden, ob die Obsorge nun ganz oder teilweise dem anderen Elternteil oder einem Großelternpaar bzw Großelternteil oder einem Pflegeelternpaar bzw Pflegeelternteil zukommen soll. Auch hier ist nicht das Statusverhältnis, sondern allein das Kindeswohl entscheidend.[229]

Geht die Obsorge von Gesetzes wegen auf den anderen Elternteil über oder überträgt das Gericht die Obsorge, so sind das Vermögen des Kindes sowie sämtliche die Person des Kindes betreffenden Urkunden und Nachweise[230] dem neuen Obsorgebetrauten zu übergeben (§ 178 Abs 3 ABGB). Bei einem bloß teilweisen Obsorgeübergang bzw einer bloß teilweisen

---

228 *Beispiel:* Beiden Elternteilen wird ein Sachwalter für alle Angelegenheiten bestellt. Damit fehlt es ihnen an der Fähigkeit zur Vermögensverwaltung und zur gesetzlichen Vertretung. Soweit die Eltern dazu in der Lage sind, kann die Pflege und Erziehung weiterhin von ihnen ausgeübt werden, die Vermögensverwaltung und die gesetzliche Vertretung sind jedoch auf die Großeltern bzw Pflegeeltern zu übertragen. Bestand die Behinderung der Eltern schon im Zeitpunkt der Geburt des Kindes, so steht die Vermögensverwaltung und die gesetzliche Vertretung dem Kinder- und Jugendhilfeträger zu (§ 207 ABGB).

229 *Beispiel* aus den ErläutRV 296 BlgNR 21. GP 52: Die obsorgeberechtigte Mutter stirbt. Das Kind hat guten Kontakt zum Stiefvater, mit dem es bisher schon im gemeinsamen Haushalt gelebt hat. Den leiblichen Vater kennt es kaum. Sowohl Stiefvater wie leiblicher Vater streben die Obsorge an. Es entspricht hier dem Wohl des Kindes, den Stiefvater als Pflegevater und nicht den leiblichen Vater mit der Obsorge zu betrauen.

230 ZB Geburtsurkunde, Impfpass etc.

Obsorgeübertragung besteht diese Verpflichtung nur, soweit sich die Obsorgeübertragung auf das Vermögen bzw den Bereich, für den die Urkunden und Nachweise von Bedeutung sind, bezieht.[231]

ad. Pflegeeltern

Das KindRÄG 2001 hat erstmals den Begriff der Pflegeeltern definiert. Pflegeeltern sind gem § 184 ABGB „Personen, die die Pflege und Erziehung des Kindes ganz oder teilweise besorgen und zu denen eine dem Verhältnis zwischen leiblichen Eltern und Kindern nahe kommende Beziehung besteht oder hergestellt werden soll." Es kann sich dabei um eine einzelne Person oder um ein Ehepaar oder um ein Paar, das in Lebensgemeinschaft lebt, handeln. Eine Altersgrenze ist nicht vorgesehen.[232]

Pflegeeltern haben das Recht, in Verfahren, die die Person des Kindes betreffen, Anträge zu stellen (§ 184 ABGB).[233] Gefährden die Eltern das Wohl des Kindes, können sie auch eine Verfügung nach § 181 ABGB beantragen. Auf ihren Antrag kann ihnen gem § 185 ABGB auch die **Obsorge** für das Kind ganz oder teilweise übertragen werden, wenn das Pflegeverhältnis nicht nur für kurze Zeit beabsichtigt ist und die Übertragung dem Wohl des Kindes entspricht. Stimmen die Eltern oder die Großeltern, die mit der Obsorge betraut sind, der Übertragung nicht zu, so darf sie nur verfügt werden, wenn ohne diese Übertragung das Wohl des Kindes gefährdet wäre (§ 185 Abs 2 ABGB).[234] Eltern, gesetzlicher Vertreter, weitere allfällige Erziehungsberechtigte, Kinder- und Jugendhilfeträger und das bereits zehnjährige Kind sind zu hören, außer eine Anhörung ist nicht oder nur mit unverhältnismäßigen Schwierigkeiten möglich (§ 185 Abs 4 ABGB). Die Übertragung der Obsorge ist aufzuheben, wenn dies dem Wohl des Kindes entspricht, etwa wenn die leiblichen Eltern sich wieder um das Kind kümmern wollen, und das Wohl des Kindes bei den leiblichen Eltern und den Pflegeeltern im gleichen Ausmaß gewährleistet ist.[235] Das Gericht hat dann

---

231 *Beispiel:* Dem bislang allein mit der Obsorge betrauten Vater wird die Vermögensverwaltung für das Kind entzogen. Wird nun die Mutter vom Gericht mit der Vermögensverwaltung betraut, so hat der Vater das Vermögen des Kindes an die Mutter zu übergeben.

232 Vgl OGH 6 Ob 215/05v FamZ 2006/5. Noch zur Rechtslage vor dem KindRÄG 2001: *Klein*, Das Pflegeverhältnis und die rechtliche Stellung von Pflegeeltern (§§ 186, 186a ABGB), ÖA 1992, 135.

233 Dies umfasst natürlich auch das Rekursrecht: OGH 5 Ob 187/03s EvBl 2004/45.

234 Vgl OGH 3 Ob 165/11b EvBl 2012/51.

235 OGH 7 Ob 657/90 SZ 63/165 = EvBl 1991/159; 1 Ob 167/14m iFamZ 2014/215 (*Thoma-Twaroch*) = EvBl – LS 2015/10 (*Brenn*).

gleichzeitig auszusprechen, auf wen die Obsorge nun übergeht (§ 185 Abs 3 ABGB).

b. Obsorge einer anderen Person

In § 204 ABGB wird vorgesehen, dass eine **andere geeignete Person** mit der Obsorge betraut werden kann, wenn weder Eltern noch Großeltern oder Pflegeeltern für die Ausübung der Obsorge in Frage kommen. Entscheidend für die Auswahl dieser Person ist das Wohl des Kindes; die Wünsche des Kindes und der Eltern sind entsprechend zu berücksichtigen (§ 205 Abs 1 ABGB). Nicht voll geschäftsfähige Personen und Personen, von denen nicht zu erwarten ist, dass sie die Obsorge zum Wohl des Kindes ausüben werden, dürfen nicht mit der Obsorge betraut werden (§ 205 Abs 2 ABGB). In Frage kommen primär Verwandte oder sekundär andere nahestehende Personen oder schließlich sonst geeignete Personen (§ 209 ABGB).

Im Gegensatz zu den anderen Obsorgebetrauten wird der nach § 204 ABGB mit der Obsorge betrauten Person die Verpflichtung auferlegt, in allen wichtigen, die Person des Kindes betreffenden Angelegenheiten die Genehmigung des Gerichts einzuholen (§ 213 ABGB). Auch in der Vermögensverwaltung unterliegt sie besonderen Beschränkungen (§§ 214–224 ABGB). Sie haftet dem Kind für jeden durch ihr Verschulden verursachten Schaden (§§ 227 f ABGB), hat aber Anspruch auf Entschädigung für die Mühewaltung und auf Entgelt für besondere Leistungen sowie Anspruch auf Aufwandsersatz (§§ 229 f ABGB).

Wenn das Wohl des minderjährigen Kindes dies erfordert, hat das Gericht eine andere Person mit der Obsorge zu betrauen (§ 226 ABGB). Dies ist der Fall, wenn die mit der Obsorge betraute Person stirbt, wenn ein Hinderungsgrund nach § 205 Abs 2 ABGB eintritt oder wenn sie das Verhältnis des Minderjährigen zu anderen Personen stört, denen ebenfalls Rechte und Pflichten gegenüber dem Kind zukommen.[236]

Unter bestimmten Voraussetzungen kann die Obsorge auch dem **Kinder- und Jugendhilfeträger** zukommen. Dieser ist vom Gericht mit der Obsorge zu betrauen, wenn sich für einen Minderjährigen keine geeignete Person finden lässt, die ganz oder teilweise mit der Obsorge betraut werden könnte (§ 209 ABGB). Wird ein minderjähriges Kind im Inland gefunden und sind dessen Eltern unbekannt („Findelkind"), so ist der Kinder- und Jugendhilfeträger bereits kraft Gesetzes mit der Obsorge betraut. Für den Bereich der Vermögensverwaltung und der Vertretung gilt dies auch, wenn ein Kind im Inland geboren wird und kein Elternteil mit der Vermögensverwaltung und

---

236 Zum Wohlverhaltensgebot vgl § 159 ABGB.

der gesetzlichen Vertretung betraut ist (§ 207 ABGB). Zuständig ist das Bundesland als Kinder- und Jugendhilfeträger, in dem das Kind seinen (gewöhnlichen) Aufenthalt hat (vgl im einzelnen § 212 ABGB). Die Obsorge des Kinder- und Jugendhilfeträgers endet kraft Gesetzes, sobald die Eltern in der Lage sind, die Obsorge selbst auszuüben (§ 225 ABGB).[237] Wieder aufgetauchten Eltern eines „Findelkinds" kommt die Obsorge nicht automatisch zu, ihnen muss die Obsorge durch das Gericht übertragen werden, was nur geschehen darf, wenn ihre Betrauung mit der Obsorge dem Wohl des Kindes entspricht.

3. Inhalt der Obsorge

a. Pflege und Erziehung

aa. Inhalt

Pflege und Erziehung erfassen die Sorge für das Wohlbefinden und die Entwicklung des Kindes. Nach § 160 ABGB stellt die Pflege besonders „die Wahrung des körperlichen Wohls und der Gesundheit sowie die unmittelbare Aufsicht" dar. Unter der Erziehung sind „die Entfaltung der körperlichen, geistigen, seelischen und sittlichen Kräfte, die Förderung der Anlagen, Fähigkeiten, Neigungen und Entwicklungsmöglichkeiten des Kindes sowie dessen Ausbildung in Schule und Beruf" zu verstehen. Zur Pflege und Erziehung gehören alle tatsächlichen Handlungen und Verfügungen gegenüber dem Kind (Pflege des Körpers, erzieherische Anordnungen) sowie die gesetzliche Vertretung des Kindes in diesem Bereich.[238] Die Pflege und Erziehung berechtigt nach überwiegender Auffassung auch dazu, den Vornamen des Kindes zu bestimmen.[239]

Verlangt eine Rechtsvorschrift die Zustimmung des „Erziehungsberechtigten", so ist darunter derjenige zu verstehen, der mit der gesetzlichen Vertretung im Bereich der Pflege und Erziehung betraut ist (§ 181 Abs 4 ABGB). Die Zustimmung oder Einwilligung der mit der tatsächlichen Betreuung des Kindes betrauten Person[240] ist nur in jenen Fällen notwendig, in denen das Gesetz dies ausdrücklich anordnet. Dies ist beispielsweise bei der Zustimmung zur Eheschließung des minderjährigen Kindes nach § 3 Abs 2 EheG oder bei der Unterbringung eines Minderjährigen nach § 5 Abs 2

---

237 *Beispiel:* Die mit der Obsorge allein betraute Mutter wird volljährig.
238 *Hopf/Weitzenböck*, ÖJZ 2001, 535 f.
239 Vgl *Thunhart* in Klang³ § 154 Rz 9; krit *Gitschthaler* in Schwimann/Kodek⁴ Ia § 160 Rz 10.
240 ZB minderjährige Mutter eines außerhalb der Ehe geborenen Kindes.

UbG der Fall.[241] Das Ausmaß der Pflege und Erziehung richtet sich vor allem nach dem Kindeswohl sowie nach den Lebensverhältnissen der Eltern (§ 160 Abs 2 ABGB). Die Eltern haben auch hier einvernehmlich vorzugehen und den Willen des Kindes angemessen zu berücksichtigen (§ 160 Abs 3 ABGB).

Das minderjährige Kind hat die Anordnungen der Eltern zu befolgen. Die Eltern haben bei ihren Anordnungen und deren Durchsetzung auf Alter, Entwicklung und Persönlichkeit des Kindes Bedacht zu nehmen (§ 161 ABGB). Die Anwendung von Gewalt oder die Zufügung körperlichen oder seelischen Leides sind unzulässig (§ 137 Abs 2 ABGB). Die Obsorge umfasst, soweit Pflege und Erziehung es erfordern,[242] auch das Recht, den **Aufenthalt** des Kindes zu bestimmen (§ 162 Abs 1 ABGB). Das schließt auch ein Zurückholungsrecht ein,[243] das aber nicht gegen das Kindeswohl ausgeübt werden darf.[244] Zu beachten ist, dass auch der nicht mit der Obsorge betraute Elternteil das Kind zu pflegen und zu erziehen hat, soweit es sich rechtmäßig bei ihm aufhält (§ 189 Abs 1 Z 2 ABGB). Er ist in dieser Zeit, bspw während der Ausübung seines Kontaktrechts, daher ebenfalls berechtigt, den Aufenthalt des Kindes (im Verhältnis zu Dritten) zu bestimmen.

Eigene Regelungen enthält das Gesetz zum **Wohnortbestimmungsrecht**, wenn beide Elternteile mit der Obsorge betraut sind, aber getrennt leben (§ 162 Abs 2 und 3 ABGB):

- Besteht eine Vereinbarung der Eltern bzw eine gerichtliche Entscheidung darüber, welcher Elternteil das Kind in seinem Haushalt hauptsächlich betreuen soll, so hat dieser Elternteil allein das Wohnortbestimmungsrecht, und zwar selbst dann, wenn es um eine Verlegung des Wohnorts ins Ausland geht.[245] Allerdings muss der Domizilelternteil den anderen rechtzeitig von dem bevorstehenden Umzug in Kenntnis setzen und sich um seine Zustimmung bemühen. Nach Ansicht des

---

241 ErläutRV 296 BlgNR 21. GP 65.
242 ZB OGH 7 Ob 75/64 SZ 37/51.
243 Vgl dazu das Europäische Übereinkommen über die Anerkennung und Vollstreckung von Entscheidungen über das Sorgerecht für Kinder und die Wiederherstellung des Sorgerechts samt Österreichischer Erklärung und Vorbehalten BGBl 1985/321 und das dazugehörige DurchführungsG BGBl 1985/322 sowie das Haager Übereinkommen über die zivilrechtlichen Aspekte internationaler Kindesentführung BGBl 1988/512 mit samt dem diesbezüglichen DurchführungsG BGBl 1988/513 sowie die VO (EG) 2201/2003 des Rates vom 27.11.2003 über die Zuständigkeit und die Anerkennung und Vollstreckung von Entscheidungen in Ehesachen und in Verfahren betreffend die elterliche Verantwortung und zur Aufhebung der Verordnung (EG) 1347/2000 (VO Brüssel IIa), ABl L 2003/338, 1.
244 LGZ Wien 43 R 501/76 EFSlg 26.680; 44 R 36/92 EFSlg 68.622.
245 ErläutRV 2004 BlgNR 24. GP 23.

JA[246] ergibt sich diese Verpflichtung aus § 137 Abs 2 ABGB, wonach die Eltern die Obsorge, soweit möglich und tunlich, einvernehmlich wahrzunehmen haben. Der andere Elternteil kann dann von seinem Äußerungsrecht nach § 189 Abs 1 und 5 ABGB Gebrauch machen. Diese Äußerung ist vom Domizilelternteil zu berücksichtigen, wenn der darin ausgedrückte Wunsch dem Wohl des Kindes besser entspricht.[247] Der andere Elternteil kann überdies eine Änderung der Obsorgebetrauung nach § 180 ABGB und, bei Gefahr für das Wohl des Kindes, eine Einschränkung oder Entziehung der Obsorge nach § 181 ABGB beantragen. Außerdem kann das Gericht dem Domizilelternteil die Ausreise mit dem Kind verbieten und die Abnahme des Reisedokumentes des Kindes anordnen (§ 107 Abs 3 Z 4 und 5 AußStrG) bzw die Obsorge nach Maßgabe des Kindeswohls auch vorläufig entziehen (§ 107 Abs 2 AußStrG)[248].

– Wurde (noch) kein hauptsächlicher Betreuungshaushalt[249] festgelegt, ist die Verlegung des Wohnorts des Kindes ins Ausland nur mit Zustimmung des anderen Elternteils oder mit gerichtlicher Genehmigung möglich. Für eine Wohnortverlegung innerhalb von Österreich ist in diesem Fall jedoch gem § 162 Abs 3 ABGB e contrario keine besondere Zustimmung oder Genehmigung erforderlich.

---

246 JAB 2087 BlgNR 24. GP 3.
247 OGH 9 Ob 8/14p EF-Z 2014/104 (*Nademleinsky*); 2 Ob 153/14k iFamZ 2014/209. Die Erläuterungen zur Regierungsvorlage (ErläutRV 2004 BlgNr 24. GP 23), die die Entscheidungsbefugnis des Domizilelternteils zur Verlegung des Wohnortes des Kindes ursprünglich auch auf eine Verlegung ins Ausland erstrecken wollten, wurden vom JA dahingehend eingeschränkt, als nach § 137 Abs 2 ABGB einvernehmlich vorgegangen werden müsse. Die Ausschussfeststellungen stehen dadurch aber in einem Widerspruch zum Gesetzestext. Das Einvernehmlichkeitsgebot des § 137 Abs 2 ABGB gilt nämlich nur in Angelegenheiten, in denen eine Entscheidungszuständigkeit *beider* Eltern besteht. Die Nichtberücksichtigung der Meinung des anderen Elternteils durch den Domizilelternteil stellt daher entgegen der Ansicht des JA keinen Sorgerechtsbruch iSd HKÜ dar, weil ja dem Domizilelternteil das Wohnortbestimmungsrecht nach § 162 ABGB „allein" zusteht: So auch *Hopf* in KBB[4] § 162 Rz 6; *Fötschl*, Sorgerecht und internationale Kindesentführung, EF-Z 2014, 100 (103); *Beclin* in Gitschthaler, KindNamRÄG 207 f; aA *Fucik* in Deixler-Hübner/Fucik/Huber 64 ff; *Beck*, Anm zu 2 Ob 153/14k EF-Z 2015/11; *Fucik/Mikklau* in Barth/Deixler-Hübner/G. Jelinek, Handbuch des neuen Kindschafts- und Namensrechts 172 ff; *Gitschthaler* in Schwimann/Kodek[4] Ia § 162 Rz 14.
248 Siehe dazu OGH 9 Ob 8/14p EF-Z 2014/104 (*Nademleinsky*).
249 Dies kann nach § 180 Abs 1 Z 1 ABGB an sich nur ein vorübergehender Zustand sein; von einer Auflösung der Haushaltsgemeinschaft wird das Gericht aber oftmals gar keine Kenntnis erhalten und daher auch nicht von Amts wegen über die Obsorge bzw die hauptsächliche Betreuung entscheiden können, sodass dieser Zustand uU auch lange andauern kann.

241

Das Recht, die **Ausbildung** des Kindes zu bestimmen, ist Bestandteil der elterlichen Erziehung. Das Kind muss in diese Entscheidung natürlich einbezogen werden. Das einsichts- und urteilsfähige Kind hat gem § 172 ABGB das Recht, das Gericht anzurufen, wenn der Erziehungsberechtigte seinem Ausbildungswunsch nicht Rechnung tragen will. Das Gericht muss dann beide hören und die dem Wohl des Kindes angemessenen Verfügungen treffen.

Die **religiöse Kindererziehung** wird in einem eigenen Gesetz, dem BG über die religiöse Kindererziehung BGBl 1985/155, geregelt. Dieses legt die religiöse Erziehung eines Kindes in die Hand der Eltern, soweit ihnen die Pflege und Erziehung zukommt (§ 1 RelKEG).[250] Hat das Kind das zwölfte Lebensjahr vollendet, so kann es nicht gegen seinen Willen in einem anderen Bekenntnis als bisher erzogen werden. Nach Vollendung des vierzehnten Lebensjahres kann das Kind selbst über sein Religionsbekenntnis entscheiden (§ 5 RelKEG).

Die **Einwilligung in die medizinische Heilbehandlung** von Minderjährigen wurde durch das KindRÄG 2001 ausdrücklich geregelt.[251] Die Einwilligung dient der Wahrung des Selbstbestimmungsrechts des Patienten. Sie erfordert keine Geschäftsfähigkeit, sondern nur ausreichende Einsichts- und Urteilsfähigkeit. Soweit dem Kind die rechtsgeschäftliche Handlungsfähigkeit fehlt, obliegt der Abschluss des Behandlungsvertrages seinem gesetzlichen Vertreter.

Die **Einwilligung in die medizinische Heilbehandlung** ist in § 173 ABGB geregelt. Das ausreichend einsichts- und urteilsfähige Kind kann die Einwilligung nur selbst erteilen (§ 173 Abs 1 erster Halbsatz ABGB). Ist mit der Behandlung gewöhnlich eine schwere oder nachhaltige Beeinträchtigung

---

250 Vgl dazu *Pichler*, Religionsfreiheit – Elternrechte – Kinderrechte, ÖJZ 1997, 450.
251 Zur Rechtslage nach dem KindRÄG 2001: *Barth*, Die Patientenrechte Minderjähriger nach dem Entwurf zum neuen Kindschaftsrecht, ÖA 1999, 155; *Hopf/Weitzenböck*, ÖJZ 2001, 531 ff; *Haidenthaller*, Die Einwilligung Minderjähriger in medizinische Behandlungen, RdM 2001, 163; *Barth*, Minderjährige Patienten im Konflikt mit ihren Eltern, ÖJZ 2002, 596; *Fischer-Czermak*, Zur Handlungsfähigkeit Minderjähriger nach dem Kindschaftsrechts-Änderungsgesetz 2001, ÖJZ 2002, 293; *Aigner/Schwamberger*, Schutzimpfungen an mündigen Minderjährigen, RdM 2003/39 (84); *Gitschthaler*, Handlungsfähigkeit Minderjähriger und besachwalteter Personen, ÖJZ 2004/4 (81) und 7 (121); *Bernat*, Die medizinische Behandlung Minderjähriger im österreichischen Recht, VersR 2002, 1476. § 8 Abs 3 KAKuG wurde ebenfalls entsprechend angepasst. Behandlungen dürfen an einem Pflegling nur mit dessen Zustimmung durchgeführt werden. Soweit ihm die Einsichts- und Urteilsfähigkeit fehlt, ist die Einwilligung seines gesetzlichen Vertreters erforderlich.

der körperlichen Unversehrtheit oder der Persönlichkeit[252] verbunden, so ist für die Vornahme der Behandlung auch die Zustimmung der Person notwendig, die mit der Pflege und Erziehung betraut ist (§ 173 Abs 2 ABGB). Wenn es dem Kind an der notwendigen Einsichts- und Urteilsfähigkeit fehlt, ist nur die Zustimmung der mit der Pflege und Erziehung betrauten Person erforderlich (§ 173 Abs 1 zweiter Satz ABGB). Auch hier kommt es auf die Berechtigung zur gesetzlichen Vertretung des Kindes im Rahmen der Pflege und Erziehung an (§ 181 Abs 4 ABGB).[253] Ist die Behandlung so dringend notwendig, dass der mit der Einholung der Einwilligung oder Zustimmung verbundene Aufschub zu einer Gefahr für Leben oder Gesundheit des Kindes führen würde, dann kann die Behandlung auch ohne Einwilligung oder Zustimmung vorgenommen werden (§ 173 Abs 3 ABGB).

Bei mündigen Minderjährigen wird das Vorliegen der Einsichts- und Urteilsfähigkeit vermutet (§ 173 Abs 1 zweiter Halbsatz ABGB). Es handelt sich dabei um eine Zweifelsregel, die widerlegbar ist. Für die Beurteilung der Frage, ob das Kind ausreichend einsichts- oder urteilsfähig ist, kommt es immer auf den Einzelfall an. Die Einsichtsfähigkeit wird umso eher vorliegen, je einfacher und ungefährlicher eine Behandlung ist.[254] Hat der behandelnde Arzt/die behandelnde Ärztin Zweifel am Vorliegen der Einsichts- und Urteilsfähigkeit, so kann er/sie sich an das Pflegschaftsgericht wenden und einen Ausspruch nach § 175 ABGB anregen.[255] Der Arzt/die Ärztin ist dann an die Entscheidung des Gerichts gebunden. Unter medizinischer Heilbehandlung ist jede diagnostische, vorbeugende oder therapeutische Maßnahme, wie die Verabreichung von Medikamenten oder die Vornahme von Bluttransfusionen oder Operationen, zu verstehen. Für das Piercen und Tätowieren durch Gewerbetreibende bestehen Sonderbestimmungen.[256]

Von § 173 ABGB nicht erfasst ist die Einwilligung zu einem Schwangerschaftsabbruch. Diese ist weiterhin nach den §§ 96 ff StGB zu beurteilen.[257] In eine medizinische Maßnahme zur Sterilisation oder Kastration eines/einer Minderjährigen können weder der/die Minderjährige selbst noch

---

252 Die Erläuterungen verweisen hier auf die schwere Körperverletzung nach § 84 StGB (ErläutRV 296 BlgNR 21. GP 55).

253 Zum Entzug dieses Zustimmungsrechts bei Kindeswohlgefährdung unten unter 4.

254 ErläutRV 296 BlgNR 21. GP 54.

255 Siehe unten c.

256 Vgl § 2 der Ausübungsregeln für das Piercen und Tätowieren durch Kosmetik (Schönheitspflege)-Gewerbetreibende BGBl II 2003/141 idF BGBl II 2008/261. *Wegscheider*, Tätowierung und Piercing von Minderjährigen in Österreich, Zak 2006/319; *Beig*, Tätowierungen und Piercings Minderjähriger, EF-Z 2009/68.

257 ErläutRV 296 BlgNR 21. GP 54; *Hopf/Weitzenböck*, ÖJZ 2001, 533.

seine Eltern oder ein anderer Obsorgebetrauter einwilligen (§ 163 ABGB). Solche Maßnahmen dürfen somit nur an Volljährigen vorgenommen werden.

ab. Pflegekindschaft

Der Obsorgebetraute (Eltern, Adoptiveltern, Großeltern, Kinder- und Jugendhilfeträger) kann die Pflege und Erziehung vertraglich auf dritte Personen übertragen.[258] Die Übernahme eines Kindes in Pflege ist im B-KJHG näher geregelt. Vom Pflegeelternbegriff nach § 184 ABGB ist der engere Begriff der Pflegepersonen nach den §§ 18 ff B-KJHG zu unterscheiden.[259] Pflegekinder sind nach der Definition des § 18 B-KJHG (minderjährige) Kinder und Jugendliche, die nicht von ihren Eltern oder anderen mit Pflege und Erziehung betrauten Personen gepflegt und erzogen werden und deren Betreuung auf Dauer ausgerichtet ist.[260] Werden Kinder und Jugendliche durch nahe Angehörige iSd § 4 Z 6 B-KJHG betreut, so gelten sie nur als Pflegekinder, wenn die Fremdunterbringung im Rahmen der vollen Erziehung (§ 26 B-KJHG) erfolgt (§ 18 Abs 2 B-KJHG). Übernehmen nahe Angehörige das Kind nicht zur vollen Erziehung, so bedürfen sie keiner Bewilligung durch den Kinder- und Jugendhilfeträger (§ 18 iVm § 21 B-KJHG). Für andere Personen ist in diesem Fall eine Bewilligung für die Übernahme eines Pflegekindes unter 14 Jahren erforderlich (§ 21 Abs 1 B-KJHG). Bei voller Erziehung ist die Beurteilung der Eignung von Pflegepersonen sowie die Aufsicht dem Kinder- und Jugendhilfeträger vorbehalten. Mit der Vermittlung von Pflegeverhältnissen sowie der Vorbereitung und fachlichen Begleitung können aber private Kinder- und Jugendhilfeeinrichtungen (§ 11 B-KJHG) beauftragt werden (§ 19 B-KJHG).

Pflegepersonen haben das Recht, in Verfahren, die die Person des Kindes betreffen, Anträge zu stellen (§ 184 ABGB). Unter bestimmten Vorausset-

---

258 *Stefula/Thunhart*, Die Ausübung der elterlichen Obsorge durch Dritte, iFamZ 2009, 70. Zur Rechtslage vor dem KindRÄG 2001 vgl *Lutter*, Elternverantwortung und Kindeswohl im Pflegekinderwesen aus der Sicht des privaten Jugendwohlfahrtsträgers, ÖA 1990, 99; *Graf*, Zwei Fragen der Pflege und Erziehung von Kindern durch Dritte, in Harrer/Zitta 759; *Klein*, ÖA 1992, 135; *Mazal*, Der Schutz von Pflegeeltern (1994).

259 *Hopf* in KBB⁴ § 184 Rz 1. Das B-KJHG spricht nicht mehr von „Pflegeeltern", sondern von „Pflegepersonen": § 18 Abs 3 B-KJHG.

260 Die vorübergehende Betreuung bei anderen Personen, zB für die Dauer einer Reise oder die regelmäßige Betreuung durch Tagesmütter oder -väter erfüllt diese Voraussetzung nicht: ErläutRV 2191 BlgNR 24. GP 19.

zungen können sie auch ganz oder teilweise mit der Obsorge betraut werden (§ 185 ABGB).[261]

b. Vermögensverwaltung

§ 164 ABGB bestimmt, dass die Eltern das Vermögen des Kindes mit der Sorgfalt ordentlicher Eltern zu verwalten haben. Sofern das Wohl des Kindes nicht anderes erfordert,[262] haben sie es in seinem Bestand zu erhalten und nach Möglichkeit zu vermehren. Geld ist nach den Vorschriften über die Anlegung von Mündelgeld sicher und möglichst fruchtbringend in Form von Spareinlagen, durch den Erwerb von Wertpapieren,[263] durch die Gewährung von Darlehen oder durch den Erwerb von Liegenschaften oder auf andere Weise anzulegen. Die näheren Vorschriften enthalten die §§ 215 ff ABGB.[264] Sind Eltern, Großeltern oder Pflegeeltern im Rahmen der Obsorge mit der Verwaltung des Vermögens betraut, so besteht nur dann eine gerichtliche Überwachungspflicht, wenn eine unbewegliche Sache zum Vermögen gehört oder der Wert des Vermögens oder der Jahreseinkünfte € 10.000,– wesentlich übersteigt (§ 133 Abs 2 AußStrG).

Aus dem Vermögen sind die Kosten der Verwaltung, die für die Erhaltung des Vermögens und den ordentlichen Wirtschaftsbetrieb nötigen Aufwendungen und die fälligen Zahlungen zu bestreiten (§ 164 Abs 2 ABGB). Erträgnisse sind für den Kindesunterhalt zu verwenden. Das Vermögen braucht nur angegriffen zu werden, wenn die Eltern nicht in der Lage sind, für den angemessenen Unterhalt des Kindes aufzukommen.[265]

Die Eltern sind grundsätzlich nicht zur Rechnungslegung verpflichtet, außer dies ist aus besonderen Gründen gerichtlich verfügt (§ 165 ABGB iVm § 135 Abs 2 AußStrG).[266] Die näheren Bestimmungen über den Umfang und die konkrete Ausgestaltung dieser Pflicht werden in den §§ 134–138 AußStrG geregelt.

Wird einem Minderjährigen ein Vermögen zugewendet und ein Elternteil von der Verwaltung ausgeschlossen, so stehen die Verwaltung des Vermögens und die dazugehörige Vertretung des Kindes dem anderen Elternteil zu. Sind beide Elternteile oder der allein mit der Obsorge betraute Elternteil von der Verwaltung ausgeschlossen, so muss das Gericht eine andere

---

261 Siehe oben III.E.2.a.ad.
262 ZB zur Finanzierung von Ausbildungskosten: OGH 2 Ob 128/10b JBl 2011, 300.
263 *Kaindl/Fischer*, Mündelsicherheit von Wertpapierveranlagungen, EF-Z 2011/81.
264 Siehe dazu etwa *Trentinaglia*, Das wirtschaftliche Wohlergehen des Kindes – offene Fragen zur Mündelgeldveranlagung und zum Unterhaltsrecht, in Ferrari/Hinteregger/Kathrein 69 ff.
265 Siehe oben III.B.1.a.
266 Vgl *Hopf* in KBB[4] § 165 Rz 3 f.

Person mit der Verwaltung betrauen (§ 166 ABGB). Das Gericht hat dabei nach § 204 ABGB vorzugehen. Wünsche des Zuwendenden sind zu berücksichtigen, sofern sie dem Wohl des Kindes entsprechen (§ 205 Abs 1 ABGB).[267]

c. Gesetzliche Vertretung

Unter gesetzlicher Vertretung versteht man die Berechtigung und Verpflichtung, für das Kind Rechtshandlungen vorzunehmen. Sie umfassen Vertretungshandlungen im Namen des Kindes, die das Kind unmittelbar berechtigen oder verpflichten,[268] sowie Einwilligungen.[269]

Die **Geschäftsfähigkeit des Kindes** richtet sich nach § 865 ABGB iVm § 170 f ABGB. Kinder unter sieben Jahren sind vollkommen geschäftsunfähig (§ 865 erster Satz ABGB). Bei einem altersüblichen Rechtsgeschäft, das eine geringfügige Angelegenheit des täglichen Lebens betrifft, wird das Rechtsgeschäft aber mit der Erfüllung der das Kind treffenden Pflichten rückwirkend rechtswirksam (§ 170 Abs 3 ABGB). Minderjährige zwischen sieben und achtzehn Jahren sind beschränkt geschäftsfähig. Sie können ein bloß zu ihrem Vorteil gemachtes Versprechen annehmen (§ 865 zweiter Satz ABGB). Alle anderen Rechtsgeschäfte bedürfen der Zustimmung ihres gesetzlichen Vertreters. Solange diese Zustimmung nicht vorliegt, ist das Geschäft schwebend unwirksam. Der andere Teil kann für die Abgabe der Erklärung des gesetzlichen Vertreters eine angemessene Frist setzen (§ 865 letzter Satz ABGB). Gibt der gesetzliche Vertreter innerhalb der Frist keine Erklärung ab oder verweigert er die Zustimmung, so ist das Geschäft von Anfang an ungültig. Mündige Minderjährige (vom 14. bis zur Vollendung des 18. Lebensjahres, § 21 Abs 2 ABGB) können überdies über Sachen, die ihnen zur freien Verfügung überlassen worden sind, und über ihr Einkommen aus eigenem Erwerb soweit verfügen und sich verpflichten, als dadurch nicht die Befriedigung ihrer Lebensbedürfnisse gefährdet wird (§ 170 Abs 2 ABGB). Sie können sich außerdem selbständig durch Vertrag zu Dienstleistungen verpflichten. Ausgenommen sind Dienstleistungen aufgrund eines Lehr- oder Ausbildungsvertrages (§ 171 ABGB).

---

267 *Beispiel:* Die väterliche Großmutter schenkt dem Enkelkind ein Unternehmen. Da sie den Eltern die ordnungsgemäße Verwaltung des Unternehmens nicht zutraut, schließt sie beide von der Verwaltung aus und bestimmt ihre Tochter, selbst erfolgreiche Unternehmerin, zur Verwalterin. Dieser Wunsch der Großmutter wird dem Wohl des Kindes entsprechen, so dass das Gericht die Tante des Kindes in Bezug auf die Verwaltung des Unternehmens mit der Obsorge betrauen wird.

268 ZB der Kauf eines Grundstücks.

269 ZB §145 Abs 3 ABGB oder § 865 ABGB.

Die gesetzliche Vertretung ist in § 167 ABGB geregelt. Für die gesetzliche Vertretung[270] besteht der Grundsatz der **Alleinvertretung**, das heißt, dass jeder Elternteil allein berechtigt und verpflichtet ist, das Kind zu vertreten. Seine Rechtshandlung ist auch dann rechtswirksam, wenn der andere damit nicht einverstanden ist (§ 167 Abs 1 ABGB). **Kollektivvertretung** beider vertretungsberechtigten Elternteile ist nur in den in § 167 Abs 2 ABGB taxativ aufgezählten Fällen vorgesehen. Dies sind

- die Änderung des Vornamens oder Familiennamens,
- die Annahme oder der Wechsel des religiösen Bekenntnisses,
- die Übergabe in fremde Pflege,
- der Erwerb einer Staatsangehörigkeit oder der Verzicht darauf,
- die vorzeitige Lösung eines Lehr-, Ausbildungs- oder Dienstvertrages sowie
- die Anerkennung der Vaterschaft zu einem unehelichen Kind.

Für Vertretungshandlungen und Einwilligungen über Vermögensangelegenheiten, die nicht dem ordentlichen Wirtschaftsbetrieb unterliegen, ist die Zustimmung des anderen zur gesetzlichen Vertretung berechtigten Elternteils und die **gerichtliche Genehmigung** erforderlich (§ 167 Abs 3 ABGB). Unter der Voraussetzung, dass es sich dabei um eine Maßnahme des außerordentlichen Wirtschaftsbetriebs handelt, gehören dazu

- die Veräußerung oder Belastung von Liegenschaften,
- die Gründung, der (auch erbrechtliche) Erwerb, die Umwandlung, Veräußerung oder Auflösung eines Unternehmens,
- die Änderung des Gegenstands eines Unternehmens,
- der (auch erbrechtliche) Eintritt in eine Gesellschaft oder Genossenschaft,
- die Umwandlung einer Gesellschaft oder Genossenschaft,
- der Verzicht auf ein Erbrecht,
- die unbedingte Annahme oder die Ausschlagung einer Erbschaft,
- die Annahme einer mit Belastungen verbundenen Schenkung,

---

270 *Ent*, Das neue Kindschaftsrecht, besonders die Regeln über die Vermögensverwaltung und die gesetzliche Vertretung, NZ 1978, 177; *Held*, Der gesetzliche Vertreter, ÖA 1985, 31; *Dullinger*, RZ 1986, 202; *Lukas*, Die Geschäftsfähigkeit und die gesetzliche Vertretung Minderjähriger im österreichischen Privatrecht unter dem Blickwinkel der „UN-Konvention über die Rechte des Kindes", in Rauch-Kallat/ J. Pichler 337 ff; *Huter*, Der Pflegebefohlene und sein Liegenschaftsvermögen, iFamZ 2008, 4: *Zierl*, Reisedokumente für Minderjährige, EF-Z 2008/49; *Zinner*, Minderjährige Gesellschafter – Ausübung des Stimmrechts und pflegschaftsgerichtliche Genehmigung, JEV 2013, 74; *Trentinaglia*, Zur Veranlagung von Geld zugunsten eines minderjährigen Kindes, iFamZ 2014, 7; *Fucik*, Vertretung des Kindes bei Interessenkollision eines Elternteils, iFamZ 2014, 173.

- die Ablehnung eines Schenkungsanbots,
- die Anlegung von Geld mit Ausnahme der in §§ 216 und 217 ABGB geregelten Arten sowie die
- Erhebung einer Klage und die Beantragung von verfahrensrechtlichen Verfügungen, die den Verfahrensgegenstand betreffen.

Diese Aufzählung ist bloß demonstrativ.[271] Die Entgegennahme von Willenserklärungen und von Zustellstücken ist von den in § 167 Abs 2 und 3 ABGB genannten Zustimmungsrechten nicht erfasst. Im zivilgerichtlichen Verfahren ist nur ein Elternteil allein zur Vertretung des Kindes berechtigt. Solange sich die Eltern nicht darüber einigen oder das Gericht nicht einen der beiden oder einen Dritten als Vertreter bestimmt hat, ist der Elternteil Vertreter, der die erste Verfahrenshandlung gesetzt hat (§ 169 ABGB).

Der Mangel der Genehmigung ist von Amts wegen wahrzunehmen.[272] Genehmigungspflichtige Verträge sind bis zur gerichtlichen Genehmigung als „hinkendes Rechtsgeschäft" iSd § 865 ABGB schwebend unwirksam.[273] Fehlt die notwendige Einwilligung des gesetzlichen Vertreters oder die Zustimmung bzw Genehmigung nach § 167 Abs 2 und 3 ABGB, so ist das volljährig gewordene Kind aus einem solchen Geschäft nur verpflichtet, wenn es schriftlich erklärt, diese Verpflichtung als rechtswirksam anzuerkennen. Der Gläubiger kann das volljährig gewordene Kind auffordern, binnen angemessener Frist eine solche Erklärung abzugeben (§ 168 ABGB).

Soweit einem Kind infolge merkbar verzögerter Entwicklung, einer psychischen Krankheit oder einer geistigen Behinderung die alterstypische Einsichts- oder Urteilsfähigkeit[274] oder Geschäftsfähigkeit fehlt, hat das Gericht dies von Amts wegen oder auf Antrag eines Obsorgebetrauten auszusprechen (§ 175 ABGB). Dieser Ausspruch hat, soweit er sich auf die Geschäftsfähigkeit im Allgemeinen bezieht, bloß deklarative Bedeutung.[275]

---

271 OGH 1 Ob 801/81 EFSlg 38.303.
272 OGH 4 Ob 253/30 SZ 12/137; 5 Ob 315/60 MietSlg 7.869.
273 OGH 1 Ob 211/71 EvBl 1972/182; LGZ Wien 44 R 850/93 EFSlg 71.772 etc.
274 Siehe auch bei § 173 ABGB.
275 ErläutRV 296 BlgNR 21. GP 60. *Beispiel:* Ein 15-jähriges Kind ist geistig behindert und hat erhebliches eigenes Vermögen, das hohe Erträge abwirft. Die Eltern können den Ausspruch nach § 175 ABGB beantragen, um das Kind davor zu schützen, sich im Rahmen der nach § 170 Abs 2 ABGB einem mündigen Minderjährigen zukommenden Geschäftsfähigkeit wirtschaftliche Nachteile zuzufügen. Soweit dem Kind für das konkrete Geschäft die notwendige Einsichtsfähigkeit fehlt, ist das Rechtsgeschäft aber auch ohne einen solchen Ausspruch gem § 865 erster Satz ABGB nichtig.

4. Entziehung oder Einschränkung der Obsorge

Gefährden die Eltern (bzw die obsorgebetrauten Großeltern) durch ihr Verhalten das Wohl des Kindes, so kann das Gericht die zur Sicherung des Wohls des Kindes nötigen Verfügungen treffen. Dabei kann das Gericht die Obsorge ganz oder teilweise entziehen (§ 181 Abs 1 ABGB). Auch gesetzlich zustehende Einwilligungs- und Zustimmungsrechte können entzogen werden. Durch Verfügungen nach § 181 ABGB darf die Obsorge aber nur soweit beschränkt werden, als dies für das Wohl des Kindes nötig ist (§ 182 ABGB).

Der ganze oder teilweise Entzug der Obsorge wurde von Gerichten beispielsweise ausgesprochen, weil der Obsorgebetraute die Pflege und Erziehung des Kindes völlig einer Sekte überlassen hat,[276] weil er selbst Gewalt als Erziehungsmittel eingesetzt[277] oder eine Gewaltausübung durch Dritte geduldet hat,[278] bei Alkoholsucht des Obsorgebetrauten,[279] bei gröblicher Vernachlässigung des Kindes[280] oder bei unberechtigter Verweigerung der Einwilligung in eine ärztliche Heilbehandlung.[281]

Die Entziehung der Pflege und Erziehung oder der Vermögensverwaltung schließt die Entziehung der dazugehörigen gesetzlichen Vertretung mit ein. Die gesetzliche Vertretung in diesen Bereichen kann auch für sich allein entzogen werden, wenn die Eltern oder der betreffende Elternteil ihre übrigen Pflichten erfüllen (§ 181 Abs 3 ABGB).

---

276 OGH 2 Ob 593/92, 1577-1579/92 EFSlg 68.799; bloße Zugehörigkeit zu einer Sekte ist nicht ausreichend: OGH 2 Ob 2192/96h SZ 69/179 (Scientology) und 4 Ob 220/09w EF-Z 2010/101 (Sahaja-Yoga).

277 OGH 1 Ob 573/92 JBl 1992, 639; 7 Ob 523/93 EFSlg 71.846.

278 OGH 1 Ob 2078/96m EFSlg 81.156; bei besonders schwerer Misshandlung genügt schon ein dringender Verdacht: OGH 6 Ob 18/09d EF-Z 2009/118 (*Beck*); 6 Ob 48/10t JusGuide 2010/23/7598; dazu *Aichinger*, Obsorgeentzug nach Verdacht auf Kindesmisshandlung, Zak 2010/136; 8 Ob 16/13f EFSlg 137.718 = EF-Z 2013/110 (*Beck*).

279 LGZ Wien 43 R 746/80 EFSlg 35.993.

280 OGH 3 Ob 179/14s EF-Z 2015/66 (*Beck*) = EvBl-LS 2015/27 (*Brenn*).

281 *Zankl*, ÖJZ 1989, 299; *Maleczky*, ÖJZ 1994, 681. In der Praxis besonders diskutiert wurde dieses Problem im Zusammenhang mit der Sorgerechtszuteilung an Angehörige der Glaubensgemeinschaft der Zeugen Jehovas: *Pichler*, Die Kinder der Zeugen Jehovas – Probleme der Obsorgezuteilung und der Bluttransfusion, ÖA 1994, 171; *Sautner*, Die religiös motivierte Verweigerung der ärztlichen Heilbehandlung bei Minderjährigen. Die Problematik der Bluttransfusion bei den Zeugen Jehovas, JAP 1999/2000, 14; *Horny/Noll*, Die Religionszugehörigkeit zu den Zeugen Jehovas als Kriterium im Obsorgerecht, ÖA 2000, 132; OGH 1 Ob 586/86 JBl 1988, 238; 1 Ob 627/86 SZ 59/160; 3 Ob 521/93 JBl 1994, 41; 5 Ob 565/93 SZ 66/153; 1 Ob 601/95 JBl 1996, 714; 1 Ob 63/10m (1 Ob 78/10t) EF-Z 2010/129 = RdM-LS 2010/65.

Maßnahmen nach § 181 ABGB können auf Antrag eines Elternteils, eines sonstigen Verwandten in gerader aufsteigender Linie, der Pflegeeltern bzw eines Pflegeelternteils sowie des Kinder- und Jugendhilfeträgers[282] oder von Amts wegen erfolgen. Diese Personen haben dann Parteistellung und Rechtsmittelbefugnis. Andere Personen können solche Verfügungen nur anregen (§ 181 Abs 2 ABGB) und erhalten keine Parteirechte. Der mündige Minderjährige kann eine solche Maßnahme in Angelegenheiten seiner Pflege und Erziehung auch selbst beantragen.

Bei Gefahr im Verzug kann der Kinder- und Jugendhilfeträger die zur Pflege und Erziehung erforderlichen Maßnahmen auch selbst treffen (zB sofortige Entfernung eines Kindes aus der Familie bei Gewalt oder sexuellem Missbrauch). Er muss aber binnen acht Tagen die erforderlichen gerichtlichen Verfügungen beantragen. Im Umfang der getroffenen Maßnahmen ist der Kinder- und Jugendhilfeträger vorläufig mit der Obsorge betraut (§ 211 Abs 1 ABGB).

5. Recht auf persönliche Kontakte sowie Informations-, Äußerungs- und Vertretungsrecht

a. Allgemeines

Jeder Elternteil eines minderjährigen Kindes ist verpflichtet, mit dem Kind eine persönliche Beziehung zu pflegen (§ 186 ABGB), da es dem Wohl des Kindes entspricht, verlässliche Kontakte und sichere Bindungen zu beiden Elternteilen zu haben (vgl § 138 Z 9 ABGB). Um dies zu gewährleisten, wird dem Elternteil, der nicht mit dem Kind im selben Haushalt lebt, das Recht auf persönliche Kontakte (§ 187 ABGB) eingeräumt. Dieses soll es ihm ermöglichen, eine enge Beziehung zu seinem Kind aufzubauen und zu bewahren. Jeder Elternteil hat überdies das Informations-, Äußerungs- und Vertretungsrecht nach § 189 ABGB. Das Recht auf persönliche Kontakte sowie das Informations-, Äußerungs- und Vertretungsrecht stehen jedem Elternteil unabhängig davon zu, ob er mit Obsorge betraut ist oder nicht. Sie können durch gerichtliche Entscheidung eingeschränkt oder ganz entzogen werden (vgl § 187 Abs 2 ABGB und § 189 Abs 2 ABGB). Diese Rechte wurden durch das KindNamRÄG 2013 neu gefasst und im Vergleich zur alten Rechtslage erweitert.[283]

---

282 Dieser ist gem § 211 Abs 1 erster Satz ABGB verpflichtet, einen solchen Antrag zu stellen, wenn dies zur Wahrung des Wohls des Minderjährigen erforderlich ist.

283 Vgl dazu *Hinteregger*, Das Recht auf persönliche Kontakte sowie das Informations-, Äußerungs- und Vertretungsrecht, in Ferrari/Hinteregger/Kathrein 55; *Barth/Pesendorfer*, Regelung und Durchsetzung des Kontaktrechts, iFamZ 2013, 24; *Beclin*, Neuerungen im Obsorge- und Kontaktrecht, iFamZ 2013, 6 (11 f); *Deixler-Hübner*,

b. Recht auf persönliche Kontakte

Lebt ein Elternteil nicht mit dem minderjährigen Kind im gemeinsamen Haushalt, so haben dieser Elternteil und das Kind das Recht auf regelmäßige und den Bedürfnissen des Kindes entsprechende persönliche Kontakte (§ 187 ABGB). Die Bezeichnung „Recht auf persönliche Kontakte" ersetzt den zuvor in § 148 ABGB alt verwendeten Begriff „Recht auf persönlichen Verkehr". Auch die in der Literatur bislang übliche Umschreibung als „Besuchsrecht" wird heute als unpassend bewertet, weil es das mit diesem Recht verfolgte Ziel, nämlich den Aufbau und die Wahrung einer engen Eltern-Kind-Beziehung zu ermöglichen, nicht angemessen zum Ausdruck bringt.[284]

Die Ausübung des Rechts auf persönliche Kontakte soll zwischen Eltern und Kind einvernehmlich gestaltet werden. Soweit eine Einigung nicht gelingt, kann die Ausübung dieses Rechts gerichtlich in einer dem Wohl des Kindes entsprechenden Weise geregelt werden. Die Regelung soll so ausgestaltet sein, dass sie dem Elternteil und dem Kind ein dem Eltern-Kind-Verhältnis entsprechendes Naheverhältnis ermöglicht. Sie soll deshalb nicht nur Zeiten der Freizeit, sondern auch die Betreuung im Alltag des Kindes umfassen. Dabei sind das Alter, die Bedürfnisse und die Wünsche des Kindes sowie die Intensität der bisherigen Beziehung zwischen Elternteil und Kind besonders zu berücksichtigen. Eine solche Regelung kann von beiden Elternteilen und vom Kind beantragt werden. Das mündige Kind kann den Antrag auch selbst stellen (§ 104 AußStrG), das unmündige Kind wird vom betreuenden Elternteil vertreten.

Ausgestaltung und Durchsetzung der Kontaktrechte nach dem KindNamRÄG 2013 in Barth/Deixler-Hübner/G. Jelinek 177; *Nademleinsky*, Die neue Kontaktregelung, in Gitschthaler, KindNamRÄG 239.

284 ErläutRV 2004 BlgNR 24. GP 28. Ursprünglich war das „Besuchsrecht" nur ein Recht des Elternteils. Seit dem KindRÄG 2001 wurde dieses Recht auch ausdrücklich auf das Kind erstreckt. Die Rechtsprechung hatte dieses Recht bereits vorher anerkannt: LGZ Wien 43 R 655/96h EFSlg 80.931, bestätigt durch OGH 6 Ob 2398/96g ÖA 1997, 168. In der Lehre wurde diese Ansicht von *Klein*, Eigener Besuchsrechtsanspruch des Kindes – eine Utopie? ÖA 1992, 6; *Ferrari-Hofmann-Wellenhof* in Harrer/Zitta 749 ff und *Ebert*, „First Call for Children!", JBl 1995, 69 (78 ff) vertreten. Zur Rechtslage nach dem KindRÄG 2001: *Wallisch*, Der „andere Elternteil" und das Besuchsrecht (KindRÄG 2001), ÖJZ 2002, 487; *Schrammel/Schur*, Partei- und Verfahrensfähigkeit im Besuchsrechtsverfahren, EF-Z 2007/99; *Werderitsch*, Die Rolle der Sachverständigen im Obsorge- und Besuchsrechtsstreit, iFamZ 2009, 5; *Jausovec*, Das Besuchsrecht zwischen Eltern und Kindern (2009); *Fuchs*, Die Rolle des Sachverständigen im Obsorge- und Besuchsrechtsstreit, iFamZ 2010, 12.

Das Gericht hat die persönlichen Kontakte einzuschränken oder zu untersagen, wenn dies erforderlich ist, insbesondere soweit dies aufgrund der Anwendung von Gewalt gegen das Kind oder eine wichtige Bezugsperson geboten erscheint oder der kontaktberechtigte Elternteil gegen das Wohlverhaltensgebot des § 159 ABGB[285] verstößt (§ 187 Abs 2 ABGB). Vereinbarungen über die persönlichen Kontakte bedürfen keiner pflegschaftsgerichtlichen Genehmigung (§ 190 Abs 2 ABGB).[286] Die gerichtliche Überprüfung ist auf eine Missbrauchskontrolle beschränkt. Besteht eine Gefahr für das Kindeswohl, so hat das Gericht die Vereinbarung der Eltern für unwirksam zu erklären und zugleich eine davon abweichende Anordnung zu treffen. Dies wird analog auf Kontaktrechtsvereinbarungen zwischen Elternteil und Kind anzuwenden sein.[287]

Den Obsorgebetrauten trifft eine Unterstützungspflicht.[288] Eine **zwangsweise Durchsetzung** des Rechts auf persönliche Kontakte darf nur erfolgen, wenn entweder eine gerichtliche Entscheidung vorliegt oder wenn die Vereinbarung vor Gericht geschlossen wurde (§ 110 AußStrG). Das Gericht kann auf Antrag oder von Amts wegen angemessene Zwangsmittel nach § 79 Abs 2 AußStrG (Geldstrafen,[289] Beugehaft, zwangsweise Vorführung) anordnen. Bei Erfolglosigkeit dieser Maßnahmen besteht auch die Möglichkeit einer Entziehung oder Einschränkung der Obsorge nach § 181 ABGB.[290] Gegen den ausdrücklichen Willen des mündigen Kindes kann eine Regelung der persönlichen Kontakte und deren Ausübung nicht erzwungen werden. Gegen den Willen des kontaktverpflichteten Elternteiles kann dies seit dem KindNamRÄG 2013 im Gegensatz zur vorher geltenden Rechtslage erfolgen (§ 108 iVm § 110 AußStrG). Wird dadurch das Wohl des Kindes gefährdet, kann das Gericht von der Fortsetzung der Durchsetzung jedoch absehen (§ 110 Abs 3 AußStrG).

---

285 Siehe III.E.1.a.

286 Nach der Rechtslage vor dem KindNamRÄG war dies für vor Gericht geschlossene Vereinbarungen notwendig: ErläutRV 2004 BlgNR 24. GP 30 f.

287 Anders die Rechtslage vor dem KindNamRÄG 2013; vgl RIS-Justiz RS0048011; OGH 6 Ob 101/10m EvBl 2011/1.

288 OGH 9 Ob 55/08s EF-Z 2009/7; 8 Ob 59/09y EF-Z 2010/65 etc.

289 Das Argument, die Verhängung einer Ordnungsstrafe gefährde den Kindesunterhalt und widerspreche deshalb dem Kindeswohl ist unbeachtlich. Es ist auch nicht von Bedeutung, ob der Besuchsberechtigte Unterhalt für das Kind zahlt: OGH 6 Ob 68/09g EF-Z 2009/119 (*Beck*); 1 Ob 107/09f EF-Z 2009/120 (*Beck*).

290 OGH 2 Ob 578/95 JBl 1996, 402; vgl *Nademleinsky* in Schwimann/Kodek⁴ Ia § 187 Rz 35; *Pesendorfer*, Die Durchsetzung des Besuchsrechts, iFamZ 2011, 64. Die beharrliche Verweigerung der Besuchsrechtsausübung kann auch zum Verlust des ehelichen oder nachehelichen Unterhaltsanspruchs führen: RIS-Justiz RS0078152.

§ 111 AußStrG sieht auf Antrag von Eltern oder Kind auch die Möglichkeit einer gerichtlich angeordneten **Besuchsbegleitung** durch eine geeignete dritte Person vor. Damit soll vor allem Schwierigkeiten bei der Aufnahme oder Wiederaufnahme des persönlichen Kontakts zwischen Elternteil und Kind begegnet werden.[291] Das Gericht kann im Verfahren zur Regelung oder zwangsweisen Durchsetzung des Rechts auf persönliche Kontakte auch die Familiengerichtshilfe als **Besuchsmittler** einsetzen, der die Eltern bei der Gestaltung der persönlichen Kontakte unterstützen soll (§ 106b AußStrG).[292]

Das Recht auf persönliche Kontakte besteht auch zwischen **Großeltern** und ihren **Enkeln**, soweit dadurch nicht das Familienleben der Eltern oder eines Elternteils oder deren Beziehung zu dem Kind gestört wird (§ 188 Abs 1 ABGB) und kann auch **anderen Personen**, die zu dem Kind ein besonderes persönliches oder familiäres Verhältnis haben (zB Geschwister,[293] Stiefeltern, Pflegeeltern) eingeräumt werden, wenn dies dem Wohl des Kindes dient (§ 188 Abs 2 ABGB)[294] Antragsberechtigt sind das Kind, ein Elternteil und der Dritte. Damit hat der Gesetzgeber im Rahmen des Kind-NamRÄG 2013, wie vom EGMR gefordert,[295] die rechtliche Möglichkeit geschaffen, dass auch der leibliche Vater eines Kindes, dessen Vaterschaft aus rechtlichen Gründen nicht festgestellt werden kann,[296] sein Interesse am Kontakt mit dem Kind in einem gerichtlichen Verfahren verfolgen kann.

c. Informations-, Äußerungs- und Vertretungsrecht

Der nicht mit der Obsorge betraute Elternteil hat gegenüber der mit der Obsorge betrauten Person das Recht, von wichtigen Angelegenheiten, die das Kind betreffen, insbesondere von beabsichtigten Maßnahmen, die bei gemeinsamer Obsorge Kollektivvertretung erfordern (§ 167 Abs 2 und 3 ABGB), rechtzeitig **verständigt zu werden** und sich dazu zu **äußern**.[297]

---

291 *Huter*, Besuchsbegleitung in der gerichtlichen Praxis, EF-Z 2012/61 und 97. Ausführlich zur Vorgängerbestimmung § 185c AußStrG alt: ErläutRV 296 BlgNR 21. GP 91 ff; *Hopf/Weitzenböck*, ÖJZ 2001, 493.

292 OGH 3 Ob 226/14b EF-Z 2015/94.

293 OGH 10 Ob 53/13m EF-Z 2014/106 (*Beck*) = iFamZ 2014/81 (*Thoma-Twaroch*) = RZ 2014/21 (*Barnreiter*).

294 Nach § 148 Abs 4 ABGB alt war dies nur bei Gefährdung des Kindeswohls vorgesehen. Vgl *Nademleinsky*, Der persönliche Verkehr zwischen Kind und „Dritten", ÖJZ 2006/19.

295 EGMR 21.12.2010, 20578/07, *Anayo/Deutschland* sowie 15.9.2011, 17080/07, *Schneider/Deutschland* EF-Z 2012/92. *Ferrari*, EGMR fordert Besuchs- und Informationsrecht des biologischen Vaters, iFamZ 2012, 60.

296 Siehe oben II.A.2.b.bb.

297 *Höllwerth*, Das Informationsrecht nach §178 ABGB, EF-Z 2011/102.

Die Äußerung ist jedenfalls zu berücksichtigen, wenn der darin ausgedrückte Wunsch dem Wohl des Kindes besser entspricht. Diese Rechte erstrecken sich auch auf weniger wichtige Angelegenheiten, soweit es sich nicht um bloße Angelegenheiten des täglichen Lebens handelt, wenn trotz Bereitschaft des nicht mit der Obsorge betrauten Elternteils keine regelmäßigen persönlichen Kontakte mit dem Kind stattfinden, etwa weil diese aufgrund der Lebensumstände nicht möglich sind[298] oder weil das Kind den Kontakt ablehnt (§ 189 Abs 1 Z 1 und Abs 3 ABGB).

Überdies hat der nicht mit der Obsorge betraute Elternteil den Obsorgebetrauten in Angelegenheiten des täglichen Lebens zu vertreten sowie das Kind zu pflegen und zu erziehen, soweit das die Umstände erfordern und sich das Kind rechtmäßig bei ihm aufhält (**Vertretungsrecht, § 189 Abs 1 Z 2 ABGB**[299], neu eingefügt durch das KindNamRÄG 2013).

Verletzt der Obsorgebetraute die Rechte des anderen beharrlich, so hat das Gericht auf Antrag, bei Gefährdung des Kindeswohls aber auch von Amts wegen, angemessene Verfügungen zu treffen (§ 189 Abs 4 ABGB). Das Gericht kann dem säumigen Elternteil beispielsweise konkrete Aufträge erteilen oder den nicht mit der Obsorge betrauten Elternteil ermächtigen, sich selbst beim Arzt oder in der Schule zu informieren.[300]

Die Informations-, Äußerungs- und Vertretungsrechte können gerichtlich beschränkt oder entzogen werden, wenn ihre Wahrnehmung das Wohl des Kindes ernstlich gefährdet. Dasselbe gilt, wenn sie der Berechtigte missbräuchlich oder in einer Art und Weise wahrnimmt, die für den anderen Elternteil nicht zumutbar ist. Sie entfallen außerdem, wenn der berechtigte Elternteil selbst den Kontakt zum Kind grundlos ablehnt (§ 189 Abs 2 ABGB). Hat ein Elternteil oder das Kind die Ausübung des Rechts auf persönlichen Verkehr grundlos abgelehnt, so steht dieser Person außerdem nicht das Recht auf Pflichtteilsminderung zu.[301]

---

298 Große räumliche Entfernung, Krankheit des berechtigten Elternteils.

299 Siehe zur Problematik dieser Bestimmung *Hinteregger* in Ferrari/Hinteregger/ Kathrein 65 f: Gemeint war wohl ein Vertretungsrecht in „Obsorgeangelegenheiten des täglichen Lebens", die Bestimmung sollte insofern einschränkend interpretiert werden. Andererseits ist eine ausdehnende Interpretation insofern zu befürworten, als das Vertretungsrecht auch in Bezug auf andere Obsorgebetraute wie zB Großeltern und Pflegeeltern zustehen sollte. Abgesehen davon ist das Vertretungsrecht auch inhaltlich problematisch, weil der nicht mit der Obsorge betraute Elternteil, der zur Pflege und Erziehung berechtigt ist, solange sich das Kind rechtmäßig bei ihm aufhält, auch zur gesetzlichen Vertretung des Kindes in diesem Bereich berechtigt sein sollte (vgl auch § 158 Abs 1 ABGB).

300 ErläutRV 296 BlgNR 21. GP 68.

301 § 773a Abs 3 ABGB (§ 776 Abs 2 ABGB idF des ErbRÄG 2015).

6. Verfahrensrechte Minderjähriger in Verfahren über Obsorgeangelegenheiten

Seit dem KindRÄG 2001 sind die Verfahrensrechte Minderjähriger in Verfahren über ihre Pflege und Erziehung und das Recht auf persönliche Kontakte ausdrücklich geregelt. Gem § 105 AußStrG sind Minderjährige in solchen Verfahren persönlich zu **hören**. Bei Kindern unter zehn Jahren kann die Befragung auch durch den Kinder- und Jugendhilfeträger, die Familiengerichtshilfe, durch Einrichtungen der Jugendgerichtshilfe oder in anderer geeigneter Weise, etwa durch Sachverständige, erfolgen. Dasselbe gilt, wenn die Entwicklung oder der Gesundheitszustand des Kindes dies erfordern oder wenn sonst eine ernsthafte und unbeeinflusste Meinungsäußerung des Kindes nicht zu erwarten ist (§ 105 Abs 1 AußStrG). In dringenden Fällen oder wenn eine überlegte Äußerung zum Verfahrensgegenstand nicht zu erwarten ist, kann die Befragung auch entfallen (§ 105 Abs 2 AußStrG). Vor Verfügungen über Pflege und Erziehung oder über das Recht auf persönliche Kontakte kann auch der **Kinder- und Jugendhilfeträger** gehört werden (§ 106 AußStrG).

Mündige Minderjährige können in Verfahren über Pflege und Erziehung oder über das Recht auf persönliche Kontakte überdies selbständig vor Gericht handeln (§ 104 AußStrG). Sie sind vom Gericht entsprechend anzuleiten. Die Vertretungsbefugnis des gesetzlichen Vertreters wird von den selbständigen Verfahrensrechten des Minderjährigen aber nicht berührt. Stimmt der Antrag des Minderjährigen mit dem des gesetzlichen Vertreters nicht überein, so hat das Gericht bei der Entscheidung alle Anträge inhaltlich zu berücksichtigen.

In Verfahren über die Obsorge und das Recht auf persönliche Kontakte[302] ist Minderjährigen unter 14 Jahren, bei besonderem Bedarf mit deren Zustimmung auch Minderjährigen unter 16 Jahren, ein **Kinderbeistand** an die Seite zu geben, wenn die „Intensität der Auseinandersetzungen zwischen den übrigen Parteien" dies notwendig macht und dem Gericht geeignete Personen zur Verfügung stehen (§ 104a AußStrG).[303] Es können nur Perso-

---

302 Einschließlich der Verfahren zur Durchsetzung von Obsorge- und Kontaktrechtsregelungen nach § 110 AußStrG und Verfahren nach dem Haager Kindesentführungsübereinkommen (§ 111a AußStrG).

303 Eingefügt durch Art 1 Kinderbeistand-Gesetz BGBl I 2009/137. Zur Idee des Kinderbeistands im Allgemeinen und zum Modellprojekt Kinderbeistand des BMJ, das zwischen 2005 bis 2008 an mehreren österreichischen Bezirksgerichten durchgeführt wurde: *Barth/Haidvogel*, Der Kinderbeistand, RZ 2007, 14 sowie die Beiträge von *Lehner, Menne* und *Weiss*, iFamZ 2008, 275 ff. Zum Kinderbeistand-Gesetz: *Gröger*, Kinderbeistand-Gesetz, EF-Z 2009/112; *Pinterits*, Kinderbeistand bei Obsorge- und Besuchsrechtsstreitigkeiten, iFamZ 2010, 218; *Barth/Gröger*, Das neue Kinderbei-

nen zum Kinderbeistand bestellt werden, die vom BMJ oder in dessen Auftrag von der Justizbetreuungsagentur namhaft gemacht werden. Diese müssen nach ihrer Ausbildung, ihrem Beruf und ihrer beruflichen Erfahrung im Umgang mit Kindern und Jugendlichen für diese Tätigkeit geeignet sein.[304] Der Kinderbeistand soll das Kind während des Verfahrens psychologisch stützen, zu den Gerichtsterminen begleiten und ihm helfen, seinen Willen und seine Wünsche in und außerhalb des Gerichtsverfahrens sprachlich auszudrücken. Der Kinderbeistand ist nicht selbst Partei des Verfahrens, sondern hat nur das Recht an diesem teilzunehmen,[305] und ist zur Verschwiegenheit über die ihm in Ausübung seiner Funktion anvertrauten oder bekannt gewordenen Tatsachen verpflichtet (§ 104a Abs 2 AußStrG).[306] Die Finanzierung der Betreuung durch den Kinderbeistand erfolgt durch eine Pauschalgebühr, die von jeder Verfahrenspartei, mit Ausnahme des Kindes, zu entrichten ist (§ 28 Z 9 GGG).

Mit dem KindNamRÄG 2013 wurde außerdem die rechtliche Grundlage für die Einrichtung einer **Familiengerichtshilfe** geschaffen (§§ 106a ff AußStrG).[307] Es handelt sich dabei um eine mit Psychologen und Sozialarbeitern besetzte Stelle der Justiz, die das Gericht bei der Sammlung der Entscheidungsgrundlagen, der Anbahnung einer gütlichen Einigung und der Information der Parteien in Verfahren über die Obsorge und die persönlichen

---

stand-Gesetz im Überblick, iFamZ 2010, 221; *Figdor*, Aufgabenstellung und Voraussetzungen für die Bestellung eines Kinderbeistands, iFamZ 2010, 226; *Fucik*, Kinderbeistand und Kindesanhörung, iFamZ 2010, 229; *Reiter/Kloiber/Haller*, Das Kinderbeistand-Gesetz, EF-Z 2010/96; OGH 8 Ob 19/11v EF-Z 2011/107 (*Beck*); 1 Ob 78/12w JBl 2012, 669.

304 § 104a AußStrG.

305 § 104a Abs 3 AußStrG: Recht auf Akteneinsicht; Recht von allen Terminen verständigt zu werden, an mündlichen Verhandlungen teilzunehmen und das Kind bei Beweisaufnahmen zu begleiten. Dem Kinderbeistand sind alle Anträge der Parteien zu übersenden und er ist von weiteren Personensorgeverfahren durch Übersendung des verfahrenseinleitenden Antrags zu informieren.

306 Vgl *Barth/Grössl*, Zur Verschwiegenheitspflicht des Kinderbeistands, iFamZ 2010, 232.

307 *Engel*, Ziele, Strukturen und gesetzliche Grundlagen der Familiengerichtshilfe, in Barth/Deixler-Hübner/G. Jelinek, Handbuch des neuen Kindschafts- und Namensrechts (2013) 249; Zum Modellversuch Familiengerichtshilfe: *Marchel/Stvarnik*, Erfahrungen mit der Familiengerichtshilfe, in Ferrari/Hinteregger/Kathrein 153 ff; *Krucsay*, Begleitende Evaluierung des Modellversuchs Familiengerichtshilfe, iFamZ 2012, 55; *Erhart*, Gelingender Einsatz interdisziplinärer Kompetenzen in der Familiengerichtshilfe, iFamZ 2013, 318; *Eich*, Auf der Suche nach Familiengerichtshilfe, iFamZ 2013, 320; *Krucsay*, Die Familiengerichtshilfe im Geflecht institutioneller und individueller Erwartungen und Erfahrungen, iFamZ 2013, 325; *Fucik/Seeber-Grimm*, Auslandseinsätze der Familiengerichtshilfe? iFamZ 2014, 42; *Heinke/Prasthofer-Wagner*, Zwei Jahre Familiengerichtshilfe, EF-Z 2015, 148.

Kontakte unterstützen soll. Gem § 106c ABGB ist das BMJ ermächtigt mit Verordnung anzuordnen, für welche Bezirksgerichte eine Familienhilfe eingerichtet wird.

Beispiele aus der Rechtsprechung

OGH 30.6.1982, 1 Ob 662/82 ÖA 1983, 101 – Aufenthaltsbestimmungsrecht

Der minderjährige, 1964 geborene Mechanikerlehrling lebte seit der Scheidung seiner Eltern im Haushalt seines Vaters und seiner Stiefmutter. 1981 verschlechterte sich das Verhältnis des Minderjährigen zu seinem Vater und seiner Stiefmutter, da er sich den strengen Anordnungen seines Vaters nicht länger unterordnen wollte. Daraufhin verbot der Vater seinem Sohn jeglichen Kontakt mit seiner Freundin. Nach etlichen Spannungen und Auseinandersetzungen, die sogar in einer Anzeige wegen Körperverletzung gegen den Vater gipfelten, zog der Minderjährige schließlich von zu Hause aus und lebt seither mit seiner Freundin zusammen. Er geht weiter seiner Arbeit zur vollsten Zufriedenheit des Lehrherrn nach und bezieht ein monatliches Einkommen von € 290,69. Seine Freundin arbeitet ganztägig und kann als selbsterhaltungsfähig angesehen werden. Allerdings hat der Minderjährige Schwierigkeiten in der Berufsschule, und es ist fraglich, ob er seine Lehre positiv abschließen wird. Sonstige negative Entwicklungen des Minderjährigen sind nicht festzustellen. Der Vater stellt einen Antrag auf Rückführung des Sohnes in seinen Haushalt.

OGH 11.9.2014, 2 Ob 153/14k EF-Z 2015/11 (*Beck*) = iFamZ 2014/209 – Wohnortbestimmungsrecht

Die Vorinstanzen haben beide Eltern mit der Obsorge betraut und festgelegt, dass das Kind hauptsächlich im Haushalt der Mutter betreut werde. Der Vater wendet sich gegen diesen Ausspruch, weil die Mutter damit über einen allfälligen Umzug ins Ausland allein entscheiden und ihm dadurch die Obsorge faktisch entziehen könne. Er wendet sich nicht gegen die hauptsächliche Betreuung des Kindes durch die Mutter an sich. Er möchte aber, dass eine Verlegung des Wohnsitzes des Kindes durch die Mutter, insbesondere ins Ausland, nur mit seiner Zustimmung oder nach Genehmigung des Gerichts erfolgen darf.

OGH 24.2.1998, 7 Ob 35/98t EFSlg 87.035 – Namenswahl

Die Eltern der beiden minderjährigen Zwillinge leben seit dem 21.12.1996 getrennt. Der Vater hatte sich gegen den von der Mutter für den gemeinsamen Sohn ausgewählten Namen „Mario" ausgesprochen und wünscht an

Stelle dessen für dieses Kind den Namen „Alexander". Daraufhin teilte der Standesbeamte dem Pflegschaftsgericht mit, dass auf Grund fehlender Einigung die Geburt des Sohnes vorläufig ohne Vornamen beurkundet wurde. Die Mutter bringt vor, dass sie sich schon während der Schwangerschaft, die sie ohne den Vater durchstehen musste, – die Kinder leben auch seit der Geburt bei der Mutter – für die Namen Mario und Marina entschieden hat. Der Vater ist mit dem Namen Mario deshalb nicht einverstanden, weil ein Cousin seiner Gattin Mario heißt. Zu diesem Mario habe er kein gutes Verhältnis, weil er ihm ein kaputtes Handy verkauft habe, er zudem arbeitsscheu und öfters in Krankenstand sei. Außerdem gebe es keinen Grund, dass sein Sohn einen ausländischen Namen bekommen solle.

OGH 8.10.2013, 3 Ob 145/13i EF-Z 2014/73 (*Beck*) = EFSlg 137.681 – Gemeinsame Obsorge gegen den Willen eines Elternteils?

Nach der Scheidung der Eltern im Jahr 2010 beantragten beide die Übertragung der Alleinobsorge für ihre im Oktober 2006 und im Jänner 2008 geborenen, seit der Trennung der Eltern im Jänner 2008 bei der Mutter betreuten Söhne, jeweils verbunden mit Vorwürfen, der andere gefährde das Kindeswohl.

OGH 22.10.2014, 3 Ob 149/14d EF-Z 2015/44 (*Pierer*) = iFamZ 2015/16 Untersuchungshaft

Beide Elternteile sind mit der Obsorge des Kindes betraut. Der Vater wurde im Ausland in U-Haft genommen. Auch nach etwa einem Jahr ist ein Ende der Haft nicht abzusehen. Die Kommunikation mit dem Vater ist aufgrund seiner Inhaftierung – auch für das Pflegschaftsgericht – nur schwer möglich. Die Mutter beantragt wegen maßgeblicher Veränderung der Verhältnisse gem § 180 Abs 3 ABGB die Übertragung der alleinigen Obsorge.

OGH 27.5.1993, 2 Ob 527/93 JBl 1994, 328 – Vater gegen Großeltern

Das minderjährige Kind stand bis zum Tode seiner Mutter in deren alleiniger Obsorge, wurde aber zum Teil von den mütterlichen Großeltern und der mütterlichen Urgroßmutter mitbetreut. Nach dem Tode der leiblichen Mutter stellen sowohl die mütterlichen Großeltern als auch der außereheliche Vater den Antrag auf Übertragung der Obsorge. Zum Zeitpunkt der Antragstellung ist die Hauptbetreuungs- und Bezugsperson die 70-jährige, recht rüstige Urgroßmutter. Der Vater des Kindes wohnt bei seinem Bruder und dessen Frau, die sich bereit erklärt hat, das Kind während seiner beruflichen Abwesenheit zu betreuen. Die mütterlichen Großeltern haben ein neu erbautes Haus und wären zur Betreuung eines Kindes dieses Alters ebenfalls geeignet.

OGH 11.8.2006, 9 Ob 68/06z EF-Z 2007/59 (*Verschraegen*) = EFSlg 113.920 = EvBl 2007/11 = FamZ 2006/73 = RZ-RÜ 2006/409f = Zak 2006/603 – anonyme Geburt

Die Antragstellerin beantragt am 7.9.2005 die Adoption ihres Sohnes entweder zu widerrufen, aufzuheben oder deren Nichtigkeit festzustellen. Sie sei während der Schwangerschaft vom Vater des Kindes verlassen worden und habe ihre Schwangerschaft vor der Familie geheim gehalten. Am 27.9.2004 sei sie in die Landesfrauenklinik eingeliefert worden, wo man sie bei ihrer Aufnahme über die Möglichkeit einer anonymen Geburt informiert habe. Noch im Kreißsaal habe sie eine Mitarbeiterin der Jugendwohlfahrt aufgesucht und mit ihr über eine Adoption gesprochen. Sie sei wegen ihres Alters und der gesamten Umstände während ihrer Schwangerschaft nicht geschäftsfähig gewesen. Ihre Zustimmung zur Adoption sei durch das listige Verhalten der Vertreterin des Jugendwohlfahrtsträgers unter Ausnützung ihrer Zwangslage veranlasst worden.

OGH 14.10.1981, 1 Ob 756/81 RZ 1982/16 – Kontaktverweigerung

Die Eltern des 15jährigen Minderjährigen sind geschieden. Dem Vater steht ein Besuchsrecht zu. Das Kind widersetzt sich aus eigenem Antrieb dem Besuchsrecht des Vaters, da die feindliche Haltung der Eltern zueinander die Einstellung des Kindes geprägt und zur Parteiergreifung für die Mutter geführt hat. Der Vater hat sein Besuchsrecht die letzten zwei Jahre nicht ausgeübt. Er möchte jedoch eine möglichst vernünftige Beziehung zu seinem Kind führen und beantragt deshalb die zwangsweise Ausübung seines Besuchsrechts.

OGH 12.4.2011, 4 Ob 8/11x Zak 2011/312 = EF-Z 2011/85 (*Reischauer,* EF-Z 2011/83) = EvBl 2011/96 – Schadenersatz für Kontaktrechtsvereitelung

Nach der Scheidung der Ehe mit dem Kläger obliegt die Obsorge für den 1996 geborenen Sohn der Beklagten. Der Sohn lehnt seit Juni 2008 den Kontakt mit seinem Vater ab. Das Pflegschaftsgericht wies einen Antrag des Klägers auf (neuerliche) Regelung des Kontaktrechts ab, weil ein weiterer Kontakt wegen der vehementen Ablehnung die seelische Gesundheit des Sohnes gefährdete. Der Kläger focht diesen Beschluss nicht an. Er begehrt im vorliegenden Verfahren von der Beklagten die Zahlung von € 11.949,09 (Schmerzengeld von € 9.000,– sowie Ersatz der im Pflegschaftsverfahren aufgewendeten Rechtsanwalts- und Sachverständigenkosten). Er bringt vor, dass die Beklagte den Sohn derart manipuliert habe, dass dieser keinen weiteren Kontakt zu ihm wünsche. Hätte die Beklagte positiv auf den Sohn eingewirkt, würden mit an Sicherheit grenzender Wahrscheinlichkeit regelmäßige Treffen stattfinden. Er leide wegen des von der Beklagten verursachten Kontaktabbruchs unter schweren Schlafstörungen, chronischer Ungewissheit, Albträumen und depressiven Verstimmungen. Die seelischen Schmerzen erreichten Krankheitswert.

OGH 24.7.2014, 1 Ob 7/14g EvBl 2015/16 (*Brenn*) = iFamZ 2014/177 = RZ 2015/13 = Zak 2014/626 – Kontaktrecht der Großmutter

Das Verhältnis zwischen der Mutter des Mj und ihrer Mutter (Großmutter des Mj) ist schon seit Längerem angespannt. Die Mutter hat deshalb jegliche Kontakte des Kindes zur Großmutter unterbunden. Der Großmutter wurden über ihren Antrag im Jahr 2012 Besuchskontakte im Abstand von vier Wochen in einem Besuchs-Cafe unter Besuchsbegleitung eingeräumt und der Mutter wurde aufgetragen, dafür Sorge zu tragen, dass der Mj zu den vereinbarten Besuchskontakten anwesend ist. Trotz dieser Entscheidung verhinderte die Mutter weiterhin jeglichen Kontakt des Kindes zur Großmutter und änderte ihr Verhalten auch nicht, nachdem über sie rechtskräftig Beugestrafen (von € 100,–, € 200,– und € 400,–) verhängt worden waren. Die Großmutter beantragt die Verhängung einer weiteren Beugestrafe.

OGH 28.1.2014, 10 Ob 53/13m EF-Z 2014/106 (*Beck*) = RZ 2014/21 (*Barnreiter*) = iFamZ 2014/81 – Kontaktrecht der Geschwister

Die Ehe der Eltern wurde im Jahr 2012 aus gleichteiligem Verschulden geschieden. Die beiden Mj leben seit der Trennung der Eltern Ende 2011 im Haushalt der Mutter. Ihr 19-jähriger Bruder lebt beim Vater. Das Erstgericht betraute beide Eltern mit der Obsorge für die beiden Mj, legte ihre hauptsächliche Betreuung durch die Mutter fest und regelte ausgedehnte Kontakte des Vaters mit den Kindern in den Ferien. Dem Bruder der Mj räumte es nicht eigens persönliche Kontakte ein; ihm stehe es frei, solche Kontakte mit seinen Geschwistern im Rahmen des dem Vater zugesprochenen Kontaktrechts auszuüben. Der Bruder beantragt ein Kontaktrecht zu seinen Geschwistern.

LGZ Wien 28.9.1984, 43 R 835/84 ÖA 1986, 18 – Kontaktrecht für Urgroßeltern

Das minderjährige, 1981 geborene Kind lebt überwiegend beim Vater. Die Urgroßeltern stellen bei Gericht den Antrag auf Einräumung eines Besuchsrechts. Die Eltern wenden ein, dass sie zwar generell nichts gegen den wöchentlichen Besuch der Urgroßeltern haben, doch solle dies auf freiwilliger Basis erfolgen, da für eine derartige gerichtliche Besuchsrechtsregelung keine gesetzliche Grundlage bestehe.

OGH 25.8.1987, 2 Ob 623/87 EvBl 1988/65 – Kontaktrecht für eine dritte Person

Der 15-jährige Minderjährige ist in einem Heim untergebracht. Da sich weder Vater noch Mutter noch die zu betagte Großmutter um ihn persönlich kümmern bzw kümmern können, besteht für den Jungen die Gefahr, dass er den Kontakt zur Außenwelt gänzlich verliert. Eine Bekannte, die den Minderjährigen besonders ins Herz geschlossen hat, stellt schließlich den Antrag auf Einräumung des Besuchsrechts. Sie möchte – auf ausdrücklichen Wunsch des Minderjährigen – den Jungen einmal im Monat und in den Ferien für einen längeren Zeitraum in ihre Familie aufnehmen.

OGH 10.4.1997, 6 Ob 2398/96g EFSlg 83.848 = ÖA 1997, 168 – Kontaktrecht des Kindes

Der Vater hat die Vaterschaft zu dem am 29.11.1994 geborenen unehelichen Kind anerkannt. Das Kind wächst im Haushalt der obsorgebetrauten Mutter auf. Am 19.6.1996 stellt das Kind, vertreten durch die Mutter, einen Antrag auf Besuchsregelung in der Form, dass das Kind den Kindesvater nach Maßgabe seiner Anwesenheit im Inland einmal im Monat besuchen kann. Der Antrag wird damit begründet, dass der Vater das Kind bisher erst einmal gesehen habe und das Kind ein Recht auf persönlichen Kontakt mit seinem Vater habe.

OGH 26.11.1980, 1 Ob 717/80 SZ 53/157 – Vorlage von Schulzeugnissen

Im Scheidungsvergleich, der auch pflegschaftsbehördlich genehmigt worden ist, wurde festgesetzt, dass der Mutter die Obsorge für das Kind allein zukommt. Der Vater will jedes erste Wochenende im Monat mit seinem Sohn verbringen. Sowohl die Mutter als auch das Kind sind gegen ein Besuchsrecht des Vaters. Da sich der Sohn bei einer gemeinsamen Aussprache im Beisein einer Psychologin im Jugendamt total abweisend gegenüber dem Vater verhielt, verzichtete dieser vorläufig auf die Ausübung seines Besuchsrechts. Schließlich beantragt der Vater die Vorlage der Jahreszeugnisse. Er stützt dieses Begehren ursprünglich auf eine Vorlagepflicht gegenüber seinem Dienstgeber, später auf sein Interesse am schulischen Fortschritt seines Sohnes. Dies sei nämlich für ihn die einzige Möglichkeit, am Leben seines Sohnes teilzuhaben. Die Mutter spricht sich gegen diesen Antrag aus. Sie erklärt sich aber auf rein freiwilliger Basis bereit, dem Vater eine Kopie der Zeugnisse zu übermitteln, wenn dieser sie für den Erhalt einer unternehmensinternen Kinderzulage benötige. Allerdings müsse er diese Zulage an den Minderjährigen zu ihren Handen überweisen.

OGH 27.9.1990, 7 Ob 657/90 SZ 63/165 = EvBl 1991/159 – Aufhebung eines Pflegevertrages

Das am 21.3.1982 geborene Kind wurde von seiner leiblichen Mutter im Juli 1983 zu Pflegeeltern gegeben. Am 13.12.1983 wurde zwischen den Pflegeeltern und dem Jugendamt als dem (damaligen) Vertreter des Kindes ein unentgeltlicher Pflegschaftsvertrag abgeschlossen. Die Mutter erklärte sich mit diesem Vertrag, der gerichtlich genehmigt wurde, einverstanden. Dem Pflegekind steht in der schönen Wohnung der Pflegeeltern ein eigenes Kinderzimmer zur Verfügung. Es wird von den Pflegeeltern liebevoll betreut und gefördert. Das Kind ist in der Pflegefamilie gut und voll integriert und fühlt sich sichtlich wohl. Am 30.6.1989 beantragen die Pflegeeltern, ihnen die Obsorge für das Kind zu übertragen. Die Mutter spricht sich gegen diesen Antrag aus und beantragt ihrerseits, das Kind wieder in ihre Pflege und Erziehung und Obsorge zu übertragen, da sie dem Kind inzwischen den gleichen Standard bieten kann wie die Pflegeeltern. Sie stützt ihr Begehren auf Art 8 Abs 1 und Art 12 EMRK und insbesondere auf Art 2 des 1. ZPEMRK. Das siebenjährige Kind möchte nach eigenen Aussagen bei seiner „Mama in Wien" (Pflegemutter) bleiben und die „andere Mama" (Mutter) besuchen.

OGH 14.2.2008, 2 Ob 195/07a EF-Z 2008/53 = EvBl 2008/111 = iFamZ 2008/67 (*Thoma-Twaroch*) = JBl 2008, 584 = RZ-EÜ 2008/383f = Zak 2008/304 – Namensänderung

Nach der Scheidung der Eltern leben Bernhard, geboren am 15.4.1997, und Kathrin, geboren am 18.9.1999, bei der Mutter. Die Obsorge kommt beiden Elternteilen zu. Am 24.11.2005 beantragen die beiden Minderjährigen, dass das Gericht die Zustimmung des Vaters zur Änderung ihres Familiennamens von G. auf M. ersetzen möge. Der Name M. ist der Mädchenname der Mutter, den diese unmittelbar nach der Scheidung wieder angenommen hat und der inzwischen auch vom neuen Ehemann der Mutter geführt wird. Die Kinder bringen vor, dass sie denselben Namen führen wollen wie ihre Mutter und ihr Stiefvater. Der Vater spricht sich gegen den Antrag aus.

OGH 25.3.2014, 9 Ob 16/14i EF-Z 2014/128 (*Beck*) – Vater will Alleinobsorge der Exstiefmutter

Am 20.6.2012 vereinbarten die nicht miteinander verheirateten Eltern nach ihrer Trennung die gemeinsame Obsorge mit hauptsächlichem Aufenthalt des Mj beim Vater und ein Kontaktrecht der Mutter. Der Mj lebte ab Juni 2012 beim Vater, seiner Ehefrau und deren Tochter aus einer früheren Beziehung. Die Stiefmutter betreute den Mj großteils und baute eine gute Beziehung zu ihm auf. Im Mai 2013 übersiedelte die Stiefmutter zu ihrem neuen Lebensgefährten, betreute den Mj aber auch weiter und nahm ihn auch in ihre neue Wohnung mit. Im August 2013 traf der Kinder- und Jugendhilfeträger eine Interimsmaßnahme iSd § 211 ABGB und brachte den Mj in einem Kinderheim unter. Der Kinder- und Jugendhilfeträger beantragt, ihn mit der Pflege und Erziehung zu betrauen. Der Vater und die Stiefmutter beantragen, die Obsorge der Stiefmutter zu übertragen. Die leibliche Mutter erklärt sich mit einer vorübergehenden Übertragung der Obsorge an die Stiefmutter einverstanden.

4. Teil: Erwachsenenschutzrecht

I. Einleitung

Nicht nur minderjährige, sondern auch volljährige, also erwachsene Personen, „die aus einem anderen Grund als dem ihrer Minderjährigkeit alle oder einzelne ihrer Angelegenheiten selbst gehörig zu besorgen nicht vermögen, stehen unter dem besonderen Schutz der Gesetze" (§ 21 Abs 1 ABGB). Der Grund für die Unfähigkeit, eigene Angelegenheiten zu besorgen, kann in einer körperlichen oder geistigen Beeinträchtigung liegen. Das **Sachwalterrecht**[1] schafft den rechtlichen Rahmen für die nötigen Hilfestellungen bei **geistiger Beeinträchtigung** einer Person. Zum Schutz für solche Personen sah das ABGB von 1811 noch eine „Kuratel für Wahn- und Blödsinnige" vor, die 1916 von der Entmündigungsordnung[2] abgelöst wurde. Diese galt bis 1984 und kannte nur eine pauschale Beschränkung bzw einen völligen Entzug der Geschäftsfähigkeit. Sie enthielt außerdem die diskriminierend wirkenden Begriffe „Entmündigung", „Geisteskrankheit" und „Geistesschwäche". Mit dem Sachwaltergesetz 1983[3] kam es zu einer grundlegenden Umgestaltung. Das Wohl des psychisch kranken bzw geistig behinderten Menschen rückte in den Mittelpunkt, und das Gesetz ermöglichte es, den

---

1   Siehe dazu *Schwimann*, Neuerungen im Obsorge-, Kuratel- und Sachwalterrecht, EF-Z 2006, 68; *Schauer*, Schwerpunkte des Sachwalterrechts-Änderungsgesetzes (SWRÄG 2006) (Teil I), ÖJZ 2007, 173; *derselbe*, Schwerpunkte des Sachwalterrechts-Änderungsgesetzes (SWRÄG 2006) (Teil II), ÖJZ 2007, 217; *derselbe*, Entwicklungstendenzen im Sachwalterrecht, in FS Hopf (2007) 161; *Maurer*, Das österreichische Sachwalterrecht in der Praxis³ (2007); Zierl (Hrsg), Sachwalterrecht Kurzkommentar (2007); *Schwarz*, Praxishandbuch Vertretungsrecht (2008); Barth/Ganner (Hrsg), Handbuch des Sachwalterrechts² (2010); *Müller/Prinz*, Sachwalterschaft und Alternativen – Ein Wegweiser² (2010); Löhnig/Schwab/Henrich/Gottwald/Kroppenberg (Hrsg), Vorsorgevollmacht und Erwachsenenschutz in Europa (2011); *Pierer*, Grenzen der Vertretungsmacht des Sachwalters bei erb- und familienrechtlichen Rechtsgeschäften, EF-Z 2013, 244; *derselbe*, Grenzen der Vertretungsmacht des Sachwalters in Fragen der Personensorge, EF-Z 2014, 14; *Traar/Pesendorfer/Fritz/Barth*, Sachwalterrecht und Patientenverfügung – Kurzkommentar (2015).
2   Kaiserliche Verordnung vom 28.6.1916 über die Entmündigung, RGBl 1916/207.
3   SWG 1983 BGBl 1983/136.

Wirkungsbereich des Sachwalters den konkreten Bedürfnissen der betroffenen Person anzupassen. Der Sachwalter hatte nun auch die Aufgabe, auf das persönliche Wohlergehen der ihm anvertrauten Person zu achten und die erforderliche Personensorge sicherzustellen.[4]

Das Rechtsinstitut der Sachwalterschaft wurde in der Praxis zunächst gut aufgenommen. Im Lauf der Zeit führte aber die steigende Lebenserwartung der Menschen und die Zunahme formalrechtlicher Anforderungen im Geschäftsleben zu einer deutlichen Vermehrung der Sachwalterschaften und einer damit verbundenen Überlastung der Gerichte. Außerdem wurde die Sachwalterschaft immer mehr als ein unverhältnismäßiger Eingriff in die Autonomie älterer Menschen gesehen.[5] Das Sachwalterrechts-Änderungsgesetz 2006[6] hatte zum Ziel, dieser Entwicklung gegenzusteuern. Es stellte die **Vorsorgevollmacht** und die **Vertretungsbefugnis nächster Angehöriger** als Alternativen zur Sachwalterschaft zur Verfügung. Einen weiteren Schwerpunkt dieser Reform bildeten Regelungen über die Personensorge, insbesondere für den Fall der medizinischen Behandlung sowie der Entscheidung über den Wohnort der betroffenen Person. Außerdem koppelte der Gesetzgeber das Sachwalterrecht vom Kindschaftsrecht ab und widmete ihm ein eigenes Hauptstück im ABGB, um die besondere Bedeutung dieses Rechtsgebiets zum Ausdruck zu bringen.[7] Ebenfalls aus dem Jahr 2006 stammt das Patientenverfügungsgesetz[8], das die Voraussetzungen und die Wirksamkeit von **Patientenverfügungen** regelt.

Derzeit ist wieder eine umfassende **Umgestaltung** des Sachwalterrechts in Vorbereitung. Ausgangspunkt ist Art 12 des UN-Übereinkommens über die Rechte von Menschen mit Behinderungen (UN-BRK). Diesem Übereinkommen ist Österreich 2008 beigetreten.[9] Die einzelnen Bestimmungen sind allerdings nicht unmittelbar anwendbar, weil der Nationalrat anlässlich der Ratifikation gemäß Art 50 Abs 2 Z 3 B-VG beschlossen hat, dass das Übereinkommen durch die Erlassung von Gesetzen zu erfüllen ist. Es bedarf also weiterer Transformationsgesetze, um dem Übereinkommen innerstaatlich zur Wirksamkeit zu verhelfen. Völkerrechtlich ist Österreich aber zur Umsetzung der UN-BRK verpflichtet.[10] Nach Art 12 Abs 2 UN-BRK

---

4 Siehe *Zierl*, Sachwalterrecht 6 f.
5 ErläutRV 1420 BlgNR 22. GP 3.
6 SWRÄG 2006 BGBl I 2006/92.
7 ErläutRV 1420 BlgNR 22. GP 1.
8 BGBl I 2006/55.
9 BGBl III 2008/155.
10 Vgl auch *Kopetzki*, UN-Behindertenrechtskonvention: Medizinrecht am Prüfstand, RdM 2015, 1; *Schauer*, Das UN-Übereinkommen über die Behinderten-Rechte und das österreichische Sachwalterrecht, iFamZ 2011, 258; *Ganner*, Die Auswirkungen

anerkennen die Vertragsstaaten, dass Menschen mit Behinderungen in allen Lebensbereichen – gleichberechtigt mit anderen – Rechts- und Handlungsfähigkeit genießen. Abs 3 verpflichtet Österreich, Menschen mit Behinderungen die Unterstützung zukommen zu lassen, die sie bei der Ausübung ihrer Rechts- und Handlungsfähigkeit benötigen. Maßnahmen zur Ausübung der Rechts- und Handlungsfähigkeit müssen nach Abs 4 verhältnismäßig und auf die Umstände der Person zugeschnitten sowie von kurzer Dauer sein. Sie sind außerdem regelmäßig zu überprüfen. Insgesamt soll die Position des Behinderten gestärkt und die Zahl der Sachwalterschaften vermindert werden.

Das BMJ führt derzeit in Zusammenarbeit mit den Sachwaltervereinen und 18 beteiligten Gerichten das Modellprojekt „Unterstützung zur Selbstbestimmung" durch. Dieses verfolgt einen grundlegenden Paradigmenwechsel: „Weg von einem Handeln für die Betroffenen hin zu einer Unterstützung zur Selbstbestimmung."[11] Insbesondere unterstützungsbereite Personen im Umfeld der behinderten Person sollen dazu beitragen, dass sich die Bestellung eines Sachwalters erübrigt.[12]

---

der UN-Behindertenrechtsrechtskonvention auf das österreichische Sachwalterrecht, BtPr 2010, 204.

11 *Fucik*, Statt Sachwalterbestellungen: Das Modellprojekt „Unterstützung zur Selbstbestimmung", ÖJZ 2014, 625.

12 *Fucik*, ÖJZ 2014, 625.

II. Sachwalterschaft und gesetzliche Vertretungsbefugnis nächster Angehöriger

A. Sachwalterschaft

1. Bestellung eines Sachwalters

Leidet eine **volljährige** Person an einer **psychischen Krankheit** oder **geistigen Behinderung** und vermag sie daher alle oder einzelne ihrer Angelegenheiten nicht ohne Gefahr eines Nachteils für sich selbst zu besorgen, so ist ihr auf ihren Antrag oder von Amts wegen ein Sachwalter zu bestellen (§ 268 Abs 1 ABGB). Die Bestellung eines Sachwalters hat allerdings nur **subsidiär** zu erfolgen; sie ist unzulässig, wenn die Angelegenheiten der behinderten Person auf andere Weise besorgt werden können, sei es durch einen anderen gesetzlichen Vertreter[13] oder im Rahmen einer anderen Hilfe[14]. Sie ist auch dann unzulässig, wenn die behinderte Person selbst durch eine Vollmacht, insbesondere eine Vorsorgevollmacht, oder eine verbindliche Patientenverfügung für die Besorgung ihrer Angelegenheiten Vorsorge getroffen hat (§ 268 Abs 2 ABGB).

Psychische Krankheit und **geistige Behinderung** sind Rechtsbegriffe, die nicht mit medizinischen Definitionen übereinstimmen müssen, die aber auch nicht völlig losgelöst von medizinischen Regeln und Erfahrungssätzen zu interpretieren sind. Die genannten Begriffe umfassen jede geistige Störung, welche die gehörige Besorgung der eigenen Angelegenheiten hindert. Der Missbrauch von Alkohol oder Drogen ist noch kein Grund für eine Sachwalterbestellung, sofern damit nicht eine psychische Krankheit oder geistige Behinderung zum Ausdruck kommt oder dessen Folge ist, was etwa dann der Fall sein kann, wenn die Suchtkrankheit bereits zu schweren Hirnschädigungen geführt hat.[15] Auch ein „hochgradig irrationales" oder

---

13 ZB Heimbewohnervertreter, Patientenanwalt nach UbG, nächste Angehörige nach den §§ 284b ff ABGB.
14 ZB Familie, Pflegeeinrichtung, sozialer und psychosozialer Dienst.
15 OGH 5 Ob 178/11d JBl 2012, 194 (Alkoholsucht).

bloß undiszipliniertes und unhöfliches Verhalten reicht ohne nähere Begründung für eine Sachwalterbestellung nicht aus.[16]

Je nach Bedarf kann der Sachwalter mit der Besorgung einer **einzelnen Angelegenheit** (zB Durchsetzung oder Abwehr eines Anspruchs, Eingehung oder Abwicklung eines Rechtsgeschäfts), **eines Kreises** von Angelegenheiten (bspw Verwaltung eines Teiles oder des gesamten Vermögens) oder, soweit dies unvermeidlich ist, **aller Angelegenheiten** betraut werden (§ 268 Abs 3 ABGB). Das Gericht kann auch anordnen, dass die Verfügung oder Verpflichtung hinsichtlich bestimmter Sachen oder des Einkommens oder eines bestimmten Teiles davon vom Wirkungsbereich des Sachwalters ausgenommen ist (§ 268 Abs 4). Der Gesetzgeber hat also dem Gericht eine große Flexibilität zur Bestimmung des Wirkungsbereichs des Sachwalters eingeräumt, um diesen genau auf den Bedarf der behinderten Person abstimmen zu können. In der Praxis kommt es dennoch am häufigsten zur Bestellung eines Sachwalters für alle Angelegenheiten,[17] obwohl diese eigentlich ultima ratio sein sollte.[18] Dies legt den Verdacht nahe, dass von Seiten der Gerichte mitunter zu wenig auf diese vielfältigen Abstufungsmöglichkeiten Bedacht genommen wird.

Der Sachwalter ist mittels Gerichtsbeschluss im **außerstreitigen Verfahren** zu bestellen (§§ 117 bis 131 AußStrG). Das Verfahren kann auf Antrag der betroffenen Person eingeleitet werden. Von Amts wegen ist es einzuleiten, wenn (etwa auf Grund einer Mitteilung über die Schutzbedürftigkeit einer Person[19]) begründete Anhaltspunkte für die Notwendigkeit einer Sachwalterbestellung vorliegen (§ 117 Abs 1 AußStrG).

Bei der **Auswahl** des Sachwalters sind Wünsche der behinderten Person sowie Anregungen ihr nahestehender Personen zu berücksichtigen, sofern sie dem Wohl der behinderten Person entsprechen. Insbesondere hat das Gericht auf eine Sachwalterverfügung zu achten. Darunter versteht man eine noch im geistig gesunden Zustand getätigte Äußerung des Behinderten, welche Person er sich als Sachwalter für den Fall des späteren Verlusts der Geschäftsfähigkeit wünscht (§ 279 Abs 1 Satz 2 ABGB). Wird eine solche Sachwalterverfügung schriftlich errichtet und einem Rechtsanwalt oder

---

16 OGH 7 Ob 166/11d iFamZ 2012/20.

17 *Kreissl/Pilgram/Hanak/Neumann*, Auswirkungen des Sachwalterrechtsänderungsgesetzes 2006 (SWRÄG) unter Berücksichtigung der neueren Alternativen zur Sachwalterschaft auf die Betroffenen und ihr Umfeld, auf die Praxis der Gerichte und den Bedarf an Sachwalterschaft – Abschlussbericht (2009) 87; abrufbar unter http://www.irks.at/assets/irks/Publikationen/Forschungsbericht/SWRAEG%20final.pdf (Juli 2015).

18 ErläutRV 1420 BlgNR 22. GP 11.

19 Vgl dazu *Schwamberger/Aigner*, Anregung zur Sachwalterbestellung und ärztliche Verschwiegenheitspflicht, RdM 2014, 169.

Notar vorgelegt, so kann sie im Österreichischen Zentralen Vertretungsverzeichnis (ÖZVV)[20] registriert werden (§ 140h Abs 1 Z 1 NO). Schriftform
und Registrierung sind aber nicht Voraussetzungen für die Wirksamkeit der
Sachwalterverfügung.[21]

In erster Linie ist eine geeignete, der behinderten Person nahestehende
Person zum Sachwalter zu bestellen. Ist eine solche nicht verfügbar, so ist
ein geeigneter Verein mit der Sachwalterschaft zu betrauen. Kommt auch
ein Verein nicht in Betracht, so ist ein Rechtsanwalt bzw Rechtsanwaltsan-
wärter oder Notar bzw Notariatskandidat[22] oder eine andere geeignete Person zu bestellen (§ 279 Abs 2 und Abs 3 ABGB).[23] In allen Fällen muss die
betreffende Person ihrer Bestellung zustimmen. In § 279 Abs 4 ist geregelt,
wie viele Sachwalterschaften eine Person übernehmen darf. Dem Sachwalter
steht ein Entschädigungs- und Aufwandersatzanspruch zu (§ 276 ABGB).[24]
Die Haftung für Schäden, die er dem Pflegebefohlenen zufügt, ist in § 277
ABGB geregelt.

2. Geschäftsfähigkeit der behinderten Person

Die Bestellung eines Sachwalters führt zu einer **Beschränkung der Geschäftsfähigkeit** der behinderten Person. Innerhalb des Wirkungskreises
des Sachwalters kann sie ohne dessen Einwilligung weder rechtsgeschäftlich
verfügen noch sich verpflichten (§ 280 ABGB). Das gilt selbst dann, wenn
sie sich im Zeitpunkt des konkreten Geschäftsabschlusses in einem lucidum
intervallum befindet, also einsichts- und urteilsfähig ist; insofern ist die
Sachwalterbestellung **konstitutiv**.[25] Bis zur Einwilligung oder Ablehnung

---

20 Das Österreichische Zentrale Vertretungsverzeichnis, kurz ÖZVV, wurde durch das
Sachwalterrechts-Änderungsgesetz 2006 eingeführt. Es ist von der Österreichischen
Notariatskammer einzurichten, zu führen und zu überwachen: § 140b Abs 1 NO.

21 Vgl *Hopf* in KBB⁴ § 279 Rz 1. Selbst eine formfreie Verfügung, die der Betroffene
erst während des Sachwalterschaftsverfahrens nach Verlust der Geschäftsfähigkeit
äußert, ist grundsätzlich zu berücksichtigen: OGH 7 Ob 98/12f EvBl 2012/152
(*Hoch*).

22 Dass Rechtsanwälte und Notare nach § 274 Abs 2 ABGB grundsätzlich zur
Übernahme einer Sachwalterschaft verpflichtet sind, stellt weder eine Zwangs- oder
Pflichtarbeit noch eine Diskriminierung der genannten Berufsstände gegenüber
anderen juristischen Berufen (etwa Richter oder Staatsanwälten) dar: EGMR
31950/06, *Graziani-Weiss/Österreich* ÖJZ 2011/7 (MRK).

23 Zur Anzahl der Sachwalterschaften, die eine „gewöhnliche" Person bzw ein Rechtsanwalt oder Notar übernehmen darf, siehe § 279 Abs 5 ABGB.

24 Siehe dazu *Schmid*, Haftung des Sachwalters wegen der Geltendmachung überhöh-
ter Entgelte und Entschädigungsleistungen? JBl 2015, 69 ff.

25 OGH 8 Ob 125/09d EF-Z 2010/49; 3 Ob 4/12b EvBl 2012/94 (*Brenn*); *Hopf* in
KBB⁴ § 280 Rz 1; vgl auch OGH 7 Ob 36/11m EvBl 2011/110.

durch den Sachwalter ist das von der behinderten Person eingegangene Geschäft schwebend unwirksam. Bloß berechtigende Geschäfte kann sie aber ohne Mitwirkung des Sachwalters abschließen, wenn sie zumindest die Einsichtsfähigkeit einer siebenjährigen Person besitzt (§ 865 ABGB). Immer, also auch bei Fehlen der Einsichts- und Urteilsfähigkeit, kann sie Rechtsgeschäfte, die geringfügige Angelegenheiten des täglichen Lebens betreffen, selbständig eingehen.[26]

Auch die **Testierfähigkeit** kann durch die Bestellung eines Sachwalters beschränkt werden: Im Gerichtsbeschluss, mit dem der Sachwalter bestellt wird, kann angeordnet sein, dass die behinderte Person nur mündlich vor Gericht oder Notar testieren kann (§ 568 ABGB).[27] Die privaten Testamentsformen des eigenhändigen und fremdhändigen Testaments stehen ihr dann nicht zur Verfügung. Selbst in einem lucidum intervallum könnte eine behinderte Person mittels dieser Testamentsformen kein gültiges Testament verfassen.[28] Ein Nottestament kann sie jedoch unter den gleichen begünstigenden Voraussetzungen wie jede andere Person errichten (§ 568 iVm § 597 ABGB). Das Erbrechts-Änderungsgesetz 2015[29], das mit 1.1.2017 in Kraft tritt, sieht allerdings die ersatzlose Streichung von § 568 ABGB vor, sodass behinderte Personen, denen ein Sachwalter bestellt ist, dann in jeder Form testieren können.

Für die Eingehung einer **Ehe** ist § 102 EheG zu beachten: Nach dieser Bestimmung ist eine Person, der ein Sachwalter nach § 268 ABGB bestellt ist, beschränkt geschäftsfähig. Sie bedarf daher zur Eingehung einer Ehe der Einwilligung des Sachwalters (§ 3 Abs 1 EheG). Ist diese nicht erfolgt, so liegt ein Eheaufhebungsgrund iSd § 35 EheG vor. Das Ehegesetz differenziert nicht danach, ob der Sachwalter nur für eine einzelne, für einen Kreis oder für alle Angelegenheiten bestellt ist. Ob daher auch dann, wenn die Eheschließung nicht in den Wirkungskreis des Sachwalters fällt, dessen Einwilligung notwendig ist, ist strittig.[30]

Für **bestimmte Angelegenheiten** ist neben der Einwilligung des Sachwalters, dessen Wirkungsbereich diese Angelegenheiten umfasst, auch die **gerichtliche Genehmigung** notwendig. Das gilt nach § 275 Abs 2 ABGB für wichtige, die Person des Pflegebefohlenen betreffende Angelegenheiten wie zB die Änderung des Namens oder der Staatsangehörigkeit oder die

---

26 Diese Rechtsgeschäfte werden mit der Erfüllung der die behinderte Person treffenden Pflichten rückwirkend rechtswirksam (§ 280 Abs 2 ABGB).
27 Eine Mitwirkung des Sachwalters ist dabei nicht notwendig: OGH 4 Ob 198/11p NZ 2012/69.
28 Siehe dazu *Weiß/Ferrari* in Ferrari/Likar-Peer (Hrsg), Erbrecht (2007) 147 f mwN.
29 BGBl I 2015/87.
30 Siehe 2. Teil I.B.2.a.

vorzeitige Auflösung eines Dienstverhältnisses.[31] Auch bei Vermögensangelegenheiten, die nicht dem ordentlichen, sondern dem außerordentlichen Wirtschaftsbetrieb zuzuordnen sind, ist neben der Einwilligung des Sachwalters die Genehmigung des Pflegschaftsgerichts erforderlich (§ 275 Abs 3 iVm § 214 Abs 2 iVm § 167 Abs 3 ABGB). Zu solchen Angelegenheiten zählen nach § 167 Abs 3 ABGB beispielsweise die Veräußerung und Belastung von Liegenschaften, die Ausschlagung einer Erbschaft, die Annahme einer mit Belastungen verbundenen Schenkung, die Ablehnung eines Schenkunganbots oder die Auflösung eines Unternehmens.[32]

3. Personensorge

Der Sachwalter ist verpflichtet, mit der behinderten Person mindestens einmal im Monat **Kontakt** zu pflegen, sofern er nicht nur für einzelne Angelegenheiten bestellt ist. Außerdem hat er sich um die nötige ärztliche und soziale Betreuung der behinderten Person zu bemühen (§ 282 ABGB).

Für die **medizinischen Behandlung** gilt nach § 283 ABGB Folgendes: Ist die behinderte Person einsichts- und urteilsfähig, so kann sie nur selbst in die Behandlung einwilligen. Fehlt es ihr an der Einsichts- und Urteilsfähigkeit, so ist zu unterscheiden: Für eine **schwerwiegende** Behandlung[33] ist neben der Zustimmung des Sachwalters (mit entsprechendem Wirkungsbereich) erforderlich, dass ein vom behandelnden Arzt unabhängiger Arzt in einem ärztlichen Zeugnis bestätigt, dass die behinderte Person nicht über die erforderliche Einsichts- und Urteilsfähigkeit verfügt und die Vornahme der Behandlung zur Wahrung ihres Wohles erforderlich ist ("second opinion"). Liegt keine "second opinion" vor oder gibt die behinderte Person zu erkennen, dass sie die Behandlung ablehnt, so bedarf die Zustimmung des Sachwalters der Genehmigung des Gerichts. Für **sonstige** Behandlungen reicht die Zustimmung des Sachwalters aus. Stimmt der Sachwalter einer

---

31 Vgl § 167 Abs 2 ABGB. Keine gerichtliche Genehmigung ist hingegen für die Anerkennung der Vaterschaft (§ 145 ABGB) und die Eheschließung (§ 3 EheG) nötig.

32 Das Erheben sozialversicherungsrechtlicher Ansprüche, solcher auf Pflegegeld und Sozialhilfe sowie Gebührenbefreiung und andere Begünstigungen gehört zum ordentlichen Wirtschaftsbetrieb und bedarf daher keiner pflegschaftsgerichtlichen Genehmigung: OGH 1 Ob 211/08y NZ 2009/63. Vgl auch OGH 6 Ob 240/10b, 6 Ob 241/10z iFamZ 2011/10: Die Umbestellung des Vorstands einer Privatstiftung durch den Sachwalter des Stifters stellt im Allgemeinen keine Vermögensangelegenheit iSd § 167 Abs 3 ABGB dar, sodass bei fehlendem wirtschaftlichem Risiko keine pflegschaftsgerichtliche Genehmigung erforderlich ist.

33 Darunter ist nach § 283 Abs 2 ABGB eine medizinische Behandlung zu verstehen, die gewöhnlich mit einer schweren oder nachhaltigen Beeinträchtigung der körperlichen Unversehrtheit oder der Persönlichkeit verbunden ist (zB größere operative Eingriffe, Amputationen, Chemotherapie etc).

Behandlung nicht zu und wird dadurch das Wohl der behinderten Person gefährdet, so kann das Gericht seine Zustimmung ersetzen oder einen anderen Sachwalter bestellen. Bei Gefahr in Verzug entscheidet der Arzt allein. Die Einwilligung der behinderten Person und die Zustimmung des Sachwalters bzw die Genehmigung des Gerichts sind hierfür nicht erforderlich. Einer **Sterilisation** der behinderten Person kann der Sachwalter nicht wirksam zustimmen, es sei denn, dass sonst wegen eines dauerhaften körperlichen Leidens eine ernste Gefahr für das Leben oder einer schweren Schädigung der Gesundheit der behinderten Person besteht. Ebenso wenig kann der Sachwalter einer **Forschungsmaßnahme** zustimmen, die mit einer Beeinträchtigung der körperlichen Unversehrtheit oder der Persönlichkeit der behinderten Person verbunden ist, es sei denn die Forschung kann für deren Gesundheit oder Wohlbefinden von unmittelbarem Nutzen sein.[34] In jedem Fall bedarf die Zustimmung der gerichtlichen Genehmigung (§ 284 ABGB).

Nicht geregelt ist die Frage, wem im Falle eines **Abbruchs von lebenserhaltenden medizinischen Maßnahmen** (PEG-Sonde, künstliche Beatmung etc) die Entscheidungskompetenz zusteht. Ist der Behinderte im Moment der Entscheidung einsichts- und urteilsfähig, so ist jedenfalls er allein entscheidungsbefugt.[35] Ist er aber nicht einsichts- und urteilsfähig und hat er keine verbindliche Patientenverfügung errichtet,[36] so ist unklar, wer über den Abbruch von lebenserhaltenden Maßnahmen zu entscheiden hat. Nach Meinung des OGH obliegt die Entscheidung über den Behandlungsabbruch dem Sachwalter im Einvernehmen mit dem behandelnden Arzt. Diese sind zur Erforschung des (mutmaßlichen) Patientenwillens an eine beachtliche Patientenverfügung als Richtschnur und Orientierungsgehilfe gebunden. Kommt kein Einvernehmen zustande, so hat die Lebenserhaltung Vorrang. Eine pflegschaftsgerichtliche Genehmigung ist nicht erforderlich.[37]

---

34 Damit sollen invasive, fremdnützige Forschungsmaßnahmen an behinderten Personen unterbunden werden. Es reicht daher auch nicht aus, wenn die Forschungsergebnisse in Zukunft für die behinderte Person von Nutzen sein werden: *Hopf* in KBB⁴ § 284 Rz 2.

35 Einhellige Auffassung: Vgl nur *Kopetzki*, Einwilligung und Abbruch der medizinischen Behandlung beim einwilligungsunfähigen Patienten, iFamZ 2007, 197 (197 f); *Barth/Dokalik* in Barth/Ganner² 199.

36 Siehe dazu unten III.B.

37 OGH 9 Ob 68/11g Zak 2012/762 (krit *Kletečka*); mit ausführlicher Kritik auch *Bernat*, Sterbehilfe und Sachwalterrecht. Zugleich eine Besprechung des Beschlusses des OGH vom 18.10.2012, 9 Ob 68/11g, EF-Z 2013/3. Im Schrifttum begegnet man dazu verschiedenen Auffassungen zu den unterschiedlichsten Konstellationen: Vgl etwa *Kopetzki*, iFamZ 2007, 203 f; *Bernat* in Schwimann/Kodek I⁴ § 9 PatVG Rz 3 mwN; *Barth/Dokalik* in Barth/Ganner² 197 ff mwN.

Die **Entscheidung über den Wohnort** ist in § 284a ABGB geregelt: Ist die behinderte Person einsichts- und urteilsfähig, so entscheidet sie über ihren Wohnort selbst. Ist sie nicht einsichts- oder urteilsfähig, entscheidet der Sachwalter, soweit dies zur Wahrung des Wohls der behinderten Person erforderlich ist[38] und sein Wirkungskreis die Besorgung dieser Angelegenheit umfasst. Bei dauerhafter Änderung des Wohnorts ist die gerichtliche Genehmigung erforderlich.

4. Bedürfnisse und Wille der behinderten Person

Der Sachwalter hat dafür zu sorgen, dass die behinderte Person ihre Lebensverhältnisse möglichst nach ihren Wünschen und Vorstellungen gestalten kann (§ 281 Abs 1 ABGB). Sollen wichtige Maßnahmen hinsichtlich des Vermögens oder der Person des Behinderten getroffen werden, so hat dieser das Recht, vom Sachwalter rechtzeitig **verständigt** zu werden und sich hiezu zu **äußern**. Das Äußerungsrecht, nicht aber das Informationsrecht besteht auch bei sonstigen, nicht wichtigen Angelegenheiten. Die Äußerung ist zu berücksichtigen, wenn der Wunsch des Behinderten dessen Wohl nicht weniger entspricht als die beabsichtigte Maßnahme (§ 281 Abs 2 ABGB). Gehört die Verwaltung des Vermögens oder Einkommens zum Wirkungsbereich des Sachwalters, so hat er daraus primär die Lebensbedürfnisse der behinderten Person zu decken (§ 281 Abs 3 ABGB). Bei Gefährdung des Wohls der behinderten Person kann jedermann das Gericht anrufen, das dann die nötigen Verfügungen zu treffen hat (§ 281 Abs 4 ABGB).

5. Änderung und Beendigung der Sachwalterschaft

Das Pflegschaftsgericht hat in angemessenen, fünf Jahren nicht überschreitenden Zeitabständen zu prüfen, ob das Wohl der betroffenen Person die Beendigung oder Änderung der Sachwalterschaft erfordert (§ 278 Abs 3 ABGB). Auf Antrag oder von Amts wegen hat das Gericht die Sachwalterschaft einer **anderen Person** zu übertragen, wenn der Sachwalter stirbt, nicht die erforderliche Eignung aufweist, ihm die Ausübung des Amtes nicht zugemutet werden kann, ein Bestellungshindernis iSd § 273 Abs 2 ABGB vorliegt oder das Wohl der betroffenen Person die Übertragung aus anderen Gründen erfordert (§ 278 Abs 1 ABGB).

---

38 Vgl dazu LG Wels 21 R 293/08z EF 119.884: Übersiedlung in ein Heim, weil die behinderte Person sonst verwahrlosen würde.

Der Sachwalter ist auf Antrag oder von Amts wegen zu **entheben,** wenn die Voraussetzungen für seine Bestellung nach den §§ 268 bis 272 ABGB wegfallen. Fallen diese Voraussetzungen nur für einen Teil der dem Sachwalter übertragenen Angelegenheiten weg, so ist sein Wirkungskreis einzuschränken. Spiegelbildlich ist der Wirkungskreis bei Bedarf zu erweitern. Stirbt die betroffene Person, so erlischt die Sachwalterschaft (§ 278 Abs 2 ABGB).

B. Gesetzliche Vertretungsbefugnis nächster Angehöriger

Das Rechtsinstitut der Angehörigenvertretung ist für Fälle gedacht, in denen sich nahe Angehörige um alltägliche Rechtsgeschäfte einer geistig beeinträchtigten Person kümmern können.[39] In der Praxis kommt dieses Rechtsinstrument zwar zunehmend zur Anwendung; es hat aber noch nicht sehr weite Verbreitung erfahren. Zum Stichtag 30.4.2011 gab es wesentlich weniger Registrierungen von Vertretungsbefugnissen nächster Angehöriger (4.954) als von Vorsorgevollmachten (15.875).[40]

Vertreten werden können volljährige Personen, die auf Grund einer psychischen Krankheit oder geistigen Behinderung die Geschäfte des täglichen Lebens nicht selbst besorgen können. Sie dürfen außerdem keinen Sachwalter und auch sonst keinen gesetzlichen oder gewillkürten Vertreter haben (§ 284b Abs 1 ABGB). Unter diesen Voraussetzungen entsteht die Vertretungsbefugnis **ex lege.**[41]

Vertretungsbefugt sind nach § 284b Abs 1 iVm § 284c Abs 1 ABGB die nächsten Angehörigen der vertretenen Person, das sind
– die Eltern,
– volljährige Kinder,
– der im gemeinsamen Haushalt mit der vertretenen Person lebende Ehegatte oder eingetragene Partner,
– der Lebensgefährte, der mit dem Vertretenen seit mindestens drei Jahren im gemeinsamen Haushalt lebt.

Sind mehrere Personen vertretungsbefugt, so genügt die Erklärung einer Person. Bei widerstreitenden Erklärungen ist nach dem Wortlaut des § 284c Abs 2 ABGB „keine wirksam".[42]

---

39 Siehe ErläutRV 1420 BlgNR 22. GP 4.
40 *Ganner* in FS ABGB 377.
41 LG Feldkirch 2 R 248/07x iFamZ 2008/132.
42 Die Auslegung der Bestimmung ist strittig: Nach *Hopf* in KBB⁴ §§ 284b–284c Rz 3 wird die erste Erklärung durch die zweite unwirksam, solange der Dritte nicht disponiert hat; ebenso *Rabl,* Das Sachwalterrechts-Änderungsgesetz und Bankgeschäfte, ÖBA 2008, 83 (84). AA *Barth/Kellner* in Barth/Ganner² 526 f, die für die An-

Die Vertretungsbefugnis umfasst nach § 284b Abs 1 ABGB **Rechtsgeschäfte des täglichen Lebens**, soweit sie den Lebensverhältnissen der vertretenen Person entsprechen, Rechtsgeschäfte zur Deckung des Pflegebedarfs sowie die Geltendmachung von Ansprüchen, die aus Alter, Krankheit, Behinderung oder Armut zustehen.[43] Außerdem erstreckt sich die Vertretungsbefugnis auf die Zustimmung zu einer **„gewöhnlichen" medizinischen Behandlung**, wenn die vertretene Person nicht einsichts- und urteilsfähig ist.

Der nächste Angehörige hat die vertretene Person von der Wahrnehmung seiner Vertretungsbefugnis zu informieren (§ 284d Abs 1 ABGB). Bevor er eine Vertretungshandlung vornimmt, hat er die Vertretungsbefugnis beim Notar im ÖZVV registrieren zu lassen (§ 284e Abs 2 ABGB).[44] Die Registrierung ist zwar nicht konstitutiv für das Entstehen der Vertretungsmacht, hat aber Bedeutung für den Vertrauensschutz von dritten Personen. Der vertretende Angehörige erhält eine **Bestätigung** über die **Registrierung**; legt er diese bei Abschluss eines Rechtsgeschäfts vor, so darf der Dritte auf die Vertretungsbefugnis vertrauen (§ 284e Abs 2 ABGB).[45]

Die betroffene Person kann das Entstehen der Vertretungsbefugnis im Vorhinein, also noch in geistig gesundem Zustand durch **Widerspruch** verhindern. Der Widerspruch kann im ÖZVV eingetragen werden (§ 284d ABGB iVm § 140h Abs 1 Z 2 NO).

Auch nach Verlust der Geschäftsfähigkeit kann der Widerspruch noch erklärt werden; dann beendet er die Vertretungsbefugnis (§ 284d Abs 2 ABGB). Die Vertretungsbefugnis endet auch bei Bestellung eines Sachwal-

---

wendung allgemeiner Grundsätze, dh für die Wirksamkeit der ersten dem Dritten zugegangenen Erklärung plädieren. Einigkeit herrscht darüber, dass gar nichts als erklärt gilt, wenn einander widersprechende Erklärungen zweier Angehöriger dem Dritten gleichzeitig zugehen.

43 Insbesondere Ansprüche auf Pflegegeld, Gebührenbefreiungen und andere Begünstigungen; vgl zur Geltendmachung von sozialversicherungsrechtlichen Ansprüchen VwGH 2009/10/0108 iFamZ 2012/98. Nach zutreffender Ansicht von *Schauer*, „Zahlen gewünscht?" Zur Reichweite der Vertretungsbefugnis nächster Angehöriger bei Erfüllungshandlungen, iFamZ 2009, 205 (207 ff) erstreckt sich die Vertretungsbefugnis auch auf die Erfüllung von Geldverbindlichkeiten, deren Rechtsgrund nicht in einem Rechtsgeschäft des täglichen Lebens liegt, sofern die Erfüllung in den laufenden Einkünften Deckung findet (zB Bezahlung der monatlichen Wohnungsmiete und Betriebskosten).

44 Dazu muss er dem Notar ein ärztliches Zeugnis vorlegen, dass der Vertretene aufgrund einer psychischen Krankheit oder geistigen Behinderung nicht in der Lage ist, die in § 284b ABGB genannten Angelegenheiten selbst zu besorgen: § 140h Abs 5 NO.

45 Für Verfügungen über ein Konto des Behinderten gilt die Sonderbestimmung des § 284e Abs 2 Satz 3 ABGB.

ters, wenn sich dessen Wirkungsbereich auf die Angelegenheiten, die von den nächsten Angehörigen wahrgenommen werden können, erstreckt.[46]

Beispiele aus der Rechtsprechung

OGH 7.10.2011, 5 Ob 178/11d EF-Z 2012/19 = JBl 2012, 194 = Zak 2012/13 = iFamZ 2012/96 – psychische Krankheit und geistige Behinderung

Rosina wird ein Sachwalter gemäß § 268 Abs 3 Z 2 ABGB bestellt. Aufgrund ihrer kontinuierlichen Betreuung in einem Seniorenkompetenzzentrum und durch den Sachwalter stellt sich eine Besserung ihres Gesundheitszustands ein. Im Seniorenkompetenzzentrum wird Rosina von der Heimleitung viel Bewegungsfreiheit zugestanden. Sie geht täglich in Gasthäuser oder zu einer Tankstelle, wo sie regelmäßig Alkohol konsumiert. Da ihre finanziellen Mittel knapp bemessen sind, ist der Alkoholkonsum im Gegensatz zu früher kontrollierter. Eine demenzielle Symptomatik ist nicht verifizierbar. Der gerichtliche Sachverständige diagnostiziert (nur mehr) einen schweren langjährigen chronischen Alkoholmissbrauch. Hinsichtlich ihrer Alkoholkrankheit ist die Betroffene weiterhin völlig uneinsichtig; insoweit ist ihre Kritik- und Urteilsfähigkeit eingeschränkt. Bei der Behandlung einer Wunde am Oberschenkel lässt sie sich kaum helfen und wendet eigenständig Salben und Franzbranntwein an, weshalb die Wunde bislang nicht abgeheilt ist. Die Betroffene ist auch inkontinent und schon mehrmals aus dem Bett gefallen.

Der Sachwalter und Rosina beantragen die Aufhebung der Sachwalterschaft, weil bei Rosina keine psychische Krankheit oder geistige Behinderung mehr vorliege.

OGH 12.6.2012, 4 Ob 59/12y iFamZ 2012/221 = E-FZ 2012/14 = RdM 2012/167 (*Kopetzki*) = Zak 2012/555 – Sterilisation

T leidet seit ihrer Geburt an Trisomie 21 (Morbus Down) und befindet sich sprachlich, intellektuell und im Verhaltensbereich auf dem Niveau eines dreijährigen Kindes. Sie lebt im gemeinsamen Haushalt mit ihren Eltern. Tagsüber wird sie in einer Tagesheimstätte betreut. Dort hat sie sich in einen Mann verliebt, der ebenfalls behindert ist. Sie tauscht mit ihm Umarmungen und Küsse aus. T ist nicht in der Lage, irgendwelche Angelegenheiten für sich zu erledigen. In Bezug auf medizinische Maßnahmen fehlt ihr vollständig die Einsichts- und Urteilsfähigkeit. Bei einer Schwangerschaft bestünden für sie folgende Gefahren: Sie kann den Beginn einer Schwangerschaft nicht richtig einschätzen und würde eventuell auftretende Komplikationen

---

46 Vgl dazu näher *Barth/Kellner* in Barth/Ganner[2] 535 f.

zu spät bemerken. Die zu erwartende Gewichtszunahme und das im Vergleich zu anderen Schwangeren deutlich erhöhte Risiko einer Präklampsie (Schwangerschaftshypertonie) könnten ihre körperliche Gesundheit ernstlich gefährden. Eine Geburt wäre nur mittels Kaiserschnitts in Vollnarkose möglich. Als geeignete Verhütungsmethode kommt für T die Antibabypille in Betracht, die allerdings täglich von der jeweils betreuenden Person verabreicht werden müsste. Im März 2010 wird die Mutter zur Sachwalterin für ihre Tochter bestellt. Als zu besorgende Angelegenheit wird die Erteilung der Zustimmung zur Sterilisation bestimmt. Die Mutter erteilt ihre Zustimmung und beantragt, diese gerichtlich zu genehmigen.

OGH 25.11.2014, 10 Ob 72/14g EF-Z 2015/50 (*Windisch*) = iFamZ 2015/25 = JBl 2015, 178 = RZ 2015/11 – Persönlicher Kontakt

Bei Barbara liegt ein altersbedingtes demenzielles Zustandsbild vor. Sie kann ihre Angelegenheiten nicht selbst ohne Gefahr eines Nachteils für sich besorgen. Das Erstgericht bestellte die Rechtsanwältin Dr. M zur Sachwalterin. Ihr Wirkungsbereich umfasst die Vertretung gegenüber Ämtern, Behörden, Gerichten, Sozialversicherungsträgern und privaten Vertragspartnern, die Besorgung der finanziellen Angelegenheiten und der Vermögensverwaltung sowie die Sicherstellung der sozialen und medizinischen Betreuung. Die Anwältin oder ihre Mitarbeiterin besuchten Barbara innerhalb von fünf Monaten sechsmal zu Hause, wo Barbara in 24-Stunden-Pflege professionell betreut wird. Barbaras Sohn und Tochter sind mit der Sachwalterin häufig in Kontakt. Der Sohn der Betroffenen beantragt die Übertragung der Sachwalterschaft auf eine andere Person, da Dr. M. ihrer Verpflichtung auf persönlichen Kontakt mit der Betroffenen nicht ausreichend nachkomme.

OGH 23.7.2013, 10 Ob 31/13a Zak 2013/647 = iFamZ 2013/233 = EFSlg 138.534 – Verschwendung und Spielleidenschaft

Julia leidet an einem Frontalhirnsyndrom, das zu einer verminderten Kritikfähigkeit – jedenfalls im Umgang mit größeren Geldsummen – führt: Zudem bestehen deutliche Hinweise auf Spiel- und Kaufsucht. Julia ist deshalb nicht in der Lage, die Verwaltung ihrer Einkünfte, ihres Vermögens und ihrer Verbindlichkeiten ohne Gefahr eines Nachteils für sich zu besorgen. Als sie bereits in Kontakt mit der „Schuldnerberatung" stand, verpfändete sie ihr Fahrzeug, ohne dass dies mit ihrem Berater abgesprochen war. Im Hinblick auf gerade diese Vorgangsweise Julias regten die Ärzte der Abteilung für Psychiatrie des Krankenhauses V (wo sich Julia stationär aufgehalten hatte), die Bestellung eines Sachwalters für finanzielle Angelegenheiten an.

OGH 20.09.2013, 5 Ob 160/13k EvBl-LS 2014/10 (*Brenn*) = iFamZ 2014/55 = Zak 2014/16 – Scheidungsklage

Die 54-jährige X leidet an einer paranoiden Schizophrenie. Sie ist zwar im Bewusstsein klar, in der Vergangenheit kamen jedoch akute Suizidhandlungen und Fremdgefährdungen vor. Es besteht ein Eifersuchtswahn; die Krankheitseinsicht fehlt. X wurde mehrfach nach dem Unterbringungsgesetz untergebracht. Das Erstgericht bestellte einen Sachwalter für die Vertretung vor Ämtern, Gerichten und Behörden. Dies wurde damit begründet, dass X die Bevollmächtigung eines Rechtsanwalts zur Einbringung einer Scheidungsklage gegen ihren Ehegatten beabsichtige. X könne ihre rechtlichen Angelegenheiten nicht ohne Gefahr eines Nachteils für sich selbst besorgen. Ohne Bestellung eines Sachwalters insbesondere für die Führung von Gerichtsverfahren, sei zu befürchten, dass sie aufgrund ihrer unrealistischen Einschätzung und Negierung der rechtlichen Situation ihre finanzielle Existenz gefährde. Sie sei auch nicht in der Lage, die rechtlichen Konsequenzen einer allfälligen Scheidung abzusehen.

OGH 19.12.2012, 6 Ob 227/12v EF-Z 2013/91 = Zak 2013/128 = NZ 2013/75 = iFamZ 2013/54 – Furchteinflößende betroffene Person

Y ist 190 cm groß, wiegt rund 180 kg und leidet an einer schizophrenen Psychose. Das Bezirksgericht Graz-Ost bestellte die Rechtsanwältin R. S. zur Sachwalterin. Am 6.6.2012 beantragte die Sachwalterin ihre Enthebung. Der Betroffene besuche ein- bis zweimal pro Woche ihre Kanzleiräumlichkeiten, behaupte, dass ihre Kanzlei sein „Sekretariat" sei, und habe „Entlassungen" ausgesprochen. Einmal habe er „ungehalten" reagiert, weil seinen Anweisungen nicht nachgekommen worden sei. Ihre Mitarbeiterinnen und Mitarbeiter seien äußerst beunruhigt und befürchteten, dass Y gewalttätig werde; dies insbesondere auch deshalb, weil der behandelnde Arzt mitgeteilt habe, dass Y seine Tabletten nicht regelmäßig nehme. Das Verhalten von Y sei für die Sachwalterin unhaltbar; sie sehe sich deshalb außerstande, Y weiter zu betreuen.

III. Vorsorgevollmacht und Patientenverfügung

A. Die Vorsorgevollmacht

1. Wesen

Das Institut der Vorsorgevollmacht[47] dient der Wahrung des Selbstbestimmungsrechts jedes Einzelnen. Mit ihr kann eine geistig gesunde Person bestimmen, wer für den Fall, dass sie die Geschäftsfähigkeit oder Einsichts- und Urteilsfähigkeit oder Äußerungsfähigkeit[48] verliert („Vorsorgefall"), ihr Vertreter sein soll (§ 284f ABGB). Die Vorsorgevollmacht steht deshalb unter der aufschiebenden Bedingung, dass sie erst im Vorsorgefall wirksam sein soll.[49] Soweit für sie nicht die besonderen Bestimmungen der §§ 284f bis 284h ABGB zur Anwendung kommen, sind die Regeln des allgemeinen Vollmachtsrechts maßgebend (§§ 1002 ff ABGB).[50]

Die Vorsorgevollmacht geht der gesetzlichen Vertretungsbefugnis nächster Angehöriger vor (§ 284b Abs 1 ABGB) und macht für Angelegenheiten, die von ihr erfasst sind, eine Sachwalterbestellung unzulässig (§§ 268 Abs 2 Satz 2, 284g Satz 1 ABGB). Man kann also durch die Vorsorgevollmacht

---

47 Siehe dazu *Schwimann*, Neuerungen im Obsorge-, Kuratel- und Sachwalterrecht, EF-Z 2006, 68; *Lunzer*, Vorsorgevollmacht, Sachwalterverfügung, und Widerspruch gegen die Angehörigenvertretung aus der Sicht der notariellen Beratungspraxis, FamZ 2006, 154; *Schauer*, Vorsorgevollmacht und gesetzliche Angehörigenvertretung nach dem SWRÄG 2006, FamZ 2006, 148; *derselbe*, Schwerpunkte des Sachwalterrechts-Änderungsgesetzes (SWRÄG 2006) (Teil II), ÖJZ 2007, 217; *B. Jud*, Die Vorsorgevollmacht, AnwBl 2007, 11; *Adensamer*, Vorsorgevollmacht mit Auslandsberührung, iFamZ 2009, 372; *S. Resch*, Die Vorsorgevollmacht im Privatstiftungsrecht, PSR 2013, 4.

48 Da auch die bloße Äußerungsunfähigkeit erfasst ist, die keine psychische Krankheit oder geistige Behinderung voraussetzt, geht der Anwendungsbereich der Vorsorgevollmacht über das Sachwalterrecht hinaus: *Traar/Pesendorfer/Fritz/Barth*, Sachwalterrecht und Patientenverfügung § 284f Rz 3.

49 RS0125529; 5 Ob 214/09w NZ 2010/756 (*Hoyer*).

50 *Traar/Pesendorfer/Fritz/Barth*, Sachwalterrecht und Patientenverfügung § 284h Rz 9 mwN.

privatautonom sowohl eine Sachwalterbestellung als auch die Angehörigenvertretung verhindern.

2. Errichtung

Die Vorsorgevollmacht ist **formpflichtig**. Der Vollmachtgeber kann sie eigenhändig, fremdhändig oder mittels Notariatsakt errichten (siehe im Einzelnen § 284f Abs 2 ABGB). Soll sie auch die Einwilligung in schwerwiegende medizinische Behandlungen, die dauerhafte Änderung des Wohnorts
oder die Besorgung von Vermögensangelegenheiten, die zum außerordentlichen Wirtschaftsbetrieb gehören, umfassen, so ist sie bei einem Rechtsanwalt, vor einem Notar oder bei Gericht zu errichten (**qualifizierte Vorsorgevollmacht**). In diesem Fall ist der Vollmachtgeber über die Rechtsfolgen
einer solchen Vorsorgevollmacht sowie die Möglichkeiten des jederzeitigen
Widerrufs zu belehren. Die Belehrung muss in der Vollmachtsurkunde dokumentiert werden (§ 284f Abs 3 ABGB). Obwohl im Gesetz nicht ausdrücklich vorgesehen, wird auch in diesem Fall die eigenhändige Unterschrift des Vollmachtgebers verlangt.[51] Die Vorsorgevollmacht ist in jedem
Fall **höchstpersönlich** zu errichten.[52]

Die Angelegenheiten, die von der Vorsorgevollmacht erfasst sein sollen,
sind bestimmt **anzuführen** (§ 284f Abs 1 ABGB).[53] Bei der qualifizierten
Vorsorgevollmacht sind die betreffenden Angelegenheiten **ausdrücklich** zu
bezeichnen (§ 284f Abs 3 ABGB).[54] Die Vorsorgevollmacht muss zum
Ausdruck bringen, dass sie wirksam werden soll, wenn die für den Rechtsverkehr nötige Handlungsfähigkeit verloren geht; sie muss also auf den
Vorsorgefall Bezug nehmen. Grundsätzlich kann der Vollmachtgeber jede
eigenberechtigte Person als Bevollmächtigten bestimmen.[55] **Ausgeschlossen**
sind nach § 284f Abs 1 Satz 2 ABGB allerdings Personen, deren Bevollmächtigung zu Interessenkollisionen führen könnte. Als solche nennt das
Gesetz Personen, die in einem Abhängigkeitsverhältnis zu einer Kranken-
anstalt, einem Heim oder einer sonstigen Einrichtung stehen, in der sich der
Vollmachtgeber aufhält oder von der dieser betreut wird. Damit soll vor al-

---

51 *Hopf* in KBB⁴ § 284f Rz 5; *Schauer*, ÖJZ 2007, 221 f.
52 ErläutRV 1420 BlgNR 22. GP 28; *B. Jud*, AnwBl 2007, 13.
53 Es muss sich also zumindest um eine Gattungsvollmacht nach § 1008 Satz 1 ABGB
    handeln: *Hopf* in KBB⁴ § 284f Rz 2.
54 Die Umschreibung „in allen medizinischen Angelegenheiten" wird beispielsweise
    nicht ausreichen, weil die schwerwiegenden Eingriffe dadurch eben nicht eigens be-
    zeichnet werden; hingegen genügt die Ermächtigung zur Entscheidung über Opera-
    tionen; ErläutRV 1420 BlgNR 22. GP 28.
55 Siehe *Hopf* in KBB⁴ § 284f Rz 3.

lem das Personal ausgeschlossen werden, das in derartigen Einrichtungen beschäftigt ist.

Der Vollmachtgeber kann auch mehrere Bevollmächtigte einsetzen uU auch für verschiedene Aufgabengebiete, zB einen für Gesundheits- und einen für Vermögensangelegenheiten. Er kann auch anordnen, dass in bestimmten Angelegenheiten die Bevollmächtigten nur gemeinsam vertretungsbefugt sind. Ebenso ist eine Ersatzbevollmächtigung zulässig.[56]

Auch eine Unterbevollmächtigung ist prinzipiell erlaubt. Ausgeschlossen ist sie nur für die Einwilligung in medizinische Behandlungen und für die Entscheidung über die Änderung des Wohnorts (§ 284h Abs 3 ABGB).

Werden die erwähnten **Voraussetzungen** für die **Errichtung verletzt**, so kann die Vollmacht nach allgemeinem Zivilrecht (§§ 1002 ff ABGB) gültig und wirksam sein. Auch dann ist im Fall der Handlungsunfähigkeit des Vollmachtgebers eine Sachwalterbestellung nicht unbedingt erforderlich. Eine gerichtliche Kontrolle durch Bestellung eines (Überwachungs-) Sachwalters ist nämlich dann nicht notwendig, wenn nicht zu befürchten ist, dass der gewöhnlich Bevollmächtigte seine Aufgaben zum Nachteil der behinderten Person besorgen wird (§ 284g Satz 2 ABGB).[57]

Die Vorsorgevollmacht kann im ÖZVV **registriert** werden. Damit wird sichergestellt, dass sie im Bedarfsfall auch zugänglich ist und keine Sachwalterbestellung erfolgt.[58] Nach § 140h Abs 2 NO sind Rechtsanwälte und Notare auf Verlangen der Partei zur Registrierung der Vorsorgevollmacht im ÖZVV verpflichtet. Die Registrierung ist aber keine Wirksamkeitsvoraussetzung.

3. Eintritt des Vorsorgefalls

Tritt der Vorsorgefall ein, verliert also der Vollmachtgeber die Geschäfts-, Einsichts- oder Äußerungsfähigkeit, so wird die Vorsorgevollmacht wirksam. Es kommt aber dadurch zu **keiner konstitutiven Beschränkung seiner Geschäftsfähigkeit** wie bei einem Behinderten unter Sachwalterschaft.[59] Verfügt der Vollmachtgeber zwischendurch über Einsichts- und Urteilsfähigkeit, so ist er voll geschäftsfähig.

Ein Dritter darf auf den Eintritt des Vorsorgefalls vertrauen, wenn ihm der Bevollmächtigte die Bestätigung über die Registrierung des Wirksam-

---

56 ErläutRV 1420 BlgNR 22. GP 29.

57 OGH 3 Ob 154/08f iFamZ 2009/116 (*Schauer*).

58 Im Rahmen des Sachwalterbestellungsverfahrens wird zur Ausforschung möglicher Vorsorgevollmachten in das ÖZVV eingesehen: *Hengl/Mänhardt* in Barth/Ganner[2] 568.

59 Krit *B. Jud*, AnwBl 2007, 15 f.

werdens der Vorsorgevollmacht vorlegt.[60] Er ist allerdings nicht geschützt, wenn ihm bekannt oder fahrlässig unbekannt ist, dass der Vorsorgefall nicht eingetreten ist (§ 284h Abs 2 ABGB).

Die Mitwirkung des Pflegschaftsgerichts in Form einer Genehmigung kommt nicht in Frage. Dies gilt selbst für Angelegenheiten, die zum außerordentlichen Wirtschaftsbetrieb gehören, bei schwerwiegenden medizinischen Behandlungen oder bei dauerhafter Verlegung des Wohnorts. Die Vertretungsmacht des Vorsorgebevollmächtigten, dessen Vollmacht all diese Angelegenheiten umfasst, reicht also weiter als jene des Sachwalters, der auf die Mitwirkung des Pflegschaftsgerichts angewiesen wäre.

4. Erlöschen der Vorsorgevollmacht

Der Vollmachtgeber kann **vor** Eintritt des Vorsorgefalls, also noch im geistig gesunden Zustand die Vorsorgevollmacht jederzeit formlos **widerrufen**; eine Registrierung des Widerrufs im ÖZVV ist möglich,[61] es kommt ihr aber nur deklarative Wirkung zu.

Selbst nach Eintritt des Vorsorgefalls, also nach Verlust der Geschäfts-, Einsichts- oder Äußerungsfähigkeit, kann der Vollmachtgeber durch eigenes Handeln erreichen, dass die Vorsorgevollmacht erlischt. Er kann durch einen Widerruf („**Veto**") zu erkennen geben, dass er nicht mehr vom Bevollmächtigten vertreten sein will (§ 284g Satz 1 ABGB). Der Notar ist verpflichtet, diesen Widerruf nach § 140h Abs 7 letzter Satz NO zu registrieren[62] und das Pflegschaftsgericht über die Schutzbedürftigkeit des Handlungsunfähigen zu informieren. Es ist dann für den Behinderten ein Sachwalter zu bestellen (vgl § 284g Satz 1 ABGB). Strittig ist, ob das Veto die

---

60 Wird einem Notar ein ärztliches Zeugnis darüber vorgelegt, dass dem Vollmachtgeber die Handlungs- oder Äußerungsfähigkeit fehlt, so muss er das Wirksamwerden der Vollmacht registrieren und dem Bevollmächtigten eine Bestätigung über die Registrierung ausstellen (§ 140h Abs 6 NO). Die Registrierung hat nur deklarative Wirkung: OGH 5 Ob 214/09w EF-Z 2010/81; *Hopf* in KBB⁴ § 284h Rz 3; vgl auch OGH 5 Ob 214/09w EF-Z 2010/81 zum Erfordernis der Bestätigung über das Wirksamwerden der Vorsorgevollmacht im Grundbuchsverfahren.

61 Nach § 140h Abs 7 NO kann anscheinend nur der Notar diese Registrierung vornehmen. Möglicherweise sollte sich diese Bestimmung aber nur auf die wirksam gewordene Vorsorgevollmacht beziehen. Das Wirksamwerden muss ja auch vom Notar registriert werden. Den Widerruf einer Vorsorgevollmacht vor Eintritt des Vorsorgefalls könnte wohl auch ein Anwalt registrieren, der ja auch die Errichtung einer Vorsorgevollmacht selbst registrieren kann (so im Ergebnis auch *B. Jud*, AnwBl 2007, 13).

62 Die Registrierung hat auch in diesem Fall nur deklarative Wirkung: Ebenso *B. Jud*, AnwBl 2007, 19 ua.

Vorsorgevollmacht zu einer gewöhnlichen Vollmacht herabstuft[63] oder jegliche Vollmacht beseitigt.[64]

Wird der Bevollmächtigte nicht iSd Bevollmächtigungsvertrags tätig, bleibt er überhaupt untätig oder gefährdet er sonst das Wohl der behinderten Person, so kann jedermann die **Bestellung eines Sachwalters** anregen[65], der dann – mit entsprechendem Wirkungsbereich ausgestattet – die Vorsorgevollmacht widerrufen kann (vgl § 284g Satz 1 ABGB).[66]

Im Übrigen gelten die allgemeinen Vorschriften des Vollmachtrechts (§§ 1020 ff ABGB).[67] Das bedeutet, dass mit dem Tod des Vollmachtgebers bzw des Vollmachtnehmers die Vorsorgevollmacht erlischt (§ 1022 ABGB).

Beispiel aus der Rechtsprechung

OGH 28.6.2012, 7 Ob 98/12f RZ 2013/16 = EvBl 2012/152 (*Hoch*) – (Vorsorge-)Vollmacht und Sachwalterbestellung

X lebt in einer Seniorenwohnanlage. Im Sachwalterschaftsverfahren weist X bei der Erstanhörung auf die ihrer Steuerberaterin Dr. S erteilte Vollmacht hin. Sie wurde für den Fall erteilt, dass X infolge einer körperlichen und/oder geistigen Erkrankung in ihrer Entscheidungsfähigkeit zeitweise oder dauerhaft eingeschränkt ist, sodass sie ihre Angelegenheiten nicht mehr selbst regeln kann oder will. Sie umfasst die Bevollmächtigung zur Vertretung „in allen persönlichen und vermögensrechtlichen Angelegenheiten, soweit dies gesetzlich zulässig ist, gerichtlich und außergerichtlich". Die Vollmacht gilt für sämtliche Erklärungen, die gegenüber Ärzten, Krankenhäusern, Pflegeheimen oder sonstigen Anstalten abzugeben oder entgegenzunehmen sind und berechtigt zur Erteilung von Subvollmachten und zur Vornahme von Insichgeschäften. Sie soll durch Tod und Geschäftsunfähigkeit nicht erlöschen und eine Sachwalterschaft ausschließen. Sollte

---

63 So der JA 1511 BlgNR 22. GP 2 (es gäbe dann kein Hindernis mehr für eine Sachwalterbestellung; möglicherweise sei ein Überwachungssachwalter zu bestellen); vgl auch *Hopf* in KBB⁴ § 284g Rz 1; *B. Jud*, AnwBl 2007, 18.

64 So *Schauer*, ÖJZ 2007, 225 f.

65 Vgl OGH 7 Ob 118/09t iFamZ 2010/63 (*Schauer/Parapatits*); 3 Ob 68/10m Zak 2010/573 = EF-Z 2010/137 (Unklarheit über die Verwendung und den Verbleib einer Erbschaft des Betroffenen iHv ca € 500.000,–). Die Vorsorgevollmacht wird dann zu einer gewöhnlichen Vollmacht herabgestuft, die der Sachwalter erforderlichenfalls auflösen kann: *Hopf* in KBB⁴ § 284g Rz 1.

66 Siehe dazu OGH 8 Ob 30/08g EF-Z 2008/87. Ein Sachwalter kann auch für den Widerruf einer „schlichten" Vollmacht bestellt werden: OGH 7 Ob 98/12f EvBl 2012/152 (*Hoch*).

67 Vgl *Schauer*, ÖJZ 2007, 225 f.

gleichwohl eine Sachwalterschaft erforderlich werden, so wurde verfügt, dass die Bevollmächtigte zur Sachwalterin bestellt wird. Die Vollmacht ist zwar handschriftlich unterfertigt, aber nicht handschriftlich geschrieben.

B. Die Patientenverfügung

1. Allgemeines

Die Patientenverfügung ist im Patientenverfügungsgesetz (PatVG)[68] geregelt. Dieses Gesetz enthält Bestimmungen über die Voraussetzungen und die Wirksamkeit einer Patientenverfügung. Wie die Vorsorgevollmacht ist die Patientenverfügung ein Instrument der Selbstbestimmung.[69]

Die Patientenverfügung iSd Patientenverfügungsgesetzes ist eine Willenserklärung, mit der ein Patient[70] eine **medizinische Behandlung ablehnt**, und die dann wirksam werden soll, wenn er im Zeitpunkt der Behandlung nicht einsichts-, urteils- oder äußerungsfähig ist (§ 2 Abs 1 PatVG). Die Ablehnung der Behandlung kann sich auf künstliche Beatmung, Verabreichung bestimmter Medikamente, aber auch und vor allem auf künstliche Ernährung und Flüssigkeitszufuhr beziehen.[71] Es ist also nur die Ablehnung einer Behandlung möglich; die aktive Sterbehilfe ist in Österreich verboten.

Die Patientenverfügung kann nur **höchstpersönlich** errichtet werden, der Patient muss dabei einsichts- und urteilsfähig sein (§ 3 PatVG). Es können daher auch Minderjährige[72] sowie Personen unter Sachwalterschaft eine Patientenverfügung errichten, wenn sie im Zeitpunkt der Errichtung einsichts- und urteilsfähig sind.[73]

---

68 BGBl I 2006/55, in Kraft seit 1.6.2006. Siehe dazu *Aigner*, Die Patientenverfügung – Zur Entstehungsgeschichte des PatVG, FamZ 2006, 66; *Kathrein*, das Patientenverfügungs-Gesetz, ÖJZ 2006, 555; *Memmer*, Das Patientenverfügungs-Gesetz 2006, RdM 2006, 163; *Kerschner/Lang*, Patientenverfügung und Vorsorgevollmacht als neue Vorsorgeinstrumente, RFG 2007, 174; *Bernat/Gaberc*, Das österreichische Patientenverfügungsgesetz, Gesundheitsrecht 2007, 1; *Pesendorfer*, Die Patientenverfügung – ausgewählte zivilrechtliche Fragen unter Berücksichtigung internationaler Aspekte und Entwicklungen (2012); *Traar/Pesendorfer/Fritz/Barth*, Sachwalterrecht und Patientenverfügung – Kurzkommentar (2015).

69 *Traar/Pesendorfer/Fritz/Barth*, Sachwalterrecht und Patientenverfügung, Vor § 1 PatVG Rz 1.

70 Patient iSd PatVG ist eine Person, die eine Patientenverfügung errichtet, gleichgültig, ob sie im Zeitpunkt der Errichtung erkrankt ist oder nicht: § 2 Abs 2 PatVG.

71 Vgl *Kerschner/Lang*, RFG 2007, 175.

72 Bei Minderjährigen ist iSd § 173 Abs 1 ABGB die Einsichts- und Urteilsfähigkeit ab Vollendung des 14. Lebensjahres zu vermuten.

73 Näher *Bernat* in Schwimann/Kodek I⁴ § 3 PatVG Rz 4.

Eine Patientenverfügung ist unwirksam, wenn bei ihrer Errichtung ein Willensmangel vorlag, der Inhalt strafrechtlich unzulässig ist (zB aktive Sterbehilfe) oder sich der Stand der medizinischen Wissenschaft seit der Errichtung der Patientenverfügung wesentlich verändert hat (§ 10 Abs 1 PatVG).

Nach § 10 Abs 2 PatVG verliert eine Patientenverfügung ihre Wirksamkeit, wenn der Patient sie **widerruft** oder zu erkennen gibt, dass sie nicht mehr wirksam sein soll. Dafür ist keine Einsichts- und Urteilsfähigkeit notwendig, sondern nur eine eingeschränkte Fähigkeit zur Willensbildung.[74]

2. Arten

a. Die verbindliche Patientenverfügung

Eine Patientenverfügung ist nur verbindlich, wenn folgende Voraussetzungen vorliegen (siehe §§ 4 ff PatVG):

– Der Errichtung muss eine umfassende ärztliche Aufklärung vorausgehen.
– Der aufklärende Arzt hat die Vornahme der Aufklärung sowie das Vorliegen der Einsichts- und Urteilsfähigkeit zu dokumentieren und darzulegen, dass und aus welchen Gründen der Patient die Folgen der Patientenverfügung zutreffend einschätzt.
– Die Patientenverfügung ist schriftlich vor einem Notar, Rechtsanwalt oder einem rechtskundigen Mitarbeiter der Patientenvertretung unter Angabe des Datums zu errichten. Von diesen Personen ist
– der Patient über die Folgen der Patientenverfügung sowie die Möglichkeit des jederzeitigen Widerrufs zu belehren.
– Der Rechtsanwalt, Notar oder rechtskundige Mitarbeiter der Patientenvertretung hat die Vornahme dieser Belehrung in der Patientenverfügung unter Angabe seines Namens und seiner Anschrift durch eigenhändige Unterschrift zu dokumentieren.
– Die abgelehnten medizinischen Maßnahmen sind konkret zu beschreiben. Aus der Patientenverfügung muss außerdem hervorgehen, dass der Patient ihre Folgen zutreffend einschätzt.

---

74 ErläutRV 1299 BlgNR 22. GP 9; *Pesendorfer* in Barth/Ganner[2] 431 f; *Bernat* in Schwimann/Kodek I[4] § 10 PatVG Rz 3; *Kathrein*, ÖJZ 2006, 563; aA *Memmer*, Patientenverfügungen. Rechtslage nach dem 1. Juli 2006, FamZ 2006, 69 (70).

Die Patientenverfügung **bindet** insbesondere den Arzt, das Pflegepersonal und die Angehörigen.[75] Diese Bindung gilt selbst dann, wenn die medizinische Behandlung indiziert wäre und der Patient ohne diese voraussichtlich sterben wird.[76] Behandelt der Arzt den Patienten trotz Vorliegens einer verbindlichen Patientenverfügung, so liegt eine eigenmächtige Heilbehandlung nach § 110 StGB vor.[77] Die Patientenverfügung verliert **fünf Jahre** nach der Errichtung ihre Verbindlichkeit, sofern der Patient nicht eine kürzere Frist bestimmt hat. Unter Einhaltung der entsprechenden Formerfordernisse und nach ärztlicher Aufklärung kann sie erneuert werden; damit beginnt die Frist von fünf Jahren neu zu laufen. Die Patientenverfügung verliert ihre Verbindlichkeit nicht, solange sie der Patient mangels Einsichts-, Urteils- oder Äußerungsfähigkeit nicht erneuern kann (§ 7 PatVG).

Soweit durch eine verbindliche Patientenverfügung für die Besorgung der Angelegenheiten der behinderten Person im erforderlichen Ausmaß vorgesorgt ist, ist eine Sachwalterbestellung unzulässig (§ 268 Abs 2 Satz 2 ABGB).[78] Sollte für den Patienten bereits ein Sachwalter (in dessen Wirkungsbereich die Zustimmung zu medizinischen Behandlungen fällt) bestellt worden sein oder hat der Patient eine Vorsorgevollmacht erteilt, so sind auch diese Personen an die Patientenverfügung gebunden und können keine gegenteilige Entscheidung treffen.[79]

b. Die beachtliche Patientenverfügung

Eine Patientenverfügung, die **nicht alle** für eine verbindliche Patientenverfügung notwendigen Voraussetzungen erfüllt, ist für die Ermittlung des Willens des Patienten dennoch **beachtlich**. Sie ist umso mehr zu beachten, je näher sie an eine verbindliche Patientenverfügung herankommt (§§ 8 f PatVG). Für das Ausmaß der Beachtlichkeit ist insbesondere zu berücksichtigen

– inwieweit der Patient die Krankheitssituation, auf die sich die Patientenverfügung bezieht, sowie deren Folgen im Errichtungszeitpunkt einschätzen konnte;

– wie konkret die medizinischen Behandlungen, die abgelehnt wurden, beschrieben sind;

– wie umfassend eine ärztliche Aufklärung vor der Errichtung war;

---

75 Vgl nur *Kathrein*, ÖJZ 2006, 563; siehe auch OGH 9 Ob 68/11g RdM 2013/74 (*Kopetzki*).
76 OGH 6 Ob 286/07p JBl 2009, 100.
77 *Pesendorfer* in Barth/Ganner² 385.
78 OGH 9 Ob 68/11g RdM 2013/74 (*Kopetzki*); krit *Bernat*, Planungssicherheit am Lebensende? EF-Z 2006, 42 und 74 (76).
79 *Pesendorfer* in Barth/Ganner² 386 f.

- inwieweit die Verfügung von den Formvorschriften für eine verbindliche Patientenverfügung abweicht;
- wie häufig die Patientenverfügung erneuert wurde und wie lange die letzte Erneuerung zurückliegt.

Die beachtliche Patientenverfügung **bindet** also den Arzt nur dann, wenn sich der maßgebliche Wille des Patienten eindeutig ermitteln lässt. Dabei spielen nicht nur die erwähnten, an den Voraussetzungen für eine verbindliche Patientenverfügung zu messenden Kriterien eine Rolle. Die Eindeutigkeit kann sich auch aus einem engen zeitlichen Zusammenhang zwischen Verfügung und medizinischer Behandlung ergeben, so beispielsweise wenn der Patient kurz vor Eintritt der Handlungsunfähigkeit dem Arzt gegenüber mündlich klar und deutlich bestimmte Behandlungen abgelehnt hat.[80]

Lässt die Patientenverfügung **mehrere Auslegungen** zu, so muss der Arzt die Bestellung eines Sachwalters anregen bzw einen bereits bestellten Sachwalter kontaktieren. Der Sachwalter hat dann in Vertretung des Patienten der Behandlung zuzustimmen oder sie abzulehnen. Zu einer schwerwiegenden medizinischen Behandlung ist zusätzlich die Zustimmung des Pflegschaftsgerichts erforderlich (§ 283 Abs 2 ABGB); ob das auch für einen Behandlungsabbruch, der zum Tod des Patienten führt, gilt, ist strittig.[81] Der Arzt kann aber von der Anregung der Bestellung eines Sachwalters bzw von der Kontaktaufnahme mit einem schon vorhandenen Sachwalter absehen, wenn der damit verbundene Aufschub das Leben des Patienten gefährdet oder mit einer schweren Beeinträchtigung von dessen Gesundheit verbunden ist.[82]

Beispiel aus der Rechtsprechung

OGH 18.10.2012, 9 Ob 68/11g Zak 2012/762 = iFamZ 2013/14 (*Ganner*) = RdM 2013/74 (*Kopetzki*) = EF-Z 2013/3 (*Bernat*) – passive Sterbehilfe

Die Pflegebefohlene, für die ein Sachwalter nach § 268 Abs 3 Z 3 ABGB bestellt ist, erleidet ein apallisches Syndrom (Wachkoma) als Folge einer Subarachnoidalblutung mit Ventrikeleinbruch bei vorbestehenden multiplen zerebralen Aneurysmen. Es ist mit an Sicherheit grenzender Wahrscheinlichkeit eine lebenslange schwere geistige Behinderung zu erwarten. Aufgrund

---

80 *Kathrein*, ÖJZ 2006, 565 f.
81 Dafür *Bernat/Gaberc*, Gesundheitsrecht 2007, 6; *Bernat* in Schwimann/Kodek I[4] § 9 PatVG Rz 3; dagegen *Barth/Dokalik* in Barth/Ganner[2] 200 ff; siehe dazu – insbesondere zur Ansicht der Rechtsprechung, wonach es für eine pflegschaftsgerichtliche Genehmigung des Behandlungsabbruchs keine Rechtsgrundlage gebe (OGH 9 Ob 68/11g RdM 2013/74 (*Kopetzki*)) – näher bereits oben II.A.3.
82 Vgl *Kathrein*, ÖJZ 2006, 565.

der bestehenden Defizite (Verlust des Selbst- und Fremdbewusstseins, der Kommunikation und der Möglichkeit zur willkürlichen Bewegung) ist sie auf die Pflege und Versorgung durch fachkundige Personen angewiesen. Sowohl die kognitiven als auch die körperlichen Defizite werden mit an Sicherheit grenzender Wahrscheinlichkeit auch in Zukunft bestehen bleiben. Die Pflegebefohlene hatte vor dem Verlust ihrer Einwilligungsfähigkeit eine von ihr teilweise eigenhändig geschriebene, allerdings von ihr nicht unterschriebene Patientenverfügung errichtet. Daraus geht hervor, dass sie, wenn keine Aussicht auf Heilung bzw die Wahrscheinlichkeit einer lebenslangen schweren geistigen oder schweren körperlichen Behinderung besteht, unter keinen Umständen lebenserhaltenden Maßnahmen unterzogen werden möchte und ua auch künstliche Ernährung ablehnt. In der Patientenverfügung finden sich auch Vermerke der beratenden und aufklärenden Ärztin sowie die Erklärung eines öffentlichen Notars, die Pflegebefohlene über das Wesen der „verbindlichen Patientenverfügung" und die jederzeitige Widerrufsmöglichkeit aufgeklärt zu haben. Der Sachwalter bringt unter Hinweis auf das Vorliegen einer beachtlichen Patientenverfügung der Pflegebefohlenen den Antrag ein, ihn zu ermächtigen, die Einstellung der künstlichen Ernährung der Pflegebefohlenen zu veranlassen.

Praxisorientierte Anleitung zum Zitieren von Literatur und Gerichtsentscheidungen

Quelle: *Dax/Hopf* (Hrsg), Abkürzungs- und Zitierregeln der österreichischen Rechtssprache und europarechtlicher Rechtsquellen (AZR)[7] (Wien 2012)

Allgemeine Regeln

- Wörtliche Zitate sind im Text unter Anführungszeichen zu setzen
- mehrere Zitate in einer Fußnote sind mit Strichpunkt zu verbinden und chronologisch zu reihen
- folgen zwei arabische Zahlen aufeinander, ist ein Beistrich zu setzen; das gilt nicht bei Aufeinandertreffen einer hochgestellten Auflagenzahl mit einer Seitenzahl
- am Ende jeder Fußnote ist ein Punkt zu setzen

Entscheidungen

Unveröffentlichte Entscheidungen

- Entscheidende Behörde
- (ohne Beistrich) Datum der Entscheidung
- nach einem Beistrich die Geschäftszahl der Entscheidung
- Beispiel: OGH 21.2.2008, 6 Ob 31/07p.

Veröffentlichte Entscheidungen

- Entscheidende Behörde
- (ohne Beistrich) Geschäftszahl der Entscheidung
- (ohne Beistrich) Fundstelle, mehrere sind mit „=" zu verbinden
- Beispiel: OGH 7 Ob 138/08g ecolex 2008/364 = EF-Z 2008/137 = Zak 2008/649.

Fundstelle in Zeitschrift
- Zeitschrift (abgekürzt)
- (ohne Beistrich) Jahrgang
- bei Zitieren nach Seiten: nach einem Beistrich die Seitenzahl, auf der die Entscheidung beginnt. Soll eine bestimmte Seite hervorgehoben werden, so ist diese in Klammer anzufügen. Beispiel: JBl 2008, 171 (173).
- bei Zitieren nach Nummern: nach einem Schrägstrich die Nummer der Entscheidung. Beispiel: EvBl 2008/41.

Fundstelle in Entscheidungssammlung
- Entscheidungssammlungen mit durchgehender Nummerierung: Sammlung (abgekürzt), Entscheidung ist mit Nummer zu zitieren (EFSlg, MietSlg, VersE, GlU, GlUNF, Arb). Beispiel: EFSlg 117.385.
- sonst Sammlung, Jahrgang und nach Schrägstrich die Nummer der Entscheidung (statt Jahrgang der Band bei SZ). Beispiel: SZ 54/170.

Anmerkungen zu Entscheidungen

Zitieren einer Entscheidung mit Anmerkung
- bei einer Anmerkung wird nach der Fundstelle der Autor kursiv in Klammer angegeben
- Beispiel: OGH 7 Ob 8/09s EF-Z 2009/96 (*Beck*).

Zitieren einer Entscheidungsanmerkung
Beispiel: Erstzitat: *Beck*, Anm zu OGH 7 Ob 8/09s, EF-Z 2009, 145.
Folgezitat: *Beck*, EF-Z 2009, 145.

Literatur

Selbständige Werke

Erstzitat
- Name des Verfassers (kursiv), Name eines Mitverfassers wird mit Schrägstrich angefügt.
  Beispiel: *Harrer/Zitta*
- nach einem Beistrich Titel der Arbeit (ohne Anführungszeichen)
- Band in römischer Ziffer
- Auflage als Hochzahl
- in Klammer das Erscheinungsjahr
- Seitenzahl
  Beispiele: *Aichhorn*, Das Recht der Lebenspartnerschaften (2003) 23; *Schwimann/Kolmasch*, Unterhaltsrecht[7] (2014) 54.

Folgezitat
- Name des Verfassers (kursiv)
- nach einem Beistrich das erste kennzeichnende Hauptwort des Titels
- Band in römischer Ziffer
- Auflage als Hochzahl
- (ohne Beistrich) Seitenzahl
  Beispiele: *Aichhorn*, Lebenspartnerschaften 57; *Schwimann/Kolmasch*, Unterhaltsrecht[7] 78.

Unselbständige Werke

Aufsätze in Zeitschriften

Erstzitat
- Name des Verfassers (kursiv)
- nach einem Beistrich Titel des Aufsatzes
- nach einem Beistrich (wenn der Titel mit einem Fragezeichen oder einem Rufzeichen endet, folgt kein Beistrich) Zeitschrift mit Jahrgang (zB JBl 1994; aber JAP 1990/91); bei Zeitschriften, deren Seiten nicht durchlaufend nummeriert sind, ist zusätzlich das Heft („H") oder der Band („Bd") anzugeben (Beispiel: Stb 1976 H 4)
- nach einem Beistrich die Seite, auf der die Abhandlung beginnt (in Klammer bestimmte Seitenzahl)
  Beispiele: *Gutschner/Völkl-Kernstock/Kobel/Friedrich*, Grundlagen und wichtige Kriterien für die Erstellung von Obsorgegutachten, RZ 2008, 269; *Nademleinsky*, Wann beginnt die Verjährungsfrist in den Fällen des § 1310 ABGB? EF-Z 2008, 52 (53 f).

Folgezitat
- Name des Verfassers (kursiv)
- nach einem Beistrich Zeitschrift mit Jahrgang
- nach einem Beistrich die bestimmte Seite
- Beispiel: *Nademleinsky*, EF-Z 2008, 54.

Aufsätze in Sammelwerken

Erstzitat
- Name des Verfassers (kursiv)
- nach einem Beistrich Titel des Aufsatzes
- nach einem Beistrich das Wort „in"
- Name des/der Herausgeber/s (kursiv) mit Zusatz „(Hrsg)"
- nach einem Beistrich Titel des Sammelwerkes
- in Klammer das Erscheinungsjahr

- die Seite, auf der der Aufsatz beginnt (in Klammer bestimmte Seiten-zahl)
- Beispiel: *Neumayr*, Zur Höhe des Abgeltungsanspruches nach § 98 ABGB, in *Harrer/Zitta* (Hrsg), Familie und Recht (1992) 479 (480).

Folgezitat
- Name des Verfassers (kursiv)
- das Wort „in"
- Name des/der Herausgeber/s (kursiv)
- bestimmte Seite
  Beispiel: *Neumayr* in *Harrer/Zitta* 480.

Aufsätze in Festschriften

Erstzitat
- Name des Verfassers (kursiv)
- nach einem Beistrich Titel des Aufsatzes
- nach einem Beistrich das Wort „in"
- die Abkürzung „FS" bzw „GedS" und der Namen des Geehrten bzw der Anlass der Festschrift
- in Klammer das Erscheinungsjahr
- die Seite, auf der der Aufsatz beginnt (in Klammer bestimmte Seiten-zahl)
  Beispiel: *Hoyer*, Familienrecht und System, in FS Schwind (1993) 157 (159).

Folgezitat
- Name des Verfassers (kursiv)
- das Wort „in"
- die Abkürzung „FS" oder „GedS" und der Namen des Geehrten bzw der Anlass der Festschrift
- bestimmte Seite
  Beispiel: *Hoyer* in FS Schwind 159.

Beiträge in Kommentaren

Erstzitat
- Name des Verfassers (kursiv)
- das Wort „in"
- Name des/der Herausgeber/s des Kommentars (kursiv) mit Zusatz („Hrsg")
- nach einem Beistrich Titel des Kommentars
- Band in römischer Ziffer

– Auflage als Hochzahl
– in Klammer das Erscheinungsjahr
– das Zeichen „§" und die Angabe des Paragraphen
– die Abkürzung „Rz" und die Angabe der Randziffer
   Beispiel: *Stabentheiner* in *Rummel* (Hrsg), Kommentar zum Allgemeinen bürgerlichen Gesetzbuch I³ (2000) § 166 Rz 1.

Folgezitat
– Name des Verfassers (kursiv)
– das Wort „in"
– Name des/der Herausgeber/s des Kommentars (kursiv)
– nach einem Beistrich das erste kennzeichnende Hauptwort des Titels des Kommentars
– Band in römischer Ziffer
– Auflage als Hochzahl
– Das Zeichen „§" und die Angabe des Paragraphen
– Die Abkürzung „Rz" und die Angabe der Randziffer
   Beispiel: *Stabentheiner* in *Rummel*, ABGB I³ § 166 Rz 2.

Online-Veröffentlichungen

– Name des Verfassers (kursiv)
– nach einem Beistrich Titel des Beitrags
– vollständige www-Adresse samt etwaigen Untergliederungspunkten
– in Klammer nach dem Wort „Stand" das Datum des Bearbeitungsstands oder nach „abgefragt am" das Abfragedatum
   Beispiele: *Kreissl/Pilgram/Hanak/Neumann*, Auswirkungen des Sachwalterrechtsänderungsgesetzes 2006 (SWRÄG) unter Berücksichtigung der neueren Alternativen zur Sachwalterschaft auf die Betroffenen und ihr Umfeld, auf die Praxis der Gerichte und den Bedarf an Sachwalterschaft – Abschlussbericht (2009) http://www.irks.at/assets/irks/Publikationen/Forschungsbericht/SWRAEG%20final.pdf (Stand März 2009); *Bundesministerium für Europa, Integration und Äußeres*, Stellungnahme zum Entwurf des Erbrechts-Änderungsgesetzes 2015 http://www.parlament.gv.at/PAKT/VHG/XXV/SNME/SNME_02919/imfname_398598.pdf (abgefragt am 11.8.2015).

Stichwortverzeichnis

Der Kommentar zu Beziehungen und Lebensgemeinschaften

Das Ehe- und Partnerschaftsrecht enthält die Kommentierung des gesamten materiellen und formellen Rechts der Ehegatten, eingetragenen Partner und Lebensgefährten, insbesondere des EheG, des EPG sowie der einschlägigen Bestimmungen von ABGB, WEG (2002), MRG, des Sozialversicherungsrechts, AußStrG, ZPO, EO und Brüssel-IIa-VO jeweils auf dem Stand Ende 2010. Alle maßgeblichen Bestimmungen werden unter Berücksichtigung und ausführlicher Darstellung der einschlägigen Rechtsprechung und Literatur systematisch kommentiert. Durch häufige Querverweise werden der gesetzesübergreifende Blick erleichtert und die materiell- und verfahrensrechtlichen Zusammenhänge aufgezeigt. Mit einem einzigen Werk sollen so die umfassende Recherche und die rasche Lösung aller sich in der täglichen Praxis rund um die Beziehungen von Ehegatten, eingetragenen Partnern und Lebensgefährten stellenden Rechtsfragen ermöglicht werden.

Gitschthaler / Höllwerth (Hrsg)
Ehe- und Partnerschaftsrecht

Kommentar
1532 Seiten, gebunden
ISBN 978-3-7046-6133-3

Erscheinungsdatum: 20.4.2011

€ 319,–
Versandkostenfrei bestellen auf:
www.verlagoesterreich.at

HR Dr. Edwin Gitschthaler
Hofrat des Obersten Gerichtshofs (Allgemeine Zivilsachen, Firmenbuch- und Gesellschaftsrechtssachen, Datenschutzsachen) in Wien

HR Dr. Johann Höllwerth
Hofrat des Obersten Gerichtshofs (Allgemeine Zivilsachen, Miet-, Wohn- und Grundbuchsrecht) in Wien

VERLAG ÖSTERREICH

Tel: +43-1-680 14-0 | Fax: -140 | order@verlagoesterreich.at | www.verlagoesterreich.at